認知療法全技法ガイド
―― 対話とツールによる臨床実践のために ――

著
ロバート・L・リーヒイ

訳
伊藤絵美　佐藤美奈子

星 和 書 店

Seiwa Shoten Publishers

2-5 Kamitakaido 1-Chome
Suginamiku Tokyo 168-0074, Japan

Cognitive Therapy Techniques
A Practitioner's Guide

by

Robert L. Leahy

Translated from English

by

Emi Ito

Minako Sato

English Edition Copyright © 2003 by Robert L. Leahy

Japanese Edition Copyright © 2006 by Seiwa Shoten Publishers, Tokyo

Published by arrangement with Guilford Publications, Inc. New York

謝　辞

　ギルフォード社の主席編集者であるセイモア・ウェインガード氏の多大な協力に，まず心からの感謝をささげたい。私にとってギルフォード社との仕事は，いつでも大変快適なものである。ギルフォード社の担当編集者であるジム・ナゴット氏には，本書の構想を検討する際に，大変お世話になった。これからも，ジム，セイモア，そしてギルフォード社と協同して仕事ができることを心から願っている。

　本書のアイディアが生まれたのは，ニューヨークのソーホーにあるベトナム料理の素敵なレストラン "Can" で，食事をしながら議論しているときであった。ニューヨーク在住のメリットは，おいしい食事をご馳走になりながら，素晴らしい議論をするという恩恵を，ときどき受けられることだろう。私たちは，『Treatment Plans and Interventions for Depression and Anxiety Disorders（抑うつと不安障害のための治療プランと介入）』という新著の計画について話し合っていた。この本は，私とステファン・J・ホーランドとの共著である。私はその共著において治療プランを提示する際に，100 にもおよぶ技法をリスト化し，具体例と共に紹介した。セイモアと彼のスタッフは，それらの技法について別の本を出版するべきだと考えた。本書はこのような議論から生まれたのである。

　私はまた，ニューヨークの米国認知療法研究所の同僚たち，特に長年の同僚であるローラ・オリフに感謝の言葉を捧げたい。これまで 10 年間にわたって続けてきた毎週のケース会議での議論が，近年の私の著作に結実しているのである。認知療法のより高度なトレーニングに興味のある専門家の方々は，我々のウェブサイトを参照されたい（www.CognitiveTherapyNYC.com）。原稿をまとめ上げる作業を手助けしてくれた編集助手兼研究助手のラン

ディー・センプルとデビッド・ファザーリ（両者ともコロンビア大卒）にも，感謝の念が尽きない。

　私が技法に関する自分のアイディアを構築していくうえで，最も影響を与えてくれたのは，かつての師であり，現在では素晴らしい友人でもあるデビッド・バーンズ氏であろう。本書で提示する技法の多くが生まれ育つ過程にデビッドの多大な貢献があることに，多くの読者が気づくことだろう。デビッドのスーパーヴィジョンを受けたことは，私のキャリアにおいて，最も重要な経験のひとつである。

　私のもうひとつの幸運は，ペンシルバニア大の認知療法センターで，アーロン・"ティム"・ベックのトレーニングを受けたことである。患者の信念を探索しようとする際に，ティムは素晴らしいお手本を示してくれた。強い関心をもって理論を構築していくティムの思考法は，現在の私の仕事にも影響を与え続けている。認知療法は1960年代のティムの初期の仕事からそのすべてが始まった。そして今日でもなお，彼の仕事は，統合失調症，パーソナリティ障害，抑うつなどに関する我々の理解に，影響を与え続けているのである。

はじめに

　あなたは，自分がいつも同じような技法を，すべてとは言わないまでもほとんどの患者に適用しているのに気づくことがないだろうか？　"有力な技法"として確実視されている技法を，誰に対しても同じように試して，行き詰まりを感じることはないだろうか？　実はこのようなことは，我々臨床家の誰もが経験することである。ほとんどの臨床家が，多くのあるいは特定の状況で効果的であった臨床的戦術を使い続けてしまうという，おなじみのパターンにはまってしまうのである。そしてそうしているうちに，臨床家に多大な柔軟性を，そして患者に新しい世界を与えてくれるような別の様々なアプローチを見逃してしまうのである。

　私はかつて多くの認知療法家に，「ふだんよく使う技法は何ですか？」と尋ねてまわったことがある。ごく少数の技法だけが，何度も繰り返し回答された。例：「思考の同定です」「思考の損益分析を行ないます」「根拠を検討します」。これらは有益な技法であり，私はこれらの技法を否定するのではない。しかし介入のレパートリー自体が貧弱であれば，治療が行き詰まったり，表層的なレベルにとどまったりしてしまう恐れがある。さらに悪いことには，セラピストの当初の熱意が，マンネリ化されたお決まりのやり方によって，徐々に失われてしまうこともありうるのである。

　本書は，数少ない技法だけで臨床を続けていくことを望まない初心の臨床家と，一見新奇に見える技法を習得して，自分の認知療法の幅を広げていきたいというベテランの臨床家の両方のために書かれたものである。

　認知療法についてのワクワクするような現実は，新しい技法，新しい戦略，新しい概念化が，つねに生み出されているということである。認知療法に関する研究の進展に伴い，研究者と臨床家の両者が，患者に適用可能な数多く

の治療的介入法を詳細に論じ，検証を続けている。私は本書を，介入や技法の分類を主眼に構成し，まず，思考や思い込みを同定したり評価したりするための伝統的な技法を提示することから始めた。次に，心配や反すうの認知モデルについての最新の知見と，スキーマに焦点化した技法を紹介し，認知療法の新たな技法が，患者の抱える幅広い問題にどの程度適用できるか，ということについて考察した。

　物事を歴史的そして哲学的な観点からとらえるという，認知療法における哲学的傾向からすると，論理的エラーや情報処理の誤りを同定し，修正することについて，私がひとつの章を割いたことは，特に驚くべきことではない。感情を伴う情報処理過程は，精神病理における"認知的歪曲"に至る鍵であると私は信じている。ゆえに私は，"感じる"という体験や認知療法の生態学的妥当性を強調するために，感情を伴う体験に関する章を設けたのである。認知的歪曲を検証したり，それらの歪曲に挑戦したりすることについて論じた章は，すぐに役立つ指針を求めるセラピストに対して，有用なツールを提供するだろう。（たとえば"運命の先読み"をする患者には，どんな技法が使えるだろうか？）

　最後の２つの章では，本書で紹介した技法の実際の活用法を示すために，セッションでの対話を提示した。承認されたいという欲求や自己批判に関する問題を，ここで私が選んだのは，これらの事象が抑うつや不安の背景にあるからである。

　はじめの８つの章は，共通の形式で構成されている。すなわち，ある技法を同定・定義し，例を示し，臨床場面での対話を通じてその技法の適用の仕方を示し，ホームワークの課題を示し，予測される問題点とその対処法について述べ，その他の関連技法を示し，最後に患者用のツールを紹介した。

　最後に一言，申し述べておきたい。私は「技法による治療（technique therapy）」を盲信しているのではない。私はどの技法も，患者の思考や感情を探索するための"はじめの一歩"になりうるものとみなしている。どの技法も，我々が新たなデータを入手し，新たな概念を案出したり広げたりし，

患者との関係を広げたり深めたりするのに役立つものである。技法は，我々が物事を精緻に把握したり，別の違った見方ができるようになるための扉を開いてくれる。つまり認知療法は技法に還元されるのではなく，技法と共に発展していくのである。このような視点から技法を見れば，我々は患者と協力して，その時々にふさわしい"扉"から入り，患者の思考や思い込みを検証したり修正したり，効果的な自助のためのスキルを提供することができるだろう。あるときある患者が試した技法が効果的でなければ，別の10の技法がその患者に役立つかもしれないということを，我々は常に検討するべきなのである。

もくじ

謝辞 *iii*
はじめに *v*

序章 1

第 1 章　思考と思い込みを同定する 11
　　技法：思考が気分を生み出す仕組みを説明する　*14*
　　技法：思考と事実を区別する　*19*
　　技法：ある思考に関連している感情と信念の強度を評定する　*24*
　　技法：特定の信念における変化を探す　*28*
　　技法：思考の歪曲を分類する　*32*
　　技法：下向き矢印法　*35*
　　技法：一連の思考の生起確率を評定する　*40*
　　技法：思考を推測する　*43*

第 2 章　思考を検討し，それに挑戦する 59
　　技法：患者の言葉を定義する　*60*
　　技法：損益を分析する　*66*
　　技法：根拠を検討する　*72*
　　技法：根拠の質を検討する　*76*
　　技法：弁護人　*81*
　　技法：思考の両面を使ってロールプレイをする　*84*
　　技法：行動をその人自身から切り離す　*88*
　　技法：様々な状況における行動の多様性を検討する　*92*
　　技法：行動を変えることでネガティブな思考を修正する　*95*

第 3 章　思い込みとルールを検討する 109
　　技法：背景にある思い込みやルールを同定する　*110*
　　技法："べき"思考に挑戦する　*115*
　　技法：条件つきルールを同定する　*119*
　　技法：価値のシステムを検討する　*123*

技法：“完璧”と“進歩”を区別する　*126*
　　　技法：失敗から学ぶ　*129*
　　　技法：事例を概念化する　*132*
　　　技法：“完璧であること”よりも，好奇心，挑戦，成長を求める　*139*
　　　技法：適応的な基準や思い込みを新たに形成する　*142*
　　　技法：基本的人権宣言　*147*

第 4 章　心配を検討する　……………………………………………………　*163*

　　　技法：心配を同定する　*164*
　　　技法：心配について損益分析する　*167*
　　　技法：心配を予測に変換する　*170*
　　　技法：ネガティブな予測を検証する　*172*
　　　技法：過去の予測と思考を検討する　*176*
　　　技法：過去のネガティブな出来事への対処法を振り返る　*180*
　　　技法：不確実な予測から学ぶ　*185*
　　　技法：生産的な心配と非生産的な心配を区別する　*190*
　　　技法：“心配時間”を設定する　*194*
　　　技法：思考が検証可能かどうかを検討する　*198*
　　　技法：自己成就予言　*202*
　　　技法：確信を揺さぶる　*206*
　　　技法：タイムマシンに乗る　*211*
　　　技法：他人をタイムマシンに乗せる　*215*
　　　技法：問題をあえて否認する　*219*
　　　技法：“まぼろしの恐怖”をあえて心配する　*222*
　　　技法：受け入れること　*226*

第 5 章　情報処理と論理におけるエラー　……………………………………　*253*

　　　技法：検索の限界　*253*
　　　技法：基礎確率を無視する　*259*
　　　技法：論理を検討する　*263*
　　　技法：関係のない出来事を結びつけ，そこにないパターンを見つける　*268*
　　　技法：誤った二分割思考を作り出す　*274*
　　　技法：背理法　*278*
　　　技法：感情に基づく推論　*282*
　　　技法：新近性効果　*287*
　　　技法：論理的誤謬に基づく推論　*290*

第 6 章　全体像を見渡す　……………………………………………………　*305*

　　　技法：円グラフ法　*306*
　　　技法：連続法　*309*

技法：二重の基準法　*315*
技法：バルコニーから眺めてみる　*319*
技法：選択肢を考え出す　*323*
技法：ゼロポイントを設定して検討する　*326*
技法：極端でないやり方で比較する　*330*
技法：他の人の対処法を参照する　*335*
技法：基準を多様化させる　*340*
技法：すべてを取り除く　*344*
技法：喪失や対立から生まれる機会と新たな意味について検討する　*349*

第 7 章　スキーマに焦点を当てた治療　367

技法：スキーマを同定する　*368*
技法：スキーマ処理について説明する　*375*
技法：スキーマに関わる埋め合わせと回避を同定する　*379*
技法：スキーマの変容に向けてモチベーションを高める　*384*
技法：スキーマの源である幼少期の記憶を活性化させる　*391*
技法：自分のスキーマの源に手紙を書く　*395*
技法：スキーマに挑戦する　*400*
技法：よりポジティブなスキーマを使って人生を検討する　*407*
技法：ロールプレイを通してスキーマの源に挑戦する　*414*
技法：よりポジティブなスキーマを形成する　*417*

第 8 章　感情を処理するための技法　441

技法：感情にアクセスする　*442*
技法：書くことによる感情表出　*448*
技法：ホットスポットを同定する　*454*
技法：感情スキーマを同定する　*456*
技法：感情の処理を促進する　*461*
技法：イメージの描き直し　*465*

第 9 章　認知的歪曲を検討し，それに挑戦する　483

1. 読心術　*483*
2. 運命の先読み　*485*
3. 破局視　*487*
4. レッテル貼り　*489*
5. ポジティブな側面の割引き　*490*
6. ネガティブなフィルター　*492*
7. 過度の一般化　*493*
8. 二分割思考　*495*
9. べき思考　*497*

10. 自己関連づけ　*499*
　　　11. 他者非難　*501*
　　　12. 不公平な比較　*504*
　　　13. 後悔志向　*506*
　　　14. もし思考　*508*
　　　15. 感情的理由づけ　*511*
　　　16. 反証の拒否　*512*
　　　17. 決めつけ　*514*

第10章　承認されることへの欲求を修正する……………………*517*
　　初回セッション（インテーク面接後の最初のセッション）　*518*
　　次のセッション（第2セッション）　*525*
　　次のセッション（第3セッション）　*539*
　　要　約　*547*

第11章　自己批判に挑戦する………………………………………*549*
　　初回セッション（インテーク面接後の最初のセッション）　*550*
　　次のセッション（第2セッション）　*558*
　　次のセッション（第3セッション）　*564*
　　要　約　*578*

第12章　結　　　語……………………………………………………*581*

　　　文　献　*586*
　　　索　引　*591*
　　　訳者あとがき　*593*

ツールリスト

1.1	思考が気分を生み出すことに気づく	47
1.2	A - B - C 技法	48
1.3	思考と事実の区別する	49
1.4	感情と信念を評定する	50
1.5	信念の強度を記録する	51
1.6	認知的歪曲のチェックリスト	52
1.7	思考の歪曲を分類する	54
1.8	下向き矢印法を使う（自分の考えが正しければ，それの何が私を悩ませるのか？）	55
1.9	下向き矢印法を使う（自分の考えが正しければ，それの何が私を悩ませるのか？）——その後の出来事の生起確率を計算する	56
1.10	ネガティブな思考を推測する	57
2.1	言葉を定義する	99
2.2	損益を分析する	100
2.3	根拠を検討する	101
2.4	根拠の質を検討する	102
2.5	自分自身の弁護人になってみる	103
2.6	思考の両面を使ってロールプレイをする	104
2.7	ネガティブなレッテルを検討する	105
2.8	多様性を探る	106
2.9	行動を変えることでネガティブな思考を修正する	107
3.1	思い込み，ルール，基準に気づく	150
3.2	思い込み，ルール，基準をモニターする	151
3.3	"べき"思考を検討し，それに挑戦する	152
3.4	条件つき信念を同定する	153
3.5	価値を明確化する	154
3.6	普遍的な価値のシステム	155

3.7	"完璧"よりも"進歩"を目指す	156
3.8	失敗から学ぶ	157
3.9	事例概念図	158
3.10	義務を遊びに変換する：批判，敗北，失望を好奇心に変える	159
3.11	これまでのルールや思い込みを，新しいものに変換する	160
3.12	より適応的なルールや思い込みに基づいて判断し，行動する	161
3.13	私の新しい"基本的人権宣言"	162
4.1	心配をモニターする	231
4.2	心配について損益分析する	232
4.3	メタ認知質問票	233
4.4	心配を予測に変換する	237
4.5	ネガティブな予測を検証する	238
4.6	過去のネガティブな予測を検討する	239
4.7	過去のネガティブな出来事への対処法を振り返る	240
4.8	視点・逆視点法	241
4.9	実は間違っていた予測から学ぶ	242
4.10	生産的な心配と非生産的な心配	243
4.11	心配時間	244
4.12	思考を検証可能な形に変換する	245
4.13	ネガティブな予測を同定する	246
4.14	確信を揺さぶる	247
4.15	タイムマシン	248
4.16	なぜ皆は時間が経つと，私のネガティブな振る舞いを気にも留めなくなるのか？	249
4.17	問題をあえて否認する	250
4.18	"まぼろしの恐怖"をあえて心配する	251
4.19	受け入れることを練習する	252
5.1	すべての情報を活用する	294
5.2	より包括的に情報を検索する	295
5.3	ある出来事の生起確率を評価する	296
5.4	論理的なエラーを検討する	297
5.5	そこにないかもしれないパターンを見つける	298
5.6	誤った二分割思考に挑戦する	299

5.7	思考を不条理なものへと変換する	*300*
5.8	気分の誘発とかわりとなる考え	*301*
5.9	新近性効果を検討する	*302*
5.10	議論における誤謬：ネガティブな信念を分析する	*303*
6.1	円グラフ法を練習する	*355*
6.2	連続法を練習する	*356*
6.3	二重の基準法を練習する	*357*
6.4	バルコニーから眺めてみる	*358*
6.5	選択肢を考え出す	*359*
6.6	ゼロポイント比較	*360*
6.7	極端でないやり方で比較する	*361*
6.8	他の人はどのように対処しただろうか？	*362*
6.9	資質を評価するための新たな方法を開発する	*363*
6.10	自分にとって大切なものを求める	*364*
6.11	機会と新たな意味について検討する	*365*
7.1	個人的な信念についての質問紙	*420*
7.2	スキーマを理解するための手引き	*429*
7.3	スキーマを回避し，埋め合わせする	*433*
7.4	スキーマの変容に向けてモチベーションを高める	*435*
7.5	スキーマに関わる幼少期の記憶	*436*
7.6	スキーマの源に手紙を書く	*437*
7.7	スキーマに挑戦する	*438*
7.8	別のスキーマのレンズを通して人生を眺めてみる	*439*
7.9	ポジティブなスキーマの効果	*440*
8.1	感情を記録する	*470*
8.2	ストーリーを書き出してみる	*471*
8.3	ホットスポットを同定する	*472*
8.4	リーヒイの感情スキーマ尺度	*473*
8.5	リーヒイの感情スキーマ尺度の 14 次元	*475*
8.6	感情スキーマ：次元と介入	*477*
8.7	ストーリーを語り直す	*482*

序　章

　認知療法のモデルは，抑うつや不安，怒りといったストレスフルな状態の多くが，極端な，あるいは偏った思考によって維持されたり，強められたりしているという見解に基づいて構築されている。セラピストの役割は，患者に自分の思考の特徴を自覚してもらい，その根拠や論理を検討することで，患者が自分の思考を修正できるように手助けをすることである。したがって認知療法は，論理に基づくソクラテスの対話や，現実的な情報を収集し分類するアリストテレスの手法のような，古典的な"理性に基づくモデル"にその起源をもつ。認知モデルは，(1) 感情を伴う体験における認知の役割と，(2) 情報処理過程における決定因としてのスキーマの役割，の2つを重視しており，また，1970年代に心理学の分野で起こった認知革命の影響も受けている（Leahy, 1996）。

　認知療法家は，患者に質問することを通じて，抑うつや不安を生み出すことになった患者の仮説を検討し，患者が科学的かつ合理的に思考できるよう手助けする。また認知療法家は，患者が自分の考えと矛盾する証拠を集め，その考えの妥当性を検討する手助けをする。さらに認知療法家は，抑うつや不安にとらわれた人がよくする，自分自身をおとしめるような思考の意味や，その意味の妥当性について検討する。これらの思考には，たとえば「自分は価値のない人間だ」とか「自分は負け犬だ」といった，検証不可能な考えも

含まれる。

　認知療法の概念は，哲学者フッサールによる，初期の現象学における功績に負うところが多い。実際のところ，人間の経験というものを記述し分析するという点では，認知療法はきわめて現象学的であると言えるだろう。認知療法の先駆者であるアーロン・ベックとフッサールの違いは，ベックが，思考を現実と比較検討することを通じて，自己の体験を検証する方法を編み出したことにある。

　ここでいう"現実"とは，"開放系のシステム"である。したがって，"知る人（knower）"——認知療法の場合，それはセラピストと患者である——がすべての事実を決して入手しえないという点では，認知モデルは構成主義的でもある。開放系のシステムでは，情報を完璧に調べ終えるということはありえない。経験的な世界において"知る"ということは，"絶対に確実なことを知る"というよりは，"高い確率でそうであろうということを知る"ということである。予測は常に不完全な情報に基づいてしか行なわれえない。推論的思考は常に不完全であるというのが認知療法の基本的な考え方である。したがって認知療法家は，患者が「でも私の乗った飛行機が墜落することだってありえるでしょう！？」と主張するとき，確かにそのような可能性がないとは言えないことを認めるべきであろう。確実性を強く求める患者は，別の可能性が存在することを，どうしてそれほどまでに受け入れがたいのだろうか？　この問いは，患者の"知ることへの欲求"，すなわち患者が確実な予測を求めることについて，新たなアプローチを導いてくれる。この欲求を検討することを通じて，患者の求める"確実さ"が，ものごとを完全にコントロールしたいという欲望の一部であることが明らかになるかもしれない。すなわち患者にとっては，ものごとを完全にコントロールできないということは，悲劇が起きることと同等なのである。

　認知療法家が患者に勧めるのは，様々な可能性を見渡したうえで仮説を構築することと，すべての考えに対して懐疑的であることである。私がこのような態度を強調するのは，認知療法家はポジティブ思考の推奨者になるべき

ではないと考えるからである。我々認知療法家が注意すべきなのは，NBCの番組『サタデーナイトクラブ』でスチュワート・スモーリーがゲストに言うような，「あなたは素敵な人だ。頭もよい。皆もあなたのことが大好きだ！」的な極端な印象を，患者に与えないようにすることである。認知療法は，患者にポジティブ思考や自己弁護を強要したり勧めたりするのではなく，認知療法のプロセスを通じて，"現実に基づく思考"の効果を示していくのである。そして現実とは，その時々に我々が認識している事象に他ならない。

　認知療法が基礎とするのは，開放系の知識システムである。開放系のシステムでは，あらゆる場面において，新たな事実，新たな経験，新たな欲求や新たな好みが発生するものである。だからこそ認知療法家は実用的な視点から患者を誘導する。それは，「この考えはあなたにどのような影響を与えるか？」という，認知療法の典型的な問いに集約される。たとえば認知療法家は，「自分は皆に承認されるべきだ」との信念がどのような影響を及ぼすか，患者に尋ねるかもしれない。あるいはまた，「皆に承認されなければ，悲惨なことになる」という信念を，患者に検証させようとするかもしれない。このような信念は，たとえば自己主張訓練のような行動実験によって検証することもできるが，患者はそのような実験によって，ある特定の場面で人から承認されようがされまいが，それが現実生活に対してさほど影響を与えないということを体験するだろう。このような行動実験は，ある信念によって惹起された心配を，現実場面において検証するという役割をもつ。

　強迫性障害においてよくみられる反復的な侵入思考に対する現実的な行動実験には，たとえば，フラッディング（思考氾濫法）がある。恐怖を伴う思考——あるいは思考と行為の混同（Rachman, 1992）——は，そのような思考を患者にあえて反復させることによって検証することができる。ある強迫観念（たとえば「もし『悪魔よ，地獄に堕ちろ』と言ったら，私は殺されてしまう」）は，その考えを抑圧しようとするのを止めて，あえてその考えを十分に意識したり，500回繰り返したりすることで，克服できるかもしれないのである。このような侵入思考は，曝露法やパニック誘発的な恐怖感覚によっ

ても検証することができる（Wells, 1997a）。

　認知療法家は皆，思考過程を合理的に分析したり記述したりするだけでは，十分な治療的変化を引き起こすことができないことを知っている。そのようなことよりも本質的に重要なのは，種々の実験的技法を用いて，患者の感情やモチベーションを高めたり，新たな現象学的経験を患者において活性化したりすることである。合理的な反応や新たな思考を感情レベルで経験するためには，患者は新たな思考や行動を通じて，現実に直面しなければならない場合もあるのである。認知療法家は，行動実験によって得た気づきを，患者自身が実行に移せるよう，すなわち思考を行動に転換できるよう手助けするのである。

　認知療法があまりにも合理的かつ単純で，感情よりも言語を重視しすぎるとの批判が，ときおり聞かれる。そこで私は本書において，感情の処理に関する私の研究を紹介すると共に，感情に焦点を当てた治療における経験的技法についての章を設けた。認知療法の諸技法と，共感，承認，動機づけ面接との調和を図ることは非常に重要である。患者が認知的な介入と感情とを関連づけて認識できるかどうかは，このような治療スタイルに左右されるのである。それにしても認知療法を批判する人たちは，患者の訴える抑うつ感情や不安感情が，認知療法によって劇的に変化することがあることを，どのように説明するのだろうか？　認知療法によって患者の抑うつや不安が軽減するのは，結局のところ認知療法が，ネガティブな感情を変化させるための方法を用いて，患者の感情を扱っているからなのである。

　認知療法家にはしばしば，各自の"好みの技法"があるように思われる。ある認知療法家は，活動スケジュール法や，非機能的思考の日常記録，そして思考の根拠を検討するための技法を多用する一方で，別の認知療法家は，合理的なロールプレイ，二重の基準法，予測の検証を多用したりする。患者や患者の抱える問題によって技法の効果は様々である。したがってセラピストの技法のレパートリーが限られてしまうのは望ましいことではない。たとえば私は，自分の大好きな趣味に没入しすぎてしまうという問題を抱えており，

そういうときには非機能的思考記録表を作成し，問題解決法を実施する。しかし，これらの技法は私にとっては効果的だとしても，私と同じ問題をもつ他の人には効果的ではないかもしれない。そこで私は本書で，臨床家が治療場面において出会う様々な問題に対応できるよう，認知療法の技法を幅広く紹介することにしたのである。

ここで私が思い出すのは，数年前にある訓練生が私に発した「患者にどんな質問をすればよいのかを，先生はどのようにして知るのですか？」という質問である。私は，技法の選択について質問されたのだとそのときに思ってしまった。当時私がそれをよい質問だと思えなかったのは，おそらく私が即座に答えられなかったからだろう。しかし後になって私は，それが素晴らしい質問であったことに気づいたのである（そして私は，この質問を自問し続けてこなかったことを悔やんだ）。何年たっても，この質問に対する答えが私には見つからない。ただその代わり，私には多くの技法がある。読者のなかには，今まで使ったことのない（さらに聞いたこともない）技法を，本書を通じて知ることになる人もいるかもしれない。しかし多くの読者は，本書で示される様々な技法の解説を読み，大いにリフレッシュするのではないだろうか。なぜなら読者は，現在多用している5つの技法が，ここ数ヵ月または何年も使ったことのない他の50もの技法によって補強されうることを，本書を通じて知ることになるだろうからである。

最初の3つの章（「思考と思い込みを同定する」「思考を検討し，それに挑戦する」「思い込みとルールを検討する」）では，認知療法における基本技法を概観する。これらの章は順を追って読んでいただきたい。第4章（「心配を検討する」）は，不安障害，特に全般性不安障害における"心配"に焦点を当てているが，そこで示される技法は，ネガティブな予測が活性化される際に生じるどんな問題にも適用できるものである。第5章（「情報処理と論理におけるエラー」）と第6章（「全体像を見渡す」）は，事実や論理，そして思考内容を検討せずに結論を導き出してしまう患者を援助する際に役立つだろう。第7章（「スキーマに焦点を当てた治療」）では，患者のスキーマを評価する

ための諸技法を概説している。第8章（「感情を処理するための技法」）は，強烈な感情を伴う体験を活性化したり修正したりするための様々な技法を紹介したものである。第9章から第11章は，特定の問題に対する技法の適用について論じている。第9章（「認知的歪曲を検討し，それに挑戦する」）は，様々な認知的歪曲に挑戦するための質問や介入法について紹介している。第10章（「承認されることへの欲求を修正する」），第11章（「自己批判に挑戦する」）では，これらのネガティブなパターンの修正の仕方について，事例を通じて提示している。本書の前半で提示する多くの技法が，第10章，第11章でも再度取り上げられる。本書では，パニック障害，社会恐怖，強迫性障害といった特定のI軸障害に対する介入戦略は扱っていない。これについては私の別の著書『Treatment Plans and Interventions for Depression and Anxiety Disorders』(Leahy & Holland, 2000) を参照していただきたい。またジュディス・ベックの『認知療法実践ガイド (Cognitive Therapy: Basics and Beyond)』(Beck, 1995) は，あるひとつの事例を通じて多くの認知療法の技法を具体的に紹介した，素晴らしい著書である。

　今でも，認知療法は技法を重視しすぎるとか，形式的すぎるなどと批判されることが多い。確かに場合によっては，認知療法が機械的で効果がなかったり，概念化が不十分であったり，表面的で単純で退屈であったりすることは，私も認めざるをえない。私が認知療法について本を出すのは，認知療法がそのような批判をくつがえしうることを，"関心の有効化" "リスクの回避" "犠牲者の役割" "スキーマの処理" "自主的な制限" "自己の一貫性" などについて強調することで示したかったからである (Leahy, 2001b)。逆転移についても，認知療法の枠組内で概念化し，処理することが可能である。患者の対人関係に対する見方や戦略を理解するために，セラピスト自身の逆転移反応を活用する際にも，認知療法の枠組は役に立つだろう。しかしながら我々が覚えておくべきなのは，患者の思考や行動を同定し，検討し，検証し，挑戦し，修正するための諸技法が，認知療法の本質であるということである。これらの技法は効果が実証された確固たるアプローチであり，認知療法はあ

くまでもこのようなアプローチを基礎としているのである。

　私は読者に対し，そして何よりも，あれこれと想像しすぎてしばしば迷路にはまり込んでしまう自分自身に対して忠告しておきたい。それは物事の本質や洞察について哲学的で深みのある話を患者としようとする際には，認知療法で強調されるソクラテス式対話の活用を，あえていったん中断してみるということである。また，多くの思案の末に私が出した結論は，治療に行き詰まったときは，認知療法の基本的な技法（たとえば活動スケジュール法，楽しみの予測，自動思考の分類，損益分析，根拠の検討など）に戻ればよいということである (Beck, 1976; Beck, Rush, Shaw, & Emery, 1979; Beck, 1995; Burns, 1989; Leahy, 1997)。私はまずこのような基本的技法を試みた後に，事例の概念化，スキーマに焦点を当てた治療，感情に焦点化した技法といった，さらなる技法や介入に移行することにしている。そうすることによって，治療はより充実し，深みのあるものになるのである。

　多くのセラピストは，モデルと自分の好みを統合し，自分らしいスタイルで治療を進めていくことを好む。治療を独自の革新的な方法で行なうのは大変結構なことだが，重要なのは，実証的な裏づけのある方法でまず治療を開始すべきであるということである。たとえば，抑うつや不安障害に対する介入として効果が実証されている治療モジュールをしっかりと試して，その効果を検証するまでは，スキーマに焦点化した技法を試すのは延期するほうがよいだろう。治療の初期段階では，（文献によって）効果が示されている技法を用いるという義務が，我々にはあるのではなかろうか。ここで私が思い出すのは，以前私のところにいた非常に知的なある訓練生が，自分なりのやり方で認知療法を行なえると思い込み，その結果，かなりの脱落者を出してしまったことである。その訓練生のために付け加えておくが，その後彼女は自己流の折衷的なやり方を改め，認知療法の基本モデルをきちんと活用することで，技法や構造化，ホームワークの設定などを実践できるようになった。

　つまり，私がまず皆さんにお勧めしたいのは，効果が示されている治療アプローチや技法を最初に習得することである。標準的な認知療法を特定の事

例に合わせて改変する前に，効果が実証ずみの技法をまず試してみることは，大いに価値のあることだと思う。

　認知療法を行なう際，私は患者に対し，いくつかの技法を組み合わせて適用する。そして患者がネガティブな思考を自己修正できるようになった後でも，当初の技法パッケージをそのまま適用し続ける場合が多い。長年にわたる思考パターンを修正するには，過剰なぐらいの学習と訓練が必要だからである。ひとつのネガティブな思考に対し，あえて複数の技法を適用する利点は，もしある技法の効果がすぐに見出せなくても，将来患者がその技法を対処法のひとつとして活用できるようになるということである。このようなやり方は，私のスーパーヴァイザーで，技法の達人と言われるデビッド・バーンズに数年前に教わったものであり，私はそれに大変感銘を受けたものである。私が臨床現場で抱えていた問題，たとえばある患者のネガティブな思考があまりにも強固であることを訴えたとき，デビッドは私に，「君がその問題に対して使える技法を，10種類挙げてみなさい」と言った。そして実際，複数の多様な技法を用いるこのようなアプローチは，治療を進めるうえで大いに役立ち，患者にも多大な恩恵をもたらした。私が担当した患者たちは，自分のネガティブな思考に上手に対処するために，複数の多様な方法を活用できるようになったのである。

　私は患者からその都度フィードバックしてもらうことが重要だと考えている。それに加えて有益なのは，セラピストが，自分がある患者に試した技法をメモ書きしておき，どれが役に立ちどれが役に立たなかったか，そしてその理由などについて，後で改めて検討することである。たとえば自動思考の根拠を検討したのに効果がなかったのはなぜか，ということについて考察することは，どんなときでも役に立つだろう。この場合は自動思考だけではなく，より基底的な信念，条件つきルール，絶対的な確信などを探索する必要があったかもしれないのである。ある技法がうまくいかない場合，我々はむしろそのおかげでより重要で絶対的なルールやスキーマを発見できるかもしれない。実際，熱意ある臨床家は，ある技法がうまくいかないとき，「それは

それでよいのだ」と考えてみてもよいだろう。というのは，そのような失敗（や抵抗）は，さらに基底的な問題の存在を教えてくれるし，事例の概念化をさらに展開するための素晴らしい機会を与えてくれるからである。そしてそれによって患者の中核信念を検討するための技法を，新たに生み出せるかもしれないのである。

　私は行動的技法を非常に重視しており，自著『Treatment Plans and Interventions for Depression and Anxiety Disorders』（Leahy & Holland, 2000）では巻末の付録 A に，行動的技法のリストを掲載している。しかし本書では，治療の認知的側面にあえて焦点を当てた。行動的側面に関心のある読者には，上記の本（Leahy & Holland, 2000）や，ハーセンが編集した行動療法についてのすぐれた著書（Hersen, 2002）を参照されたい。

　私は認知療法家（もしくは認知行動療法家）として，行動的技法が，ネガティブな思考を検証する際に非常に有益であると考えている。たとえば活動スケジュール法，段階的課題設定，楽しみの予測といった行動的な技法を用いて，「何事も楽しめない」「いつも気が沈んでいる」といったネガティブな信念を患者に検証してもらうことができる。また自己主張訓練は「誰も私のことなんか好きじゃない」「私は恥ずかしくてたまらない」という考えを検討できるし，注意そらしは「自分の思考を全くコントロールできない」「私はいつも心配ばかりしている」という思考を検討できる。段階的曝露は，「（ある特定の刺激が）危険で自分はそれに耐えられない」という信念を検証できるし，イメージ曝露は，「（ある）観念を抱くことが耐えがたい」という信念を修正できる。リラクセーション訓練は，以下の課題に取り組むときに役立つだろう。(1) たとえば「私はいつもビクビクしている」といった思考を検証する。(2) 思考や気分をおだやかなものにし，ネガティブな考えに取り組みやすくする。(3) 覚醒レベルを下げることにより，感情がネガティブな思考を誘発するのを防ぐ。さらに自己強化や偶発的出来事の自己管理は，自分の能力に対するネガティブな思考を修正するのに役立つ。行動的技法は，患者がネガティブな自動思考を同定する際や，それらの思考にチャレンジするた

めに行動実験を行なう際にも大いに役に立つであろう。

　本書では，各技法を用いる際のセラピストと患者の対話が例示されている。セッションでの実際のやりとりを知ることは，実際にどうすればよいかというロールモデルを入手できるという点でとても有用である。私は本書が読者に役立つことを，もちろん心から望んでいる。しかしながら本書は，直接的な訓練やスーパーヴィジョンの代わりとなるものではない。ニューヨークの米国認知療法研究所で私が教えた博士課程修了のセラピストたちが，その後，ベテランのセラピストとの個人的なスーパーヴィジョンをさらに続けようとしているその賢明さに，私は大変感銘を受けている。臨床家のライセンスを得たからといって，自分自身のトレーニングが完了したと考えることは決してできないのである。本書が役に立つ参考書として重用され，読者の皆さんがこれまで見落としていた数多くの選択肢を再び試してみようと思うことを，私は心から願っている。

第1章
思考と思い込みを同定する

　精神病理学におけるベックの認知モデルは，抑うつ，不安，怒りなどが惹起されたり維持されたりする際に，思考が中心的な役割を果たしていることを強調する（Beck, 1970, 1976; Beck, Emery, & Greenberg, 1985; Beck et al., 1979）。ある人に認知的歪曲傾向がみられる場合，その人は喪失や障害といったライフイベントに対して脆弱である，というのが認知モデルにおける仮説である。そのような人は自分に起きたライフイベントを，たとえば"拡大視"や"否定的自己関連づけ"といった認知的歪曲を通じて解釈してしまうのである。ベックの認知モデルは，人の認知的評価プロセスにいくつかのレベルがあることを示唆している。そのなかで最も表層的なレベルの認知とされているのが自動思考（automatic thought）である。自動思考は不随意的に生じる，いかにももっともらしい思考で，不確実な行動や混乱した感情に伴って浮かぶことが多い。これらの自動思考は，特定の偏りや歪曲によって分類することができる。それにはたとえば，"読心術""自己関連づけ""レッテル貼り""運命の先読み""破局視""二分割思考（全か無か思考）"などが挙げられる（Beck, 1976; Beck et al., 1985; Beck, 1995; Leahy & Holland, 2000を参照）。自動思考は正しくもあり誤りでもありうる。すなわち，「彼女は私を好きじゃない」というある人の自動思考は，読心術に基づいているかもしれない（この時点で，"ある人"には，この考えが妥当であるとする十分な根

拠がない）。しかしまた，後になってこの自動思考が事実であることが判明する場合もあるのである。

自動思考に対する感情的な脆弱さは，その人の背景にある思い込みやルール（たとえば，「皆から認められなければ，私はまともな人間じゃない」），背景にある個人的なスキーマ（personal schema）（たとえば，「自分は愛されていない」「私はダメ人間だ」）に起因するものと考えられる。背景にある不適応的な思い込みやルールは，概して強固で広範にわたっているため，それらが満たされることは普通はありえない。したがって，それらは将来の抑うつエピソードや不安を引き起こす脆弱性の基盤となるのである（Ingram, Miranda, & Segal, 1997; Persons & Miranda, 1992 を参照）。「皆に認められなければならない」と信じる人が抑うつや不安に陥りやすいのは，このような信念を満足させ続けることが絶対に不可能だからである。そしてまた，このような信念をもつ人は相手の心を読みすぎ，様々な情報を自分に関連づけることが多いため，実際は拒絶されていないのにそう思い込んでしまうのである。

外部から入力される情報は，自動思考（たとえば，「私は彼女に拒絶されたのではないか？」）のフィルターにかけられ，また背景にある思い込み（たとえば，「皆から認められなければ，私はまともな人間じゃない」）に基づいて評価される。その背景にある思い込みは，さらにその背景にある個人的なスキーマ（たとえば，「自分は愛されない」）と結びついており，そのようなスキーマが今度はネガティブな信念をさらに強化したり，不信感や恐怖心に確信を与えることになる。そしてそれらのネガティブなスキーマ（「私は愛されない」「私は価値がない」「私は不完全だ」）に基づいて，人は選択的に注意をしたり記憶を想起する。つまり，人は自分のスキーマと合致する情報を見つけたり解釈したり想起したりするようになり，それによってそのスキーマはさらに強力なものとなるのである。このように抑うつ的な，あるいは不安な思考は，"スキーマ駆動型"かつ"リサーチ基盤型"であるため，抑うつや不安にとらわれている人は，自分のスキーマを確証するための情報を探索し続ける。このモデルは，注意と記憶の基盤となるスキーマ処理に関する主要な

研究とも合致するものである(Hastie, 1980; Segal, Williams, & Teasdale, 2002)。このような個人的なスキーマと同様に，科学的な推論においても，あるパラダイムが情報を誤って解釈したり，理論と矛盾するデータに注目しなかったりすることが往々にして生じる（Hanson, 1958; Kuhn, 1970)。認知療法のモデルは，ケリーの"科学者としての人間"モデル（人は自分の認知的な"構造"すなわち信念を同定し，検証する存在である）(Kelly, 1955) に基づいている。ベックがさらに展開した現在の認知モデルは，信念の"不確実性"や"誤り"を探求する科学的な思考を重視している。すなわちベックのモデルは，ある信念を確証するための根拠をただ単に探求するだけでなく，その信念が不確実であったり妥当でないことをいかにして証明できるかという点を検討するものである（Popper, 1959 を参照）。たとえばうつ状態の人は，ネガティブな抑うつ気分に一致する情報だけを選択したり注目したりし，そのような気分と矛盾する証拠は無視しがちである。しかし認知モデルは，両方の証拠を検討しようとするのである。

　本書ではベックの認知療法に重点を置いているが，私はアルバート・エリスのグループによる功績も同様に重視している（Dryden & DiGiuseppe, 1990; Ellis, 1994; Kassinove & Tafrate, 2002)。ベックと同時期に構築されたエリスの理論は，よく見られる一連の認知的脆弱性に焦点を当てており，精神病理学に対して広範な視点を与えてくれるものである。エリスの理論には，欲求不満耐性の低さ，"べき"思考，要求の多い不合理な認知的歪曲などが含まれる。本書のアプローチは，エリスの"論理‐情動‐行動モデル"と何ら矛盾することはなく，むしろよりよく統合を図ろうというものである。

　本章を通じて考察されるのは，患者が自分の思考を同定したり検討したりするのを，セラピストがいかにして支援できるかということである（大うつ病性障害と不安障害に対する認知的概念化については，リーヒイとホーランド［2000］の付録 A を参照されたい）。精神病理学における認知モデルは，多くの疾患に共通してみられる思考の歪曲や偏りを想定しているが（例：歪曲された自動思考)，それと同時に，各疾患に特有の認知的概念化が可能である

とも仮定している。認知療法が目指すのは，感情の表出よりも思考パターンの同定が重要であることを強調し，患者が自分の抱える問題に対して認知的にアプローチできるよう手助けすることである。同時に熟達した認知療法家は，感情が重要な情報を与えてくれることを認めており，たとえば感情表出や治療同盟を通じて，患者が満たされない欲求の背景にある自分の感情を活用できるようになることを指摘している（Greenberg & Safran, 1987）。満たされない欲求の背景にある感情スキーマは，感情を喚起したり種々の感情を区別しやすくするものであるが，同時にそれは，患者の認知について豊かな情報を与えてくれ，患者の思考や感情を修正するための重要な手がかりにもなる。このような"経験的技法"については後述することにして，ここでは伝統的な認知的技法に焦点を当てることにする。

◾ 技法：思考が気分を生み出す仕組みを説明する

解 説

「ある出来事に対する解釈が，気分や行動を規定する」というのが，認知療法の基本的仮説である。出来事に対する自分の考えが気分を惹起し，考え方を変えると感じ方も変わることを知って驚く人は少なくない。本章では，思考と気分が相互作用していることを患者に理解してもらうために有用な技法を概観する。結局，人がセラピーを求めるのは，自分の思考が不合理だと思うからではなく，自分の気分や行動や人間関係に不満があるからである。したがって以下の2点を検討することが役に立つ。

1. 思考と気分は別個の現象である。
2. 思考が気分（と行動）を生み出す。

思考と気分は同じではない。気分は感情を内的に体験するときに生じるものである。気分とはたとえば，不安，抑うつ，怒り，心配，絶望，幸福，陽

気，無関心，好奇心，無力感，後悔，自責感といったものである。私が何らかの気分や感情を抱いたときに感じるのは，私が「このアイロンは熱くて危険だ」とか，「このスコーンは美味しい」と言うときと似ている。アイロンを触って「熱い！」と叫ぶ人に，「本当は熱くないでしょう？」と説得するのが無意味であるのと同様に，不安を訴える患者に，「本当は不安でないのでしょう？」と言うのは無意味である。我々は患者の気分に異議を唱えることはない。「熱い」というのは，人が知覚したことの表現であり，「幸せだ」とか「悲しい」といった表現も，同じように人が感じたことの表現なのである。我々は気分に異議を唱えるのではなく，気分を喚起した思考に注目し，思考を検討していくべきであろう。

　セラピストは患者に，思考がどのように気分を生み出すか，そして思考がどのように気分を強めたり弱めたりするかを説明することができる。その際，同一の出来事であっても，それに対する思考が異なると，それに伴って生じる気分も異なるという例を挙げてみるとよい。たとえば，恋人にふられたときに，「やっぱり私は愛されないのだ」と考え，それゆえに絶望感にとらわれる人もいれば，「彼は私にふさわしくなかったのだ」と考え，それゆえに希望や安堵感を抱く人もいるだろう。表1-1には，思考とそれが惹起する気分の多様な例が示されている。

検討と介入のための問い

　セラピストは，思考と気分の関連性について，専門用語ではなくわかりやすい言葉を用いて患者に説明するとよい。たとえば次のような言い方ができる。「思考に注目してその修正を試みる前に，まずは思考が気分にどのように影響を与えているのかを考えてみませんか？　あなたは落ち込んだり不安になっているとき，どんなことを考えているでしょうか？　たとえば夜遅く見知らぬ街を歩いていて，背後に誰かの足音が聞こえるという場面を想像してください。肩越しに振り返ると，大きな男が2人います。あなたは『泥棒じゃないか？』と思うかもしれません。そう考えたら，どんなふうに感じま

表1-1 思考および思考が惹起する気分

思 考（私は…と思う）	気 分（ゆえに…と感じる）
私は二度と幸せになれない	絶望的だ
生きていても，仕方がない	死んでしまいたい
自分に魅力がないから彼女にふられたのだ	絶望的だ
気が狂いそうだ	こわい，パニック
彼は私を利用している	頭にくる，やり返したい，自分を守ろう
誰も私のことなんか気にかけてくれない	寂しい，拒絶された
自分のことさえできなくなってしまう	不安だ，無力だ，誰かに頼りたい
これまでにも多くの問題を解決してきたのだから，これらの問題だって，何とかできるだろう	希望がある，元気だ
自分が完璧である必要はない	ホッとする，プレッシャーがない
自分のしてきた努力を認めよう	誇らしい，幸せだ

すか？ 恐怖でしょうか？ もしそのとき『仕事帰りの同僚かもしれない』と思ったら，どのように感じるでしょうか？ ホッとするのではありませんか？ 日常生活で落ち込んだり不安になったりするときにも，私たちは様々なことを考えています。そこで質問なのですが，ご自分のアパートで不安を感じて座り込んでしまったとき，あなたはどんなことを考えていたのでしょうか？」

例

表1-1に示した通り，思考はポジティブ／ネガティブの両方の気分を生み出す。ときに患者は自分の気分に注意を向けすぎ，その気分を生み出したのが特定の思考であることに気づかないことがある。以下に対話の例を示す。

　　セラピスト：何があなたを悩ませているのでしょう？
　　患者：私はただ悲しいのです。
　　セラピスト：なぜ悲しく感じるのか，話していただけますか？
　　患者：とても怖くて，何だか破滅してしまいそうな感じです。私は泣いて

ばかりいるんです。

セラピスト：わかりました。たぶんあなたは，自分を悲しくさせてしまうようなことを，繰り返し考えているのでしょう。それがどんな考えなのか，教えていただけますか？「私が悲しいのは，…と考えているからだ」という文章を完成させてみてください。

患者：「自分は不幸だ」

セラピスト：「不幸」とは，あなたが感じたことですね。今教えていただきたいのは，あなたがどんなことを考えて悲しくなってしまうのか，ということです。あなたは自分自身について考えていましたか？ それとも将来についてですか？ あるいはあなたが体験したことについてですか？

患者：たぶん私は，「自分は決して幸せになれない」と考えたのだと思います。

　この例でセラピストは，「自分は決して幸せになれない」という患者の絶望的な予測を引き出すことができた。この予測は，たとえば次の技法を使って検討できるだろう。例：損益分析，予測の妥当性に関する根拠と反証を検討する，論理のエラー（たとえば，「今，こんなに悲しいのだから，私はずっと悲しいままだろう」）を検討する。以上の技法については後ほど紹介する。

ホームワーク

　患者が自分の気分の流れや，気分と思考との関連を記録することが，ホームワークである。セラピストはたとえば次のように教示できる。「このツール（ツール1.1 思考が気分を生み出すことに気づく）を使って，これから1週間，あなたに生じたネガティブな気分を記録してきてください。まず気分や感情を右側に書きます。たとえば，悲しい，不安だ，怖い，絶望的だ，怒っている，混乱しているといったことです。左側の欄には，そのような気分を感じたときに考えていたことを記入してください。たとえば"不安"を感じたときには『仕事がうまくいかないのではないか』と考えているかもし

れません。そしてこれらの気分と考えを併せると,『私が不安になるのは,仕事がうまくいかないのではないかと考えているからだ』という文章にすることができますね」

予測される問題点

患者が気分と思考を混同することは,よくあることである。それを前提に,たとえば次のように伝えておくとよい。「気分と考えを混同する人は,結構多いんですよ。たとえば,『私はビクビクしているから不安なんです』と言う人がいますが,これは本当は,"ビクビクしている"と"不安だ"という２つの気分を言っているにすぎません。"ビクビク"も"不安"もそれぞれが気分なのです。そのときの考えとは,たとえば,『うまくいかないのではないか』とか,『私はずっと不安なままだろう』といったことになるでしょう」

また初期段階でよく生じる問題として,患者が自分の気分と関連する思考を同定できないということがある。この場合セラピストは,本章で紹介する別の技法や第８章で示すイメージ技法などを活用するとよいだろう。

その他の関連技法

その他の関連技法としては,本章の別の技法（たとえば「思考を推測する」）や第８章のイメージ技法などが挙げられる。また患者自身に,『いやな気分よ,さようなら（The Feeling Good Handbook）』（Burns, 1989）や『うつと不安の認知療法練習帳（Mind over Mood）』（Greenberger & Padesky, 1995）といった認知療法の自習本を読んでもらい,自動思考を同定する際に参照してもらうこともできる。さらに,"認知的歪曲のリスト"を患者に渡したり,章末に紹介するツール1.1（思考が気分を生み出すことに気づく）に,患者に記入してもらったりするのも有用である。

ツール

ツール1.1（思考が気分を生み出すことに気づく）が挙げられる。

■ 技法：思考と事実を区別する

解　説

　我々は怒ったり落ち込んだりすると，自分の考えをあたかも事実であるかのように受け止めてしまうことが多い。たとえばある人が，「彼は私を利用している」と思うとき，その人はそれ（彼に利用されていること）が事実であるかのように判断しているのである。しかしその考えは実は間違いで，彼はその人を利用してなどいないのかもしれない。また，たとえば私は，「この発表は失敗に終わるに違いない」と考えて不安を感じることがあるが，実際には"失敗する"と"失敗しない"の両方の可能性があるのである。私は，「自分はキリンだ」と考えたり信じたりすることができるが，それは私が本当にキリンであるかどうかということとは別次元の話である。人が何かを「正しい」と信じていたとしても，それが事実であるとは限らないのである。思考は仮説であり，解釈であり，予測であり，そして推測でしかないのである。ある考えは事実かもしれないし，そうでないかもしれない。したがって患者は，自分の思考と事実を別々に同定し，検討するやり方を習得する必要がある。セラピストは，患者に思考，気分・感情，事実を区別してもらうために，A・B・C技法を使うことができる。患者はこの技法を通じて，きっかけとなる出来事（activating event）から，いかに異なる信念（belief）が生じ，さらにそれがいかに異なる結果（consequence）を生み出すかということを理解するだろう。たとえば私が試験前に，「失敗するに違いない」（思考）と思い込めば，私は試験勉強をやめてしまうかもしれない（行動）。一方，「これはチャンスだ」（思考）と考えれば，私は希望を抱き（気分），頑張って勉強するだろう（行動）。

　上の例で興味深いのは，「（試験に）失敗するに違いない」という当初の考えが，実際に"試験勉強をしない"という望ましくない行動を引き出し，それが実際に"試験に失敗する"という望ましくない結果を引き起こしてしま

表 1-2 A・B・C 技法

同じ出来事に対して，様々な考えが生じうる。そして次には考えが様々な気分や行動を惹起する。自分の考えが正しいかどうかは，事実を検討することで判断できる。

A＝きっかけとなる出来事	B＝信念（思考）	C＝結果としての気分・感情	C＝結果としての行動
窓がガタガタと音を立てているのを聞く	誰かが家に押し入ろうとしている	不安	戸締りをして，警察を呼ぶ
窓がガタガタと音を立てているのを聞く	外は風が強いし，この家は古く，窓の建てつけが悪い	イライラ	窓を固定させた後，眠りにつく
暗く，人気のない道で，男が近づいてくる	襲われる！	おびえ	走って逃げる
暗く，人気のない道で，男が近づいてくる	旧友のスティーブかもしれない	好奇心，うれしさ	スティーブの名を呼ぶ
夫が座って新聞を読んでいる	彼は私の気持ちを気にかけてくれない	怒り，憤慨	「あなたは身勝手だ」と夫に言う
夫が座って新聞を読んでいる	彼は私に腹を立て，知らんぷりしているのだ	動揺，罪悪感	夫と関わるのを避ける
心臓がドキドキしているのに気づく	心臓発作が起きる	不安，パニック	救急病院に駆け込む
心臓がドキドキしているのに気づく	コーヒーを飲みすぎてしまった	やや後悔	カフェインの摂取を控える

うということである。

　気分が落ち込んだり不安だったり怒ったりしている人は，自分の考えをあたかも事実であるかのように受け止めていることが多い。その例が，「自分は間違いなく試験に失敗するだろう」とか，「彼女が私を拒絶することは，わかっている」といった発言にみられる。表 1-2 には，同じ出来事が多様な思考や気分・感情，そして行動を引き起こすという例が示されている。

　表 1-3 は，ネガティブな思考と実際に起こりうる事実を区別する重要性を示したものである。この表を用いる際，セラピストは患者に，「私は試験勉強を全然していない」といったネガティブな考えを，自分が信じていると想像するよう教示する。（表の左側の欄に記入する）。それに対して右側の欄は，そのような考えの妥当性に関する事実を，患者に検討してもらうためのもの

表1-3 思考と事実の対比

ネガティブな思考	事実としてあり得ること
外は雨だ。いつもの時間に帰宅することは、絶対に無理だろう。	私がここに来たのは1時間前だから、もしかすると雨は止んでいるかもしれない。外に出て、様子を見ることもできる。
私は試験勉強を全然していない。	資料には目を通した。授業にも出た。多少は勉強もした。
私はずっとひとりぼっちだ。	先のことはわからないから、これが事実とは言い切れない。私には友だちがいるし、人に好いてもらえるような長所もある。

である。いったんそうだと考えると、その考えはその人の"信念"となる。つまり、患者があることを事実だと考えると、それがそのまま患者の信念となってしまうのである。セラピストは、「考えだけでなく、それ以外のことも検討してみませんか？ どんな事実があるか、一度調べてみませんか？」と患者に働きかけるとよいだろう。思考と事実は別個のものだからである。

検討と介入のための問い

「考えと事実は同じではありません。何かを『正しい』と考えたからといって、それが事実であるとは限らないのです。たとえば私は、『自分はシマウマだ』と考えてみることができますが、だからといって、それが私が本当にシマウマであるということを意味しているのではありません。したがって私たちは、考えと事実の両方を検討する必要があるでしょう」

例

セラピスト：なぜそんなに不安なのですか？
患者：私はクビになりそうなんです。
セラピスト：自分がクビになりそうだということを、どのようにして知ったのですか？
患者：私にはわかるんです。そうなるに決まっているんです。

セラピスト：あなたは自分がクビになると信じているようですが，そうならない可能性はありませんか？
患者：いえ，私は確信しています。クビになるに決まっているんです。
セラピスト：確かに，あなたがクビになる可能性がないとは言えませんよね。でもクビにならない可能性もないとは言えないのではありませんか？ 信じることと実際の事実とは同じではないのです。何かを信じたからといって，それがすべて事実になるのではありません。あなたがクビになるかもしれない理由と，クビにならないかもしれない理由の両方を検討してみませんか？

この対話では，セラピストは患者の強固な信念を認めたうえで，信念（思考）と事実が同じではないことを伝えている。そして，"クビになる"という信念の根拠や理由を検討することを勧めている。思考と事実が異なるものであるということを知ることは，患者が出来事に対して別の見方ができるようになることを手助けする出発点となるものである。

ホームワーク

セラピストはツール1.2（A‐B‐C技法）を使って，ある特定の信念や気分を引き起こすきっかけとなった出来事を記入するよう，患者に教示する。患者はさらに，ツール1.3（思考と事実を区別する）を使って，特定の思考が，すべての事実を考慮したものではないことを検討できる。たとえば，「私は試験勉強を全然していない」という考えは，「私は知能が高い」「私はきちんと授業に出ている」「私は資料を読み終えている」といった事実を考慮に入れていないということがあるだろう。

予測される問題点

患者の中には，「自分の考えは事実そのものである」と強く信じてやまない人もいる。またネガティブな考えが，実際にその通りの事実であると判明す

る場合もあるだろう。したがってセラピストは,「あなたの信念はすべて間違っている」といった印象を患者に与えないよう注意しなければならない。その場合は次のように言ってみるとよいだろう。「あなたは,事実を正確に解釈するときもあれば,すべての事実を考慮に入れないで物事を判断するときもあるようですね。"関連するすべての事実を考慮する"ということをルールにして,今後はこのルールに基づいて物事を考えるようにしてみませんか?」

事実に基づいて考えるようセラピストに教示されたことがきっかけとなり,むしろ「自分には価値がない」「批判されている」と思ってしまう患者もいる。このような問題については,私の別の著作で検討している(Leahy, 2001b)。患者のこのような反応を検討するには,「あなたは事実について質問されると,『非難された』『拒絶された』と思ってしまうのでしょうか?」と,患者に直接尋ねてみるとよいだろう。私が強調したいのは,事実を検討するからといって,それが必ずしも患者の思考の間違いを指摘しているのではないという点を,はっきりさせることの重要性である。

その他の関連技法

その他の関連技法としては,思考の妥当性について根拠と反証を見つける,考えと気分を区別する,認知的歪曲を分類する,ある考えにおける信念の変化を検討する,などが挙げられる。たとえば「私はダメ人間だ」という信念の確信度に揺らぎがみられる患者に対しては,そのとき患者がたまたま注目した事実に影響されて,そのような揺らぎが生じているのかどうかを,尋ねてみるとよいだろう。

ツール

ツール1.2(A-B-C技法),ツール1.3(思考と事実を区別する)が挙げられる。

■ 技法：ある思考に関連している感情と信念の強度を評定する

解　説

　我々はひとつの出来事に対して，多様な感情や信念を抱くが，真に重要なのは，それらの感情や信念の強度である。

　感情は明らかに段階的に変化する。我々は，ちょっと悲しく感じたり，それなりに悲しく感じたり，かなり悲しく感じたり，非常に悲しく感じたり，どうしようもないぐらい悲しく感じたりするのである。悲しんだり心配したり怒ったりしているとき，感情と思考を区別できなかったり，感情の強度をモニターできなかったりする人は多い。したがって，感情の強度を評定するやり方を，患者に教えることは有益である。またセラピーにおける患者の変化は，ふつう徐々に起きるものなので，患者が自分の気分や感情の強度をこまやかに評定できるようになることは，大変重要なのである。たとえば，自分の悲しみが，"圧倒されるぐらい"というレベルから"いくらか悲しいと感じる"というレベルにまで軽減したことを実感した患者は，治療によって自分が回復しつつあるという現実的な結論を導き出すことができるだろう。

検討と介入のための問い

　「どれぐらい気が動転しているのですか？」「この信念をどれぐらい確信していますか？」「ネガティブな気分が全くない場合を0％，最も強い場合を100％とします。それと同じように，ある考えを全く信じていない場合を0％，信じきっている場合を100％とします。あなたの気分や信念の強さは，今，どれぐらいですか？」「比較的気分がよいと感じるときがあるのは，どういう理由によるものなのでしょう？」「気分が落ち込んでいるときは，そうでないときとは何か違う行動をとりますか？　また気分がよいときは，どういう行動をとるでしょうか？」「気分が落ち込んでいるときは，そうでないときとは何か違ったことを考えていますか？　逆に気分がよいときは，どうな

んでしょう？」

例

セラピスト：ジョンと別れてから，ずっと悲しい気分でいっぱいなのですね？　どんなふうに悲しいのでしょうか？

患者：とにかく悲しいのです。ときどき彼がいなくなってしまったことを思って，泣いてしまうんです。

セラピスト：それはとても重要なことです。彼と別れたことを思うときのあなたの気分を，きちんと理解していきましょう。そのときのあなたの悲しみを，0％から100％までのパーセンテージで表現してください。0％は「全く悲しくない状態」で，100％は「考えられるかぎりで，最も悲しい状態」です。あなたの悲しみはどれくらいでしょう？

患者：そんなふうに考えてみるのは初めてですが，たぶん95％ぐらいだと思います。

　この患者は，「ジョンがいなければ，私は決して幸せになれない」という絶対的な信念を抱いているかもしれないが，悲しみの強度が95％であれば，その信念の強度も100％ではないかもしれない。信念にも強度があるということを知ることは，苦痛をもたらす信念に対処するための大変重要な出発点になる。もし私が，自分の信念の強度が100％であると言い切れない場合，それは私がすでにその信念に多少なりとも疑いを抱いているからに他ならない。それはまた，私の信念が変容可能で，今後さらにその強度が低下しうるということを意味している。つまり現在の信念はもっと変化するかもしれないのである。

セラピスト：ジョンと別れてから，ずっと悲しい気分でいっぱいなのですね？「ジョンが去ったことを思うととても悲しいのは，私が…と考えているからだ」という文章を聞いて，どんなことが思い浮かびます

か？ 最初に思い浮かんだことを当てはめて，この文章を完成させてください。

患者:「彼がいなければ，私は決して幸せになれない」

セラピスト：そうですか。「彼がいなければ，私は決して幸せになれない」という自動思考が，今あなたに浮かんだのですね？ それをメモしておきましょう。（セラピストは患者がセッション中にメモを取れるよう，用紙とペンをあらかじめ患者に渡してある）。次に，「彼がいなければ，私は決して幸せになれない」という考えを，あなたがどれぐらい強く信じているのかをみてみましょう。その考えの強さを0%から100%までの間で評価してください。0%は全くそうは思わない場合，100%は絶対にそうだと強く信じている場合です。いかがでしょうか？

患者：そうですね。かなり高い数字だと思います。本当にそう信じていますから。……90%ぐらいでしょうか。

このような評定作業を難しいと感じる患者もいる。感情や信念を評定するという発想そのものに患者が慣れていないからである。その場合には，視覚的な補助ツールを使用するとよいだろう。

セラピスト：あなたは悲しいと感じているのですが，それを%で評定するのが難しいのですね？ この評定のやり方について，もう少し具体的に説明しましょう。（図1-1のような尺度を描く）。0%は，「全く悲しくない」状態です。100%は，「想像しうるかぎりで最大の悲しみ」を表します。つまり「悲しみに圧倒されて，他のことを全く考えられない」状態ですね。50%は「中程度に悲しい」状態です。となると，90%は「非常に悲しい」ということになりましょうか。それは大変つらい状態ですが，少しは他のことができる状態です。さて，ジョンとの別れを思うときのあなたの悲しみを，この尺度に当てはめる

```
 0    10    20    30    40    50    60    70    80    90   100
全く         少し              中程度に          かなり         圧倒されるほど
悲しくない    悲しい            悲しい           悲しい        ものすごく悲しい
```

図 1 - 1　感情を 0 〜 100％で評定する

とどのくらいになりますか？
　患者：そうですね，95％ぐらい。

ホームワーク

　次のセッションまでの間，信念の強度の推移を記録してくることがホームワークである。患者は，感情と信念を評定するためのツール（ツール 1.4 感情と信念を評定する）に，ある思考や気分が生じるきっかけとなった出来事を記録し，その出来事に関連する信念と感情の強度を評定する。一度このような作業をした後，セラピストは，ネガティブな体験において思考や気分が変化する要因を検討してみることを，患者に提案できるようになる。

予測される問題点

　この作業において生じうる典型的な問題は，信念の強度の評定を，患者が一度しか行なわないということである。「これは一度，記録したから」と考えてしまうのである。しかしこの作業の目的は，信念や思考の強度の変化や，その変化の要因を注意深く調べることである。それらの情報はまた，"コトが起きる"とき，すなわち患者が落ち込んだり不安になったりしやすい状況を同定する際の助けにもなる。そのような同定を患者ができるようになると，問題の生じやすい状況に焦点を当てて，セラピーを進めることができるようになる。

その他の関連技法

　その他の関連技法としては，考えがいかに気分を生み出すかについて検討

する，思考と事実を区別する，下向き矢印法，ネガティブな思考を分類する，特定の思考における変化を探す，などが挙げられる。

ツール
ツール 1.4（感情と信念を評定する）が挙げられる。

▶ 技法：特定の信念における変化を探す

解説
　距離をおいて自分の信念を見つめるためには，"今ここ"においてですら，信念の強度や確信度が変化しうるということを認識することが，しばしば役に立つ。認知療法家は常に，信念の柔軟性に関心を抱いているが，一方，非常に抑うつ的だったり不安だったりする人たちは，信念は強固でしかも不変であると信じていることが多い。認知療法家はそこで，そのような患者の信念が変化する可能性があるかどうかを，直接的に検討しようとする。その際に用いる技法は，前述の"感情や信念の強度を評定するための技法"と大いに関連している。それは，状況に応じて信念が変化することに，特に焦点を当てたものである。

検討と介入のための問い
　「この考えを，完全には信じていないときがありますか？」「その考えを完全には信じていないとき，どんなことが起きているのでしょうか？」「この考えが完全に正しいのなら，それを完全には信じていないときが少しでもあるというのは，どうしてでしょうか？」

例
　　セラピスト：あなたは「ジョンがいなければ，絶対に幸せになれない」と信じていて，その信念の強さは 90％ということでしたね？

患者：そうです。そう信じています。だから不幸な気分になってしまうんです。

セラピスト：ところであなたの不幸な気分は，1日の間でも変化することがあり，あるときにはその気分が強まったり，別のあるときには弱まったりするのではありませんか？

患者：ええ。私は常に泣いているわけではありません。それにいつもジョンのことだけを思っているのではありません。

セラピスト：ジョンのことを思っていないときは，どんなことを考えているのでしょう？

患者：アパートを引越ししようかと考えています。それに，家具を少し買い足そうかなとか，友だちとランチを一緒にしようかなと思うときもあります。

セラピスト：そうすると，ジョンのことを考えていないときは，「ジョンがいなければ，絶対に幸せになれない」という信念の強さは0％ということになりますか？　というのは，そういうとき，あなたは自分を不幸だと感じていないからです。

患者：そうですね。そういう見方をしたことがありませんでしたが，確かにそうだと思います。

セラピスト：ということは，1日の間で，たとえジョンのことを思っても，90％の不幸を感じないときもあるのでしょうか？

患者：ええ。「彼がいなくても，大丈夫かもしれない」と思うときもあります。

セラピスト：それではもし私が，その瞬間，あなたの頭の中に飛び込んで，「今すぐ教えてください。『ジョンがいなければ，絶対に幸せになれない』という信念を，今どれぐらい信じていますか？」と尋ねたら，あなたは何と答えるでしょう？

患者：そういうときは，信念も弱まっていて，10％ぐらいになっているのかもしれません。

セラピスト：そうすると，今のあなたの信念は，たとえ数時間といえども変化する余地があるということでしょうか？

患者：そうかもしれません。ということは，彼との別れに対する私の信念が変わるかもしれないということですね？

セラピスト：誰でも愛する人と別れると，ネガティブな信念をもつようになるものです。あなたの友だちにも，そのような経験をした人がいるのではないですか？

患者：ええ，います。アリスは5年前に離婚しました。

セラピスト：彼女も，今のあなたと同じような信念を抱いていたのではないですか？ でもその信念は，時間が過ぎて変化したのではないでしょうか？

患者：その通りです。アリスは変わったんです！ 今では彼女は，前の夫と同じ部屋で過ごすことすら，想像できないんですって。

セラピスト：そうですか。それでは，信念は変化するということを，心に留めておきましょう。

ホームワーク

　ツール1.5（信念の強度を記録する）を用いて，特定の思考における信念の強度を記録してくることがホームワークである。ある信念に対する患者の注意や関心は，1日の時間の流れの中で，あるいはその時々の出来事に応じて変化することもあれば，他の思考と共に変化することもあるだろう。また，患者の強固な信念がセッション中に変化することもある。セッションにおいて，患者とセラピストは定期的に信念を検討し行動計画を立てるが，セラピストはその際，患者に信念の強度も併せて聞いておくとよいだろう。セッションの開始時には90％と評価された信念が，セッションの終了時には40％にまで低下することも珍しいことではない。

　信念の変化は，感情の変化とも連動する。たとえば，ある信念の強度が減ずるに従って悲しみも軽減することがある。このような経験は，「たとえ強固な信念や不快な感情でも変化しうる」という希望を患者に与え，その患者との認知療法は，さらに効果的なものとなるのである。

セラピスト：あなたの信念の強さは，この30分で90％から40％に減り，悲しみの強さも同じように減りましたね。このことをどう思いますか？

患者：このようなセラピーであれば，私の考えや気分もよい方向に変わるかもしれないと思うようになりました。

セラピスト：私たちはたった30分で，あなたの思考や気分を変えることができました。今後，この方法を自分でやってみるとどうなるでしょうか？

患者：気分がよくなるかもしれません。

セラピスト：やってみて，どうなるか確かめてみませんか？

予測される問題点

　本章で提示した他の技法についても同様であるが，患者は気分がよいときには，ネガティブな信念を記録する気があまり起きないものである。セラピストはそのような患者に対し，気分のよいときこそむしろ多くの有益な情報を与えてくれると説明するとよいだろう。するとたとえば，「私は負け犬だから，他人にしてあげられることなど何もない」と信じている患者が，友人と話しているときにはこの信念の強度が実は0％になることに気づくかもしれない。このような気づきからセラピストは有益な情報を入手できるし，その後の介入や問いにつなげていくことができる。「ネガティブな信念は，よりポジティブな別の信念と関連する活動をしているときに変化するものです。信念が変化するということは，その信念は完全には正しくないということを示しているのかもしれません。あなたの場合，ネガティブな気分をあまり感じていないとき，別のどんな考えが浮かんでいるのでしょう？」

その他の関連技法

　その他の関連技法としては，段階的な課題設定，すべての情報や事実を検討する，ある信念の妥当性についての根拠と反証を検討することによってその信念に挑戦する，考えと事実を区別する，考えと気分を区別する，などが挙げられる。

ツール

ツール 1.5（信念の強度を記録する）が挙げられる。

▎ 技法：思考の歪曲を分類する

解 説

落ち込んだり不安になっている人によくみられる思考の歪曲は，どれもよく似ている。たとえば，早合点したり，よくない出来事を自分に関連づけたり，自分に"失敗者"のレッテルを貼ったりといったことが，その典型である。ネガティブな感情や非機能的な行動と関連する自動思考（自然発生的な思考）は，一見もっともらしく，妥当であるかのように思われる。自動思考にはたとえば，「私は決して幸せになれない」「私は無能だ」「誰も私のことなんか好きになってくれない」「全部自分が悪いんだ」「彼女は私にうんざりしているだろう」といったものがある。自動思考は真実である場合も，間違っている場合もあり，その妥当性の程度も様々である。「そのパーティで，私は彼女にうんざりされてしまうだろう」といった自動思考のように，同じ思考に複数の歪曲がみられることもある。この自動思考には，"運命の先読み"と"読心術"の2つの歪曲が見られる。ベックやバーンズは多様な自動思考の歪曲を提示している（Beck, 1976; Beck et al., 1979; Burns, 1989）。ツール 1.6（認知的歪曲のチェックリスト）には，抑うつや不安，怒りなどにおいてよくみられる思考の歪曲が示されている。

検討と介入のための問い

「あなたはいつも同じような偏った考え方をしていませんか？ "認知的歪曲のチェックリスト"をご覧ください。あなたの考えの偏りに該当する項目がありますか？ それはどれでしょうか？」

表 1-4　歪曲された自動思考の例

自動思考	歪曲
私は負け犬だ	誤ったレッテル貼り
彼女は私を魅力的でないと思っている	読心術
私は何ひとつまともにできない	全か無か思考
この程度の仕事なら，誰にだってできる。自分がそれをできたことに，何の意味もない	ポジティブな側面の割引き

例

　セラピストは患者に，「悲しい気分のとき，どんな考えが浮かんでいましたか？」と尋ねたり，「そのとき『……』と思ったから，私は不安になった」といった文を完成させてもらったりして，患者の自動思考を引き出し，次にその自動思考を分類する。その際セラピストは，表1-4のような表を用いて，「左側の欄に，自分を動揺させてしまうようなネガティブな思考を書き，右側の欄に，その考えがどの歪曲に該当するかを記入してください」と教示するとよい。

ホームワーク

　ツール1.6（認知的歪曲のチェックリスト）とツール1.7（思考の歪曲を分類する）を用いて，次の1週間のネガティブな自動思考をモニターし，分類することがホームワークである。この作業は，同じような自動思考がいかに繰り返し浮かんでいるかということを，患者が自覚するうえで役に立つ（たとえば，「私は決して幸せになれない」「何もかもうまくいかないだろう」「誰も私を必要としないだろう」といった考え，つまり"運命の先読み"の繰り返し）。ある種のネガティブな思考が明らかに繰り返されていることがわかれば，セラピストと患者はその思考の強度を軽減するためにチャレンジすることができる。たとえば，絶えず"読心術"をしている患者（「彼は私を"負け犬"だと思っている」「彼らは私を好きではない」「私はダメ人間だと思われているだろう」）には，繰り返し生じるこれらの思考への挑戦リストを作成

することを勧めるのがよいかもしれない。そのリストには，次のような考えを含めるとよいだろう。「これらの考えには証拠がない」「私はすぐに早合点する」「彼らは私のことをよく知らないのだから，私を嫌うはずがない」「私だって，ここにいる皆と同じ程度にはまともな人間である」「私は彼らに承認される必要はない」「皆によい印象を与える必要はない」「彼らのほうこそ，私が彼らを好きかどうか，気にしているのかもしれない」

予測される問題点

　患者の中には，思考の歪曲をセラピストに指摘されると，それは「あなたは無能だ」「あなたの頭はおかしい」と指摘されているようなものだと受け止めてしまう人がいる。したがって，ネガティブな考えがその通りである場合もあるということを，セラピストは明確にしておく必要がある。たとえば，「彼女は私を好きでない」という考えが浮かんだとする。これは“読心術”と分類できるが，またそれは本当のことで，その“彼女”が“私”を本当に好きでないということもあるだろう。私が患者に“認知的歪曲”という言葉を使うのは，思考を分類する際に便利だからであるが，多くのネガティブな思考が実際に事実でありうるということも，同時に伝えるようにしている。しかしそれでも“読心術”のようなネガティブな思考パターンを同定できれば，我々は，そのパターンに対して何らかの技法を適用することができるのである。思考を分類することは，その思考を否定したり誤りを正したりすることと同じではない。我々はあくまでも，事実を検討するのである。

その他の関連技法

　まず前述した“思考のモニタリング”が，その他の関連技法として挙げられる。モニタリングによって患者は，思考，事実，気分のプロセスや，ある思考における特定の信念の変化をたどることができる。また，下向き矢印法，背景にある思い込みやスキーマを同定する，“まほろしの恐怖”を評価する，損益分析，思考の妥当性に関する根拠と反証を検討する，といった技法を適

第1章 思考と思い込みを同定する 35

用する場合，セラピストは様々な質問や介入を行なうのだが，その際にも"認知的歪曲のチェックリスト"は大いに役に立つだろう。

ツール

ツール1.6（認知的歪曲のチェックリスト）と，ツール1.7（思考の歪曲を分類する）が挙げられる。

■ 技法：下向き矢印法

解 説

ネガティブな思考がときに事実であると判明することがある。たとえば，これからパーティに参加しようというある男性患者が，「自分はパーティで無視され，のけ者にされるだろう」と予測しているとする。これは"運命の先読み"であるが，その後，この予測が実は正しかったと判明する可能性もある。この場合，患者の恐れの背景にある信念を探求すれば，彼の思考の影響力を弱めることができるかもしれない。セラピストは，出来事や患者の考えについて，次のように質問を重ねていく。「もしそれが本当のことになったら，その後何が起きるでしょうか？」「もしそうなったとして，それはあなたにとって何を意味するのですか？」。この方法は最も基底的な信念を直接検討しようとするものなので，我々はこれを"下向き矢印法"と呼んでいる。セラピストは，患者の最初の考えをツールの最上部に書き，それから下向き矢印を使って，その考えが示唆する一連の考えや出来事を書いていくのである（図1-2を参照）。

検討と介入のための問い

「もしあなたの考えが本当のことになったら，あなたはどんなことについて悩むのでしょうか？（考えが本当のことになったら）どんな考えが浮かぶでしょうか？ その次には何が起きるでしょうか？」

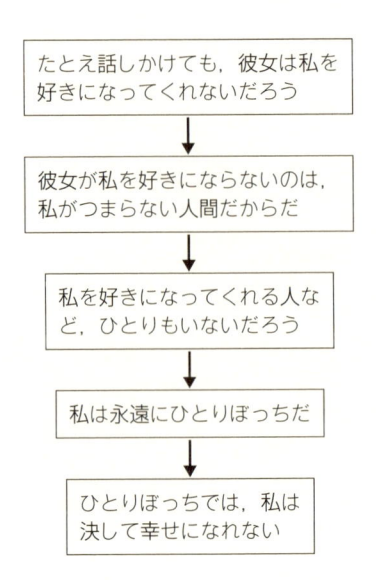

```
┌─────────────────────┐
│ たとえ話しかけても，彼女は私を │
│ 好きになってくれないだろう   │
└─────────────────────┘
           ↓
┌─────────────────────┐
│ 彼女が私を好きにならないのは， │
│ 私がつまらない人間だからだ   │
└─────────────────────┘
           ↓
┌─────────────────────┐
│ 私を好きになってくれる人な  │
│ ど，ひとりもいないだろう   │
└─────────────────────┘
           ↓
┌─────────────────────┐
│ 私は永遠にひとりぼっちだ   │
└─────────────────────┘
           ↓
┌─────────────────────┐
│ ひとりぼっちでは，私は     │
│ 決して幸せになれない      │
└─────────────────────┘
```

出来事と思考	示唆されること
出来事：パーティに行くことを考える。 **思　考**：「パーティで彼女に近づくのが不安だ」	
問い：何が起きると思いますか？	私は拒絶されるだろう。
問い：もしそうなったら，それは…ということである。	私は負け犬だ。
問い：もし自分が負け犬なら，それは…ということである。	私は誰とも親しくなれない。
問い：もし自分が誰とも親しくなれないなら，それは…ということである。	私は永遠にひとりぼっちだ。
問い：もし自分が永遠にひとりぼっちなら，それは…ということである。	私はひとりぼっちでは，決して幸せになれない。私はいつも不幸だ。
問い：背景にある思い込みは何だろう？	私が幸せになるためには，誰かが必要だ。

図1-2　下向き矢印法によって思考が示唆することを知る

例

　下向き矢印法は，患者自身も気づいていない潜在的な恐れを同定するのに有益な方法である。私がこの技法をしばしば使うのは，患者の背景にある信念や恐れを理解することが，実際には大変困難であるとわかっているからである。たとえば我々のほとんどは死に対して恐怖心を抱いているが，では我々ひとりひとりは，死における何について，本当に恐れているのだろうか？　死を恐れているふたりの患者の例を考えてみよう。

　　セラピスト：あなたは，自分がガンではないかと時々怖くなると言いましたね。医師が「大丈夫です」と太鼓判を押したにもかかわらず，「自分はガンではないか」と思うのは，どうしてですか？
　　患者：死ぬのが怖いからです。
　　セラピスト：もちろんほとんどの人は，死ぬのが怖いですよね。ではあなたの死に対する恐怖について，教えてください。「私が死ぬのが怖いのは，…だからだ」という文章を完成させてください。
　　患者：私が死ぬのが怖いのは，本当は死んでないかもしれないのに，つまり，ただの昏睡状態かもしれないというのに，生きたまま土に埋められて，お墓の中で意識が戻るのが怖いからなんです。

　この女性患者の生き埋めへの恐怖は，（あまり認知的でない表現をすれば）非常に象徴的である。彼女の抱える多くの問題は，行動を制約する事柄をめぐるものであり，それはたとえば，食事制限，上司から与えられる制約，経済的な制約といったことが中心であった。ここでは紙やホワイトボードに，中核的な恐れに向かう一連の思考を書きつけることが役に立つだろう。図 1-3 には，生き埋めを恐れるこの女性患者の下向き矢印法の例が示されている。
　もうひとつの例は，周囲からの要求に常に対応し，強迫的に人の世話をしようとする男性患者である。彼もまた死の恐怖を抱えていた。彼が恐れているのは，自分が死んだ後，妻子が幸せに生きていけないのではないかという

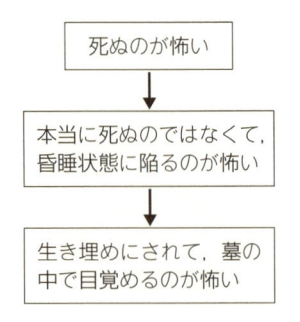

```
┌─────────────────┐
│  死ぬのが怖い    │
└────────┬────────┘
         ↓
┌─────────────────┐
│ 本当に死ぬのではなくて, │
│ 昏睡状態に陥るのが怖い  │
└────────┬────────┘
         ↓
┌─────────────────┐
│ 生き埋めにされて, 墓の │
│ 中で目覚めるのが怖い   │
└─────────────────┘
```

図1-3　下向き矢印法で，思考が示唆することを知る

ことであった。

　　セラピスト：死ぬことについて，あなたが一番悩んでいるのは，どんなことでしょう？
　　患者：肉体的な痛みではないのです。そんなことはどうでもいいんです。それに，私は自分の人生に十分満足しています。私が悩んでいるのは，私が死んだら皆の面倒をみられなくなることなのです。
　　セラピスト：誰の面倒をみられなくなるのですか？
　　患者：妻と娘です。ふたりが大丈夫だとわかれば，私は死んでもかまわないのですが。
　　セラピスト：ということは，あなたが死んだ後でも，愛する人たちがちゃんと面倒をみてもらえるとわかったら，あなたは死を受け入れられるのですね？
　　患者：その通りです。
　　セラピスト：あなたがいないと，奥さんと娘さんはちゃんと生きていけないと思っているのですね？
　　患者：そう思います。

下向き矢印法では，出来事や考えについて，次のような質問を重ねていけばよい。

「なぜそのことが，あなたの問題になるのですか？」
「どんなことが，起きるでしょうか？」
「あなたはなぜ，そのことについてそんなに悩むのですか？」
「それからどうなりますか？」
「あなたにとって，それはどんなことを意味するのですか？」

ホームワーク

患者は，ツール1.8（下向き矢印法を使う）を使って，ネガティブな考えが示唆することを書き出していく。このツールを使うことを通じて患者は，思考が示唆する一連の意味を同定することができる。セラピストは患者に次のように言うとよい。「あなたのネガティブな思考は，さらに別のネガティブな思考と結びついているようですね。それらの思考にはどのような意味があるのでしょうか？　たとえば，『私は試験勉強をしていない』というネガティブな考えは，『私は試験に失敗するだろう』という考えにつながり，それが『私は学校を退学する羽目になる』という考えにまでつながっているということがありえますよね？　このように，ご自分のネガティブな思考を同定して，その思考につながっている一連の思考を検討してみてください。そして，『この考えが本当なら，それは自分にとってどんな意味があるのか？』と，自分に問いかけてみてください」

予測される問題点

患者の中には，ネガティブな考えを同定する手続きを，最後までやらずに途中でやめてしまう人がいる。たとえば，「私は試験に失敗するだろう」という考えを同定した時点で手続きを終えてしまい，さらにその先の考えを掘り下げていかないということである。患者はこのようなとき，「試験に失敗す

るだけでも十分にひどいことだ」とか，「本心では，試験に失敗するとは思っていない」と述べるかもしれない。そこでセラピストは，最初に同定された思考とつながりをもつ"より深層の""よりネガティブな"思考をさらに追求するよう，患者に求め続ける必要がある。そうすることによって，失敗や拒絶に関する患者の考えが，恐ろしくて破局的な結果を想像することと結びついていることに気づくことができるのである。この患者の場合，潜在的に抱いていた"最悪の事態への恐れ"が，最初に同定された思考とそれに伴う不安を引き起こしていたのであった。

その他の関連技法

その他の関連技法としては，思考と気分を同定する，ある思考についての根拠と反証を検討する，思考の妥当性について損益を分析する，論理の飛躍を検討する，一連の思考の生起確率を評定する，思考に挑戦する，などが挙げられる。

ツール

ツール 1.8（下向き矢印法を使う）が挙げられる。

■ 技法：一連の思考の生起確率を評定する

解説

患者は上記の下向き矢印法を使って，ある出来事が実際に起きたとして，その次に起こりうると患者が予測している出来事が，実際に生起する確率を評定することができる。つまりセラピストは，下向き矢印法を通じて明確にされる出来事だけでなく，その出来事がどの程度の確率で起こりうるかという，患者の主観的な評定についても注意を払うべきなのである。その主観的な確率の値は，一般的な人が評定するであろう値をはるかに超えた，高いものであることが多いからである。

検討と介入のための問い

「Xが実際に起きる確率は，どれぐらいだと思いますか？」「0％から100％で言うと，その可能性はどれぐらいですか？」

例

たとえばセラピストは以下のように，ある出来事が生起する確率について，患者と話し合うことができる。

> セラピスト：ある出来事がどの程度実際に起きそうかという可能性を，生起確率と言います。生起確率は0％から100％の間で評価しますが，その数字が"0％"だったり"100％"だったりすることは，実際にはほとんどないでしょう。たとえば私がここでコインを投げて表が出る確率は50％だと言えます。そこであなたにお聞きしたいのは，"自分の考えが本当のことである確率はどれぐらいだろうか？"ということです。あなたが最初に考えたのは，「私は試験勉強をしていない」ということでしたね。この考えが真実である確率は，何十％ぐらいですか？
>
> 患者：たぶん90％ぐらいです。
>
> セラピスト：次にあなたは，「試験に失敗するだろう」と考えました。試験勉強をしていないとすると，あなたが試験に本当に失敗する確率はどれぐらいでしょうか？
>
> 患者：30％ぐらいでしょうか。試験に出そうなことについて，多少は知識がありますから。
>
> セラピスト：そうですか。では仮に試験に失敗したとして，あなたが退学させられる確率はどれくらいですか？
>
> 患者：たぶん2％ぐらいです。私は他に多くの授業に出ているし，すでにそれらの単位を取っているのですから。
>
> セラピスト：そうですか。では仮に退学になったとして，あなたが一生無

職のままでいる確率はどれぐらいですか？

患者：1％以下だと思います。

セラピスト：そうですか。それでは，これまでにあなたが見積もった確率を，この電卓で計算してみましょう。最初の数字が90％でしたから0.9 を入れて，その後の確率を掛け合わせていきますね。とすると，0.9×0.3×0.02×0.01 ですね。どれくらいの数字になると思いますか？ なんと，0.000054 ですよ！

患者：ありそうもない数字ですね。

セラピスト：およそ10万回に5回とか，2万回に1回という確率ですね。

予測される問題点

　一連の思考の同定作業において同定された思考を「実は本心ではない」と言って，掘り下げ作業を途中でやめてしまう患者がいる。また，最初に同定した思考だけでも十分にひどいと言って，やはりそれ以上掘り下げようとしない患者もいるだろう。その場合セラピストは，「次に続く思考の確率が低そうであっても，とりあえず頑張って続けてみましょう。その思考が，あなたの潜在的な恐れが何であるかを教えてくれ，私たちはそれを検証できるかもしれないからです」と教示するとよい。

　もうひとつ予測される問題は，患者が「確かに可能性は非常に低いと思います。でも，万が一それが私の身に起きたら，どうなるのでしょう？ そんなことはないと言い切れますか？」とセラピストを問い詰める場合である。"絶対的確実性"を追求するこのような患者には，「このように"絶対"を求めることのメリットとデメリットには，どんなことがありますか？」「人生において100％確実でないこともあるのではありませんか？ たとえばどんなことがあるでしょうか？」「なぜあなたは不確実な状況に，それほどまでに耐えられないのでしょうか？」と尋ねるとよいかもしれない。

その他の関連技法

その他の関連技法としては，心配について検討するためのすべての技法が挙げられる（第4章で紹介する）。

ツール

ツール 1.9（下向き矢印法を使う）が挙げられる。

◼ 技法：思考を推測する

解　説

患者が自分のネガティブな考えを，常に同定できるとは限らない。たとえば感情があまりにも強すぎると，その感情を惹起した元の思考を同定するのが困難になる。ジュディス・ベックは，セラピストがいくつかの思考を選択肢として患者に提示し，その中から，自分の思考と一致していると思われるものを選んでもらうというやり方を勧めている（Beck, 1995）。この場合セラピストが注意しなければならないのは，患者が「私の思考を同定できるのはセラピストだけだ」といった信念を，無意識のうちに抱いてしまわないようにすることである。セラピストと患者は一緒になって，患者の背景にある思考を探っていくべきなのである。

検討と介入のための問い

「あなたは自分の考えを，正確に把握するのが苦手なようですね。ネガティブな気分が生じるとき，どんな考えが浮かんでいるのでしょうか？　もしかすると，こんなことを考えているのではありませんか？［セラピストは選択肢としていくつかの思考を提示する］」

例

ある患者は，婚約解消後，悲しみと絶望感に打ちひしがれていた。彼女は

身体的な症状ばかりに目を向け,「食べられないし,ひどく疲れる」と訴えていた。また,「婚約を解消してから,ずっとひどい気分で,まともにものを考えることもできない」とも訴えていた。セラピストは,患者のネガティブな思考がどのようなものか,引き出そうとした。

セラピスト：婚約解消以来,ひどい気分なのですね。そういう気分のとき,どんな考えが浮かぶのですか？

患者：もうとにかくひどいんです。眠れないし…。

セラピスト：そうですか。今「ひどい」とおっしゃったのは,あなたの気分ですね。それでは,「婚約解消後,私の気分がひどいのは,私が…と考えているからだ」という文章を完成してみてください。

患者：私は何も考えていないのです。自分が死んでいるように感じるだけなんです。

セラピスト：そんなふうに絶望的に感じるとき,どんな考えがあなたに生じているのでしょう？

患者：わかりません。感情があまりにも強すぎて…。

セラピスト：それではそのようなとき,どんな考えがあなたに生じているか,私たちで推測してみませんか？ 私だってあなたにどんな考えが生じているかよくわかりませんから,とりあえずいろいろと推測してみますね。その中で,「それだ！」と思うものがあれば,教えてください。

患者：わかりました。

セラピスト：「私は二度と幸せになれない」。この考えはどうでしょう？

患者：ええ,そう考えているかもしれません。

セラピスト：「ロジャーがいなければ,私は決して幸せになれない」。この考えはどうでしょう？

患者：ああ,確かに私はそう考えています。

ホームワーク

不快な気分をリスト化し，そのときの思考を同定する，もしくは"推測する"という課題が，ホームワークである。

予測される問題点

患者の中には，思考と気分を区別する際，思考よりもむしろ気分を客観的に把握することに困難を感じる人もいる。このようなときは，ネガティブな思考を同定し，下向き矢印法を使うという作業を先に進めてしまってもよい。例：「ロジャーがいなければ，私は決して幸せになれない」→「ロジャーはかけがえのない存在だ」→「彼を愛したように，他の誰かを愛するなんて，私には二度とできない」→「愛する人がいなければ，私は決して幸せになれない」

また，「私は何も考えていません。ただ感じるだけなんです」と主張する患者もいる。その場合は，患者に目を閉じてもらい，ネガティブな気分をできるだけ強く感じてみるように教示する。セラピストは患者に，強烈な気分を惹起した状況——たとえば，"ひとりで家にいて，ロジャーのことを思っている"といった状況——をイメージするよう教示する。そしてイメージのなかで強烈な気分を感じている間に，ネガティブな思考を同定するよう患者を誘導するのである。「それほどまでに悲しく感じているとき，どんな考えが浮かんでいるのでしょう？ もしかしたら，『ロジャーがいなければ，私は決して幸せになれない』といった考えが浮かんでいるのではありませんか？」

ツール1.10（ネガティブな思考を推測する）は，セラピストと患者が推測したネガティブな思考を書き留めるためのものである。患者によっては，「神秘的で無意識的な思考や動機こそが，あらゆる現象を引き起こす」と信じている場合もあるので，推測された思考は，注意深く検討されなければならない。セラピストは，ある気分を引き起こしていると推測された思考が，本当に患者自身のリアルな考えであるかどうか，患者と一緒に検証するのがよいだろう。そうすれば，次に悲しみや絶望を感じたときにどんな考えが浮かんでいるか，患者は自分で見つけようとし，それがセラピストと一緒に推測

した思考と合致するかどうか，自分で確かめてみようともするかもしれない。

その他の関連技法

その他の関連技法としては，以下が挙げられる。下向き矢印法，状況・感情・思考のモニタリング，背景にある思考を患者に想起してもらうかどうかを決めるために認知的歪曲のリストを一覧する，イメージ技法，思考に挑戦する，ポジティブ／ネガティブな考えについてロールプレイを行なう。

ツール

ツール 1.10（ネガティブな思考を推測する）が挙げられる。

❖ ツール 1.1　思考が気分を生み出すことに気づく

思　考（私は…と思う）	気　分（ゆえに…と感じる）

◆◆ ツール 1.2　A‐B‐C 技法

"きっかけとなる出来事"とは，あなたの思考や信念に先立って起きた出来事のことです。たとえば，"明日が試験日であることに気づく"という出来事は，「私は試験勉強をしていない」という考えに先立っています。そしてこのような出来事によって引き起こされた考え（「私は試験勉強をしていない」）が，次に"不安""心配"という気分や，"試験に向けてしっかり勉強する"という行動を引き起こすのです。

A＝きっかけとなる出来事	B＝信念（思考）	C＝結果としての気分・感情	C＝結果としての行動

◆◆ ツール1.3 思考と事実を区別する

ネガティブな思考を左欄にまず書き入れます。次に，その思考に関する事実で，検討する必要があるものを右欄に書き出します。

ネガティブな思考	事実としてありうること

❖❖ ツール1.4　感情と信念を評定する

ネガティブな信念の強度は，様々な出来事や時間の移り変わりに応じて変化します。左欄には，ネガティブな思考が生じたときの出来事や状況を書き出しましょう。それにはたとえば，"ひとりで座っている""パーティに出かけることを考えている""何らかの作業をしようとしている"といった，日常的に繰り返されている出来事や状況も含まれます。次に，そのような出来事や状況におけるネガティブな考えを中央の欄に書き出し，その考えに対する確信度を評定します。最後にその考えによって生じる感情を同定し，その強度を評定して，右欄に書き入れます。

出来事／状況	ネガティブな考えと，その考えを信じる程度（0～100%）	感情とその強度（0～100%）

第1章 思考と思い込みを同定する 51

◆◆ ツール1.5　信念の強度を記録する

ネガティブな信念の強度は，一日のうちでも変動します。たとえば，ある人の「私は何もできない」という信念の強さは，朝その人がベッドにいるときは95%かもしれませんが，仕事をするとそれは10%まで下がるかもしれません。ネガティブな信念について数日間記録をとることにして，その強度の変化を書き留めてみましょう。そして強度に変化がみられたとき，何をしていたか，誰と一緒にいたかといったことについて検討してみましょう。また，信念の強度が時間帯によって変化するかということについても，注目してみてください。

ネガティブな信念：			
時間帯／活動内容	信念の強度 %	時間帯／活動内容	信念の強度 %
6:00		16:00	
7:00		17:00	
8:00		18:00	
9:00		19:00	
10:00		20:00	
11:00		21:00	
12:00		22:00	
13:00		23:00	
14:00		24:00	
15:00		1:00	

❖❖ ツール 1.6　認知的歪曲のチェックリスト

1. **読心術**：十分な根拠がないのに，他人の考えを自分が知っていると思い込んでしまうこと。例：「彼は私のことを負け犬だと思っている」
2. **運命の先読み**：物事がますます悪くなるとか，危機が迫っているというように将来を予測すること。例：「私はその試験に失敗するだろう」「私はその仕事に就けないだろう」
3. **破局視**：すでに起きてしまったこと，またはこれから起きそうなことが，あまりにも悲惨で，自分はそれに耐えられないだろうと考えること。例：「もし私がそれに失敗したら，大変なことになるだろう」
4. **レッテル貼り**：自分や他人に対して，大雑把でネガティブな特性をラベルづけしてしまうこと。例：「私は嫌な人間だ」「彼は不愉快な奴だ」
5. **ポジティブな側面の割引き**：自分や他人が努力して成し遂げたポジティブな結果を，些細でつまらないことであると決めつけること。例：「彼女が私によくしてくれるのは，単に私の妻だからということである」「こんなに簡単にできたのだから，たとえ成功とはいってもそれは大したことではない」
6. **ネガティブなフィルター**：物事のネガティブな側面ばかりに注目し，ポジティブな側面にはほとんど目を向けないこと。例：「ここにいるのは，私のことをよく思っていない人ばかりだ」
7. **過度の一般化**：たったひとつのネガティブな出来事を基準にして，すべてを同じようにネガティブであると考えてしまうこと。例：「いつもこんなことばかりだ。どうせ自分は何をやっても失敗するのだ」
8. **二分割思考**：出来事や人々を"全か無か"という極端な視点でとらえること。例：「私は皆に拒絶されている」「時間を無駄にしてしまった」
9. **"べき"思考**：物事を，単に"どうであるか"という視点からとらえるのではなく，"どうあるべきか"という視点から考えること。例：「私はうまくやるべきだ。さもないと失敗者になってしまう」
10. **自己関連づけ**：ネガティブな出来事の責任はすべて自分にあると不適切に考え，他の人たちや他の物事の責任や原因を考慮に入れないこと。例：「私がちゃんとしなかったから，結婚生活が破綻したのだ」
11. **他者非難**：自分のネガティブな気分の原因を他人に帰属させ，自分の責任を認めようとしないこと。例：「私がこんなふうに感じるのは，彼女のせいだ」「私の問題は，すべて両親に責任がある」

◆◆ **ツール 1.6** （つづき）

12. **不公平な比較**：自分よりできる人ばかりに注目し，彼らと自分を比較することによって，自分を劣っていると決めつけること。例：「彼女は私より成功している」「その試験では，皆，私より出来がよい」
13. **後悔志向**：今できることに目を向けるのではなく，「自分はもっとうまくやれたはずだ」というように過去にとらわれてしまうこと。例：「あのときもっと努力していたら，今よりもいい仕事に就くことができたのに」「あんなことを言うべきじゃなかった」
14. **"もし"思考**：「もし…だったら？」とあれこれ自分に問うが，どのような答えにも決して満足できないこと。例：「ええ。でも，もし心配になったら？」「もし息ができなくなってしまったら？」
15. **感情的理由づけ**：そのときの気分や感情に基づいて現実を解釈すること。例：「こんなに落ち込んだ気分なのだから，結婚生活がうまくいくはずがない」
16. **反証の拒否**：自分のネガティブな思考に矛盾する証拠や考えをひとつも受け入れようとしないこと。例：「私は愛されない」と信じる人は，誰かがその人を好いているというどのような証拠も受けつけず，その結果その人は，「私は愛されない」と信じ続ける。別の例：「そんなことは本当の問題じゃない。もっと根深い問題があるはずだ。そしてもっと重大な原因があるに違いない」
17. **決めつけ**：自分自身や他人，出来事などをありのままに説明したり受け入れたり理解したりするのではなく，"黒か白か"（あるいは"善か悪か""優れているか劣っているか"）といった視点から決めつけてしまうこと。例：「どうせ自分は大学の成績が悪かった」「テニスを始めても，どうせ上達しないだろう」「あんなに彼女はうまくいっているのに，私は全然ダメだ」

◆◆ ツール 1.7　思考の歪曲を分類する

思考の歪曲の分類：読心術，運命の先読み，破局視，レッテル貼り，ポジティブな側面の割引き，ネガティブなフィルター，過度の一般化，二分割思考，"べき"思考，自己関連づけ，他者非難，不公平な比較，後悔志向，"もし"思考，感情的理由づけ，反証の拒否，決めつけ

自動思考	歪　曲

❖ ツール1.8　下向き矢印法を使う（自分の考えが正しければ，それの何が私を悩ませるのか？）

出来事：

思　考：

それが私を悩ませるのは，
それによって…と考えるからだ

↓

↓

↓

↓

◆◆ ツール 1.9　下向き矢印法を使う（自分の考えが正しければ，それの何が私を悩ませるのか？）――その後の出来事の生起確率を計算する

出来事：

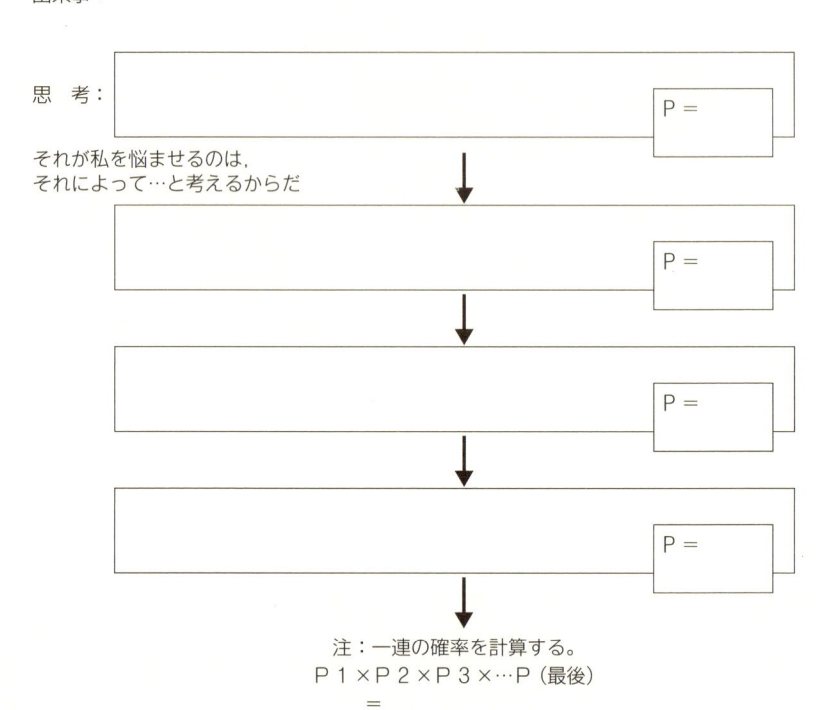

思　考：　　　　　　　　　　　　　　　　　　　　　　P =

それが私を悩ませるのは，
それによって…と考えるからだ

↓

　　　　　　　　　　　　　　　　　　　　　　　　　　P =

↓

　　　　　　　　　　　　　　　　　　　　　　　　　　P =

↓

　　　　　　　　　　　　　　　　　　　　　　　　　　P =

↓

注：一連の確率を計算する。
P1×P2×P3×…P（最後）
= _____

❖ ツール 1.10　ネガティブな思考を推測する

"感情"とは，悲しみ，不安，怒り，無気力，絶望感などの気分を表したものです。"ありうるネガティブな思考"とは，これらの気分を引き起こした可能性のある考えを表したものです。一番右の欄には，それぞれのネガティブな思考の確信度を記入してください。

気　分	ありうるネガティブな思考	信じる強さ (0～100%)

第2章
思考を検討し，それに挑戦する

　患者とセラピストが様々なネガティブ思考を同定・分類し，思考と気分（抑うつ，不安，怒りなど）の関連性を理解した後は，これらの思考を検討し，それに挑戦する段階に移る。本章では，ネガティブな思考の妥当性を検証するための諸技法について解説する。(ただし，ネガティブ思考がときにその通りの事実であるという可能性についても，セラピストは常に留意しておくべきである)。認知療法が重視するのは，"ポジティブな思考による効力"ではなく，"生起した思考をすべて同定することによる効力"である。たとえば，アルコール・薬物を乱用する患者や躁状態の患者といった人たちは，自分の行動に含まれるネガティブな側面を軽視する傾向がある（Beck, Wright, Newman, & Liese, 1993; Leahy, 1999, 2002)。専門的な言い方をすると，認知療法では，すべての思考が評価・検証の対象となり，そのうえでかわりとなる別の解釈を案出するのである。認知療法では，その人独自の情報や分類や知覚・認知が基盤となって，その個人の現実認識が構築されるという見方をするが，その意味では，認知的アプローチはきわめて構成主義的であると言える。
　しかしながら，ときにセラピストは，積極的に自分の思考に挑戦するよう患者に求める。そして活発な議論を通じて，より適応的な解釈ができるよう患者を手助けするのである。これらの挑戦や議論は，それ自体がネガティブ

な思考の妥当性を検証する手続きでもある。もし，あるネガティブな思考の妥当性が高ければ，その思考は積極的な挑戦にも耐えられるはずである。しかし論駁的すぎる対話は，無力感や敗北感，屈辱感や"誤解された"という感覚などを患者に抱かせてしまう恐れがあるということにも，セラピストは同時に注意しておく必要がある。本章では，以上の注意事項に留意しながら，患者が思考の妥当性を検証するのを手助けするための技法について紹介する。

■ 技法：患者の言葉を定義する

解説

　セラピストは次のように患者に説明するとよい。「私たちがあなたの考えを検討し，それに挑戦するのであれば，まずはあなたの話を正確に理解する必要があります。もしあなたが自分を"失敗者"と言うのであれば，あなたの言う"失敗"とはどういうことなのか，私たちは知る必要があるのです。あなたはどのようなことを"失敗"と言っているのですか？　あなたは自分の使う言葉を定義することはありますか？　言葉を定義するこのような方法は，"意味論技法"と呼ばれています。その人が使っている言葉の意味を明らかにしようとする技法だからです」

　「自分を科学者（あるいは心理学者）だと想定してください。科学者であるあなたは，たとえば誰かが『ビルは失敗者だ』と言ったら，その発言がビルを正確にとらえているかどうか，確かめてみたいと思いますよね。そのためには，"失敗"という言葉を定義する必要があります。そこであなたは，たとえば次のように"失敗"を定義するかもしれません。

- 成功していない
- 十分な報酬を得ることができない
- すべてにおいて，多くの人より劣っている

しかし，このときあなたが自己批判や落ち込みにとらわれていると，そのような気分に影響されて，"失敗"を別のやり方で定義するかもしれません。つまりあなたは，他の人とは違った視点から，"失敗"を定義するかもしれないのです。たとえば，

- 自分のやりたいことをしない
- 全力で頑張らない
- 他の人と同じようにできない
- ある仕事がうまくいかない

それでは，あなたが"失敗"をどのように定義しているのか，これから一緒に見ていきましょう」

検討と介入のための問い

「あなたは，自分の悩みをどのように定義していますか？ 私たちはどのようにして，誰かのことを，"役に立たない"とか"成功している"とか"失敗者である"と判断するのでしょうか？ また，ある人はそれには該当しないということ（たとえば，ある人は"役立たず"ではない）を，私たちはどのようにして知るのでしょうか？ できるだけ詳しく定義してください」

例

　　セラピスト：ビルが去ってから，あなたは自分を失敗者のように感じると言っていましたね。あなたの言う"失敗"とは，どういう意味ですか？
　　患者：結婚生活がうまくいかなかったことです。
　　セラピスト：あなたが人間として失敗者だから，結婚生活がうまくいかなかったというのですか？
　　患者：そうです。私が成功している人間だったら，彼は今でも私と一緒に暮らしているはずです。

セラピスト：それでは，結婚生活がうまくいかない人は皆，失敗者だということになりますか？
患者：いいえ。私はそんなことまでは言っていません。
セラピスト：そうなんですか？　ということは，あなた用の失敗の定義とは別に，他の人たち用のもうひとつの定義があるということですか？

　上の対話は，ネガティブで極端な思考を単に定義するだけでも，患者が自分の思考の不合理さに気づく場合があるということを示している。「"並外れた成功"でなければ，すべて"失敗"である」と信じる人は，物事を二分割的にとらえ，「全か無か」すなわち「物事は"完全な成功"か"完全な失敗"のどちらかである」と定義してしまいがちである。この"意味論技法"を応用して，他の人たちにとっての"成功"や"失敗"の定義を患者に尋ねることもできる。私が重視しているのは，患者に"成功"や"やりがいのある"といった言葉を定義してもらい，対話のなかでそのようなポジティブな側面にも焦点を当てることである。

セラピスト："失敗"についてのあなたの定義は，他の人の見方とはかなり違っているということがわかりました。離婚した人を"失敗者"と呼ぶような人は，現実にはほとんどいないでしょうから。それでは次に，ポジティブな面に少し注目してみましょう。人はふつう，"成功した人"をどのように定義すると思いますか？
患者：自分の目標のいくつかを達成した人を，成功した人と呼ぶのではないでしょうか？
セラピスト：わかりました。ということは，いくつかの目標を達成できた人は，"成功者"と呼んでいいのですね？
患者：そう思います。
セラピスト：ところで成功の程度というのは，人によって違うのではありませんか？　つまり，より多くの目標を達成する人もいれば，そこま

で多くはないけれども，いくつかの目標を達成できたという人もいるのではないでしょうか？

患者：そういうふうにも考えられますね。

セラピスト：あなたもこれまでの人生で，多少なりとも自分の目標を達成したことがあったのではありませんか？

患者：ええ。確かに私は大学をちゃんと卒業しました。この6年間，ずっと仕事もしていました。テッドを育てるのに忙しかったですし，2～3年前にテッドの病気が見つかった後は，彼のためによいお医者さんを見つけることもしました。

セラピスト：それらの行動は，あなたの"成功"の証だと言えるのではないですか？

患者：そうですね。確かに私にもうまくできたことがあります。

セラピスト：とすると，ちょっとした矛盾があるように思えます。あなたは自分を"失敗者"だと言いましたが，一方で，いくつか成功したこともあるというのですから。

患者：そうですね。確かに辻褄が合っていませんよね。

ホームワーク

ツール2.1（言葉を定義する）を使って，ネガティブな思考における言葉を定義するのがホームワークである。表2-1は，ある男性患者が自分の思考の特徴を調べるために，自分の使う言葉を定義しようとした例である。

予測される問題点

患者の中には，自分の気分を用いて言葉を定義する人がいる。たとえば，「自分を失敗者のように感じる」というのを，"失敗者"の定義としてしまうのである。この"感情的理由づけ"は，「自分は失敗者である」という考えを裏づけるために患者が見つけ出した根拠である。そこで私が患者に提案するのは，一般的な辞書が言葉をどのように定義していくか，その方法について

表2-1 言葉を定義する

自動思考:「私の人間関係はどれもうまくいかない」

言 葉	定 義	この定義の問題点
どうせ〜でない	すべて〜ない	"全か無か"思考。実際には様々な程度でポジティブ／ネガティブな，多様な人間関係が存在する。
人間関係	恋愛関係	私には，友人関係，恋愛関係，その他の短期的な関係といった，様々な人間関係がある。
うまくいく	幸せな結婚生活が永遠に続く	"永遠に続く幸せな結婚生活"だけがうまくいく人間関係ではない。物事がうまくいっているかどうかは，そのときどきの相対的な判断によるものである。

考えてみることである。辞書は，人々に共有されている言葉の使い方を示すものである。人々がどのように"失敗"という言葉を使っているか，ということについて検討を重ねた後に，"失敗"の定義が辞書に記載されるのである。

私は患者に対し，科学的な研究と同様のやり方で，言葉を定義するように教示する。それはすなわち，ある定義によって，皆が同じようにある事象をとらえ，皆が同じようにある結論を導き出せるような，そのような定義を考え出すということである。たとえば"寒い"を，"氷点下1℃"と定義すれば，人々は外が寒いかどうかを容易に判断できる。同様に，"成功のための行動"を，"目標に少しでも近づくために行動を起こすこと"と定義すれば，ある人が成功のための行動をとっているかどうかについては，その人が自分の目標に向かって行動しているか否かを観察することによって判断できるだろう。

その他の予測される問題としては，患者の定義があまりにも大雑把だったり，漠然としていたり，独特であったり，一貫していなかったりすることが挙げられる。これは患者がその時々の気分で言葉を定義してしまうことによるかもしれない。このことを伝えるために，以下のように患者に尋ねることができる。「あなたの言う"負け犬"の定義を他の人が使ったとしたら，その人はある人が負け犬であるかどうかを，あなたと同じように判断できると思

いますか？」。また，患者の定義があまりにも個性的であるため，他の人々による定義との共通点を見つけづらいということを強調してもよいかもしれない。その際セラピストは，たとえば，「多くの人は，この言葉をどのように定義するでしょうか？」とか，「他の人たちは，この言葉をどのように使っていますか？」と尋ねるとよいだろう。

　さらに，もともとの言葉があまりにも多義的で，その人の主観によってどうとでも定義できるため，定義そのものが難しい場合がある。たとえば"価値のある人間"という言葉は，定義すること自体が不可能であり，言葉そのものに意味がないと言える。というのも，我々が誰かを"価値がある"とか"価値がない"とか判断すること自体が無理だからである。これが"価値のある行為"という言葉であれば，"自分や他人に役に立つ行為"とまだしも定義できなくもないが，それでもかなり主観的な定義であることには変わりない。"価値のある人間"とか"負け犬"とか"大失敗"といった，意味を特定しづらい言葉によって自分が動揺してしまうのに患者が気づくことは，実は結構多くある。このような場合には，患者にとって多少なりともポジティブな意味をもつ行動に患者の注意を向けてもらうことが，そのような行動の頻度を評価するといった段階にセラピーを進めていくために役立つだろう。

その他の関連技法

　その他の関連技法としては，自動思考を同定する，自動思考における認知的歪曲を分類する，思考の妥当性について根拠と反証を探す，根拠の質を検討する，などが挙げられる。

ツール

　ツール2.1（言葉を定義する）が挙げられる。

技法：損益を分析する

解　説

　不快な気分を引き起こす思考を同定できるようになった患者は，次に，その思考を修正するか否かを問われることになる。セラピストは，ある信念が引き起こしうる結果を，それがポジティブかネガティブかにかかわらず，患者自身に検討してもらうようにするとよい。ある思考による影響を明確にすることができれば，患者はそれをそのまま抱き続けるか，それとも修正するか，自分で選択できるからである。

検討と介入のための問い

　「この思考を信じることに，どのような損や得がありますか？　この考えによってもたらされる利益と不利益には，どのようなものがあるでしょうか？　もし今の信念を弱められたら，どんな変化が起きそうですか？　逆に信念をもっと強めたら，どうなりますか？　信念の利益と不利益を合わせて100％だと考えてみましょう。もし信念が今のままであったら，そのことによる損と得は両方とも50％ずつだと思いますか？　それとも損が60％で得が40％ぐらいでしょうか？　逆に損が40％で得が60％ぐらいでしょうか？　あなたはどのような損益の配分を望みますか？　また，今よりもポジティブであまり批判的でない信念だったらどうか，ということも考えてください。思考の内容を分析するのではなく，思考による損益を分析するというこのようなやり方について，あなたはどう思いますか？」

例

　　セラピスト：では，「そのパーティに行ったら，私は拒絶されるだろう」と
　　　　　　　　いうあなたの考えを検討してみましょう。その考えをこの用紙に書
　　　　　　　　いて，ページの中央に縦線を引いてください。左側の欄の上に"利

表2-2 「そのパーティに行ったら,私は拒絶されるだろう」という思考の損益

利　益	不利益
拒絶されてもびっくりしない	不安になる
拒絶を避けることができる	自分をダメだと感じる
	人を避けるようになる
	自分を表現できない
	欲しいものを得られない――我慢しなければならなくなる
	劣等感を抱く
	知り合いたい人たちと知り合えない

　　　益"と,右側の欄の上に"不利益"と書いてください。(患者は,表2-2のように書く)。「パーティで拒絶されるだろう」という考えを信じることに,どんな利益がありますか？　すべて挙げてください。
患者：何の利益も思いつきません。
セラピスト：人が何かを信じるときには,何らかの理由や利益があるものですよ。あなたの考えは,何らかの形で,あなたを守ってくれることがあるのではないですか？
患者：確かに,「拒絶される」と信じていれば,実際に拒絶されてもびっくりしないですむかもしれません。つまり心の準備をすることで,自分を守れるのです。
セラピスト：わかりました。他に利益は？
患者：拒絶されると信じてパーティに行かなければ,実際に拒絶されることを避けることができます。(その後,セラピストと患者は,不利益についても検討する)。拒絶されると思うと,不安になるし,自分をダメだと感じてしまいます。人を避けるようにもなるでしょう。(セラピストと患者は協力して,その他の利益や不利益を探求し,表2-2を完成させた。そしてすべての利益・不利益をパーセントで評価した)。どうやら不利益のほうがずっと多いようですね。全部で

表2-3 「他人が私をどう思うかなんて，気にしなくてもいい」という新たな思考の損益

利　益	不利益
パーティでの不安が軽くなる	人と会う機会が増えれば，私を好いてくれない人にも出会うことがあるだろう
自分を表現できる	
自分をダメだと感じることが少なくなる	
新しい出会いがあるかもしれない	
絶望感が軽くなる	
新たに知り合った人たちと気楽に過ごせる	
この考えは仕事にも役立つかもしれない	

100%だとすると，利益が10%で，不利益が90%です。

セラピスト：ということは，不利益が利益を80%も上回るのですね。

　この患者はさらに，「他人が私をどう思うかなんて，気にしなくてもいい」という新たな思考を考え出し，それをセラピストと共に検討した。セラピストと患者は，新たな思考についても損益分析表を作り，利益と不利益の比較検討を行なった（表2-3）。患者は，新たな思考の利益を95%，不利益を5%とし，その結果，利益が不利益を90%上回っていると結論づけた。つまりこの患者は，「他人が自分をどう思うか，気にする必要はない」と信じるほうが，明らかに有益だということに気づいたのである。

　しかし，不適応的な思い込みについて，利益のほうが不利益を上回ると，患者が判断した場合はどうなるのだろうか？　次の例を考えてみよう。ビルは「たとえ不合理な要求であっても，上司の要求には常に応えるべきだ」と信じている。ビルによれば，この考えの利益は，そう信じることによって仕事を頑張れることであり，仕事への覚悟ができることであり，「皆も自分と同じだ」と安心できることであった。一方，不利益は，不安，自己批判，オーバーワーク，上司の気まぐれな要求に従うこと，が挙げられた。検討の結果，ビルはこの信念の利益を70%，不利益を30%とし，利益が不利益を上回って

いるとした。つまり利益と不利益のすべてを考慮した結果，彼はこの信念を自分にとって役立つものと判断したのである。そこでセラピストとビルは，「仕事へのモチベーションを保つためには，上司の不合理な要求のすべてに応じなければならない」というビルの信念を，再度十分に吟味したが，しかしそのような吟味の後でさえ，今の信念が自分にとって必要であるとビルは考えていた。

 セラピスト：あなたは，この考えが自分の役に立つと結論づけたのですね？
 患者：そうです。そう考えなければ，今の仕事を続けられません。
 セラピスト：そうですか。誰だって，自分の望むように物事を信じる権利
     があります。ところで，この考えをもし本当に選ぶのであれば，あ
     なたはそれに伴う不利益も受け入れることができるのですか？
 患者：それはどういう意味ですか？
 セラピスト：不安，自己批判，オーバーワーク，上司の気まぐれな要求に従
     うといった不利益を，あなたが進んで受け入れるということです。
 患者：そんなことはしたくないですね。
 セラピスト：あなたがこれらの不利益を望まないのは当然でしょう。でも，
     あなたがこの考えを選ぶのであれば，同時にこれらの不利益を避け
     ることはできません。なぜならこれらの不利益は，この考えによっ
     て必然的に生じるものなのですから。

 この対話でセラピストは，信念を選択するということが何を意味するかということを患者に説明し，問題のある思考を修正しないのであれば，患者がそのぶんの不利益を受け入れなければならないことを伝えている。この事例では，ビルは今の自分の信念を維持することに決めた。このようにこの技法では，信念の結果を自由に検討することが重視される。そして，ある信念に伴う不利益を患者自身が受け入れるかぎりにおいては，どのような信念であれ，患者はそれを維持することにしてもよいのである。

ホームワーク

損益分析は，患者が何かを先延ばしにしたり回避したりしているときや，そのようなときに患者が抱いている思い込みに挑戦する際に役立つものである。たとえばスポーツクラブに入会するかどうか迷っている患者について考えてみる。この場合，家で座ってテレビを見ている場合の損益，そしてスポーツクラブに行く場合の損益の両方を分析することが必要である。セッションではすでに，「何かを始めるなら，事前にそのすべてを知っておかなくてはならない」という信念も同定されていたが，この信念についても損益分析を行なう。その際，「多少リスクを伴っても，それが合理的であれば，試してみてもよい」という，もとの信念と対立する別の思考についても損益分析するとよい。損益分析の目的は，何かを変えたり選択したりするために，患者が自分のモチベーションを高めるのを手助けすることである。

ホームワークは，ツール 2.2（損益を分析する）を利用し，自分の思考や直面している選択課題を同定し，それらの損益を検討することである。セラピストは次のように説明するとよいだろう。「私たちは今日のセッションで，あなたの考え（や行動）における問題点を明らかにすることができました。それらをリストにし，それぞれの利益と不利益を書き出して，パーセントで評価してみてください」

予測される問題点

大変よく問題となるのは，患者がネガティブな思考に対してどのような利益も認めないことである。「それが不合理なのは，自分でもわかっています。何の利益もありません。なぜ私がそう考え続けているのか，自分でもわからないのです」。セラピストはこのようなときには，"秘められた"利益があるのではないかという可能性を，患者自身が探索できるよう，次のように強調するとよい。「私たちが何かすることで，利益が全くないようなことは，ほとんどないのですよ。たとえば，喫煙は，大変高いコストを払うだけで何の利益もないと人は主張しますが，実際にタバコを吸う人は，たとえ一時的であ

れ，喫煙によって何らかの利益を得ます。たとえば，タバコを吸うことで一時的に気分がよくなる場合があります。また，タバコを1本吸えば，『吸いたい』という強い欲求がとりあえず満たされます」。セラピストは患者に合理性を求めすぎないように注意する。たとえば，「少々神経質な人のように考えてみると，ネガティブな考えによる利益を思いつくかもしれませんよ」などと言うとよいかもしれない。ネガティブな思考の利益としては，回避，すなわち挫折や自暴自棄な行動，失敗，危険，不快な体験などを回避できるということが考えられる。また，"心配"による利益には，事前に準備できること，ショックを避けられること，自分自身をやる気にさせること，などが挙げられる。場合によっては患者に目を閉じてもらい，選択しなければならないこと（たとえば，"スポーツクラブに行く"対"テレビを見て過ごす"）をイメージさせ，そこに生じるすべての考えや気分を報告するように求めることが役立つときもある。

　もうひとつ予測される問題は，ネガティブな思考や行動のなかには，即効性のある顕著な利益を患者にもたらすものがあるということである。たとえば，喫煙，飲酒，過食，受動的な行動などは，一時的に強力で直接的な効果を患者に与えることがある。ここで必要なのは，これらの思考や行動の長期的でネガティブな結果を，患者に検討してもらうことである。投資にたとえると，変化のためのコストは先払いしなければならないが，その後長期にわたって配当を受け取ることができるといったことになるだろう（Leahy, 2001aを参照）。

その他の関連技法

　その他の関連技法としては，自動思考を引き出す，下向き矢印法，思考に対応するためのロールプレイ，思考を推測する，などが挙げられる。またイメージ技法は，患者がポジティブな思考や行動を避ける理由を引き出す際に有用である。

ツール

ツール 2.2（損益を分析する）が挙げられる。

◼ 技法：根拠を検討する

解　説

　この技法について，セラピストは次のように説明するとよい。「さて，あなたは自分の言葉を定義し，自分の考えやそこから何が予測できるかを明らかにしました。次は，あなたのネガティブな考えの妥当性について，その根拠と反証を検討します。まず『私は失敗者である』というネガティブな考えを検討してみましょう。あなたは"失敗"を"目標を達成しないこと"，"成功"を"目標を達成すること"，と定義づけましたね。それでは，『私は失敗者である』というあなたの信念をこの用紙の一番上に書いて，次に用紙の中央に縦線を引いてください。左側の欄には自分の信念と一致するすべての根拠を，そして右側の欄には信念と矛盾するすべての反証を書いてください（表2-4を参照）。

　ある考えの妥当性について，その根拠と反証を考えてみた後に重要なのは，それらをさらに心理学的に検討することです。つまり，根拠でも反証でも，あなた自身がどれくらいそれに納得できるかということが大事なのです。根拠や反証を比較検討するなかで，どんな信念にもそれを支持する根拠がいくつかはあることに気づくでしょう。その際，すべての根拠と反証を検討してみることが重要です。

　信念を調べるときには，その信念が命題の形で示されていることが重要です。すなわち，あなたが何を信じているか，ということが文章として示されている必要があるのです。『私は悲しい』『落ち込んでいる』『怒っている』といった，単に気分に関する表現は避けましょう。なぜなら，これらは検討可能な思考でも信念でもないからです。たとえば『私は悲しい』と言っている人に，『あなたは悲しくないはずだ』と反論してみても何の意味もありません。

表2-4 信念を検討する

信念：私は失敗者である

信念と一致する根拠	信念と矛盾する反証
トムは私を好きでない	多くの友だちが私を好いてくれている
最近，仕事のレポートがうまく書けなかった	私は正直できちんとしている
キャロルは私よりも収入が多い	私は平均的な人よりも，よくやっている
	私は大学を出ている
	私は卒業以来，ずっと働いている
	私は自立している
根拠（％）：20％	反証（％）：80％
結果：反証 － 根拠 ＝ 60％	

また同様に，『人生ってなんてひどいんでしょう！』とか『こんなに恐ろしいことが私に起きるなんて信じられない！』といった修辞学的な表現も，検討対象として避ける必要があります。これらも同様に，検証できない思考だからです。これらを命題の形に言い換えれば，すなわち『人生はひどい』とか『これが起きるのは恐ろしいことだ』などのようにすれば，私たちはこれらの思考の妥当性に関わる根拠と反証を探っていくことができるのです。

　すべての人に当てはまるような事実は，わざわざ検討しても意味がありません。たとえば，『私にもパニック発作が起きる可能性がある』というのは，誰にとっても本当のことなので，検討してもしょうがないですよね。あなたが本当に心配していることは，あなたの考えに含まれる信念であり，それを私たちは事実と照らし合わせて検討するとよいのです。たとえば，『私はきっとパニック発作を起こすだろう』とか『パニック発作が起きると，私はひどく苦しむだろう』という信念であれば，事実と照合して検討することができますよね。それから，『もし…ならば』という考えは，現実についてはっきりと述べたものでないので，私たちはその根拠を検討することができませ

ん。したがって，『もし…ならば』という形の考えは，命題の形に言い換える必要があります。たとえば，『もし私がパニック発作を起こしたら？』という考えは，『私はパニック発作を起こすだろう』とか『パニック発作が起きるとひどく苦しむだろう』と言い換える必要があるのです」

検討と介入のための問い

「あなたの考えの根拠と反証について，それらの比率を考えてみましょう。それは50％対50％になりますか？ それとも60％対40％？ それとも逆の40％対60％？ またそのように考えることによる利益から不利益を引き算すると，結果はどうなりますか？ さらにかわりとなる別の考えについても，同じように損益を分析してみてください」

例

セラピスト：ロジャーと結婚したから自分は"負け犬"なのだとあなたは言いましたね？ そして私たちはすでに，"負け犬"とは"何も達成しない人"のことだと定義しましたね。

患者：ええ。ちょっと極端な気もしますが。

セラピスト：いいでしょう。それではあなた自身が何かを達成したことがあるかどうか，その根拠や反証を考えてみましょう。ページの中央に縦線を引いてください。ページの一番上には「私はいくつかの目標を達成したことがある」と書いてください。

患者：(線を引いてその言葉を書く)

セラピスト：「目標を達成したことがある」の根拠には，何がありますか？

患者：私は大学を卒業しましたし，息子をひとり育てました。ずっと仕事もしています。複数の友人がいますし，運動もしています。それに私はちゃんとした人間です。頼りになりますし，思いやりもあります。

セラピスト：いいですね。それらを左側の欄に全部書き出してみましょう。次に右側の欄に，「目標を達成したことがある」という考えに対する

反論を書いてみてください。

患者：うーん。あまり合理的でない気がしますけど，離婚したことがそれに当たるでしょうか？

セラピスト：では，「いくつかの目標を達成したことがある」という考えに対する根拠と反証の割合はどれくらいだと思いますか？ 50％対50％ぐらいでしょうか？ それとも別の比率になりますか？

患者：根拠が95％で，反証が5％だと思います。

セラピスト：そうすると，「私はいくつかの目標を達成したことがある」という考えを，今あなたはどれくらい信じているでしょうか？

患者：100％です。

セラピスト：それでは，「私は離婚したから，失敗者だ」という信念の強さはどれくらいですか？

患者：私は失敗者ではないのかもしれません。でも結婚には失敗しました。だから自分が失敗者だという信念の強さは10％ぐらいだと思います。

ホームワーク

ツール2.3（根拠を検討する）を使って，日常生活で生じるネガティブな思考（またはセッションで同定したネガティブな思考）を書き出すこと，そしてそのネガティブな思考についての根拠や反証を検討することがホームワークである。その際同時に，ポジティブな思考の妥当性についても，その根拠や反証を患者に検討してもらうとよい。そうすることによって，気分がさらに改善されることがあるからである。

予測される問題点

ネガティブな思考に対する他の認知的な取り組みと同様，「不合理だということはわかるのですが，どうしてもそのように感じてしまうのです」と患者が主張することがある。すでに述べたように，このような反応は"感情的理由づけ"である。感情的理由づけに対しては，二重の基準法，損益分析，

視点‐逆視点法,イメージ誘導技法,イメージ再構成法,まぼろしの恐怖,そしてロールプレイなどの多様な技法を通して取り組むことができる。

　他の問題としては,ネガティブな思考を検討するためのこれらの技法を提示されたことによって,自分の問題や自分自身が軽視されたとか否定されたと患者が受け止めてしまうということがある。この場合セラピストは,これらの練習の目的は,あくまでも患者の視点から検討することであると,はっきりと説明する必要がある。実際,ネガティブな思考が真実である場合もある。その場合これらの技法は,強い感情を惹起した背景にある信念を検討するのに役立つかもしれないし,患者が実際に困っている現実的な問題の解決に役立つかもしれない。

その他の関連技法

　その他の関連技法としては,自動思考を同定する,損益分析,認知的歪曲の分類,言葉を定義する,二重の基準法,情報処理の制約について検討する,スキーマを検討する,などが挙げられる。

ツール

　ツール 2.3（根拠を検討する）が挙げられる。

◼ 技法：根拠の質を検討する

解　説

　セラピストは次のように言って,この技法について説明するとよいだろう。「あなたは,自分のネガティブな信念――自分を責めたり,罰したりするような信念――を検討するために,様々な根拠や反証をリストにしましたね。今やあなたは,この信念なしでもうまくやっていけるかもしれません。それでも信念の根拠を検討してみれば,あなたが今までにそのようなネガティブな信念を信じ続けてきた理由を見つけられるかもしれません。そのためにはそ

れぞれの根拠について,『この妥当性はどれぐらいか？』と自問してみるとよいでしょう。違う言い方をすれば,『他の人たちにも,このネガティブな信念を信じさせることができるだろうか？』ということです。陪審団は,あなたの提出した根拠を妥当であると認めるでしょうか？『私は失敗者である』という信念を例に考えてみましょう。あなたは,自分の信念を支持する根拠として,次のことを挙げましたね。

- 私は自分を失敗者のように感じる
- ダンは私が彼より劣っていると思っている
- 私は試験に失敗した
- 私はテニスの試合に負けた

これらの項目を,あなたが失敗者である根拠として陪審団に提出したと想像してください。あなたは陪審団に向かって,『私は失敗者のように感じます。これが,私が失敗者であるということの根拠です』と言います。陪審団は,そのようなあなたの気分を,人間としてのあなたの価値を判定する根拠として認めるでしょうか？ おそらく認めないでしょうね。

それとも,『私は失敗者です。その理由は,ダンが私を彼よりも劣っていると考えているからです』と陪審団に言うのはどうでしょうか？ 陪審団は,あなたから間接的に聞くダンのあなたへの評価を,根拠として認めるでしょうか？ やはりこれも認めないでしょうね。また,試験に失敗したことを根拠として挙げたら,陪審団はあなたを人間として失敗者だと認めるでしょうか？ そんなことは絶対にないでしょうね。それは,あなたの気分やあなたが他人から認められていないこと,そしてあなたが試験に失敗したことは,あなたが人間として失敗者であるという根拠としては,質のよいものではないからです。

重要な点は,感情的で,個人的で,議論の余地のある不適切な情報を,あなたが自分の信念の根拠として使っているということです。ネガティブな信

念の根拠をたくさん見つけたからといって，それらが決定的であるとか，妥当であるとは言えないのです。たとえばあなたは，次のような認知的歪曲を通じて，自分を失敗者だと決めつけているかもしれないのです。感情的理由づけ，自己関連づけ，過度の一般化，完全主義，ポジティブな側面の割引き，ネガティブなフィルター，読心術，運命の先読み，無関係なデータへの言及，不合理な結論づけ，などです」

検討と介入のための問い

「その根拠や反証は，あなたの信念をどれぐらい支持したり反論したりするものですか？ 他の人たちは，あなたの挙げた根拠に同意するでしょうか？ それとも不合理であるとか極端すぎると考えるでしょうか？ あなたは，あなたの信念が真実であると陪審団を納得させられると思いますか？ それとも陪審団は，あなたの信念を極端だと思うでしょうか？ そう思う理由は何でしょうか？ あなたの思考には，どのような誤りがあると思いますか？」

例

セラピスト：あなたが魅力的でないことの根拠は，「自分は醜い」とあなた自身が感じるということと，ロジャーと別れたことなのですね。

患者：ええ。私は自分に魅力がないと感じるのです。

セラピスト：そうですか。確かあなたは，雑誌に出てくるような女性たちは皆，あなたより魅力があるとも言っていましたね？

患者：そうです。彼女たちは完璧です。

セラピスト：「自分は醜い」という考えについて，あなたが挙げた根拠の質はどうでしょう？ 「自分は醜い」と"感じる"からあなたは醜いのだということを，陪審団に納得させることができますか？

患者：いいえ。他の情報が求められると思います。

セラピスト：それは，"あなたの感じ方"とは異なる他の情報ということですか？

患者：そうです。私とは違う見方をする他の人たちの考えです。
セラピスト：今までに，あなたを魅力的だと言った男性はいましたか？
患者：ええ，何人かはいました。でも私は彼らに興味をもてなかったのです。
セラピスト：あなたは自分が魅力的でないということの根拠として，ロジャーと別れたことを挙げていますね？　ところで，あなた方が別れた原因とは，何だったのですか？
患者：とにかくうまくいかなかったのです。彼は誰にも心を許すことができない人でした。それに嘘をつきましたし。
セラピスト：とすると，あなたは彼の欠点を自己関連づけして，「自分は魅力的でない」と結論づけたのでしょうか？
患者：言われてみると，そうですね。
セラピスト：ネガティブな信念の根拠としてあなたが挙げたものを検討してみませんか？　それらの根拠は，説得力をもつものなのか，あるいは，ある種の認知的な歪みに基づいているものなのか，検討してみましょう。

　患者はツール2.4（根拠の質を検討する）を使って，ネガティブな信念の根拠をリスト化して認知的歪曲を探索し，それぞれの根拠の質を評価することができる。そうすることによって多くの患者が，自分の信念について，説得力がなかったり合理的ではなかったりする根拠を挙げていたことに気づくのである（表2-5を参照）。

ホームワーク

　次のセッションまでの間に生じたネガティブな思考を記録し，それぞれの根拠や反証を書き留めることがホームワークである。患者はまた，自分のネガティブな思考の根拠や反証が列挙されている治療ノートを見直すこともできる。さらにホームワークの課題として，個々の根拠や反証を検討し，さらにそこに認知的歪曲や偏り，不合理な理由づけがあるかどうかを検討する。

表2-5 根拠の質を検討する

自動思考:「私は失敗者である」

根　拠	根拠の質や関連性について言えること
自分を失敗者のように感じる	気分は根拠として適切でない。
ダンは私が彼より劣っていると思っている	ダンがどう思おうと,それは彼の考えである。ダンの意見をもとに私が自分を失敗者だと思うのは無意味である。
試験に失敗した	あることがうまくいってもいかなくても,そのことだけで人は失敗者にはならない。逆に,私は他のいくつかの試験ではとてもよくできた。だからといって,私が天才だということにもならない。(過度の一般化,完璧主義的基準,ポジティブな側面の割引き)
テニスの試合に負けた	テニスの試合に負けることは,単にテニスの勝ち負けの話にすぎず,それは私が失敗者であることを意味するのではない。誰でもスポーツの試合に負けるときがある。世界チャンピオンだって負けるときがある。(ポジティブな側面の割引き,完璧主義的基準,不合理な結論づけ)

　セラピストは次のように言うとよい。「自分のネガティブな思考の根拠をリスト化したら,次はそれらの質を検討するためのツール(ツール2.4　根拠の質を検討する)を参照してください。そしてそれらの根拠に何らかの歪みがあるかどうかを自分自身で調べてください。それぞれの根拠の質を,成績表のように,A,B,C,D,あるいはF(不可)を使って自分で評価することもできますね。あなたはさらに,自分のネガティブな思考に対する反証の質も,同時に評価することができますね」

予測される問題点

　患者の中には,自分の気分や感情こそが根拠であると主張する人がいる。「この考えが不合理で説得力をもたないことは,わかってはいるのですが,私はどうしてもこれが真実だと感じてしまうのです」。いくつかのやり方で,この種の反応に対応できる。まずセラピストは,後述する"視点-逆視点法"

を利用することができる。セラピストはまた，確かに気分や感情は重要であるが，根拠としてみなすことはできないので，気分・感情と事実は区別される必要があると指摘することもできる。さらにセラピストは，信念の妥当性を"感じる"ことは，心や頭で"知る"こととは違ったレベルの経験であると説明することができるだろう。実際，患者がある信念を無効だと"感じる"のは，元の不合理な信念がすでに変化してしまった後である。セラピストはこのことについて，思考の妥当性や合理性をさんざん検討したその後に，古い習慣的な信念が真実でないと感じるようになることが普通なのだと，患者に説明してもよいだろう。

その他の関連技法

その他の関連技法としては，視点‐逆視点法，二重の基準法，ロールプレイ，下向き矢印法，認知的歪曲の検討，論理的推論の引き延ばしが挙げられる。

▎ 技法：弁護人

解　説

セラピストは次のようにこの技法について説明するとよい。「自分の考えに挑戦する場合，あなた自身が裁判の場に連れ出され，検察側（あなたの自動思考が検察です）がこの数日間あなたに『お前は狂った負け犬だ』とか『無能な人間だ』とか『悪い奴だ』というレッテルを貼ってあなたを攻撃している場面をイメージしてください。あなた自身は弁護人を演じます。検察側の提出した証拠や目撃証言の信憑性，そして検察側の主張と対決してください。数日間に及ぶ検察による論告の後で，弁護人であるあなたが立ち上がって，ただ単に『私の依頼人は無実です』とだけ言って座れば，それでこの裁判が無事に終わるとは考えられませんよね？　被告人は熱心な弁護を期待するはずですし，弁護人自身も，被告側の証拠や目撃者を用意するでしょう。弁護人としてのあなたは，自分の依頼人（すなわちあなた自身）の無実を信じる

必要はありません。自分の仕事をきちんと遂行すればよいだけです」(このような類推法については，Freeman et al., 1990; Reinecke, Dattilio, & Freeman, 1996 を参照)

検討と介入のための問い

「もしあなたが自分自身の弁護人となり，その弁護をするのであれば，法廷の場でどんなことを主張しますか？ 最高の弁護人になって，あなた自身の弁護をしてください」

例

　　セラピスト：トム，あなたは大人になってからほとんどずっと，自分自身を"負け犬"とか"価値のない人間"とか"怠け者"などと言って自己批判し続けてきたのです。ここではあなたが"トムの弁護人"として雇われたと想像してみてください。あなたは検察側の中傷的な攻撃に対してトムを弁護しなければなりません。その際，あなたがトムの無実を信じているかどうかや，トムを好きかどうかなどは関係ありません。あなたには，トムのために優秀な弁護人であってもらいたいだけです。私が検察側の役を演じて，トムがどんなにひどい人間であるかを主張します。あなたはトムを弁護してください。

　　患者：わかりました。

　　セラピスト：トムは怠け者で負け犬で，今まで何ひとつまともにやり遂げたことがありません。

　　患者：それは真実ではありません。トムは大学を卒業しました。彼はまっとうな仕事に就いており，家族を養っています。上司は，トムがよくやっていると思っています。

　　セラピスト：でも私は，トムは負け犬であると感じます。

　　患者：そのような気分は，法廷では証拠としてみなされないのではありませんか？ 彼が負け犬であるということを裏づける事実が必要です。

セラピスト：そうですか。でも彼は完璧な人間ではありません。だから
　　　　　やっぱり負け犬なんです。
患者：あなたの言う通りなら，すべての人が負け犬だということになりますね。

　この"弁護人"という技法の利点は，多くの人が自分自身を弁護するより，他の誰かを弁護する役割を演じるほうがやりやすいことに気づくことである。弁護人の"職業的役割"を引き受けることによって，患者は検察に対し，正当な証拠を要求し，根拠を問いただし，検察に挑戦するという役割——すなわち，我々が弁護人に期待するすべて——を自分自身に演じさせることが可能になるのである。

ホームワーク

　以下のような質問に答えたり，ツール2.5（自分自身の弁護人になってみる）を使ったりしながら，自分自身の弁護人を演じている場面を想像することがホームワークである。

　「あなたは弁護人として，法廷で次のような質問をすることができますね。

- 被告人が犯した罪は何ですか？
- 被告人はどんな罪で告発されているのですか？
- 被告人には，何か決定的な証拠があるのですか？
- 陪審団は被告人を有罪とするのでしょうか？
- 被告人の行為について，何か他の説明はできますか？
- 被告人は，何か不当な行為をしたのですか？
- 被告人は，分別のある人と同じようなやり方で行動したのではありませんか？
- 誰か他の人にも罪がありませんか？　責められるべき人が，他にもいるのではないですか？

- 検察側が実証できることが何かあるとして，それによって被告人は何かひどい罪を犯したことになるのでしょうか？ そのルールは誰にでも適用できるものですか？」

予測される問題点

ネガティブな思考に積極的に挑戦するこのような技法を，無邪気な"自分だまし"とみなすことのできる患者は，この技法によって気分が改善されるだろう。しかし，自分は本当に取るに足らない人間なので批判されるのが当然で，自分を弁護すべきではないと信じる患者もいる。このような妨害的な信念は，次のような質問によって引き出すことができる。「自分自身の弁護人を演じることのどこが難しいか，私に教えてもらえますか？」。また患者のなかには，ポジティブな面を本当に信じることができないかぎり，ネガティブな思考に挑戦することなどできないと主張する人もいる。これに対して治療者は，よい弁護人が果たすべき役割とは，双方の立場を明らかにすることであり，そのような弁護の結果，陪審団はあらゆる面から論点を検討できるようになるのだと指摘するとよいだろう。

その他の関連技法

その他の関連技法としては，根拠を検討する，視点 - 逆視点法，論理的推論を検討する，ロールプレイ，認知的歪曲を分類する，などが挙げられる。

ツール

ツール 2.5（自分自身の弁護人になってみる）が挙げられる。

▶ 技法：思考の両面を使ってロールプレイをする

解　説

ネガティブな思考を修正するために，セラピストと患者は，ある思考にお

けるふたつの面を交互に入れ替えてロールプレイをすることができる。たとえば最初はセラピストがポジティブで合理的な立場を演じ，患者がネガティブな立場を演じる。それが一通り終わったら，セラピストと患者は立場を入れ替えて，セラピストが「ネガティブな思考」を，患者が「ポジティブな思考」を演じてみるのである。役割交替によって，患者は，セラピストの示す効果的な言動を観察することができる。またセラピストは，どのような言動がその患者にとって効果的か，そしてどのような自動思考が特に患者を困らせているか，といったことを理解できる。役割交替は何度でも行なってよい。

検討と介入のための問い

「あなたのネガティブな考えを使って，ロールプレイをしてみましょう。あなたの思考のポジティブな面を私が演じます。つまり私はポジティブで合理的な態度で話をします。あなたは逆に，思考のネガティブな面を演じてください。そしてあなたのネガティブな考えが真実であるのだと，私を説得してみてください」

例

セラピスト：それではロールプレイを始めましょう。あなたは「自分は失敗者である」というネガティブな考えの役を演じてください。私はポジティブで合理的な考えの役を演じます。では始めましょう。

患者【ネガティブな役】：あなたとジェーンは別れたのですね。だったらあなたは失敗者です。

セラピスト【ポジティブな役】：それは"全か無か思考"じゃないですか？ あなたは私のすべてを失敗だと言っているのですか？

患者【ネガティブな役】：いいえ。でもあなたは失敗したのですよ。

セラピスト【ポジティブな役】：それは，私のとった行動がうまくいかなかったということでしょうか？

患者【ネガティブな役】：いいえ。私はあなたが人間として失敗者だと言っ

ているのです。

セラピスト【ポジティブな役】：私には，"人間としての失敗者"ということの意味がわかりません。いったいどのようにしたら，私の行動から，"人間として失敗者だ"と判断できるのでしょうか？

患者【ネガティブな役】：あなたの人間関係がいかに混乱しているかを見れば，よくわかりますよ。

セラピスト【ポジティブな役】：だったら，私の行動を検討してください。

患者【ネガティブな役】：いいですよ。そうしましょう。

セラピスト【ポジティブな役】：私のどんな行動が，よくなかったんでしょうか？

患者【ネガティブな役】：そうですね。あなたはジェーンに文句を言いましたね。

セラピスト【ポジティブな役】：あなたは，私が彼女に文句を言ったのがよくなかったと言うのですね？ でもそれ以外の私の行動には，まあまあだったものもあるのではないですか？

患者【ネガティブな役】：多少はありました。あなたは彼女に優しかったですし，プレゼントをしたり夕食を作ってあげたりもしていました。

セラピスト【ポジティブな役】：とすると，私の行動にはよい面も悪い面もあったということですね？ よい面があったのであれば，私のことを人間として失敗者だとは言えないのではないですか？

患者【ネガティブな役】：あなたにはよい面も悪い面もあるのだと思いますよ。

セラピスト【ポジティブな役】：つまりそれは，私も他の人たちと同じだということでしょうか？

患者【ネガティブな役】：そうですね，そうだと思います。

　セラピストはロールプレイの後，セラピストの演じた合理的な反応のなかでどれが受け入れがたかったか，そして自分の演じた自動思考のなかでどれが依然として強く残っているかを，患者に尋ねてみるとよい。この患者は上

の対話の後で,自分が恋人に文句を言ったという事実を受け入れるのがつらいと話した。それは患者が,自分は決して他人を批判するような人間ではないと信じていたからであった。そこで今度はその信念を検討することにした。そのやりとりを通じて,患者は自分の完璧主義や自己批判について検討することができ,「私は自分の過ちから学び,自分を変えていくことができる」という別の新たな見方を考え出すことができたのである。

ホームワーク

ツール2.6（思考の両面を使ってロールプレイする）を使って,まずネガティブな考えを書き出す。次に,そのネガティブな考えに対する合理的でポジティブな考えを書き出し,今度はそのポジティブな考えに対するネガティブな考えを書き出す…という作業がホームワークである。患者はそれに加え,どの自動思考が依然として扱いづらいか,またどの合理的反応がうまく機能しないかをチェックしておくよう求められる。その次のセッションでは,それらの背景にある,たとえば「私はいつも完璧であるべきだ」「私は絶対に間違いを犯すべきではない」といった思い込みを検討することができる。

予測される問題点

自分のネガティブな考えを完全に信じてしまっている患者にとって,ロールプレイによって自分の考えに挑戦すること自体が,とても大変な作業かもしれない。その場合,「別の考えを無理して信じ込む必要はありません。私たちは,別の考えによって何か違う発想を得られるかどうか,試しているだけなのです」と教示すればよいだろう。また,自分のネガティブな思考は,ロールプレイにおいてセラピストが提示したものとは異なっていると主張する患者がいるかもしれない。その際にはセラピストは次のように答えるとよい。「あなたは,私が提示したような考え方をしないのかもしれません。でも仮にあなたがこのように考えるとしたら,あなたがその考えをどのように扱うかを明らかにしたいのです」

この種のロールプレイにおいて生じるもうひとつの問題としては，自分がセラピストにからかわれているようだと，患者が感じてしまうことである。それに対しては次のように答えるとよいだろう。「私はからかっているのではなく，あなたが新しい考え方や感じ方を見つけるのを手助けしたいだけなのです。確かにこのようなロールプレイをすることによって，イライラすることがあるかもしれません。そのようなときは，すぐに知らせてください。中止して，他の方法を考えてみましょう」

その他の関連技法
　その他の関連技法としては，認知的歪曲を分類する，損益を分析する，根拠を検討する，意味論技法，二重の基準法，視点‐逆視点法，などが挙げられる。

ツール
　ツール 2.6（思考の両面を使ってロールプレイする）が挙げられる。

■ 技法：行動をその人自身から切り離す

解説
　よく見られる思考のエラーのひとつに，ある特定の行動と，その行動をとった人の人間性を同一視するというのがある。ある人がある行動に失敗すると，その人は完全な失敗者だとみなされてしまうのである。この技法は，失敗や間違いを，人間性という全般的な要因に帰属させずに切り離して考えられるよう，患者を手助けするものである。またこの技法は，たとえばレッテル貼り，自己関連づけ，全か無か思考，過度の一般化といった認知的歪曲を，患者が自己修正するための能力を育てるものでもある。

検討と介入のための問い

「あるひとつの行動を，その行動を起こした人の人間性から切り離して考えることは，とても重要です。私たちは，『自分は失敗者だ』などと言うときがあります。しかし実際に起きているのは，"ある試験の出来が悪かった"とか"解雇されてしまった"ということだったりします。これからあなたの自己批判的な考えを検討してみましょう。あなたも自分自身に，そのようなレッテル貼りをしているかもしれません。しかし本当に注目すべきなのは，あなたの人間性ではなく，あなたのとった行動なのです。そのことを一緒に検討してみませんか」

例

セラピスト：試験の後，あなたは自分を失敗者だと思ったのですね。でも，試験問題にうまく解答できないのと，人として失敗者だというのは，違うことなのではないでしょうか？

患者：でも，私は自分が失敗者だと感じるんです。

セラピスト：それは"感情的理由づけ"ではありませんか？ そのように感じたことが，あなたが人として失敗者であるという根拠だというのですね？

患者：それが合理的でないことはわかっています。

セラピスト：いいでしょう。「自分は失敗者である」という考えを検討してみましょう。ところであなたは，これまでの人生でうまくいったことが何かありますか？

患者：私は多くの科目を履修して，どの科目の単位もすべて取りました。私には友だちがいますし，ボーイフレンドもいます。

セラピスト：それらのことはうまくいったのですね。ところで，今回の試験は問題数が多く，確か全部で40問以上あったということでしたね。あなたが解答できたのは，そのうちの何問ぐらいだったのですか？

患者：たぶん，ほとんどは解答できたと思います。でも5つの問題に答え

られなかったのは確かです。

セラピスト：ということは，「ほとんどの問題には解答できたが，いくつかの問題には答えられなかった」と言ったほうが，正確ではありませんか？

患者：ええ，そのほうが正確ですね。

セラピスト：そうすると，いくつかの試験問題にはうまく答えられなかったという事実に近いのは，「自分は人間として失敗者だ」という考えですか？　それとも「自分もときにはミスをする」という考えでしょうか？

患者：「ときにはミスをする」という考えのほうです。

ホームワーク

包括的なレッテルと特定の行動とを区別することがホームワークである。患者はツール 2.7（ネガティブなレッテルを検討する）を使って，自分に貼りつけたネガティブなレッテルのリストを作るように求められる。たとえば，「負け犬」「失敗者」「無能者」などがそれである。次に，それらのレッテルに関連する，ポジティブな行動とネガティブな行動のリストを作成する。患者はさらに，今後自分がとりそうなネガティブな行動とポジティブな行動もリスト化するように求められる。この作業は，今後のネガティブなレッテル貼りを防止するためのものである。この課題で重要なのは，すべての根拠を明らかにした後に，結論を出すことである。

予測される問題点

患者の中には，自分や他人の行動を道徳的に判断してしまいがちな人がいる。このような患者は，道徳的な判断をすることが良心的であり倫理的であると考えているのだろう。私はそのような判断の仕方を"道徳的妨害"と呼び，この種の考え方に患者を挑戦させるための質問法について概説したことがある（Leahy, 2001b）。たとえば患者が，「私が悪いことをしたのであれば，

それは私が悪い人間だということなのでしょう」と言ったときは，その考え方はすべての人に適用できるのか，すなわち「何か悪いことをしたことがある人は，すべて悪い人間なのでしょうか？」と問いかけることができる。セラピストはまた，哲学者カントが問うたように，その考えが人間の尊厳を高めるのかどうかを尋ねることもできるだろう。

　もうひとつの典型的な問題は，患者が「悪い人は悪いことをする」といった主張をすることである。これはありがちな分類のエラーである。これに対してセラピストは，「どんな人でも悪いことをするときがあるし，よい人だけでなく悪い人でもよいことをするときがあるのはどういうことか」といったことについて，患者と話し合うことができる。また「よい人間」や「無能者」などの言葉が，実用的には意味のない言葉であるということを示唆してもよいだろう。セラピストが患者に望むのは，包括的で様々な意味をもつレッテルを自分や他人に貼るかわりに，「この行動から何が言えるか？」といった，経験に基づく考え方ができるようになることである。たとえば，自分の上司に「嫌な奴」とレッテル貼りをしたある患者は，上司の言動のすべてをネガティブに解釈していた。しかしその包括的なレッテルを，より経験主義的で実用的な見方に置き換えることで，患者は「嫌な奴」であったはずの上司が，実際にはよいことをするときもあることに気づいたのである。これは大変重要な気づきである。患者がそのようなことに気づいて初めて，いかにして物事のポジティブな側面を利用しネガティブな側面を避けられるのかということを，セラピストは患者に問いかけられるようになるからである。

その他の関連技法

　その他の関連技法としては，ネガティブな思考を分類する，下向き矢印法，損益分析，根拠を検討する，などが挙げられる。

ツール

　ツール 2.7（ネガティブなレッテルを検討する）が挙げられる。

■ 技法：様々な状況における行動の多様性を検討する

解説

　よく見られる思考の誤りに，あるひとつの行動に注目し，それをその人の全人格に当てはめて一般化してしまうことがある。我々の用いる言語には，人間の性質，傾向，気質を指す言葉が多くある。人は，「私は50もの異なる場面で彼を観察した。ある場面において彼は批判的な言葉を使い，そのときの彼は20％の敵意を抱いていたと思われる」と具体的に述べるよりも，「彼は敵意を抱いていた」と言ってしまうことのほうが多い。しかも「彼は敵意を抱いていた」と言うとき，彼の行動の要因を状況に帰属させずに彼自身のせいにしているのである。しかし，彼の行動を文脈的に正しく理解するためには，我々はその行動を惹起せしめた状況要因（たとえば，その行動の前後に起きた出来事，対人関係のあり方）に注目する必要がある。また，ある瞬間や場面に注意を焦点化するのではなく，注意を広く分散させれば，ある行動の頻度や強度の変化を調べることもできる。このように広い視点から行動に注目することは，単純な言葉で人にレッテル貼りをする可能性を減らす。そして，きっかけとなった出来事や今後起こりうる結果など，多様な要因を把握する能力を増強する。さらにこのような視点は，問題となっている行動の根拠を検討したり，行動を変化させたりすることにもつながるのである。

検討と介入のための問い

　「私たちが誰かにレッテル貼りをするときは，"全か無か思考"で考えることが多いものです。あなたが自分に"失敗者"や"愚か者"（あるいはネガティブな呼び名なら何でも）とレッテル貼りをするとき，おそらく他の多くの情報を無視しているでしょう。あなたが自分（や他人）の行動によく貼りつけるレッテルには，どのようなものがありますか？　そして別の状況だと，あなたのその行動はどのように変わるでしょうか？　同じ行動でもその程度

は様々ですから，行動の程度についても検討してみましょう。たとえば，自分に"怠け者"とレッテル貼りをしているのであれば，様々な状況における自分の行動の"怠け度"を0％から100％で評価してみてください。それほど怠けていないときもあるのではないでしょうか？　結構頑張って行動しているときもあるのではないでしょうか？　あなたの行動の"怠け度"は実は様々に変化するということを，どのように説明できますか？　あなたが自分に"怠け者"というレッテルを貼っていることと，あなたの行動の"怠け度"が変化するということの間にみられる矛盾について，どのように思いますか？」

例

セラピスト：あなたは自分が"怠け者"だから運動をしないのだと言いましたね。あなたはどのぐらい怠け者なんですか？「身動きひとつしない」という怠け者を100％とすると，あなたの怠け度はどれくらいでしょうか？

患者：運動についてだったら，95％ぐらいだと思います。

セラピスト：ということは，ときには運動をすることがあるのですか？

患者：たまには。先週は1回だけスポーツクラブに行きました。でもその後ずっと行っていません。

セラピスト：それでは，スポーツクラブにいる間のあなたの怠け度は，どれくらいでしたか？

患者：0％だと思います。

セラピスト：そうですか。ところで，あなたは管理職としてフルタイムで働いていますよね。普段，何時から仕事を始めて，何時に終えるのですか？

患者：朝8時から夕方6時ぐらいまでです。それから1時間運転して家に帰ります。もちろん，朝も1時間かけて通勤しています。

セラピスト：そのようなスケジュールで働いているときのあなたは，どれくらい怠け者ですか？

患者：全然怠け者なんかじゃありませんよ。ずっと働いているのですから。
セラピスト：その上あなたはお子さんの面倒もみているのでしょう？　この間は，息子さんを野球の練習に連れて行ったのでしたよね。そういうときのあなたは，どれくらい怠け者だったのでしょうか？
患者：全く怠け者ではなかったですね。
セラピスト：ということは，多くの場合あなたは怠け者ではないというのに，運動しないのは自分が怠け者だから，というのはどういうことなんでしょうかね？
患者：多分私はちょっと疲れていたから，運動できなかったのでしょう。
セラピスト：「疲れていた」というのは，自分を「怠け者」とレッテル貼りするのと，どう違いますか？
患者：疲れていたと考えるときは，自分を批判していません。

ホームワーク

　ツール2.8（多様性を探る）を使い，自分や他人に対して貼りつけたネガティブなレッテルを毎日ひとつは記録すること，そしてレッテル貼りをした行動や特性が，異なった状況下でどのように変化するのかを観察することがホームワークである。患者は，状況の変化に応じて自分の行動が変化する理由を考えるよう指示される。そしてそのように変化するということ自体が，"全か無か思考"といったレッテル貼りに対して何を意味しているのか検討するように教示される。

予測される問題点

　患者の中には，ネガティブなレッテルを自分に貼ることに執着する人がいる。それは，自己批判をするほうが現実的であり，動機づけになると信じているからである。そのような患者は，「自分は頭が悪く劣っている」と自分に言い聞かせることで，現状に満足せずにすむと信じているのである。セラピストはこのような患者に対し，レッテル貼りと自己批判の損益を分析し，ポ

ジティブな行動によって自己強化することの意義を考えてみるよう教示するとよいだろう。逆にこの技法を,「すみやかに悩みを解消してくれるもの」と受け止める患者もいるが,実際のところ,そう簡単には自分を楽にすることはできない。したがってセラピストが指摘するべきなのは,いろいろな行動を実際に起こしてみることで,ポジティブな行動を促進する要因がわかるし,その結果ポジティブな行動を増やすことができるということである。自己強化の利益と不利益を検討し,自己強化によってネガティブな結果が必ずしも生じるわけではないと患者が気づくには,少なくとも2週間はこのような行動実験を続ける必要がある。このような行動実験は,自分のパートナーにネガティブなレッテル貼りをすることで,パートナーを自分の思い通りにできると信じている人にとっても有用である。

その他の関連技法

その他の関連技法としては,認知的歪曲を分類する,連続法を練習する,二重の基準法,下向き矢印法,損益分析,根拠を検討する,などが挙げられる。

ツール

ツール2.8(多様性を探る)が挙げられる。

◼ 技法:行動を変えることでネガティブな思考を修正する

解 説

自動思考が事実そのものを表していることは,実際にはよくあることであり,患者が歪曲せずに現実をとらえていることも多い。したがって,思考に挑戦するだけでは十分に回復できない患者もいるだろう。しかし歪曲せずに物事をとらえられるようになった後の患者は,実際に,いささか楽観的に物事を解釈するようになり,落ち込みを防げるようになることが多い。なぜなら,歪曲のない現実的な自動思考によって,人は問題を受け入れたり問題を

解決する方向に自分の注意を向け，その結果，社会的スキルやコミュニケーションスキル，あるいは仕事に関連したスキルなど，何らかのスキルを獲得するための行動を起こすようになるからである。

検討と介入のための問い

「次のように自分に問いかけてみましょう。『仮にそのネガティブな思考が事実だとしたら，状況を改善するために，自分には何ができるだろう？ スキルアップしたり，問題を解決したり，状況を改善するための方法には，どのようなものがあるだろうか？』」

例

セラピスト：採用面接の後，あなたはかなり落ち込んでしまったようですね？

患者：そうなんです。私を雇ってくれる人なんか，やはりひとりもいないのです。

セラピスト：そうですか。では，私が面接官の役をするという設定でロールプレイをしてみませんか。あなたは自分自身を演じてください。
（患者とセラピストはロールプレイを始める。患者は横柄に振る舞い，前の雇い主を非難した。ロールプレイが終了する）

患者：それで，私はどうだったでしょうか？

セラピスト：あなたの言う通りでした。面接に失敗したというあなたの考えは，確かにその通りだと思います。

患者：そうでしょう？ だからやっぱり私はお先真っ暗なんです。

セラピスト：いいえ，そういうことではありません。このロールプレイで，とても大事なことがわかったのです。あなたには，まず採用面接のスキルを練習してもらう必要があるということがわかったのです。面接官が応募者に何を求めているかを一緒に検討してみませんか？

患者：ということは，私のネガティブな考えは本当だったんですね？

セラピスト：でも，ロールプレイによって，あなたの面接のスキルに問題

があったということが具体的にわかってよかったと思いますよ。あなたはこれから，より高度なスキルを学ぶことができるのですから。

　患者とセラピストはこの後，採用面接で"すべきこと"と"しないほうがよいこと"のリストを作ったり，セッションでのロールプレイを録音したりして，患者の面接スキルの向上を図った。その後，この患者は実際に就職することができた。

ホームワーク
　セラピストは次のように説明するとよい。「ときにはネガティブな考えがそのままの事実であることもあるでしょう。たとえば，誰かがあなたを好きでないこともあるでしょうし，何かがうまくいかないということもありますよね。でも，そういう場合は，別のポジティブな問いかけをすることができます。たとえば，『この問題を解決するために，私にできることは何だろうか？』とか『何か別の手段はないだろうか？』といった問いです。このツール（ツール2.9　行動を変えることでネガティブな思考を修正する）を使って，今あなたが困っていることをリストにしてみましょう。そして，現状を少しでも改善するために，自分にどんなことができそうか，書き出してみてください」

予測される問題点
　患者の中には，「もし自分の自動思考が事実であれば，状況は全く絶望的だ」と信じてしまう人もいる。その場合セラピストは，「認知療法は，ネガティブな考えを検討することによって現実そのものを検討する"現実療法"なのです」と強調するとよいだろう。認知療法は，ネガティブな思考が事実である場合にも対応できるのである。一方，セラピストが患者のネガティブな思考を事実だと認めると，それがセラピストによる自分に対する批判であると思ってしまう患者もいる。その場合セラピストは，「ネガティブな思考

を事実として認めることが，現状を改善する力を強めるのです」と説明することができる。しかし極度に自己批判的な患者は，自分が現状を改善できるはずもないと信じているかもしれない。このようなネガティブな信念は，行動実験によって検証するとよい。「簡単にできるポジティブな行動のリストを作りましょう。そのなかでどれがあなたにできそうで，どれができなさそうか，私に教えてください。そしてそれぞれの行動の利益と不利益を検証してみましょう」

その他の関連技法

その他の関連技法には，段階的課題設定，自己主張訓練，問題解決法，下向き矢印法，損益分析，根拠を検討する，などが挙げられる。

ツール

ツール2.9（行動を変えることでネガティブな思考を修正する）が挙げられる。

❖❖ ツール 2.1　言葉を定義する

いちばん左の欄に，自動思考で使われている主な言葉を記入します。真ん中の欄には，それぞれの言葉を定義して記入します。右の欄には，次の問いに対する回答を記入します。「私の考えにはどんな認知的歪曲がみられるだろうか？　私の定義は広すぎるのではないだろうか？　それともあまりに狭すぎるのだろうか？　あるいはあまりに漠然としているだろうか？　私は多様性を考慮に入れていないのではないだろうか？（たとえば，物事が受け入れられるためには，あるやり方でなければならないと決めつけたりはしていないだろうか？）　もう少しゆるやかで融通のきく定義づけをするとよいのではないだろうか？　他の人だったら，どんな別の定義をする可能性があるだろうか？」

自動思考：

言　葉	定　義	この定義における問題は？
		結　論：

❖❖ ツール 2.2 損益を分析する

自分の信念の利益と不利益を書き出します。そのなかでも重要だと思われる項目に丸をつけてください。なぜこれらの項目が重要なのでしょうか？ これらの項目が重要だという自分の考えに挑戦することはできますか？ かわりとなる信念，すなわちもっと適応的な信念には，どのような考えがありますか？ その信念に対しても，同じように損益分析をしてみましょう。

信　念：

不利益：　　　　　　　　　　　　　利　益：

結果：不利益＝　　　　　　　　　　利　益＝

不利益－利益＝

　　　　　　　　　　　　　　結　論：

第 2 章 思考を検討し，それに挑戦する

◆◆ ツール 2.3　根拠を検討する

あなたが検討しようとしている信念を書き出してください。そして，その信念に対する根拠と反証を書き出します。たとえば「自分は失敗者だ」という信念に対して，「自分だってうまくできたことがある」といった反証が思いつくかもしれません。このようにまず，自分の信念に対する根拠と反証を書き出してみましょう。感情的な記述や不合理な記述でもかまいません。むしろそのような記述が，あなたの信念を理解する助けになります。次に，それらの根拠と反証の妥当性を足して100%とすると，それぞれが何十%になるか，評価します。50%対50%になるかもしれませんし，根拠が60%で反証が40%かもしれませんし，その逆かもしれません。あるいはもっと違った割合になるかもしれません。

信　念：

根　拠：	反　証：
根拠の妥当性（％）：	反証の妥当性（％）：
引き算：（　）－（　）＝　　　％	
	結　論：

❖❖ ツール 2.4　根拠の質を検討する

検討の対象となる自動思考を同定し，その自動思考の根拠を書き出してください。そしてそれぞれの根拠において認知的歪曲がみられるかどうか検討してください。認知的歪曲には，感情的理由づけ，自己関連づけ，過度の一般化，完全主義的基準，ポジティブな側面の割引き，無関係な情報の取り込み，不合理な結論づけ，などがあります。

根　拠	根拠の質や合理性に関する検討
	結　論：

◆ ツール2.5　自分自身の弁護人になってみる

私たちは自己批判をすることがよくあります。一方私たちは，そのようなネガティブな考えに対して，自分自身を弁護するために時間を割くようなことはあまりしません。ここでは，自分に対するネガティブな"告発"や批判に対して自分自身を弁護する練習をします。それぞれの質問に回答しながら，あなたが自分自身に対して厳しすぎるのではないかということを検討してみてください。

あなたはどのような"法"を犯したのですか？　あなたが自分自身に対して告発した罪は何ですか？　何か決定的な証拠はありますか？

あなたは自分自身をどのように弁護できますか？

あなたの行動について，何か別の説明ができますか？

あなたに，何か悪意や残酷な点があったのでしょうか？

分別のある人なら，どのように行動したのでしょうか？

この件で，あなたにとって有利な点，そして不利な点は何ですか？

これらの証拠を，陪審団はどのように評価するでしょうか？

❖❖ ツール 2. 6　思考の両面を使ってロールプレイをする

このツールは 2 つの視点から使ってください。最初は，ネガティブな思考を先に書いて，それに対してポジティブな思考で反論します。次は，ポジティブな思考を先に書いて，ネガティブな思考で反論します。最後に，書き出したことを見直して，自分にとってそれほど助けにならない思考や，過度にネガティブだと思われる思考に丸をつけてください。

ネガティブな思考	ポジティブな反論

思考の両面を使ってロールプレイする

ポジティブな思考	ネガティブな反論

ツール 2.7　ネガティブなレッテルを検討する

まず，あなた自身（または誰か他の人）に対してあなたが貼りつけたネガティブなレッテルを書き，そのレッテルの確信度をパーセントで評価してください。そしてこのネガティブなレッテルの根拠となるネガティブな行動と，その反証となるようなポジティブな行動を書き出してください。さらに，今後起きるかもしれないと予測されるネガティブな行動とポジティブな行動も書き出してみましょう。これらの情報から，あなたはどのような結論を導き出しますか？　ネガティブなレッテルの確信度は，最初と同じくらいですか？　それとも変化しましたか？

ネガティブなレッテル：

確信度（％）：

根拠となるネガティブな行動：	反証となるポジティブな行動：
予測されるネガティブな行動：	予測されるポジティブな行動：
結　論：	ネガティブなレッテルの確信度（再評価）（％）：

◆◆ ツール2.8　多様性を探る

まず，あなたが自分自身や他の人に適用しているネガティブなレッテルを記入してください。それから，そのレッテルについて尺度を作るとしたら，そのなかで最もネガティブな評価と，最もポジティブな評価に対して，あなたならどう表現するかを考えてください（例：ネガティブ；「残酷だ」，ポジティブ；「親切だ」）。つまりその尺度の両端に位置するそれぞれのレッテルを記入してほしいのです。次に左側の欄に，それらのレッテルに関するネガティブな行動やポジティブな行動の様々な例を書き出してください。その右側の欄には，例として挙げたそれらの行動が起きる状況を記します。たとえば，あなたが自分に"怠け者"とレッテル貼りをしたとしましょう。そして"怠け度"という尺度を作るとして，その尺度の一番端に位置する最もポジティブなレッテルは，"やる気がある"とか"活気がある"というものになるかもしれません。そして，あなたの行動のなかで，怠け者だったり，やる気があったり，活気があったりしたような様々な例を挙げてください。さらに，それらの行動が起きた状況も書いてください。このような作業を通じて，あなたはどのような結論を導き出しますか？

ネガティブなレッテル：	最もネガティブなレッテル：
	最もポジティブなレッテル：
ネガティブな行動とポジティブな行動の例：	それらの行動が起きたときの状況：
結　論：	最もポジティブな状況：
	最もネガティブな状況：

❖❖ ツール2.9　行動を変えることでネガティブな思考を修正する

ネガティブな思考が事実そのものであったり，多少は事実を含んでいたりすることは，よくあることです。そんなときこそ，状況を改善するために行動を起こしたり，別の考えを見つけたりするには大変よい機会でしょう。たとえば，ある人が「自分は採用面接を受けるのが苦手だ」と思っていて，しかもそのネガティブな考えが事実だとしましょう。その場合その人には，自分の行動を変えることにして，採用面接のためのスキルを学ぶことが役に立つかもしれません。「私はいつもひとりぼっちだ」と嘆き悲しんでいる別のある人には，時間の使い方そのものを修正することが役に立つかもしれません。その人は，自己主張の仕方を学んだり，何らかの活動を始めたり，たとえひとりでいてももっと満足のできる行動を起こすこともできるのです。このツールの左側の欄には，あなたのネガティブな考えをいくつか書き出し，右側の欄には，物事が今よりももっとうまくいくようにするために，どんな行動を起こすことができそうか，書いてみてください。

ネガティブな考え	問題を解決するための行動
	結　論： することリスト： 行　動　　　　　　いつその行動を起こすか？

第3章
思い込みとルールを検討する

　前述した通り，自動思考が事実であることもある。自分の自動思考が事実であることを確認した患者は，「なぜ私はこんなにも悩むのでしょうか？」という実にもっともな質問を，セラピストに投げかけることがある。その場合セラピストは下向き矢印法を使って，その自動思考のもつ意味を患者に聞いてみるとよい。「仮に誰かがあなたを好きでないとしたら，そのことがどうしてそんなにあなたを悩ませるのでしょう？」とセラピストに聞かれて，「それは，私に価値がないことを意味するからです」と答えた患者がいた。抑うつ，不安，結婚生活での葛藤といった問題は，厳格なルールや思い込み，"べき"思考，命令法，"もし"思考，といった思考の結果として生じることが多い。抑うつの再発に対する脆弱性についての研究によれば，ネガティブな気分やライフイベントがきっかけとなって，承認欲求や完璧主義的な信念が活性化されることが指摘されている (Miranda & Persons, 1988; Miranda, Persons, & Byers, 1990; Segal & Ingram, 1994)。背景にあるこれらの思い込みは，物事がうまくいっているときにはあまり問題にならない。たとえば，パートナーがいて自分が愛されていると信じている男性は，パートナーとの良好な関係が続いている間は心地よく過ごせるだろう。しかし，その関係に亀裂が入ったり，関係が終わったりすると，背景にある思い込み（例：「私はひとりでは幸せになれない」）や個人的なスキーマ（例：「私は愛されない」）

が活性化され，大うつ病エピソードが引き起こされる場合もあるのである。

患者の状態が比較的安定しているときには，背景にある思い込みが明確にできないこともある。その場合は，過去にあった抑うつや葛藤のエピソードを想起してもらうとよいだろう。(例:「これまでにあなたが落ち込んだときのことを思い出してください。どんなことがありましたか？」)。セラピストはまた,「ちょっと想像してみていただきたいのですが，どのようなことが起きると，あなたは動揺するでしょうか？」と患者に予測してもらってもよい。(例:「もし試験で失敗したら，動揺するでしょう」と患者が答える)。このようなとき，いったいどのようなネガティブな考えや思い込みが活性化されるだろうか？ たとえば，次のようなものかもしれない。「パートナーと別れたとき，私は『ひとりぼっちでは，決して幸せになれない』と思いました」「もし試験で失敗したら，それは私が全力を尽くさなかったからであり，そのことは，私が失敗者であることを意味するのです」。本章では，患者の気分がよいときでさえ存在しているであろう背景にある思い込みやルールを取り上げ，患者がそれらを同定したり検討したりする際の援助について解説する。

▌ 技法：背景にある思い込みやルールを同定する

解説

背景にある思い込みは，通常は下向き矢印法を使うと容易に明確化できる。背景にある思い込みとは，"もし"思考，ルール，"べき"思考などにみられるような，厳格で命令的な思考であり，抑うつや怒り，不安などに対する脆弱性と関連している。セラピストは下向き矢印法によって，たとえば次のような思い込みやルール（あるいは基準）を同定することができる。

「もしひとりぼっちのままであれば，私は不幸せに違いない［あるいは，好ましくない人間に違いない］」

（あるいは）「もし私がひとりなら，これからもずっと私はひとりぼっ

　　　　ちのままだろう」
（あるいは）「独身者は負け犬だ」
（あるいは）「幸せになるためには，パートナーがいなければならない」
（あるいは）「私は自分自身を幸せにすることはできない。誰かがいな
　　　　いと，私は幸せになれない」

「もし私が何かをうまくできないなら，私は失敗者に違いない」
（あるいは）「私はいつもすべてをうまくやるべきだ」
（あるいは）「私は誰よりも上手にやるべきだ」
（あるいは）「何かに失敗するというのは，恐ろしいことである」
（あるいは）「もし私が何かに失敗したら，私は自分自身を厳しく罰す
　　　　るべきだ」

　抑うつ，不安，怒りといった感情は，様々な思い込みやルールと関連している。ひとりひとりの人間がいくつかの信念を併せもっているが，そのような信念のセットが，たったひとつの出来事によって活性化されてしまう。長年にわたって有能な従業員として働いてきたのに，たまたま今の上司に嫌われてしまったある女性患者を例として考えてみよう。セラピストから見ると，今の状況が個人的な行き違いによって生じたものであるのは明らかであった。結果的に彼女は解雇されてしまったが，他でよい仕事に就くことが十分に可能な人である。この一連の出来事によって，彼女のいくつかの思い込みが明らかになった。

- もし解雇されたら，それは私が仕事に失敗したということである
- もし仕事に失敗したとしたら，それは私が人間として失敗者だということである
- [解雇後の初の採用面接の前に] 一度でも解雇されたことのある人間を雇ってくれるような人は，誰ひとりとしていないだろう

- 上司に好かれないということは，私が変わり者だということである
- 誰かが私を好きでないとしたら，それは私に価値がないということだ

　現実には，解雇されるという出来事によって，かなりの解雇手当を貰うこともあれば，ストレスフルな職場環境から離れる機会や新たな仕事や訓練の機会を得たりすることもある。もちろん解雇されるということは，収入が途絶えるとか新たな仕事を探すことに対する不安を高め，収入の確保といった現実問題にもつながるものである。しかしながら，上記の例のような個人的な思い込みが，さらにその人を抑うつの危険にさらすのは，それらの思い込みが絶対的で，厳格で，自己批判的だからである。これらの思い込みには，ポジティブだったり実用的だったりする面がほとんどみられないのである。

検討と介入のための問い

　「さきほど明確になったあなたの思い込みやルールを検討しましょう。私たちは自分の思い込みやルールを，自分や他人のすべてに当てはめて考えてしまいがちです。これらのルールや思い込みの多くは，『私は成功しなければならない』とか『私は他の人たちに承認されなければならない』といったものです。また『もし…ならば，…ということである』といった思い込みもあります。たとえば，『もし成功しなければ，私はさほど立派な人間ではないということである』とか『もし誰かが私を好きでないなら，私は愛されない人間だということである』といったことです」

　セラピストは，"非機能的態度尺度 (Dysfunctional Attitude Scale：DAS)" を使用するとよいかもしれない。DAS は思い込みを多次元的に評価できる包括的な尺度である。DAS を通じて患者の極端な反応を同定できれば，セラピストと患者は，将来表面化するかもしれない抑うつ，不安，怒りに対する脆弱性を判断することができる。

例

セラピスト：仕事を失って気分が動揺しているのですね。その背景にどんな考えがあるのか，明らかにしてみましょう。まずは次の文章を完成させてみてください。「仕事を失って私が悩んでいるのは，…だからである」

患者：自分を失敗者のように思ってしまうからです。

セラピスト：それでは，「自分を失敗者のように思ってしまうのは，…だからである」という文章は，どのように完成させますか？

患者：それは実際に，私が失敗者だからです。

セラピストは，パートナーと別れたばかりの別の男性患者に対しては，その出来事が患者にとってどのような意味をもつのかを尋ねた。

セラピスト：あなたがエレンと別れたことで動揺しているのはわかります。ここではあなたの苦しみを増しているかもしれない，あなたの考えそのものを検討してみましょう。「エレンと別れたという事実が私を苦しめるのは，この別れが…ということを意味するからだ」という文章を完成させてください。

患者：この別れが，私は今後決してパートナーを見つけられない，ということを意味するからです。

セラピスト：それでは，「私がパートナーを見つけられなければ，それは…ということだ」という文章は，どんなふうに完成させますか？

患者：私がみじめになるということです。

セラピスト：幸せになるためには誰かと必ず一緒にいなければならないと，あなたが考えているように聞こえますが？

患者：その通りです。

ホームワーク

セラピストは患者に対し，ホームワークとして，ツール 3.1（思い込み，ルール，基準に気づく）と 3.2（思い込み，ルール，基準をモニターする）を用いて，自分の思考の背景にある様々な"べき"思考やルールを同定し，モニターしてもらう。「これからの1週間，あなたの考えの背景にあるルールや思い込みを明確にしたり，記録したりしてみてください」

予測される問題点

患者の中には，自分のルール，予期，思い込み，判断などが，「まさにその通りの事実である」と信じている人もいる。それはたとえば，「たくさんお金を稼げなければ，その人は失敗者だ」とか「魅力的でない人間は，醜いということだ」といったものである。このように信じている患者は，自分の予期やルール，価値などを，あたかも科学的で客観的なデータであるかのように扱う。それらのルールや予期が，文化的価値として多くの人々に共有されている場合（たとえば，「人は結婚しなければならない」とか，「人は成功しなければならない」といった期待が，世間的に広く行き渡っている場合），それらは，その文化に属する人たちにとって"事実"として強く思い込まれているだろう。そこでルールや思い込みを同定するこの段階で重要なのは，それらの真偽について議論することではなく，ただ単に同定し記録することであると，セラピストは患者にはっきりと伝えるとよい。

その他の関連技法

その他の関連技法としては，自動思考を同定する，下向き矢印法，イメージ技法，合理的なロールプレイ，損益分析，などが挙げられる。

ツール

ツール 3.1（思い込み，ルール，基準に気づく），ツール 3.2（思い込み，ルール，基準をモニターする）が挙げられる。

▰ 技法："べき"思考に挑戦する

解　説

　包括的なルールや基準は,「私は常に完璧でいるべきだ」とか,「私は常に成功しなければならない」といった例に見られるように,道徳的な規範を示すものが多い。それらが道徳的な規範として示されることによって,人はそれらに基づいて,重要性や価値についての判断を下してしまう。だからこそ,たとえば「私は常に完璧でいるべきだ」という信念が,「私は役立たずだ」とか「私は劣っている」とか「私には幸せになる価値がない」ということを,暗に意味してしまうことが起きるのである。自己批判,罪悪感,羞恥心といった感覚は,これらの道徳的な"べき"思考に共通してみられる副産物である。エリスは,これらの"べき"思考の多くは,不合理で,過度に一般化された非機能的思考によって構成されていると述べている（Ellis, 1994）。セラピストは,"べき"思考的な論理に対して,たとえば次のような問いかけができる。

- 人が「…すべきだ」と言う場合の,理論的根拠は何ですか？
- 何が,このルールのもとにあるのでしょうか？
- このルールは,すべての人に当てはめられるものですか？
- このルールは,"主義"というよりは,むしろあなたの"好み"なのではないですか？

検討と介入のための問い

　上記のように,セラピストは患者の認知に対して様々な挑戦を試みる。たとえば,「私は完璧でいるべきだ」という"べき"思考を考えてみよう。セラピストは次のように問いかけることができる。

1. 「自分は完璧でいるべきだ」ということの根拠や反証には，どのようなことがありますか？
2. 何が，このルールのもとにあるのでしょうか？ 誰が，あるいはどんな権威が，あなたが完璧でいるべきだと定めたのですか？
3. 誰もが完璧でいるべきなのでしょうか？（もしそうでないならば）なぜあなたは他人に対するのとは違う基準を，自分に当てはめるのですか？
4. 完璧でいるということにむやみに執着するより，よりよい仕事をすることを大事にするほうが，むしろ現実的ではないですか？

例

セラピスト：あなたは「本当なら試験でもっとよくできたはずだった」と言いましたが，それはどうしてでしょうか？

患者：本来，私は出来がよいからです。それに私はもっと努力して，ベストを尽くすべきでした。

セラピスト："ベストを尽くす"って，どういうことですか？

患者：懸命に努力して，全部の科目で"A"評価を取ることです。

セラピスト：ということは，すべてに"A"評価を取ってはいないから，あなたは完璧でないということになるのですね？ ところで，そんなに大変なことをあなたは目指すべきなのでしょうか？

患者：だってもっと頑張れば，全科目で"A"評価を取れたかもしれないでしょう？

セラピスト：完璧でいることを自分に求めた場合，どんな利益や不利益がありますか？

患者：不利益は，私がプレッシャーを感じたり，自分にがっかりしたりすることでしょう。利益は，多分，それによって頑張ることができるということでしょうか？

セラピスト：では実際，完璧でいることを自分に求めた結果，あなたには

どのようなことが起きているのでしょう？
患者：自分をみじめに感じてしまいます。
セラピスト：それではもしあなたが，「よりよい仕事をしてみよう」といった基準をもつとしたらどうでしょうか？ 完璧でいることを自分に求めるのと比べて，どういう利益がありますか？
患者：圧倒されるようには感じなくてすむでしょうね。
セラピスト：ところで，あなたの友だちは皆，試験で完璧な結果を出したのですか？
患者：いいえ。かろうじて平均点だという人もいますし，よい成績を取っている人もいます。でも私の知っている人で，全部に"A"評価を取っている人はひとりもいません。
セラピスト：あなたは，それらの友だちのことをどう思いますか？
患者：皆，ちゃんとやっていると思いますよ。たぶん私は，自分だけに対して，完璧であることを求めているのでしょう。
セラピスト：もし友だちと同じ程度でいいと思えたら，どうなりますか？
患者：もう少し気楽になれそうです。

ホームワーク

セラピストは次のように言って，ホームワークを提示するとよい。「あなたの"べき"思考をひとつ選んでください。それをこのツール（ツール3.3 "べき"思考を検討し，それに挑戦する）に書き，その考えを信じている程度や，その考えが引き金となって生じた感情とその程度，そしてその考えによる利益と不利益を書き出してみましょう。さらにこのツールに示された問いに答えながら，自分の"べき"思考に挑戦してみてください」

予測される問題点

患者のなかには，"べき"思考に挑戦することは，自分が無責任または不道徳に振る舞うことにつながるのではないかと心配する人がいる（Leahy,

2001b を参照)。その場合，よい"べき"思考と悪い"べき"思考を区別するとよい。よい"べき"思考とは，たとえば「誰かを強姦するべきではない」といった，すべての人に対して適用できるルールのことである。"べき"思考を検討すること自体に抵抗を示す患者には，合理的な道徳上のルールを構成しているのは何かということについて，考えてもらうのがよい。合理的な道徳上のルールとは，誰に対しても適用できるものであり，人間の尊厳を高めるものである（Leahy, 2001b を参照）。しかしまた，「真に道徳的であるためには，完璧であるべきだ」と言うのは，「完璧な人はいないので，真に道徳的な人はいない」ということを暗示するようなものである。このような絶対的で批判的なルールには，ほとんどの人が賛同しないだろう。

さらに，「"べき"思考に挑戦すること自体が無責任な振る舞いにつながるのではないか？」という懸念と，真に極端な"べき"思考を区別するには，それらの根拠を検討するとよいだろう。たとえば，「あなたはすべての物事に対して，完璧主義的な基準を当てはめて考えるのですか？」と聞いてみることができる。どんな人でもすべてにおいて完璧ということはありえない。したがって，ある個人が完璧に無責任な存在になることもありえないのである。二重の基準法も役に立つかもしれない。例：「完璧でないからといって，その人たちを無責任であるとは判断できないという事実を，あなたはどのように説明できますか？」

その他の関連技法

多くの技法が"べき"思考に挑戦するために活用できる。すなわちその他の関連技法としては，損益分析，二重の基準法，論理と根拠の検討，下向き矢印法，連続法によるルールの評価，ロールプレイ，信念に対して行動を起こす，が挙げられる。

ツール

ツール 3.3（"べき"思考を検討し，それに挑戦する）が挙げられる。

技法:条件つきルールを同定する

解　説

　ここでは,「もし誰かが私を好きでないなら,自分には価値がないということだ」といった思い込みを抱いている患者について考えてみよう。この患者は,他者からの拒絶や否定的評価を避けるために,"条件つきルール（conditional rules）"（"ガイドライン"や"戦略"のようなもの）を作り出し,他人に拒絶されることから自分を守ろうとするだろう。これらの条件つきルールとしては,「もし皆が欲することを私が皆に提供できれば,私は拒絶されないだろう」といったものが挙げられる。完璧主義的テーマを中心とした条件つきルールには,「休みなく働けば,完璧な仕事ができるだろう」とか「もしちょっとでも難しいことをしたら私は多分失敗するだろう。だから,そのようなことに挑戦するのは避けるべきである」といったものが挙げられる。条件つきルールによって,患者は自分の欠点や不安に何とか対処しようとする。たとえば患者は,すさまじい努力によって劣等感を克服するといった"埋め合わせ"を試みるかもしれない。あるいは,拒絶を恐れて人を避けたり,敗北や失敗を恐れて何かに挑戦することを避けたりするといった,"回避"を試みるかもしれない。このような理論は,当初アルフレッド・アドラーが提案したものだが（Adler, 1964）,後にギダーノとリオッティ,またベックとフリーマンらが,この理論に認知モデルを適用した（Guidano & Liotti, 1983; Beck, Freeman, et al., 1990）。

　これらの条件つきルールにはふたつの問題点がある。まず第一に,これらのルールに従って行動するのは,現実的にはほとんど不可能である。第二に,条件つきルールに頼ることによって,背景にある思い込みの不合理性を検証できなくなってしまうことである。たとえば,「他人に従っておけば私は皆に好かれるだろうし,"役立たず"と思われずにすむだろう」という条件つきルールにしばられている患者は,「もし誰かが私を好きでないなら,私は"役

立たず" だということだ」という背景にある思い込みや中核信念を実際に試したりそれに挑戦したりすることができなくなってしまう。たとえば，あるアルコール依存症の患者は，「酒を飲まなければ，自分は生きていられない」と思い込んでいるかもしれないが，その思い込みを実際に検証することができないのは，その患者が酒を飲むことをやめないからである。

検討と介入のための問い

「私たちは，あるルールに従って生きることによって，自分に悪いことが起きるのを避けようとすることがあります。さきほど，『誰かに拒絶されたら，それは自分が"役立たず"だということだ』というあなたの思い込みや中核信念が明らかになりました。次に明らかにしたいのは，拒絶を避けるために，あなたがどのようなガイドラインやルールを使っているかということです。たとえば，『拒絶されないために，私は…する傾向がある』という文章を完成させてみてください（あるいは，『もし…すれば，私は拒絶されずにすむだろう』『もし…しておけば，私は失敗を避けられるだろう』）。

私たちはまた，自分が避けるべきことについてのルールを決め，悪いことが自分に起きるのを防ごうとするときがあります。たとえば，『私には価値がない』という中核信念をもっている人は，他人から拒絶されることをどうにかして避けようとするためのルールや戦略をもっています。『拒絶されるのを防ぐために，私は…を避ける傾向がある』という文章を完成させてみてください。どのようなことを，またはどのような人をあなたは避けているのでしょうか？（あるいは，『失敗を回避するために，私は…を避ける傾向がある』という文章を完成させてみてください。どのような行動や課題を，あなたは避けているのですか？）」

例

ここでは，非常に知的で完璧主義的傾向を有する，ある女性患者の例を紹介する。彼女は，仕事の負荷と失敗の危険性の高い民間企業での仕事を避け，

公務員として市役所で働いていたが，最近，仕事に行き詰まりを感じていた。

セラピスト：今の仕事に不満なのですね。でもあなたは市役所であれ民間であれ，挑戦しがいのある別の仕事を探そうという気になれないと言っていました。挑戦することのどんな点が，あなたにとって気が進まないのでしょうか？
患者：自分が失敗するのではないかと思ってしまうのです。
セラピスト：失敗は，あなたにとってどんなことを意味するのですか？
患者：自分の出来が悪いということです。
セラピスト：他に失敗を恐れて，何らかの行動や挑戦を避けたことはありますか？
患者：そうですね。以前私は法科大学院に合格しましたが，結局入学しませんでした。
セラピスト：そうすると，あなたは"失敗しそうなことは避けるべきだ"というルールをおもちなのでしょうか？
患者：ええ，そう思います。私は，自分の出来の悪さを思い知らされたくないのです。
セラピスト：でも他にも，出来のよし悪しが示されるときがありますよね？たとえばSAT（大学進学適性テスト）ではどうでしたか？
患者：SATはよくできました。95パーセンタイル値に入っていたのです。
セラピスト：ちなみに大学での成績はどうだったのですか？
患者：よかったです。でも私自身は満足できませんでした。すべての科目が"A"ではなかったからです。
セラピスト：具体的には？
患者：ほとんどが"A"でしたが，"B"評価もいくつかありました。
セラピスト：それらを根拠として考えると，あなたの出来の良し悪しは，いったいどうなんでしょう？
患者：そうですね。確かに私は出来が悪いとは言えません。でも最高に出

来がよいというわけでもありません。
セラピスト：ということは，「最高に出来がよくなければ，出来が悪いということだ」という思い込みが，あなたにあるということですか？
患者：そうみたいですね。
セラピスト：そのような思い込みは，あなたにどんな影響を与えてきたのでしょうか？

ホームワーク

セラピストは次のように言って，条件つきルールの基礎的な理論を説明し，ホームワークを提示する。「私たちは自分なりのルールをもって，自分に悪いことが起きないようにしています。たとえば，『常に用心していれば，不意を突かれることはないだろう』という信念やルールをもっている人がいます。このような信念は"条件つき信念"と呼ばれています。条件つき信念は，私たちが自分で自分を守ったり何かに備えたりするための信念です。条件つき信念の他の例には，次のようなものがあります。『100％完璧にできれば，私は失敗者にならずにすむだろう』『目立つことができれば，皆に認めてもらえるだろう』。それではあなたの条件つき信念を同定してみましょう。このツール（ツール3.4 条件つき信念を同定する）を使って，あなたが日頃用いている条件つき信念を明確にしてください」

予測される問題点

患者の中には，自分の条件つき信念は十分に客観的であり有用であると信じている人がいる。その場合セラピストは，「今は，単に情報を集めているだけです」と強調するとよい。事実，同定された条件つき信念の有用性は，後で検討すればよいのである。

その他の関連技法

その他の関連技法としては，思い込みを同定する，下向き矢印法，損益分

析，根拠を検討する，二重の基準法，などが挙げられる。

ツール
ツール3.4（条件つき信念を同定する）が挙げられる。

■ 技法：価値のシステムを検討する

解説
　思い込みの多くは一次元的である。たとえば，仕事の成功に関するある人の思い込みは，経済的な成功という一次元だけを求めている場合がある。患者が一次元的な価値に対して不安になったり落ち込んだりしているときには，他の次元の価値が見えなくなってしまっている場合が多い。一次元的な見方しかできない人が，多次元的な価値のシステムを検討できるようになれば，その人は，極端でないやり方で自己評価するようになるだろう。たとえば，自分の価値を仕事の業績でのみ判断しているような患者には，愛，許し，親切心，好奇心，個人的成長，楽しみ，余暇といった，別の価値を考えてみるように教示することができる。そしてその後，次のように言って，患者にある選択をしてもらう。「もっと業績を上げることと，もっと人を愛することの，どちらかを選ばなければならないとしたら，あなたはどちらを選びますか？」。この技法における最初の課題は，患者の人生において価値のあることを，リスト化してもらうことである。上述した価値の他には，身体的な快適さ，友情，宗教などが挙げられるかもしれない。次に患者は，どの価値が自分にとって重要性が高く，どの価値が低いかということを，自分自身の価値のヒエラルキーと照合しながら比較検討する。別のやり方としては，自分の子どもやパートナーに大事にしてもらいたい価値はどれかを尋ねたり，世間一般の人々が追求すべき価値はどれかを尋ねたりすることもできる（二重の基準法の応用）。

検討と介入のための問い

「あなたが重要だと思っている様々な価値について検討しましょう。次に挙げる価値について考えてください。愛，許し，親切心，好奇心，個人的成長，楽しみ，余暇，自尊心，宗教，文化的な営み，経済的成長，仕事における達成，身体的魅力，他人からの承認，など。現在あなたが悩んでいるのは，どの価値についてですか？ 仕事においてさらに成果をあげることですか？ 仕事での達成と，愛［あるいは，許し，親切心，好奇心，個人的成長など］をさらに高めることの，どちらか一方を選ばなければならないとしたら，あなたはどちらを選びますか？」

例

セラピスト：仕事でのプロジェクトを成功させることが，あなたにとって非常に重要なのですね。そして現在の業績があまりよくないので，自分を責めているのですね。確かに私たちは，何かひとつの価値を重要視することがあります。けれども本当は，仕事における達成の他にも，あなたが大事だと思っている価値もあるのでしょう？ たとえば，愛，許し，親切心，好奇心，個人的成長，楽しむこと，余暇，自尊心，宗教，文化的な営み，経済的成長，身体的魅力，他の人たちから承認されることなどです。（これらを紙に書き出す）。仕事の達成とそれ以外の価値を比べて，どちらかを選ばなければならないとしたら，あなたはどうしますか？ これらの価値の中には，仕事の達成よりも，もっと重要だと思うものがありますか？

患者：ほとんどすべて重要です。…余暇は違うかもしれません。でも，休みを取ることも私にとっては重要です。

セラピスト：わかりました。あなたにとってこれらの価値は，すべて重要なのですね。そうであれば自分自身に対して，愛や親切心，許しなどをもっと大事にしてみたらいかがでしょうか？

患者：どうやって大事にするのでしょう？

セラピスト：自分をもっと愛したり，自分に親切にしたり，思い通りにならなくてもそういう自分を許したりするのです。

患者：もしそんなふうにできたら，確かにもう少しましな気分になるかもしれません。

セラピスト：そうでしょうね。なぜならさっきあなたが言ったように，あなた自身，それらの価値が重要であると考えているのですから。

ホームワーク

ツール 3.5（価値を明確化する）と 3.6（普遍的な価値のシステム）を使って，自分がどの価値について悩んでいるのかを同定し（たとえば，仕事における達成），次にツール 3.5, 3.6 に記載されている 17 の価値をすべて検討し順位づけるという課題がホームワークである。これらの課題を通じて，患者個人における 17 の価値の順位と，患者が他人や社会に対して「そうであってほしい」と望んでいる価値の順位の両方が明確にされる。

予測される問題点

ときに，患者が最も悩んでいる価値（たとえば，仕事における達成）が，その患者にとって一番重要な価値であると同定されることがある。その場合，セラピストは次のような質問をしてみるとよい。

1. あなたが最も重要だとみなした価値とは別に，他のいくつかの（あるいはすべての）価値を追求することにも，何らかの意味があるのではないですか？
2. あなたと同じ価値のシステムを，愛する人たちにも当てはめることができますか？ もし当てはめられないのなら，それはどうしてでしょうか？
3. 世間の人たちは，どのようなものを望ましい価値のシステムとして考えているでしょうか？

4. 世間の人たちの価値の順位とあなたの順位とが違うのは，どうしてでしょうか？

その他の関連技法

その他の関連技法としては，損益分析，二重の基準法，下向き矢印法，などが挙げられる。

ツール

ツール3.5（価値を明確化する），ツール3.6（普遍的な価値のシステム）が挙げられる。

技法："完璧"と"進歩"を区別する

解説

多くの人々は，非現実的な思い込みや基準をもっており，その結果，敗北感や空虚感を抱くことになってしまう。この技法（"完璧"より"進歩"を目指す）を使えば，達成不可能な基準を目指して苦しむよりも，自分の言動をいくらかでも改善することのほうに注目できるようになる。ある患者によれば，この技法はAA（アルコール依存症者のための自助グループ）の会合で，ガイドラインとして紹介されることが多いとのことである。

進歩は様々な方法で査定することができる。たとえばある女性患者は，ベックの抑うつ尺度（BDI）が当初36ポイントだったのだが，その6週間後には22ポイントにまで下がっていた。しかし彼女は，落ち込みは完全になくなっていないのだから治療がうまくいっていないのだと不満を述べた。そこで私は，抑うつ症状がきれいに消失するという基準で治療の成否を評価するよりも，BDI値が14ポイントも減少したことで示された進歩を，自分自身が成し遂げたこととして認めるほうがよいと提案した。そして何がこの進歩を導いたのかを検討すれば，さらに進歩し続けることが可能になるだろうと伝

えたのである。

検討と介入のための問い

「完璧であろうとするよりも,少しでも進歩しようとすることの利点について,一緒に考えてみましょう。完璧であろうとするかぎり,何らかの挫折は避けられないものです。しかし進歩を目指そうとするのであれば,自分をコントロールできると感じられるようになりますし,もっと希望をもてるようになるでしょう。あなたは今までにどんなことで進歩したことがありますか? 自分自身を進歩する存在であると信じることができますか? それとも自分が完璧であることだけを求めているのでしょうか? 自分に完璧を求めるよりも,自分が進歩できる存在であると信じることにしたら,どのような結果になると思いますか?」

例

セラピスト:試験の結果が期待通りでなかったので,落ち込んでいるのですね。ところで具体的にはどのような評価だったのですか?

患者:"C"を取ってしまいました。試験勉強が足りなかったのでよい評価が取れるとは思っていませんでしたが,それにしてもこの評価にはがっかりです。

セラピスト:今,どんなふうに考えていますか?

患者:私は本当に負け犬だということです。これでは社会でもうまくやっていけないでしょう。

セラピスト:次の試験では,今回よりもよい点数を取れると思えますか?

患者:これ以上悪い点を取るなんて,想像できません!

セラピスト:あなたは今回の経験から,事前に準備することの大切さについて,何かを学んだのではないですか?

患者:ええ。とにかく試験の前には勉強しなければならないということです。次の試験の前には,もう少しちゃんと勉強しようと思います。

セラピスト：ということは，進歩や準備ということに注目すれば，あなたは今回の経験から何かを学べたのではないですか？

患者：そう思います。

セラピスト：あなたは今回の経験によって，大変重要なこと（すなわち，勉強や事前準備の大切さや，自分の実績を軽視しないこと）を，お金をかけずに学べたのではないでしょうか。今回のことは，今後のあなたの人生に役立つと思いますか？

患者：そう思います。

セラピスト：それでは，あなたが今回のことから何を学んだかということに焦点を当てながら考えてみましょう。試験での評価が思わしくなかったという，今回の一時的な失敗をよいきっかけにして，今後あなたがどんなふうに進歩できるかということに注目してみませんか？それは「完璧でないから自分は負け犬だ」と考えるよりも有益だと思いますよ。

患者：確かにそちらに注目するほうがよさそうですね。

ホームワーク

ツール3.7（"完璧"よりも"進歩"を目指す）は，自己批判的になりがちな項目（例：職場や学校での実績，人間関係，健康，経済状況など）をリスト化するためのツールである。これらの項目において進歩するために，自分でできる様々な方法（例：仕事に励む，勉強時間を増やす，コミュニケーションのやり方を工夫する，運動と食事制限を行なう，貯金する）を書き出してくることが，ホームワークである。

予測される問題点

患者の中には，自分を批判することこそが仕事に励むためには必要であると信じている人もいる。そのような患者には，認知療法で重視するのは，自己批判よりも"問題解決"であると伝えるとよい。その際，問題を検討・分

析することと問題を解決することは同じではないと，患者に指摘しておく必要がある。たとえば，「自分は10ポンド体重がオーバーしている」と知ることと，運動や食事制限によって体重オーバーという問題を解決することとは違うのである。

その他の関連技法

その他の関連技法としては，思い込みを同定する，段階的課題設定や活動スケジュールといった行動的課題，問題解決法，損益分析，などが挙げられる。

ツール

ツール3.7（"完璧"よりも"進歩"を目指す）が挙げられる。

■ 技法：失敗から学ぶ

解説

完璧主義的な思い込みに挑戦するひとつの方法として挙げられるのが，失敗や逆戻りを，"それから学ぶためのよい機会"としてとらえ直すことである。失敗や承認（そしてその他すべての基準や価値）に対して"全か無か思考"という思い込みをもつ患者は，問題の再燃を，物事が絶望的である証拠としてみなすだろう。たとえばある女性患者は，一晩あたりの飲酒量をグラス1杯までに減らしていたが，あるとき節酒に失敗して5杯もの酒を飲んでしまった。彼女はひどく自分を責め，絶望感を抱いた。しかし私は，これを"学べる経験"（または，"ごく当たり前の経験"）として考えてみようと彼女に提案した。彼女は，セルフヘルプの基準を守れないときにどんなふうに感じるか，検討する機会を得たのである（Leahy & Beck, 1988）。この失敗を通じて，すでに同定されていた以下の3点がまさにその通りであることを，彼女は再確認することができた。(1) 飲みすぎた翌日には，ひどい気分になる。(2) 一緒に飲酒するから，友だちが彼女を好きだというわけではない。(3) 一晩に

1本以上の酒瓶を空けることには何の意味もない。失敗や逆戻りを検討するためのもうひとつの方法は，それらを"有益な痛み"としてとらえ直すことである。セラピストは次のように言うとよいだろう。「私たちが何かを学ぶときには痛みを伴う場合があります。痛みを"友だち"にしてしまいましょう。痛みは，何が役に立ち何が役に立たないかを，あなたに教えてくれる存在なのです」

検討と介入のための問い

「あなたは，問題が再燃したことでつらく感じているかもしれません。でも，このぶり返しを大事にして，学べる経験としてとらえ直してみれば，むしろあなたの役に立つかもしれませんよ。この経験から，あなたは自分自身についてどんなことを学びましたか？　何があなたの役に立ち何が役に立たないかを，今回のことで学んだのではないですか？　今回のぶり返しに伴う痛みや失望を，今後，どのように役立てることができるでしょうか？」

例

ある患者（独身男性）は，以前つきあっていた恋人と再会したことが原因でひどく落胆していた。彼女（元恋人）は，飲酒，気分の不安定さ，信頼性などにおいて大きな問題を抱えていた。患者は彼女と再会し，彼女の抱える問題のひどさに再度直面したのである。彼は，元の恋人と再会した自分をひどく責めていた。

> セラピスト：彼女と再び会ったことで，自分を責めているのですね。でも今回の経験から，彼女と別れたことは正解だったと，改めて確認できたのではないですか？
>
> 患者：ええ。でも私はわざわざ彼女と再会する必要はなかったんです。
>
> セラピスト：そうかもしれません。でもあなたは今回の経験から，今後に役立つ情報を何か得られたのではないですか？

患者：でも私にはもうすでに十分な情報があったんです。彼女はおかしいのだということは，すでに知っていたわけですから。

セラピスト：あなたはその日，何のために彼女に電話をしたのですか？

患者：「一晩だけの関係をもてたら」と，そのときには思っていました。

セラピスト：「一晩だけ」と考えれば，あまり深く考えずに彼女と会えるし，何かあっても傷つかなくてすむということだったのでしょうか？

患者：ええ。私はセックスのためだけに彼女と会おうとしていたんです。

セラピスト：ということは，電話をかけたときのあなたは，あなたが言うほど馬鹿ではなかったのではないですか？ 彼女とよりを戻そうとしていたわけではないのですから。

患者：そのような見方をしたことはありませんでした。

ホームワーク

　セラピストは次のようにホームワークを提示するとよいだろう。「私たちは自分が成し遂げた進歩から逆戻りすることもありますが，失敗や逆戻りは，そこから何かを学ぶよい機会です。たとえばあなたはダイエットのために食事制限をしているとします。そしてあるとき，食べすぎてしまったとします。するとあなたは自分自身を批判し始めるかもしれません。でも本当に価値のあることは，何があなたの役に立って何が役に立たないのかを，この経験から学ぶことなのです。そんなときは，このツールを使って（ツール3.8　失敗から学ぶ），次に何ができそうかを考えてみるのです。たとえばそれには，食事制限を再開すること，運動をすること，よりよいコミュニケーションのために工夫をすること，自分に制約を与えること，などが含まれるかもしれませんね。それからうまくいかなかったことについて，努力したのにどうしてそうなってしまったのか，考えてみてください。自己批判するよりも，何が自分の役に立って何が自分の役に立たないのかを，まずはきちんと把握しようとしてみるのです」

予測される問題点

失敗やぶり返しが，患者の絶望感や自己批判を強めてしまう場合がある。共通してみられるのは，「うまくいかなかったのだから，諦めたほうがよさそうだ」とか「私は失敗者だ」といった思考である。このような自己批判は，飲酒，喫煙，過食などに関連する物質関連障害や摂食障害の患者に特に顕著にみられる。この場合セラピストは，「進歩があるからこそぶり返しがあるのだ」と指摘するとよい。また，自分の言動に対して完璧主義的であることは，進歩に対する"ポジティブな側面の割引き"や，ぶり返しに対する"過度の一般化"にしばしばつながってしまう。この場合，ぶり返しを"一時的な現象"としてみなすよう，患者に教示するとよい。さらに，スケールや円グラフなどの視覚的技法を援用しながら，「この1ヵ月で，どれくらいの改善がみられたでしょうか？」とか「先月あなたが達成したことは，1年前に比べるとどのように評価できるでしょうか？」などと聞いてみるのもよいだろう。

その他の関連技法

その他の関連技法としては，認知的歪曲を同定する（例：全か無か思考，運命の先読み，ポジティブな側面の割引き，過度の一般化，ネガティブなレッテル貼り，など），完璧よりも進歩に注目する，思い込みを修正するにあたっての損益を分析する，二重の基準法，合理的なロールプレイ，などが挙げられる。

ツール

ツール 3.8（失敗から学ぶ）が挙げられる。

■ 技法：事例を概念化する

解　説

患者の背景にある思い込みや条件つきルールを同定することは，事例の定式化や概念化を実施する際の助けになる (Beck, 1995; Needleman, 1999; Persons

& Miranda, 1992; Tompkins, 1996 を参照)。我々はその際,認知的アセスメントの最新情報(すなわち,自動思考,中核信念,条件つき信念,発達上の出来事を通じて形成された個人的なスキーマ,現在の対処スタイルなど)を関連づけて検討するようにしている。たとえば,「自分は愛されないし,他人に批判され拒絶されるだろう」という個人的なスキーマを有する人には,以下のような自動思考が生じるかもしれない。

1. 「彼女は私を負け犬だと思っているに違いない」
2. 「私は負け犬だ」
3. 「たとえ『出て行け』と言っても,彼女はノーと言うだろう」
4. 「人から拒絶されることには耐えられない」
5. 「何事もうまくいったためしがない」
6. 「結局最後はひとりぼっちになってしまうだろう」

以上の自動思考に加え,その人は,以下のような非機能的な思い込みを有しているかもしれない。

1. 「自分の本心は,決して誰にも伝えてはならない」
2. 「誰かを頼りにしたら,その人は私を見捨てるだろう」
3. 「私の本性を知ったら,皆,私を嫌いになるだろう」
4. 「他人に承認されなければ,幸せになることはできない」

さらに以下のような条件つき信念が想定される。

1. 「もし私がとても愉快な人間で,何でも他人に譲歩すれば,皆は私を好きになってくれるだろう」
2. 「もし私が皆の要求のすべてに応じれば,私は見捨てられずにすむだろう」

この人は，"回避"（例：他人に近づかない，他人に打ち明け話をしない，彼女に出て行くように言わない）や，"埋め合わせ"（例：他者が言うすべてのことに賛成する，他者に従い自己犠牲的に振る舞う）といったことをして，拒絶される恐れに対処しようとしているのである。そしてこの人の中核信念は，「自分は不完全で愛されない人間である」というものである。生育歴（特に発達初期）を聞いてみると，父親は常に彼を批判し，母親はしょっちゅう「出て行く」と言って彼を脅していたことが明らかになった。また，小さい頃の彼の遊び仲間は，彼の体型が小柄であることを始終からかっていた。

このように概念化された事例は，図3-1のようにまとめることができる。

検討と介入のための問い

セラピストは，以下のように言って，概念化の作業をセッション中に始める。「自分の考えや思い込みが，どのように関連し合っているのかを明確化するのはとても大事なことです。これから，あなたの考えや気分や行動がどのように関連しているかという概念化の作業を行ない，それを図に書き入れていきましょう」

例

セラピスト：パーティで出会った女性があなたに興味を示さなかったので，あなたは自分を負け犬だと思ったのでしたね。「自分は負け犬だ」というのは自動思考です。そしてあなたは，「自分には他人に提供できるものがないから，誰ともめぐり合えないのだ」とも考えたのですね。これらの考えを図に記入してみましょう。[ツール3.9（事例概念図）のような図を用いる]

患者：その図には，確かに私のことが示されています。

セラピスト：では，この作業を進めましょう。「私は彼女に好かれなかった」という考えは，あなたにとってどんなことを意味しているのですか？

患者：「私は愛されない」ということでしょう。

第3章 思い込みとルールを検討する　135

生育歴
批判的な父親：父親は私をいつも不満に思っていた。
母親は「出て行く」と言って，私を脅していた。
仲間は私を批判したりからかったりしていた。

個人的なスキーマ
自分は，負け犬で，ひとりぼっちで，誰からも愛されない存在である。

他者についてのスキーマ
人は批判的・拒絶的で，自分を見捨てる存在である。

自動思考
1.「彼女は私を負け犬だと思っているに違いない」
2.「私は負け犬だ」
3.「たとえ『出て行け』と言っても，彼女はノーと言うだろう」
4.「人から拒絶されることには耐えられない」
5.「何事もうまくいったためしがない」
6.「結局最後はひとりぼっちになってしまうだろう」

非機能的な思い込み
1.「自分の本心は，決して誰にも伝えてはならない」
2.「誰かを頼りにしたら，その人は私を見捨てるだろう」
3.「私の本性を知ったら，皆，私を嫌いになるだろう」
4.「他人に承認されなければ，幸せになることはできない」

条件つき信念
1.「もし私がとても愉快な人間で，何でも他人に譲歩すれば，皆は私を好きになってくれるだろう」
2.「もし私が皆の要求のすべてに応じれば，私は見捨てられずにすむだろう」

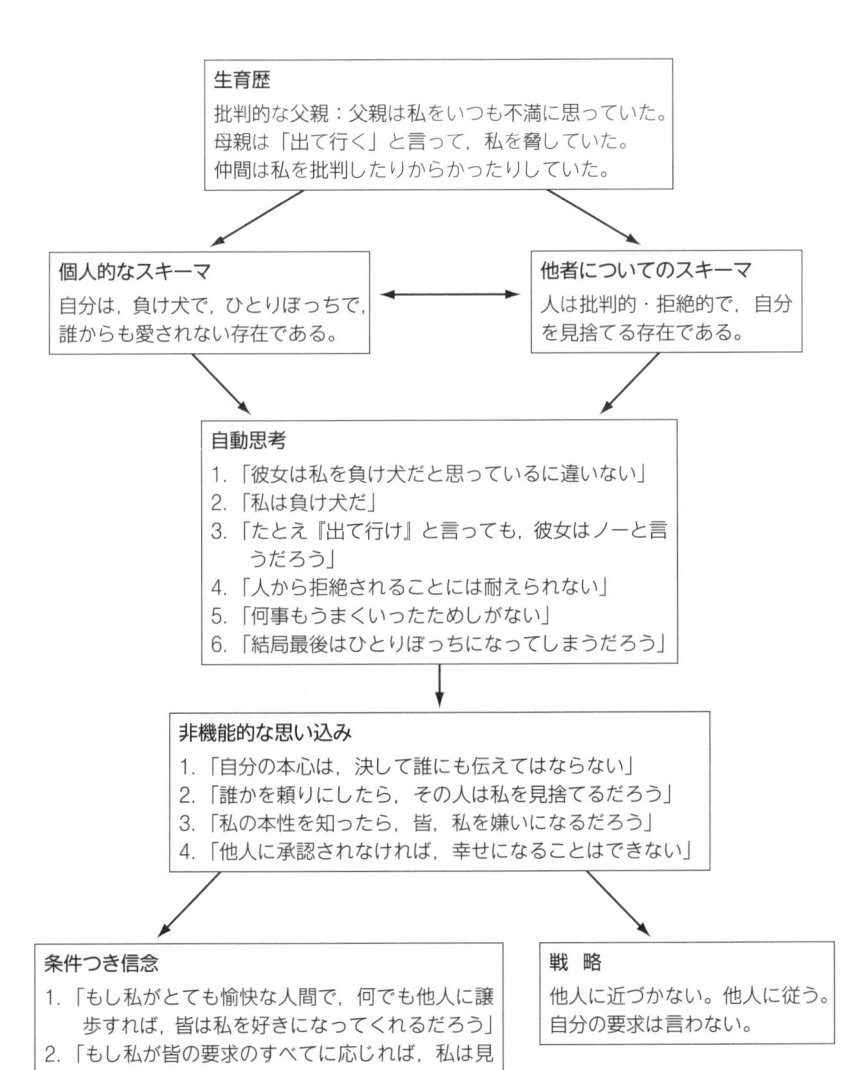

戦略
他人に近づかない。他人に従う。自分の要求は言わない。

図3-1　事例概念図

セラピスト：それと似たような考えが，以前にも生じたことがありますか？「誰かと知り合いになるとき，私はどんなことを恐れるのだろうか？」と自分に問いかけてみてください。

患者：皆，私のことを知れば知るほど，私を好きではなくなるのです。皆，私から去っていくんです。きっと本当の私を知ってしまったからでしょう。

セラピスト：人はあなたを批判する存在で，あなたは皆から拒絶されたり見捨てられたりするだろうと思っているのですね？

患者：その通りです。

セラピスト：わかりました。それではこれらのことも図に書き入れておきましょう。ところであなたは，他人に批判されないようにするために，普段どんなことに気を配っているのですか？

患者：人に反論しないようにしています。自分自身よりもまず先に，相手の要求に応えようとしています。

セラピスト：何か避けていることがありますか？

患者：そうですね。見知らぬ人に近づいて，話しかけるようなことはしません。それに，自分のことをあまり人に話さないようにしています。

セラピスト：「自分は愛されない」とか「他人は自分を批判する」といった考えは，いったいいつどこで形成されたのでしょうか？

患者：私の父は本当に批判的で冷たい人でした。そこからだと思います。

セラピスト：そうですか。それを，"生育歴"の欄に書いておきましょう。お母さんはどうでしたか？　どんな人だったのでしょうか？

患者：母はよく父に向かって，「あんたなんかと結婚しなければよかった」と言っていました。それに，「このまま出て行って，すべてをあんたたちに押しつけることができたら，どんなにいいだろう。そうすれば，あんたたちも私に感謝するだろうよ」とも言っていました。

セラピスト：そうですか。お母さんは，あなたたちを見捨てると言って脅していたのですね。学校ではいかがでしたか？

患者：私は身体が小さかったので，皆にからかわれていました。私がそれを気にしているのを見るのも面白かったようです。私はいつもビクビクしていました。

セラピスト：そうでしたか。スキーマについて記入する欄を見てみましょう。批判的な父親，「出て行く」といって脅す母親，あなたをからかう友だちといった過去の人間関係が，今のあなたに影響しているようですね。これらのことも，「自分は負け犬だ」とか「ひとりぼっちだ」とか「自分は愛されない」といった考えにつながっているようです。さらにそれが，あなたの様々な自動思考にもつながっているのです。あなたには，「もし誰かに拒絶されたら，自分は愛されない人間だということだ」という思い込みがありますね。あなたは皆を喜ばそうとしたり，自分を拒絶しそうな人を避けることによって，そのような思い込みに何とか対処しようとしてきたのですね。

患者：そのようです。まさにそうだと思います。

ホームワーク

　セラピストは，セッション中に作成した事例概念図を患者に渡し，それを見て生じた考えや気分を書き出すように患者に教示するとよいだろう。そこには概念図によって生じた補足的な記憶や体験，感情的な反応などが含まれるかもしれない。このようにして患者は，ツール3.9（事例概念図）に，思考，感情，対処法，思い込み，戦略，関連する幼少期の経験など，様々な情報を加えることができる。事例概念図の各欄に記入されたことは，今後の治療戦略や介入に利用することができる。事例概念図を用いて，患者のスキーマ，思い込み，信念や，生育歴による影響などについて検討することもできる。読者には，第7章の"スキーマに焦点を当てた治療"も併せて参照してほしい。

予測される問題点

　事例の概念化は，現在抱えている問題を患者自身に理解してもらうには強力な介入であるが，患者の中には事例概念化の作業によって著しい不安が喚起されてしまう人がいる。たとえば幼少期の悲惨な経験によって自分の人生が台無しにされてしまったと信じている患者がいる。このような "根本的原因による欠損" に対する患者の不安を検討するには，そのような悲惨な経験の後に，何らかの変化が起きたり新たな対処法を学んだりといったことがあったのではないかと，患者に尋ねてみるとよいだろう。幼少期に形成された習慣や信念は，日々の学習や経験によって修正可能であると患者が認識することは，今後の変化のための第一歩になる。セラピストはその際，「今あなたを悩ませている信念のいくつかは，あなたが6歳のときに形成されたようですね。子どものときに学んだすべてのことを，今後もずっと信じ続ける必要があるのでしょうか？」と問いかけることができる。また，次のように言うこともできる。「このような信念を習得したのは，まだあなたが子どもだったときです。つまりあなたはそのとき，大人として物事を考えることができなかったのです。その後あなたは成長して大人になり，そのぶん賢くなりました。今ならこれらの信念を，もっと上手に扱うことができるのではないですか？」

その他の関連技法

　本書で紹介しているすべての技法が，関連技法として役立つだろう。私は，初回セッションから事例概念化の作業を始め，治療期間を通じて患者と共に概念図を精緻化していく。このようなプロセスを通じて，治療はよりわかりやすいものとなり，患者は自分の問題が理解可能でしかも対処可能であると考えられるようになるのである。

ツール

　ツール3.9（事例概念図）が挙げられる。

▰ 技法："完璧であること"よりも，好奇心，挑戦，成長を求める

解説

　患者の思い込みは，過度に要求的であったり，状況に妥協しないものであることが多い。「自分はすべての人に承認され，好かれるべきだ」とか，「自分はすべての仕事で最高の結果を出すべきだ」と思い込んでいる人は，物事が少しでも完璧でないと，絶望的になり自己批判的になる。ドゥエックらは，人が何かに挑戦するとき，それを自己評価やテストだとは思わずに，その経験から何かを学ぼうと考えたり，好奇心を抱いてそれに臨もうとすれば，その人はそれをよりよくやり遂げられることを見出した（Dweck, Davidson, Nelson, & Enna, 1978）。完璧主義的な要求をもつ人が物事への取り組みを途中でやめてしまうのは，小さな失敗や挫折を体験しただけで，すぐに自信を失ってしまうからであろう。

検討と介入のための問い

　セラピストは，以下の質問をするとよい。「あなたはどんなことを学びましたか？」「この経験で興味深いのはどんなことですか？」「このような経験の結果，次はどんなことに挑戦できそうですか？」「次にうまくいったら，あなたはどんなふうに思うでしょう？」。より明確な問いとしては，たとえばこのようなものがある。「仮に試験に失敗したとします。自分の価値を最終的に評価する材料として試験結果を使うよりも，将来もっとよくできるようになるために，どうすればその科目への好奇心を高められるかとか，どうすれば意欲がわくかとか，そういったことを考えてみましょう」

例

　セラピスト：思ったほど試験がうまくいかなかったので，がっかりしてい

るのですね？

患者：ええ。"A" 評価が欲しかったのに，結果は "B" でした。

セラピスト：その歴史の試験では，どこができて，どこができなかったのですか？

患者：論述はよくできました。私は文章をまとめるのは得意なのです。でも年代や人名を暗記するとなると…。それらを全く覚えていませんでした。

セラピスト：ということは，今度は，歴史における年代の重要性について，関心をもってみればよいのでしょうか？

患者：そういうふうに考えてみればいいのですね。確かに歴史的な出来事の順序というのは，覚えておく必要がありそうです。

セラピスト：年代や人名を覚えるという課題にあなたが挑戦するには，どうすればよいでしょうか？

患者：フラッシュカードを作るとよいかもしれません。カードを使って覚えられるかどうか，やってみます。

セラピスト：もしこのカード方式がうまくいったら，あなたはどんなふうに思うでしょう？

患者：「学ぶべきことをちゃんと学べた」と思うでしょう。

セラピスト：では，この経験から学んだことを次の試験に活かすために，何ができそうか考えてみましょう。

セラピストは次のように質問をしてもよい。「この状況において，あなたは何を目標としますか？ すべてに成功することですか？ 皆に受け入れられることですか？ "自分がどれくらいうまくやれるかを知ること" とか，"新しく人と出会うこと" といったことに，あなたの目標を修正することはできますか？」。患者が非現実的な目標を立てるときもある。しかし上のようなやりとりを通じて目標を修正することによって，患者は挑戦のための新たな方法を，もっと自由に考えられるようになる。

表3-1 義務を遊びに変換する：批判，敗北，失望を好奇心に変える

ネガティブに評価される行動：勉強すること，歴史の試験を受けること

ネガティブな思考	好奇心と挑戦心を伴う思考
私はひどい点を取るだろう。	これらの出来事と人物の組合せを考えてみよう。
私は歴史が苦手だ。	ここにはどんな物語が描かれているのだろう？
全く知らないことが，私にはいくつもある。	私は挑戦することが好きだ。前よりよくできたときには，とても気分がよい。
暗記となると，私は本当に出来が悪い。	私は苦手なことを克服した経験がある。

　セラピストは患者に対し，ツール3.10（義務を遊びに変換する）を使い，ネガティブな思考を，挑戦心や好奇心を伴う思考と対比してもらうことができる。表3-1にその例を示す。

ホームワーク
　セラピストは患者に対し，ツール3.10（義務を遊びに変換する）を使って，挫折感や敗北感を抱いた経験を検討するよう教示する。患者は，出来事やそれに伴って生じたネガティブな思考や行動を端的に書き出す。次に，その経験からどんなことを学んだか，これまでと違うことで今後できそうなのはどんなことか，そして，目の前にある問題に対する好奇心を高めるにはどんなことができそうか，といったことについて書き出すのである。

予測される問題点
　"完璧よりも進歩を求める"技法と同じく，患者の中には，何かを達成するためには，過度に高い目標を自分に課したり，自分を厳しく批判したりすることが不可欠であると信じている人もいる。このような完璧主義的な思い込みは，それ自体検討する必要がある。次のように患者に尋ねてみるとよい。「完璧主義的な態度の損益と，好奇心や挑戦心を追求するような態度の損益

とを比べてみるとどうなるでしょうか？」「"好奇心が人の行動を促進する"ということについて，その根拠と反証を挙げてみてください」。また，次のように患者に尋ねることもできる。「純粋に興味があるからという理由で，何かをしてみたことがありますか？」

　患者の好奇心が過度の自己批判によって消されてしまい，その結果，課題が単なる義務や必要条件とみなされてしまうこともある。例：「私は歴史には興味がありません。必修科目だから仕方なく取っているだけです」。この場合セラピストは患者に対し，歴史に興味をもっている人がいるのはなぜか，すなわち，どのようにしてその人たちが歴史に興味を抱くようになったのかを推測してみるよう教示することができる。次のように患者に尋ねてもよいかもしれない。「はじめは興味があったのに，批判的な評価を受けた結果，興味をなくしてしまったという経験がありますか？」

その他の関連技法

　その他の関連技法としては，損益分析，根拠を検討する，二重の基準法，下向き矢印法，ネガティブなフィルターを検討する，ロールプレイ，などが挙げられる。

ツール

　ツール 3.10（義務を遊びに変換する）が挙げられる。

▰ 技法：適応的な基準や思い込みを新たに形成する

解　説

　我々は，より機能的な代替的信念を見つけられないかぎり，今の信念を捨て去ることはなかなかできないものである。セラピストは，患者が不合理な基準や思い込みを検討したり却下したりすることを通じて，より柔軟で現実的な信念を作り出すのを手助けする。新たな信念は，厳格な"ルール"とし

てではなく, "好み" という形で表現されるほうがよい。例:「私はすべての仕事を完璧にやるべきだ」という信念のかわりに,「基準を高く設定するのはよいことかもしれないが, どんな業績であっても自分自身を受け入れることのほうが, より望ましい」といった, より合理的な信念を形成する。あるいは,「自分はすべての人より優れているべきだ」という信念のかわりに,「いつも皆より優れているというのは不可能だ。だから私は, 自分が達成したことに満足するようにしたい」といった, より合理的な信念を形成する。不合理な基準は "全か無か思考" と強く結びついており(例:「自分は常に成功すべきである」), その結果, 患者は自分や他人を批判することになる("いつも"や "決して" といった言葉が, "全か無か思考" の手がかりである)。かわりとなる新たな基準, 価値, 思い込みは, 判断や拒絶や放棄よりも, 学習や成長や受容を強調しており, より柔軟で, 具体的で, 活動に焦点が当てられている。例:「何らかの問題に直面したとしても, 私はそれを克服するために生産的な行動をとることができる」。これらの新たな信念は, 利益・不利益という観点から, また有用性や他者への適用可能性といった観点から検討することが可能である。例:「もしあなたが他の人たちに対して, これまでの厳格な思い込みとは対照的な新たなルールを適用することにしたら, どのように感じるでしょうか?」

検討と介入のための問い

「私たちは何らかの思い込みを抱き, 非現実的なルールを作ってしまうことがよくあります。それはたとえば,『私はいつも成功すべきだ』とか,『私は皆から承認されるべきだ』といったルールです。私たちは今まで, このような厳格なルールのせいで, いかにあなたが生きづらくなってしまっているかについて検討してきましたね。今度は, もっと現実的で柔軟な, そしてあなた自身がより成長できそうな, 新しいルールや思い込みを考え出してみませんか。これまでのルールや思い込みを参考にして, 新しい考えを作っていきましょう。たとえば,『私はいつも最高の結果を出すべきだ』というルール

がありましたね。このルールを，新しい基準や価値に置き換えてみましょう。たとえば次のような考えはいかがですか？『確かに私はよい結果を出したいと願っているが，一方，私は自分の間違いからも何かを学ぶことができる。非現実的な基準によって自己評価するのでなく，自分が達成したことを受け入れることにしよう』」

例

セラピスト：歴史の試験でよい点が取れなかったから，すごく落ち込んでしまったのですね。あなたは，「私は常に最高得点を取らなければならない」というルールをもっているようです。でも今日は，好奇心や成長を求める気持ちや物事を受け入れる力を強めることによってあなたを力づけてくれるような，新たなルールを考え出してみましょう。それはきっとあなたの役に立つと思いますよ。

患者：やってみます。…たとえば「私は自分の間違いから何かを学ぶことができる」というルールはどうでしょうか。それに，「自分が成し遂げたことを認めよう」というルールも思いつきました。

セラピスト：いいですね。ところで「間違いから学ぶことができる」という新しいルールには，どのような利益や不利益がありますか？

患者：不利益としては，自分がひとりよがりになるかもしれないということがあります。またこのルールによって，自分が怠けてしまったり，高得点を目指さなくなってしまうかもしれません。一方利益としては，たとえ物事がうまくいかなくてもモチベーションを失わない，ということが考えられます。それに自己批判的にならずにすむかもしれません。

セラピスト：このように検討した結果，今はどのように思いますか？

患者：間違いから学んだり，何かにチャレンジすることは，私の人生をよりよくするということです。

セラピスト：そのような新たな考えに従うと，具体的にはどんな行動を起

こすことができますか？ 新たな価値や基準にもとづいて，今後1週間，あなたはどんなことができるでしょうか？
患者：うまくできたことに目を向けるようにします。やらなければならないことをしたり，勉強の計画を立てたりもできるでしょう。新たなチャレンジとして，年代や人名を覚えることについても計画を立てられるでしょう。
セラピスト：ということは，あなたは，"完璧よりも進歩を求める"という技法にとりかかることができそうだということですね？

皆の承認を得ることに過度に執着していた別の患者の例を挙げる。この患者も新たな思い込みの損益を分析し，以下のようなリストを作成した。

新たな思い込み：「他人が何と思おうと，私には価値がある」
不利益：うぬぼれたり，人を遠ざけることになるかもしれない。
利　益：自信がもてる。挑戦できる。人見知りが減る。他人に依存しない。自己主張ができる。
不利益：5％　　利益：95％　　不利益－利益＝マイナス90％
結　論：新たな思い込みのほうが，「皆が私を好きになってくれなければ，私は自分自身を好きになれない」というこれまでの思い込みよりも，望ましい。

思い込みを検討する際，セラピストは患者に対して次のように言うとよい。「自分の反応パターンをいったん保留にして，適応力の高い他の人をお手本にするのもよいでしょう。『もし同じ出来事が起きたならば，この人はどんなふうに考え，どのように行動するだろう？』と考えてみるのです」。適応について考える際，他者を役割モデルとして参照できることは多い。ある独身の男性患者の例を考えてみよう。彼は，女性をデートに誘っても拒絶されてしまうのではないかと恐れていた。セラピストはその男性患者に，女性に対

して自信をもっていそうな友だちを特定してもらい，その友だちなら彼が恐れる状況をどのように考えるだろうか，と問いかけてみた。彼は，「その友だちなら『自分を安全な場所に封じ込めておくよりも，チャンスをつかもうとするほうがよい』と考えるだろう」と答え，適応的な思い込みを明確化することができた。

適応的な柔軟性を高めていくことの利益を，患者自身が検討することも有益である。「あなたの基準や行動が柔軟であることの利益を考えてみてください。自分が間違うかもしれないという可能性も含めて物事を考えられるようになったら，どうなると思いますか？」

ホームワーク

非機能的なルールや思い込みを同定し，かわりとなる合理的な考えを見つけ出すというのが，ホームワークである（ツール3.11 これまでのルールや思い込みを新しいものに変換する）。セラピストは次のように教示するとよいだろう。「新たなルールや思い込みは，より適応的で，より柔軟で，より公平で，より現実的で，よりポジティブなものがよいでしょう。公平さ，成長，受容，ポジティブな目標などに焦点を当ててみてください。また新たな思い込みは，あなただけでなく，あなたが愛する人たちにも適用できるものでなければなりません」。患者はさらに，新たなルールや思い込みを評価し，どのような行動がそれに続くかを考えてみるよう教示される（ツール3.12 より適応的なルールや思い込みに基づいて判断し，行動する）。

予測される問題点

完璧主義を検討する際に生じる問題と同じものが予測される。すなわち，患者の中には，新たなルールはあまりにも寛大すぎ，それによって自分がだらしなくなったり，怠けてしまったり，無責任になったりする恐れがあると考える人もいる。このような完璧主義的な思考に挑戦するには，根拠や反証を検討したり，二重の基準法を使ったり，新たなルールのもとで行動実験を

その他の関連技法

その他の関連技法としては，損益分析，下向き矢印法，根拠と反証を検討する，二重の基準法，行動実験，などが挙げられる。

ツール

ツール 3.11（これまでのルールや思い込みを，新しいものに変換する）およびツール 3.12（より適応的なルールや思い込みに基づいて判断し，行動する）が挙げられる。

▰ 技法：基本的人権宣言

解　説

セラピストは患者に「独立宣言」を読むように教示する。その際，患者に特に注目してもらうのは，生きる権利，自由の権利，幸福を追求する権利などである。新旧の思い込みはすべて，基礎となるこれらの権利を参照することで評価できるからである。これらの権利は，「よいルールとは，人間の尊厳を高めるものである」という信念に基づいて構築されたものであるというのが，この技法の理念である。セラピストは患者に対し，次のように説明するとよい。「あなたの人間としての権利を書き出して，あなたがそれらの権利をどのように実践しているかを明確にしてください。より適応的なルールや思い込みを新たに考え出す際には，基本的人権という何よりも重要な理念を参考にするとよいでしょう。これらの権利には，具体的には以下のことが含まれます。抑うつ，不安，怒りなどから自由になる権利。自分自身を受け入れる権利。成長する権利。好奇心や挑戦心を抱く権利。自分の間違いから学ぶ権利。他人があなたを好きにならないことを認める権利」

検討と介入のための問い

「あなたは人間として,ある一定の権利をもっていることを知っていますね。『独立宣言』に述べられているように,この中には,生きる権利や自由の権利,そして幸福を追求する権利などが含まれます。それではこれから,あなた自身の新たな基本的人権宣言について考えてみましょう。そのような権利を,あなただけでなく,今この世に生を受けたばかりの赤ん坊にも適用するものと想像してみましょう。それが"人間としての権利"というものです」

例

セラピスト：夫が相変わらず酒ばかり飲んでいて,あなたを批判したり「お前は馬鹿だ」とののしったりするので,あなたは困り果てているのですね。今,どんなふうに感じていますか？

患者：がんじがらめにされている感じです。私はもう爆発寸前です。

セラピスト：あなた個人の基本的人権について考えてみましょうか？ この人権は,あなただけでなく,生まれたばかりの赤ちゃんにも適用するものだとお考えください。つまり基本的人権とは"人間としての権利"なのです。あなたはどのような権利を自分自身に与えますか？

患者：まずは"殴られない権利"を挙げたいです。それから,"批判されない権利"と"アル中の夫と一緒に住まくてもよい権利"です。それに,私にだって"幸せになる権利"があると思います。

セラピスト：もし状況がさらにひどくなって,あなたが耐えられなくなってしまったら？

患者：そうしたら"去る権利"もあると思います。

セラピスト：あなたには2歳になる姪御さんがいますよね。彼女にも同じような権利をもってほしいと思いますか？

患者：もちろんです。

ホームワーク

 日々のストレスを引き起こしている実生活上の問題や，自分の中にあるルールや思い込みを同定し，自分が人間として基本的に有している権利を書き出すというのがホームワークである。その際，「私には…する権利がある」という文章を使ってもらうと役に立つだろう（ツール 3.13　私の新しい"基本的人権宣言"）。

予測される問題点

 患者の中には，過度に要求的な基準や自己犠牲的なスキーマをもっている人がいる。そのような人は，道義的責任を果たすためには今の苦しみに耐えるべきだと信じているかもしれない。このような場合セラピストは，患者の抱いている基準やスキーマを，この世に生を受けたばかりのすべての新生児にも適用できるかどうかを患者に尋ね，患者が抱いている二重の基準を明らかにするとよいだろう。また，自分の権利を要求したり権利に基づく行動を起こしたりしなかったことによって，どのような結果が引き起こされたか，考えてもらうとよいかもしれない。

その他の関連技法

 その他の関連技法としては，二重の基準法，人権について周囲の人たちに意見を求める（意見調査），損益分析，下向き矢印法，合理的なロールプレイ，などが挙げられる。

ツール

 ツール 3.13（私の新しい"基本的人権宣言"）が挙げられる。

◆◆ ツール 3.1　思い込み，ルール，基準に気づく

自分の典型的な思い込みやルールや基準に気づくことはとても大事なことです。これから数週間にわたって，自分のネガティブな思考を記録して，"べき"思考，"もし"思考，"ねばならない"思考，といった思い込みやルールなどを同定できるかどうか試してください。そしてそれらをツールに書き入れてください。あなたの"べき"思考の背景には，どのような考えがありますか？　何らかの背景にある思い込み（例：「もし…だったら，…に違いない」）がありますか？

典型的な思い込みの例	確信度 （0〜100%）
私はすべての物事を，完璧にやり遂げなければならない。	
何かに失敗したら，私は失敗者である。	
私は失敗に耐えられない。	
皆に認められなければ，私は自分を好きになることはできない。	
誰かが私を軽視したら，私も自分自身を軽視しなければならない。	
誰かが私を軽視するのには耐えられない。	
私は個性をアピールし，皆に私という人間を印象づけなければならない。	
完璧でなければ，皆に好かれないだろう。	
人には優劣があり，優れている人もいれば，劣っている人もいる。	
これからやる物事についてもし確信がもてなければ，それらの物事はうまくいかないだろう。	
すべての情報を入手しなければ，決断を下すことはできない。	
私は落ち込む（怒る，不安になる）べきではない。	
すべての人は，私と同じやり方で物事を行なうべきである。	
もし私が間違いを犯したら，私は自己批判すべきである。	
もし誰かが私を怒らせたら，私はその人に仕返しをすべきである。	
その他の思い込み：	

❖❖ ツール3.2　思い込み，ルール，基準をモニターする

自分の典型的な思い込み，ルール，基準	確信度（%）

◆◆ ツール 3. 3　"べき"思考を検討し，それに挑戦する

あなたの典型的な"べき"思考（例：「私はもっとうまくやるべきだった」「私は完璧であるべきだ」「私は美しくあるべきだ」など）をひとつ取り出して，下のツールの各項目について記入してください。そしてどうすればあなたの"べき"思考を別の考えに修正できるかを考えてみてください。（たとえば，「私はもっとうまくやるべきだ」を，「私はもう少しうまくやれるといい」のような思考に修正できるかもしれません）

"べき"思考：

確信度（0～100％）

感情およびその強度（0～100％）

損　益　　　　　　　　不利益：

　　　　　　　　　　　利　益：

このルールを決めたのは誰ですか？

あなたはこのルールをすべての人たちに適用しますか？
もし適用しないのなら，それはどうしてですか？

このルールを"べき"思考ではなく，より柔軟な表現に言い換えてください。

より合理的な予測は，どのようなものでしょうか？

信念と感情を再評価してください。　信　念：

　　　　　　　　　　　感　情：

◆◆ ツール3.4 条件つき信念を同定する

気になること	その強度 (0〜100%)	対処法
例：私は頭がよいか？ （知性）	95%	有能であるためには，誰よりもよい結果を出さなければならない。 　または， 新たな課題に挑戦するのを避ければ，失敗せずにすむだろう。
知　性		
魅　力		
他者との親密さ		
自分や他人への信頼		
自分や他人においてみられる怠惰な傾向		
他者からの拒絶		
他人にコントロールされること		
侮辱されること		
確実な情報		
興味をもっていること		
ひとりぼっちでいること		
その他：		

条件つき信念，および，対処のための信念の例：
「有能であるためには，誰よりもよい結果を出さなければならない」
「魅力的であるためには，完璧な容姿でなければならない」
「私は自分の感情を完全にコントロールしなければならない。さもないと理性を失ってしまうだろう」
「用心してさえいれば，拒絶されるのを防ぐことができる」
「妥協さえすれば，相手は私を好きになってくれるだろう」

◆◆ ツール3.5　価値を明確化する

現在あなたが最も悩んでいることに関連する価値（例：経済的に成功すること）についてまず考えてください。この価値を左側の欄に挙げたすべての価値と比較してください。さらにここに挙げた17の価値を1番から17番まで順位づけしてください。1番重要な価値を「1番」としましょう。右側の欄に，それぞれの価値の順位を記入してください。そして各々の価値を追求するための方法を考え，書き出してください。

現在の悩みに関連する価値	各々の価値を追求するための方法
愛	
許し	
家族関係・パートナーとの関係	
仕事における達成	
友情	
自尊心	
個人的成長	
身体的美しさ，身体的魅力	
身体的健康	
他者からの承認	
親切心	
楽しみ	
学習	
宗教	
文化的な営み	
個人的自由	
その他の価値：	

◆◆ ツール 3.6　普遍的な価値のシステム

検討すべき価値：	自分が世間の人たちに対して望む，各々の価値の順位
愛	
許し	
家族関係・パートナーとの関係	
仕事における達成	
友情	
経済的成功	
自尊心	
個人的成長	
身体的美しさ，身体的魅力	
他者からの承認	
親切心	
楽しみ	
学習	
宗教	
文化的な営み	
個人的自由	
自分の現在の悩みに関連する価値（詳しく）：	
その他の価値：	

❖❖ ツール 3.7 "完璧"よりも"進歩"を目指す

あなたが自己批判している項目（例：仕事や学業での実績など）を同定してください。そして，それらの項目において自分が進歩するためにできること（例：もっと勉強する，事前に準備する，もっと働く，いくつかの技術を習得する，など）を書き出してください。つまり，自己批判に関わるいくつかの項目と，それらの項目において進歩するためにできる具体的活動を書き出すのです。

自己批判している項目	進歩するためにできること
	なぜ完璧よりも進歩を目指すほうがよいのでしょうか？

第3章 思い込みとルールを検討する　157

◆◆ ツール3.8　失敗から学ぶ

あなたがこれまでに進歩を目指してきた行動（例：運動，食事制限，節酒，節煙など）を挙げ，具体的な行動内容を左側の欄に記入します（例：「週に３回エクササイズする」）。中央の欄には，今回の失敗の原因が何であったかを書いてください（例：「運動するには，あまりにも疲れすぎていた」）。右側の欄には，今後の進歩のために，今回の失敗からあなたが何を学んだかを書いてください（例：「たとえ疲れていても，エクササイズは可能だ」「明日また，気を取り直していつものエクササイズを行なえばよい」）。失敗やぶり返しといった経験からも，私たちは何かを学ぶことができるのです。

現在問題になっている行動：

これまでにできていたこと	今回の失敗の原因	今後の進歩のために，今回私が学んだこと

◆◆ **ツール 3.9　事例概念図**

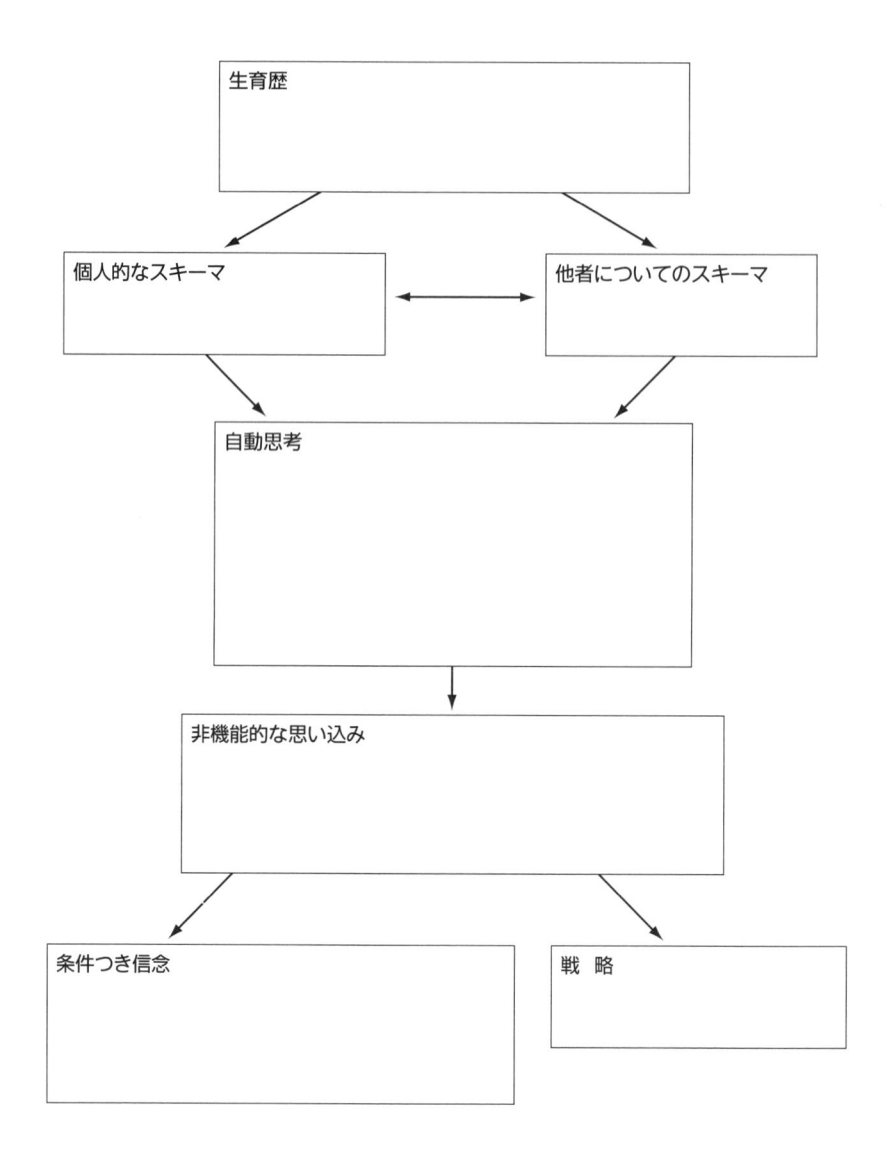

```
                    ┌─────────────────┐
                    │     生育歴      │
                    │                 │
                    └────────┬────────┘
                  ┌──────────┴──────────┐
                  ▼                     ▼
        ┌──────────────┐       ┌──────────────────┐
        │ 個人的なスキーマ │◄─────►│ 他者についてのスキーマ │
        └──────┬───────┘       └────────┬─────────┘
               │                        │
               └───────────┬────────────┘
                           ▼
                ┌──────────────────────┐
                │       自動思考        │
                │                      │
                │                      │
                └──────────┬───────────┘
                           ▼
                ┌──────────────────────┐
                │   非機能的な思い込み   │
                │                      │
                └──────┬───────┬───────┘
                       ▼       ▼
            ┌──────────────┐  ┌──────────────┐
            │  条件つき信念  │  │    戦　略     │
            │              │  │              │
            └──────────────┘  └──────────────┘
```

✦✦ ツール3.10　義務を遊びに変換する：批判，敗北，失望を好奇心に変える

左側の欄には，あなたが自分や他人に対して下したネガティブな思考の例を書いてください。右側の欄には，それらのネガティブな物事に対して，どうすれば自分自身が好奇心をもてるようになるか，その方法を書いてください。たとえば，「あの上司は嫌な奴だ。彼女は実に感じが悪い」というのはネガティブな思考です。それに対して，好奇心を伴う思考とは，「なぜそのことが私を悩ますのだろうか？」とか，「彼女との関係をよくするために，どんなことに時間を割くとよいだろうか？」とか，「彼女との関係をよくするために，何ができるだろうか？」などといったものになるでしょう。

ネガティブに評価される行動：

ネガティブな思考	好奇心と挑戦心を伴う思考

◆◆ ツール3.11　これまでのルールや思い込みを，新しいものに変換する

左側の欄には，あなたのこれまでのルール，"べき"思考，思い込みの例を書いてください。
右側の欄には，より適応的で現実的なルール，"べき"思考，思い込みを書いてください。

これまでのルールや思い込み	より適応的なルールや思い込み

◆◆ ツール3.12　より適応的なルールや思い込みに基づいて判断し，行動する

新しいルールや思い込み：

不利益	利　益	今後の行動計画

❖❖ ツール 3.13　私の新しい "基本的人権宣言"

自分の権利を知り，それを行使するのは重要なことです。左側の欄には，あなたが有しているはずの権利を書き出してください。右側の欄には，それらの権利をあなたが追求するための具体的な方法を書き出してください。つまりあなた自身の "行動プラン" を考えるのです。その行動によって，あなたは，自分の権利と自分が追求することが合致しているかを確かめることができます。

私には…する権利がある	だから私は…できる

第 4 章

心配を検討する

　慢性的な心配は人を衰弱させるものである。これまでの人生でずっと心配ばかりしてきたと不満をこぼす人は多い。心配や恐怖は，全般性不安障害，強迫性障害，社会不安障害，パニック障害，抑うつなどに悩む患者につきものである。これらの患者に，ただ単に心配しないようにと言っても，ほとんど意味がないだろう。同様に，"思考停止法"と呼ばれる技法（心配や恐怖が生じたら，「ストップ！」と心の中で唱えたり実際に叫んだりする方法）があるが，これもまたほとんど意味のない技法である。このような方法はほとんど役に立たないばかりか，実際には，心配や恐怖に対する患者の注意を増強し，さらに心配や恐怖を強化することになるのである。

　心配の認知行動モデルは，近年とみに精緻化されつつある（Borkovec & Hu, 1990; Borkovec & Inz, 1990; Dugas, Buhr, & Ladouceur, 印刷中; Freeston, Pheaume, Letarte & Dugas, 1994; Mennin, Turk, Heimberg, & Carmin, 印刷中; Wells, 2000, 2002）。心配はすべての不安障害の核となる構成要素であり，不安障害の患者の多くが，長年にわたって心配という問題に悩まされていると訴えている。多くの認知行動モデルが強調しているのは，過度に心配する人たちが，ネガティブな結果を過大に予測し，出来事の現実的な生起確率を無視し，ネガティブな出来事に対処する自分の能力を過小評価し，完璧主義的な基準や承認されることを強く求め，不確実性や曖昧さに耐えられないと

いう事実である。実証研究によって明らかにされたのは，心配することが，不快な気分による生理的喚起を一時的に抑制し，その結果，心配する気持ちがかえって増強されリバウンドしてしまうという興味深い知見である。つまり心配することによる一時的な感情抑制が，その後の心配をかえって強化してしまうのである（Wells & Papageorgiou, 1995; York, Borkovec, Vasey, & Stern, 1987）。心配はふつう，抽象的なまたは言語的な形式として経験される。心配によって感情は"中和"され，心配する対象への慣れが阻害される。それは心配している間は，"心配スキーマ"の感情喚起的な構成要素が，単に活性化されずにすんでいるからである（Borkovec & Inz, 1990; Wells & Parageorgiou, 1995）。また，心配する人は，心配すること自体がネガティブな出来事から自分を守り，心配によってネガティブな出来事に備えたりそのような出来事を防いだりできると信じているが，その一方では逆に，心配しすぎることが病気や狂気といったネガティブな結果を招いてしまうので，自分の心配をコントロールしたり止めたりしたいと願ってもいるのである（Wells, 2000, 2002）。

　本章で検討するのは，心配やそのネガティブな影響力を減らすために有益な諸技法についてである。全般性不安障害（心配ばかりしている障害と言ってもよい）のための認知行動的介入についての詳細な解説は，参考文献を参照されたい（Dugas & Ladouceur, 1998; Leahy, 印刷中; Wells, 1997a, 1999, 2000）。

▰ 技法：心配を同定する

解　説

　心配を評価したり検討するために重要なのは，その人がどのようなモダリティ（様相）を通じて心配しているのかを同定することである。「自分がひとりぼっちになってしまうのが怖い」といった考え（すなわち聴覚的モダリティ）を通じて経験される心配もあれば，「誰もいないアパートで自分が泣い

ているのが見える」といったイメージ（すなわち視覚的モダリティ）を通じて経験される心配もあるのである。

検討と介入のための問い
「あなたは不安なとき，どんなことを考えているのですか？　心配しているときの考えはどのようなものですか？　今まで不安を感じたときに，視覚的なイメージや画像のようなものが頭に浮かんだことがありますか？　自分がどんなことに悩みそうか予測できますか？　何か悪いことが起きそうだと思うことはありますか？」

例
　　セラピスト：パーティに行く途中で，とても不安になったのですね。そのときどんなことが，あなたの頭に浮かんだのでしょうか？
　　患者：「私には何の話題もない。私はバカみたいに見えるだろう」です。
　　セラピスト：パーティで自分がどうなりそうかという，視覚的なイメージが何か浮かびましたか？
　　患者：ええ。皆が私をあざ笑っているというイメージです。皆が私を笑っている場面が，そして傷ついて皆に背を向ける自分の姿が，イメージとして浮かんだのです。

セラピストは次のように尋ねることもできる。

　　セラピスト：パーティで誰かと話したら，あなたの恐れていることが起きそうだということですが，それは具体的にはどんなことですか？
　　患者：私が心配しているのは，自分がうまく言葉を見つけられずに，意味のないことを口走ってしまうことです。
　　セラピスト：そうしたらどうなるのですか？
　　患者：私はバカみたいに見えるでしょう。

ホームワーク

ツール 4.1（心配をモニターする）を使って，次のセッションまでの間に生じる心配のエピソードを書き留めることがホームワークである。セラピストはセッションでの対話を引用しながら，患者の心配の例をいくつか提示することができるだろう。「私たちは，あなたがどんなことを心配するのか，すでにいくつか確認しましたね。たとえばあなたは，『もし試験に落ちたらどうしよう』とか，『もしこの科目の単位が取れなかったらどうしよう』などと心配し続けているのでしたね。あなたはまた，初対面の人たちと話をすることも心配していました。『私には何も話題がない』とか『私はバカみたいに振る舞ってしまうだろう』と考えて心配するのでしたね」

このホームワークの利点は，患者の心配を具体的に同定することで，その後の評価や検討や挑戦がやりやすくなることである。さらに患者はこのホームワークによって，心配のテーマや予測の数は限られており，ゆえに自分の問題の範囲もさほど広くないのだということに気づくことができる。

予測される問題点

よくみられる問題には，次のようなものがある。(1) 心配を伴う思考をそもそも同定できない。(2) 心配を気分や感情と混同してしまう。(3) ホームワークをやってこない。(4) 心配の同定は心配していることの実現可能性をむしろ高めてしまうと患者が考えている，すなわち心配の同定によって心配が増大することを患者が恐れている。

常に心配している人の多くは，「心配事について考えるのをやめるべきだ」とか，「そもそも心配すること自体をやめるべきだ」と考えており，そのようにできれば，心配そのものが軽減すると信じている。しかし先述の通り，思考停止法が，心配するという習慣そのものを軽減することはない。セラピストは，患者が自分の心配を具体的に同定する際に何が妨げとなりうるのか，患者と共に検討しておくとよい。「私たちは，"不安だ"とか"イライラする"といった気分と，"実際の心配"とを混同しがちです。"実際の心配"とは，

たとえば『私は試験に合格できないだろう』といった考えのことです。そしてそのような心配によって生じるのが，不安や緊張といった気分なのです」。また，心配事を書き留めることによってかえって心配が増すのではないかという恐れに対しては，次のように言うことができる。「心配事を書き出すことによって，かえって心配が増すのではないかと恐れる人もいます。でも，私たちがセッション中にあなたの心配事を書き出したときのことを思い出してください。書き出したことによって，気分が悪化しましたか？ それとも，自分の考えを客観視できるようになったのでしょうか？」

その他の関連技法

その他の関連技法としては，自動思考を同定し分類する，気分をモニターする，下向き矢印法，自動思考を引き出すことを目的としたイメージ技法，などが挙げられる。

ツール

ツール4.1（心配をモニターする）が挙げられる。

▎ 技法：心配について損益分析する

解　説

一般的に心配とは，今後起こりうる災難に対する，問題解決や準備や防御の一形式であると考えられている（Papageorgiou & Wells, 2000 参照）。事実，人は心配をきっかけとして，何かをやり始めることが多くある。たとえば，試験前に心配になった学生は，その心配をきっかけにして試験勉強を始めるかもしれない。しかしながらすべての心配が，準備や動機づけや問題解決のために有効に機能するわけではない。心配の利益と不利益を検討すれば，患者の心配の背景にある考えを明らかにすることができるだろう。

検討と介入のための問い

「あなたの心配には,どんな利益と不利益がありますか？ もしあなたがあまり心配しないですむならば,どんな結果になると思いますか？」

例

セラピスト：それでは,試験についてあなたが心配をすることの,利益と不利益を考えてみましょう。

患者：ずっと試験のことを心配し,リラックスできず,不快な気分が続くというのが不利益です。私は試験が嫌いなんです。勉強せざるをえない気持ちになるというのが利益でしょうか。

セラピスト：あなたの心配の利益と不利益を合わせて100%にするとしたら,どんな配分になりますか？ 50%対50%でしょうか？ それともどちらかが60%でどちらかが40%ということになるでしょうか？

患者：そうですね,不利益のほうが利益よりもはるかに大きいと思います。不利益が75%で,利益が25%です。

セラピスト：ということは,あまり心配しなくなれば,あなたの気分は改善されるのではないですか？ もし心配の度合いが今の半分になったらどうでしょうか？ どうなると思いますか？

患者：わかりません。今の私は,自分の心配がまだまだ足りないのではないかと思って心配してしまうぐらいなんですから。

セラピスト：だとしたら,どうなりますか？

患者：おそらく試験はうまくいかないでしょう。

ホームワーク

ツール4.2（心配について損益分析する）を使って,心配するたびに,心配することの利益と不利益を書き出すことがホームワークである。

予測される問題点

　患者の中には，心配には何の利益もないし，自分が心配することをあえて"選択"しているとも思えないので，損益を分析すること自体が無駄であると言う人がいる。一方で，心配を減らすことによって，自分の責任感や用心深さが低下するのは望ましくないと考える患者もいるだろう。このような場合，セラピストは次のように患者に言うとよい。「あなたは心配することに何の利益もないと言いますが，どんな信念でも多少は役に立つからこそ，人はその信念に基づいて何かをするのではないですか？　心配の利益・不利益については，ひとまず理屈抜きで考えてみませんか」。セラピストは次のように示唆することもできる。「あなたは心配することで，やる気を出したり，何かの準備を始めたり，何かから自分を守ろうとしたりしたことがありませんか？」。エイドリアン・ウェルズが作成した"メタ認知質問票"（ツール4.3）を使うこともできる。このツールは，様々な心配における信念を明確にするためのものである（Wells, 2000）。また，心配すること自体を選択できるかどうかという問題については，保留にするほうがよい。そのかわりに，心配しているときの心理的なプロセスにもっと注目するよう，患者に教示するとよいだろう。何か（例：過食）にもっと注目することができれば，そのうちにコントロールが可能になり，結果的に心配についても「自分で選択できる」という感覚をもてるようになるからである。

その他の関連技法

　その他の関連技法としては，自動思考を同定する，下向き矢印法，心配をモニターする，心配に影響された行動を検討する，背景にある思い込みを検討する，などが挙げられる。

ツール

　ツール4.2（心配について損益分析する），ツール4.3（メタ認知質問票）が挙げられる。これらのツールを活用することによって，患者の心配の様々

な様相が明らかになるだろう。

▎技法：心配を予測に変換する

解　説

患者の心配は，はっきりしない曖昧な言葉や，「もし～なら」のような言い方で表現されることが多い。大げさ（修辞的）に表現された心配を検証するのは困難である。したがってセラピストは，心配事を現実的に起こりうる予測の形で言い換えるよう，患者に勧めるとよいだろう。

検討と介入のための問い

「あなたはどんなことを具体的に予測しているのですか？　それはいつ起きるのですか？　あなたが予測していることを具体的にお話しください。そうすれば，私たちはあなたの予測が正確かどうかを判断できます。あなたはまた，ポジティブな出来事も同じように予測しているのですか？」

例

セラピスト：あなたは試験のことで心配ばかりしているようですね。まずはあなたの心配を，具体的な予測として言い換えてみましょう。たとえば，あなたは「試験の準備ができていない」と心配していました。具体的には，どんなことを予測しているのでしょう？

患者：試験でよい点が取れないことです。

セラピスト：確か試験は２週間後でしたね。あなたは何点ぐらい取れそうだと思っているのですか？

患者：わかりません。でもうまくはいかないでしょう。

セラピスト：「うまくいかない」というのは，具体的には何点ぐらいなんでしょうか？

患者：70点ぐらいだと思います。

ホームワーク

　ツール 4.4（心配を予測に変換する）を使って，心配が生じるたびにそれを書き留めるのがホームワークである。「もし…なら」型の心配も，すべて書き留めるべきである。次にそれらの心配を，具体的な予測に変換して表現し直す。セラピストは次のように説明するとよい。「左側の欄に心配な考えを書いた後，右側の欄に，それに対する予測を具体的に書いてください。たとえば，試験の準備ができていないことを心配しているのであれば，試験についてあなたがどんなことを予測しているのか，できるだけ具体的に表現してください。たとえば，『この試験では，70点ぐらいしか取れないだろう』といったことです」

予測される問題点

　先述した通り，患者は心配な考えとそれによる気分とを混同することがある。これについては，やはり先述の通り，両者の違いについて明確に説明する必要がある。別の問題点としては，患者が，漠然とした曖昧な予測ばかりすることである。例：「試験はうまくいかないだろう」「試験中に息が苦しくなるかもしれない」など。この場合セラピストは，"W" で始まる言葉の問い（すなわち，「何が（what）」「どこで（where）」「いつ（when）」といった問い）を用いて，"有能なジャーナリストのように"，自分の予測を明確に述べるよう患者に教示する。別の問題としては，患者が「試験の準備をしていない」といった元々の心配を検討することなく，「だから私は懸命に勉強しなければならない」といった問題解決の方向に，自分の思考を焦点づけしてしまうことである。このような錯綜については，心配や予測の心理的な経過を正確に同定することで対処できるだろう。

その他の関連技法

　その他の関連技法としては，自動思考を同定し分類する，思考と気分を関連づける，下向き矢印法，などが挙げられる。

ツール

ツール 4.4（心配を予測に変換する）が挙げられる。

■ 技法：ネガティブな予測を検証する

解　説

セラピストは次のように言って，この技法を患者に説明する。「あなたの考えと予測をもう一度調べてみましょう。あなたは『私は負け犬だ』と考えているのでしたね。この考えは，あなたの将来について何を予測しているのですか？　もし何も予測していないなら，この考えにはあまり意味がないでしょう。でも，こう考えてあなたが動揺するのは，この考えがあなたの将来を何かしら予測しているからだと思いますよ。たとえば，『私は負け犬だ』という考えは，

- 『私は決して幸せになれないだろう』
- 『ジュディはパーティで私に話しかけてくれないだろう』
- 『私は決して誰ともデートできないだろう』
- 『私は解雇されるだろう』

といったことを予測しているのかもしれません。

　もちろん，あなたの予測が正しいという可能性もあります。ですからこれらの予測は，あなたが負け犬かどうかを検証するための材料だとみなしましょう。ということは，これらの予測がその通りにならなければ，『私は負け犬だ』というネガティブな思考を再検討する必要が出てくるということです」

　しかしながら，ネガティブな思考をする人々は，誰にとってもその通りであるとしか言いようのない予測をすることが多い。たとえば，

- 「私は不幸になるかもしれない」
- 「誰かが私を好きになってくれないかもしれない」
- 「土曜日の夜に，ひとりで過ごすことになるかもしれない」
- 「仕事で何か問題が起きるかもしれない」

これらの予測は，誰にとってもありうるものである。これらが「私は負け犬だ」という思考の根拠になってしまうのであれば，すべての人が負け犬だということになるだろう。したがって重要なのは，患者を苦しめている信念を予測に置き換えて，それを検証することである。信念をきちんと検証するためには，その信念に基づく予測が患者に特有で，その予測によって患者とそれ以外の人々を識別できなければならない。すなわち，誰にとってもその通りであると検証されてしまうような予測であってはならないのである。

検証する価値のある予測には，もうひとつ重要な条件がある。それは，その予測が具体的な時間の経過を含んでいることである。たとえば，「私は解雇されるだろう」という予測には，その時期も含まれる必要がある。誰でも生きていればいつかは失職する可能性があるのであり，10年後に解雇されるかもしれないという予測は，その予測でもってその人と他人を区別することは難しいからである。

セラピストは患者に対し，何が起きそうかを予測するのと同時に，何が起きそうでないかということについても予測することを求める。たとえば，

- 「私は今後3ヵ月間，誰ともデートすることはできないだろう」
- 「私には，来年の昇給はないだろう」
- 「私は，知らない人と会話をすることができないだろう」
- 「私にはこのプロジェクトをやり遂げることはできないだろう」
- 「私は今月の請求書の支払いができないだろう」

患者はツール4.5（ネガティブな予測を検証する）を使って，自分が「起

きるだろう」と予測したことと「起きないだろう」と予測したことの両方をリスト化し，それに基づいて自分自身や将来についてのネガティブな思考を検証することができる。つまり患者は後日，実際にはどうであったか，その結果を書き出すのである。

検討と介入のための問い

「これからの1週間について，あなたの予測を具体的に書き出し，さらにその予測が実際にどうであったか，その結果も書き出してください。たとえば，ある特定の活動をするときに予測されるストレスをあらかじめ書き出して，その後実際にどうであったか，その結果を書き足すのです」

例

ある女性患者は，寂しい気持ちでいっぱいになりながらアパートで座り込んでいたという体験をセラピストに話した。彼女は，「またひとりぼっちだなんて信じられない。なんてひどい気分なんだろう」と思っていたのだと言う。セッションでは，そのときの彼女の心配や反すうについて，次のように話し合われた。

セラピスト：アパートで「なんてひどい気分なんだろう」と思いながら座り込んでいたとき，あなたが予測していたのはどんなことですか？
患者：「自分はこれからもずっとひとりぼっちのままだろう」ということです。
セラピスト：そのような予測を検証するには，どんなことができるでしょうか？
患者：誰かと親密な関係になってみることです。
セラピスト：それはよい方法ですね。それでは1週間の活動スケジュールをあらかじめ書き出しておいて，そして実際に，あなたがずっとひとりで過ごしたか，それともときには誰かと一緒に過ごしたか，検証してみませんか？
患者：そんなこと，結果はわかりきっています。私は職場では毎日誰かと

一緒に過ごし，1週間に2，3回は友だちにも会うのです。

セラピスト：とすると，「ずっとひとりぼっちだろう」というあなたの予測は，ほとんどの日には当てはまらないということでしょうか？

患者：ええ。でも，今の私には"特別な人"がいないんです。

セラピスト：あなたは，「自分には"特別な人"ができないだろう」と予測しているのですか？

患者：そうです。

セラピスト：わかりました。私たちは，あなたのこの予測を覚えておき，後日，再度検証しましょう。今はまず，なぜあなたが「自分は誰かと親密な人間関係をもてないだろう」と考えてしまうのか，その理由について検討してみませんか。

ホームワーク

検証可能な範囲の時間に限って予測を書き出し，実際にはどうであったかを検証することが，ホームワークである。患者はまず，様々なネガティブな思考や心配について，今後1週間の予測を書き出す。例：「私は今後1週間，何かに集中することができないだろう」「今後1週間，私は全然眠れないだろう」。その後，実際にはどうだったかについてデータを集め，その結果に基づき予測を検証するのである。

予測される問題点

心配に基づく予測を検証する際に必要なのは，予測を反証するための方法である。患者が，単に可能性があるからという理由で，たとえば「私はガンにかかるかもしれない」と言っても，それを反証することはまず不可能である。また，あまりにも遠い未来についての予測や曖昧すぎる予想にも問題がある。例：「いつか私は破産するかもしれない」。したがって，予測を検証するための行動実験を行なうには，現実的に検証が可能な時間枠に限って予測を表現することが必要である。そのように限定することで，予測の少なくと

も一部は，真実であることが明らかになるような場合もあるだろう。例：「私は眠れないだろう」という予測に対し，「私は5時間だけ眠れた」という結果が報告される。

その他の関連技法

その他の関連技法としては，自動思考を同定する，心配を予測に変換する，下向き矢印法，気分をモニターする，などが挙げられる。

ツール

ツール 4.5（ネガティブな予測を検証する）が挙げられる。

▪ 技法：過去の予測と思考を検討する

解説

セラピストは次のように言って，この技法を患者に説明するとよい。「人は，落ち込んだり不安になったりしているとき，まさにその瞬間の考えや気分にとらわれてしまうものです。あなたはそのようなとき，『自分はずっとひとりぼっちだ』とか『私はずっと落ち込んだままだろう』などと考えているかもしれません。でも，これまでに抱いたネガティブな思考を振り返ってみれば，そこに何らかのパターンがあるのに気づくことができます。あなたの場合，ネガティブな出来事や気分を，それらが無制限に続くものと予測することが多いようです。でも，自分が過去に予測したことを検討すれば，悲観的な予測が正しかったことは滅多にないことに気づくかもしれません。このように，予測をするということと，予測が現実化するということには，大きな違いがあるのです」

検討と介入のための問い

「これまでにネガティブな予測をしたことがありますか？ その予測は現

実化しましたか？ その予測が間違いだったと後で気づいたことがありますか？ 過去に自分や他人についてネガティブな予測をして，結果的にはその通りにならなかったことがありますか？ あなたは，今では考えもしないようなことを，過去に心配していたかもしれません。過去に心配した数々のことをリストにしてみませんか。そして過去の心配が今のあなたにとってさほど重要でない理由を考えてみてください」

例

　ジュディは最近夫と別れたが，それは彼女が夫を愛していないことに気づいたからである。このように夫との別離は彼女自身が望んだことであったが，実際に別れてみると，「自分は孤独だ」という別の考えが生じ，彼女はひどく落ち込んでしまった。彼女は「私はもう誰も愛せないし，これからずっと落ち込んだままだろう」と予測していた。

　　セラピスト：今回は二度目の結婚だったのですね。それにあなたは，二度の結婚の他にも，男性と親密な関係をもったことが2，3回あったのですね。
　　患者：ええ。ビルの前にはテッドと結婚していました。それにデイブやエドとも親しくつきあっていたことがあります。
　　セラピスト：男性と別れると，あなたはどんなふうに感じるのですか？
　　患者：落ち込んで絶望的になります。今もそうです。
　　セラピスト：ということは，あなたは男性と別れるといつも，「自分はもう誰も愛せないだろう」と考えるのですか？
　　患者：そうです。私はいつもそうなんです。今と同じように。
　　セラピスト：でも，あなたはこれまで，その後再び愛する人を見つけたのですね？ テッドの後にはエドがいたし，ビルとも結婚したし，さらにデイブともつきあったのでしたね？
　　患者：確かにそうです。別れたときはそのような予測をしても，また他の

男性とつきあうことになるのです。
　セラピスト：再び誰かを愛することと，ずっと落ち込んでいることの，両方の可能性があるとして，今後どうなりそうだと予測しますか？
　患者：これまでのパターンからすると，私は再び誰かを愛するのでしょうね。それに今の落ち込みからも脱け出せるだろうと思います。

　次に我々は，「幸せになる唯一の方法は，男性とつきあうことだ」というジュディの信念を検討することにした。セラピストは彼女に，現在生じているのと同様の予測や気分が，過去に生じたときのことについて考えてもらった。その結果彼女は，ネガティブなことを，それが実現しないにもかかわらず繰り返し予測するパターンがあることに気づいた。
　この技法はさらに，心臓発作やコントロールの喪失を常に予測して不安になっている患者，すなわちパニック発作を常に恐れているパニック障害の患者にも適用できる。たとえばベッツィという女性患者は，自分を制御できなくなることや，地下鉄で失神してしまうことを4年間も予測し続けていた。

　セラピスト：あなたは去年，地下鉄やバスに何回ぐらい乗りましたか？
　患者：あまり乗らないようにしているのですが，それでも25回ぐらいは乗りました。
　セラピスト：過去4年間ではどうですか？
　患者：前はもっと公共の乗り物を使っていたから，たぶん150回ぐらいは乗ったのではないでしょうか。
　セラピスト：そのうちの何十％ぐらい，あなたは自分が失神して倒れてしまうだろうと予測したのですか？
　患者：ほぼ100％です！
　セラピスト：それで，何回失神したのですか？
　患者：1回もありません。
　セラピスト：ということは，あなたの予測は150回のうち150回，つまり

100％間違っていたということになりますか？
患者：ええ。予測は現実のことにはなりませんでした。

ホームワーク

　セラピストは次のように，ホームワークを提示するとよい。「これまでの人生で経験したネガティブな出来事を振り返ってみましょう。そのときにあなたがどんなことを考え，どんなことを予測したのかも，一緒に書き出します。そして，実際にはどのような結果になったのか，ということも書き出しましょう。たとえば，以前あなたは，あるスピーチをしなければならないときに，『私はバカみたいに見えるだろう』と考えたり，『私は固まってしまい，歩けなくなるだろう』と予測したかもしれません。そして実際の結果は，"緊張はしたものの，何とか無事に話ができた"というものだったかもしれません。これとは逆に，あなたは，予測が現実化したということを経験したこともあるでしょう。この技法では，できるだけ遠い過去にさかのぼって，あなた自身が予測したネガティブなことをリスト化してみます。そして実際に起きた結果を検討してみるのです」

予測される問題点

　たとえば「私は失敗するかもしれない」と心配している患者は，それが可能性を表す表現（「…かもしれない」）であるがゆえに，自分の思考を「予測」であると認めない場合がある。この場合セラピストは次のように言って，心配を具体的な予測として言い換えてもらうとよいかもしれない。「あなたはそのとき本当は，『私は失敗するだろう』と考えたのではないですか？」。過去の心配は，それがどのように表現されていたとしても，「予測」的な表現に言い換えるのがよいだろう。
　別の問題としては，たとえば「私はガンにかかるかもしれない」のように，過去の心配が未だに続いているという場合である。ガンにかかる可能性は依然として存在するので，これを"過去の予測"として扱うことは難しい。こ

の種の心配は,「今週は心配や予測が現実化しなかった」という形に言い換えてみるのがよいだろう。さらに別の問題としては,心配のきっかけとなった過去の出来事を患者が思い出せないことである。そのような出来事を思い出すこと自体が,気分を悪化させると患者が信じているからである。この場合セラピストは,出来事そのものではなく,出来事についての過去の心配が現実化しなかったことを検討するように患者に教示するとよい。このようにすることで,「現在心配していることが間違った予測である場合もある」という,患者の新しい信念を強化することができる。

その他の関連技法

その他の関連技法としては,自動思考を同定し分類する,気分と思考をモニターする,イメージ技法,などが挙げられる。また,心配を予測に変換する技法も有益である。

ツール

ツール 4.6（過去のネガティブな予測を検討する）が挙げられる。

▶ 技法：過去のネガティブな出来事への対処法を振り返る

解説

自己効力感モデルによれば,過去に生じた問題と,その問題をどう解決したかを,患者自身に振り返ってもらうことが役に立つということである。セラピストは次のように説明するとよいだろう。「不安や抑うつに陥っている人たちは,ネガティブな結果を予測しがちですが,それらの予測の多くは現実化しません。でもときに予測が正しいこともあります。誰にでも悪い出来事は起きますから。予測などしなくても,悪い出来事が起きるときもあるでしょう。したがって重要なのは,"ネガティブな出来事にうまく対処できたかどうか" ということです。心配しがちな人に関する研究によれば,たとえ

ネガティブな出来事が起きても，そのような人たちは，自分で思っているよりもはるかに上手にそれらの出来事に対処できているのだそうです。これは重要な発見です。というのはそれらの研究が，心配しがちな人が自分の対処能力を過小評価していることを示唆しているからです。もし心配しがちな人が，自分はネガティブな出来事に対処できるのだと信じられるようになれば，それだけでその人たちの心配は軽くなるでしょう」

　私はこの点を強調するために，次のエピソードを患者によく紹介する。「ヘンリーは，中小企業を専門とする経営コンサルタントでした。前月にヘンリーは，仕事のことで上司と何度か衝突しました。その結果彼は，『自分は失職するのではないか』と不安になり始めました。つまり，『解雇されるかもしれない』という考えにとりつかれてしまったのです。私たちは，彼が会社から独立してもやっていけるかどうかについて検討してみました。この検討はある程度役に立ったのですが，彼の不安は依然として強いままでした。そこで私たちは，彼がネガティブな出来事にこれまでどのように対処してきたかを調べることにしたのです。そこでわかったのは，ヘンリーはこれまで，ネガティブな出来事に対してかなりうまく対処してきたということでした。彼が対処したのは，たとえば大学での学業上の問題，最初の職探し，息子の行動上の問題，業績の悪化した会社の再建，などです。

　私はあるときヘンリーに，セラピスト仲間から聞いた話を紹介しました。そのセラピストは，性感染症にかかることを病的に恐れている患者を担当していました。その患者はとても援助しづらい人でした。セラピストと患者は，彼が性感染症にかかった場合を想定して，その場合何ができるかということについて話し合いました。それでも患者は不安を感じたままでした。そしてある日，その患者はセラピストのもとにやって来て，自分が梅毒にかかったと告げたのです。セラピストと当の患者自身が非常に驚いたことに，彼はその状況を上手に処理しました。彼は適切な治療を受け，すみやかに梅毒から回復することができたのです。

　この話をヘンリーにした1ヵ月後，彼は，『ボブ，僕も梅毒にかかってし

まったよ！』と突然言い出しました。私は最初，彼が何を言っているのかさっぱりわかりませんでした。私がセラピスト仲間から聞いた話をヘンリーにしたことを，彼が私に思い出させてくれました。ヘンリーは会社を解雇されたのでした。『だからこそ今，僕はとても元気なんだ』とヘンリーは言いました。彼がそれまで担当していたすべてのクライアントに電話をしたら，ほとんどのクライアントが，彼が始めた新しいコンサルティング会社と契約を結ぶと言ってくれたのです。結局これまでと同じように，彼は自分の不安を克服することができたのでした」

「この表（ツール4.7 過去のネガティブな出来事への対処法を振り返る）を使って，あなたが過去のネガティブな出来事に，どのように対処してきたかを調べてみましょう。これまでに起きたネガティブな出来事と，あなたがそれらにどう対処してきたかを書き出してください。もし過去の対処法に何か問題があれば，それを検討して今後に役立てることにしましょう。

逆にもしあなたが，過去のネガティブな出来事にうまく対処できたことがわかれば，あなたのもっているどんなスキルや，どんな能力や，どんな問題解決法や，あるいは別のどんなことが役に立ったのかを，一緒に検討してみませんか。キャシーという，別の患者の例を紹介しましょう。彼女は，『何かよくないことが自分に起きるだろう』と，始終心配していたものでした。その心配のせいで，キャシーはすべての問題を，夫に頼って解決する必要があると信じていました。それらの問題には，抑うつ，乳がん，母親に対する自己主張，運転を習うこと，飛行機に対する恐怖心，雇用契約についての交渉といったことがありました。しかしセッションが進むにつれて，彼女が実際には，いかに様々な能力をもち，いかに自己主張ができ，いかに頭がよいかということがわかり，彼女がどんな危機でも乗り越えられる人であるということが明らかになったのです」

検討と介入のための問い

「過去のネガティブな予測のなかで，それが現実化したことがありますか？

あなたはそれらに対処できましたか？ ネガティブな出来事が実際に起きたことが，これまでにありましたか？ ネガティブな出来事に対処する自分の能力を，あなたは過小評価する傾向がありませんか？」

例

患者：テッドとこれからどうなるか，私には全くわからないのです。
セラピスト：テッドとの関係が終わることを，あなたは心配しているのですか？
患者：ええそうです。私たちは喧嘩ばかりしているんです。それにこの2ヵ月間，セックスもしていません。
セラピスト：あなたはこれまでに，別のネガティブな出来事をいくつも経験していますよね？
患者：はい。3年前に仕事を辞めました。去年は，母が亡くなりました。私はすごく運が悪いんです。
セラピスト：前にもつきあっていた男性と別れたことがありますか？
患者：ええ，ありますよ。大学生のとき，エドと別れました。2年前にも，当時つきあっていたグレンと別れました。グレンと別れたときには，ずいぶん落ち込みました。
セラピスト：そうでしたか。でもあなたはその別れを乗り越えることができたのですね。どうやってそのときの落ち込みを克服したのですか？
患者：たくさんの友だちに助けてもらいました。私の友だちは，本当に素晴らしい人たちばかりなんです。それから仕事に没頭しました。
セラピスト：数週間前にセッションで話し合ったことを思い出せますか？ あなたはグレンと別れたとき，もう誰とも出会いたくないと思ったのでしたよね。
患者：確かにそう言いました。でも結局はいろんな人に出会ったのです。好きになった人もいれば，嫌いになった人もいましたが。
セラピスト：ということは，あなたはグレンとの別れを克服することができたのですね。あなたは今後テッドと別れることになるかもしれま

せん。でももしそうなったとしても，あなたは過去に自分がどのように ネガティブな出来事に対処したかを思い出し，そのときに役立ったスキルや能力を再び利用することを通して，その状況に対処することができそうですね。

ホームワーク

ホームワークについては，次のように提案するとよいだろう。「あなたがこれまで数々の問題に対処してきたのであれば，これから起きる問題にも何らかの対処ができることでしょう。今回はホームワークとして，これまでに経験した問題のリストを作ってきてください。たとえば，学校のこと，仕事のこと，家族のこと，人間関係のこと，経済的なこと，健康のこと，引越しのこと，新しい友だちを作ること…など，どんな領域の問題でもかまいません。このツール（ツール 4.7 過去のネガティブな出来事への対処法を振り返る）を使ってみましょう。そして，これらの問題を解決するためにあなたがやってみたことで，役に立ったことと立たなかったことの両方を書き出してください」

予測される問題点

心配しがちな人は，達成不可能な完璧主義的基準に固執することが多い。このような人は，ネガティブな出来事にはひときわ優れたレベルで対処しなければならないと信じているために，「もっとうまく対処できたはずだ」という結論をどんなときでも下してしまう。完璧主義的な信念は，抑うつ，不安，怒りの中心的な構成要素となるので，セラピストと患者は，この信念自体を検討する必要がある。その際，損益分析や二重の基準法が有用である。また，ネガティブな出来事への対処の良し悪しを判断する際の根拠を検討することも，役に立つかもしれない。さらに，人によってはある種のネガティブな出来事においては，他の出来事に比べてはるかに悩んでしまうということもあるだろう。たとえばある患者は，仕事上の問題には上手に対処できるが，人

間関係上の問題にはひどく傷ついてしまうということがあるかもしれない。セラピストは，様々な領域で活性化されるスキーマや思い込みを検討し，患者がある領域において使えたスキルを，より悩み多き領域においても活用できるよう教示するとよい（例：問題解決スキル，行動の活性化，コミュニケーションスキル，など）。

その他の関連技法

その他の関連技法としては，活動スケジュールの作成，問題解決法，楽しみの予測，根拠を検討する，二重の基準法，下向き矢印法，などが挙げられる。

ツール

ツール 4.7（過去のネガティブな出来事への対処法を振り返る）が挙げられる。

■ 技法：不確実な予測から学ぶ

解　説

患者の中には，過去に予測したことを振り返って，ほとんどの場合，自分の予測があまりにもネガティブであったと気づく人がいる。たとえばローラは，車を運転中に橋を渡る際，パニック発作が起きるのではないかと恐れていた。彼女は，過去に自分が予測したこと，すなわち「橋を渡っているときに自分がコントロールを失い衝突事故を起こしてしまうのではないか」という予測を検討した。そして，それらの予測が結果的には現実化しなかったことを確認した。しかし彼女は，そのような確認によって「自分の予測が常に正しいわけではない」ということを学ぶかわりに，事故が起きなかったという事実を割引いて考え，「でも，そのような事故は，いつ起きたっておかしくはないのです！」と力説したのである。

不安に巻き込まれている人が過去の事実を割引いて考えるのは，それらの

事実が将来の心配事に何の保証も与えないからである。そのような人は，過去にあることが起きたかもしれないという蓋然性（probability）と，今後あることが起きるかもしれないという可能性（possibility）の両方を，軽視しているのである。過去の事実はよい指標にはなるが，今後の可能性については何の保証も与えてくれないので，将来に確実性を求める患者は，過去の体験を関係のないものとしてとらえてしまうのである。たとえばローラの場合，たとえこれまで事故を起こしていなくても，「今後，パニック発作のせいでコントロールを失って，事故を起こしてしまうかもしれない」という可能性に固執していた。

自分のネガティブな予測が現実のものにはならないということを，患者が理解できないふたつめの理由は，ことがすんでしまうと安心してしまい，それまでの思考の歪曲を検討しようとしないことである。これは人間の記憶処理の特性でもある。我々には，現実には起きなかった出来事よりも，現実となった出来事のほうを思い出す傾向がある。たとえば，「現実には起きなかった昨日の出来事を，思い出してください」と言われた場合，この教示自体が奇妙に聞こえるだろう。しかしこの教示は，現実化しなかった多くのネガティブな予測をしていたのに，そのことに注目せずに現実的な結果だけに目を向けるという，我々の傾向を示しているのである。

心配しがちな人が過去の経験から学習できない3つめの理由は，そのような人が，規則に例外を作り出しているということである。これは"割引き"と呼ばれている。例：ゲイリーは，ポーラがパーティで自分に冷たくするだろうと予測していた。しかし彼が話しかけたとき，ポーラは大変にこやかな態度を示した。ゲイリーは，彼女の予想外の態度を割引いて考え，「ポーラはにこやかなふりをしていたにすぎない。彼女は本心を隠していたのだ」と述べた。ゲイリーはこのようにして自分の経験から学習しなかったのだが，それは彼が自分の信念を検討しなかったからである。

過去の経験から学べない4つめの理由は，心配しがちな人が，自分の信念を強く思い込みすぎるということである。そのような人は，自分のネガティ

ブな信念が,ある意味では自分を守ってくれるものと考えているのかもしれないし,そのような人にとっては,自分の信念が間違っているということを認識するのが難しいのかもしれない。このような患者はときに,セラピストや他の人たちと論争することがあるが,それは,もし自分の信念が間違っていることを認めたら,自分は面子を失うだろうと信じているからである。

検討と介入のための問い

「過去のネガティブな予測から,あなたは何を学ぶことができますか? これまでのネガティブな予測を振り返ってみましょう。実現しなかった予測がありましたか? 実現しなかった予測があるという事実について,あなたはどう思いますか? 間違った予測をしたことがあるという事実を,割引いて考えているのではありませんか? あなたがこれから行なう新たな予測は,すべて妥当だと考えられますか?」

セラピストと患者は,患者が過去の経験から学ばない傾向を有するかどうかを検討することができる。そのためには,現在のネガティブな思考と矛盾するような過去の事実を,証拠としてリスト化したうえで,自分が次のような傾向をもっているかについて考えてみるよう患者に提案するとよい。

1. "現実の"世界では断言できない保証を求める
2. 自分の信念と矛盾する出来事を検討しようとしない
3. 間違った予測の根拠を割引いて考える
4. 自分の信念は正しく,ゆえにその信念を今後も維持するべきだと考えている

例

セラピスト:あなたは,顔色の変化を「皮膚ガンの徴候だ」と考えたのですね。このような予測をこれまでにしたことがありますか?

患者:しょっちゅうです。去年はエイズを心配していました。2ヵ月ほど

前までは，自分が脳腫瘍ではないかと考えていました。
セラピスト：ということは，あなたは多くの間違った予測をすることがあるのですね。今回の顔色の変化が，皮膚ガンではないという根拠がありますか？
患者：医者に行ったら，特に心配する必要はないと言われました。それに，これまでにも何度か，私の顔色は同じように変化したことがあります。
セラピスト：医者の判断を，あなたはどのように考えているのですか？
患者：医者だって間違えることはあるでしょう？
セラピスト：確かに。では，仮にその医者の判断が間違っていたとしたら，どうなんでしょう？
患者：その医者であれ，他のどんな医者であれ，私自身が確信できなければ言われたことを信じたりはしません。
セラピスト：では，あなたが医者の判断を仮に認めたとして，それでも確信しきれない場合はどうするのですか？
患者：実は私がいつも後悔するのは，そのことなんです。医者の判断を一度は認めてしまい，後になって「やっぱり皮膚ガンなのでは」などとあれこれ考えてしまうのです。
セラピスト：あなたは，「自分が確信できるまで，心配し続けるべきだ」と考えているのでしょうか？
患者：そうみたいです。

ホームワーク

"視点 - 逆視点法" がホームワークである。この技法は，現在のネガティブな思考（例：「私はエイズかもしれない」）に対して合理的な反応を示したうえで，その合理的な反応に対してネガティブな視点から対抗し，さらにそのネガティブな思考に挑戦するというものである。表4-1にその例を示した。

表4-1 視点-逆視点法

自動思考	合理的な反応
私はエイズかもしれない。	私は無用心な性行為をしたことがない。
エイズに感染するルートは，完全に確かめられているわけではない。	確かに完全ではないが，私がエイズに感染した可能性は，ほとんどないと言ってよい。
しかし何事にも間違いということがある。	確かに何事にも間違いはありうる。でも，すべての可能性を心配するのはナンセンスだ。私がエイズに感染したという可能性は，ほとんどないと言ってよいだろう。
「ほとんどない」というのでは不十分だ。確実な根拠が欲しい。	なぜ確実でなければならないのか。
確実な根拠を手に入れられれば，後悔をしなくてすむだろうから。	後悔とは，そんなに悪いものなのか？　後悔をしない人生なんて，ありえないのではないだろうか。

予測される問題点

患者の中には，合理的な反応に対して挑戦すること自体が考えられないという人もいるだろう。この場合セラピストは，ロールプレイを設定して，セラピスト自身が合理的な反応に対抗するネガティブな思考の役割を演じてみせるとよい。その過程を通じて，合理的な反応に対して患者が抱く自動思考や思い込みを明確化できるだろう。

その他の関連技法

その他の関連技法としては，損益を分析する，思考の両面を使ってロールプレイする，根拠を検討する，論理を検討する，二重の基準法など，すべての技法が挙げられる。

ツール

ツール4.8（視点-逆視点法），ツール4.9（実は間違っていた予測から学ぶ）が挙げられる。

◼ 技法：生産的な心配と非生産的な心配を区別する

解説

　心配しがちな人の多くが，「心配は役に立たない」という考えを受け入れがたいと思うであろうし，そのような考え自体に抵抗をおぼえるだろう。事実，心配することは，ネガティブな出来事に備えたり，ネガティブな出来事を防止したりするために役立つこともある。心配しがちな人は，問題解決のためにはむしろ心配が有益であると信じているので（Borkovec, Alcaine, & Bear, 印刷中；Nolen-Hoeksema, 2000），セラピストは，"生産的な" 心配と "非生産的な" 心配の両方について患者と検討するとよいだろう。認知療法の目的は，患者が全く心配しないようになるのではなく，役に立つ心配と役に立たない心配を区別し，心配を問題解決に結びつけるやり方を身につけることである。そのためにセラピストは，たとえば次のように説明するとよい。

　「これから700マイルのドライブに出かけるという場面を想像してみてください。あなたは出発前に，次のような生産的な心配をするかもしれません。『ガソリンは十分に足りているだろうか？　エンジンオイルやラジエーターの点検は十分だろうか？　道順は把握しているか？　時間には十分な余裕があるか？』。これらの現実的な心配はとても役に立ちます。なぜなら，このような心配は，ドライブをするときに当然起こりうる出来事に焦点を当てているからです。もしこれらのことを全く心配しなければ，後で何らかのトラブルが起きるかもしれません。それとは逆に，次のような方向にあなたの考えが向かうことを想定してみましょう。『運転中に心臓発作が起きたらどうしよう？　もし高速道路でタイヤが破裂したら？　もし誘拐されたら？　もし自分の留守中に妻が誰かと駆け落ちしてしまったら？』。これらの心配も本当のことになるかもしれませんが，その確率はとても低いでしょう。さらにこれらの心配は，自分ではどうすることもできないことばかりですし，その表現が破局的すぎます。

私は生産的な心配と非生産的な心配の違いを，"すること"リストと"もし…ならば"リストの違いとして区別しています。"すること"リストは，実行可能で合理的な行動を導くリストです。あなたはそのリストに基づいて，たとえば，ガソリンの量やエンジンオイルやラジエーターを調べてみよう，地図を手に入れよう，自動車連盟に今回のドライブにかかる時間を見積もってもらおう，などと考えることができるでしょう。リストによってあなたは慎重に行動することができるのです。しかし，心臓発作，タイヤの破裂，誘拐，奥さんの駆け落ちなどは，"すること"リストに加えることはできません。これらは"もし…ならば"リストに入れるべき心配です。これらについて考えても，絶望感や無力感に襲われるだけだからです。だからこれらを非生産的な心配と言うのです。
　しかしながら，すべての"もし…ならば"思考が非生産的だというわけでもありません。"もし…ならば"思考のなかには，"すること"リストに移せるものがあるからです。たとえば，『もしコンピュータが壊れて，CPUがダメになってしまったらどうしよう？　私の論文は消えてなくなってしまうだろう』という心配は，問題解決を導くための問いとして，次のように言い換えることができるでしょう。『ハードディスクにあるファイルを安全に保存しておくために，自分には何ができるだろう？』。"すること"リスト的な考え方をすれば，何らかのやり方でハードディスク内のファイルのバックアップを取っておくという生産的な活動に，自分の心配を変換することができるのです」
　非生産的な心配は概して，あいまいな言い方で表現されるものである。たとえば，「もしそんなことが起きたら，どうしたらよいのだろう」とか，「そんなひどいことが起きたら，私は耐えられないだろう」といった表現である。こういったことを自分自身に対して何度も言うことによって，患者の抑うつはさらに悪化し，長引いてしまうのである（Nolen-Hoeksema, 2000）。そこでセラピストは次のように言って，患者に自分の心配を言い換えてもらうとよい。「あなたの心配を予測に変えることができますか？」「解決しなければな

らない問題は何ですか？」「その問題を解決するために，どんなことができそうですか？」

検討と介入のための問い

「心配には生産的なものと非生産的なものがあります。生産的な心配とは，合理的で，誰もが当然気にかけるようなものです。たとえばニューヨークからワシントンまで車で移動するときに，『ガソリンの量は足りているかな？』とか『地図があったかな？』と心配し，自分に問いかけるのは，生産的な心配だと言えるでしょう。それとは逆に，非生産的で役に立たない心配とは，ほとんど起きそうにない出来事についてのものです。そのようなことについて心配するのは，合理的ではありません。そのような心配は，問題解決的な行動に結びつかないからです。たとえば，『もしタイヤが破裂して，コントロールを失って車がスピンしたらどうしよう？』とか，『もしエンジンが爆発したらどうしよう？』とか，『もし誰かをひいてしまったらどうしよう？』というのが，そのような非生産的な心配です」

例

セラピスト：あなたは試験のことを心配していたのでしたね。そしてその心配について検討してみたところ，「試験にしくじれば，法科大学院にも入れないし，そうしたら就職もできなくなってしまう」という心配を新たに見つけてしまったのですね。さらに「自分は経済的に自立できず，失敗者になってしまう」といった心配があることにも気づいたのでしたね。

患者：そうです。私の心配は全部つながっているのです。

セラピスト：これらの心配の多くは，"非生産的な心配" のようです。現時点でこれらの心配は合理的とは言えないし，心配したからといってどうすることもできません。たとえば，「就職もできず，失敗者になってしまう」という心配に対して，今すぐにあなたができること

は何もありませんよね。
患者：私はそれと似たような心配ばかりしています。たとえば，「彼にふられたらどうしよう」とか，「もし病気になったらどうしよう」といったことです。
セラピスト：試験にしくじるとか，法科大学院に入学できないとか，就職できないとか，人生の失敗者になるといった心配の中で，これから1週間の"すること"リストにつなげられそうなものがありますか？
患者：ええと，試験の準備をするということならできるかもしれません。
セラピスト：いいですね。では，試験の準備をするために何ができそうか，書き出してみましょう。そして非生産的な心配は，"非生産的な心配"リストに入れてしまうのです。
患者：というと，私は今できることだけに注目すればいいのですか？
セラピスト：その通りです。生産的な心配に限って，"すること"リストを作るのです。
患者：それだったら私にもできそうです。

ホームワーク

　自分の各々の心配について，その心配が生産的か非生産的かを検討するのがホームワークである。生産的な心配とは，皆がそれを合理的でもっともだと思うような心配で，現実的な活動を導くような心配のことである。患者はツール4.10（生産的な心配と非生産的な心配）を使って，ツールに記載された質問群に対して回答を試みる。たとえば以下のような質問がある。「この心配が現実化する可能性は，非常に低いのではないだろうか？」「解決しなければならない問題とは，何だろう？」「私が実際にできる具体的な活動は何だろうか？」「これらの活動は合理的だろうか？」「私は，自分にはどうにもできない物事について心配しているのではないだろうか？」

予測される問題点

患者の中には，自分の心配は全く合理的でないと言う人がいる。しかしすべての心配が100％不合理で役に立たないということはありえない。たとえば，定期健康診断や支払うべき請求書について心配することは，これらのことを忘れずにいられるという利点があるかもしれない。セラピストは，いくつかの心配を"すること"リストに加えるために，心配を有益なものに変換するよう患者に求めるとよい。また，"可能性がないとは言えない"という心配と，"もっともである"心配とを，混同する患者もいる。たとえば，タイヤが高速道路でパンクして車がスピンしてしまうということは，可能性が全くないとは言えない。しかし，この心配で"すること"リストに変換できるのは，タイヤの点検とスピードに気をつけることぐらいである。さらに，絶対に確実でないと安心できないという患者には，確実性を求めることの損益を分析してもらうとよいだろう。そのような患者には，それほどまでに確実性を求めながらも，なぜ自分が日々の不確実な，様々な事柄に耐えることができているのか，検討してもらうのもよいだろう。

その他の関連技法

その他の関連技法としては，自動思考を同定する，下向き矢印法，気分と思考をモニターする，損益分析，などが挙げられる。

ツール

ツール4.10（生産的な心配と非生産的な心配）が挙げられる。

◼ 技法："心配時間"を設定する

解　説

心配しがちな人にとって，心配とはあまりにも長い時間を占領する存在である。心配しがちな人は，職場や家庭やベッドの中など，あらゆる場で長々

と心配し続ける。このような慢性的心配に対処するために有益なのが，"刺激コントロール法"という技法である。刺激コントロール法とは，心配を特定の時間と場所（すなわち特定の"刺激"）に制限し，それによって職場や家庭やベッドの中と心配との関連性を弱めるものである。特定の"心配時間"を設定することは，たとえそれが心配を 2, 3 時間遅らせることであっても，自分が多少なりとも心配をコントロールできると患者が認識する手助けとなる。このように心配を限定することで，心配しがちな人は，自分の心配が実は限定されたものであるということを認識できるようになるのである。そして，自分が同じようなことばかりを心配していることに気づくのである。このような気づきは，自分がすべてを心配しているかのような，圧倒された感じを軽減することに役立つだろう。

　セラピストは患者に対し，心配するべき特定の時間と場所を選択するように求め，その間は集中して心配するようにと教示する。もし設定した時間外に心配が生じたら，患者はそれらをメモ書きするにとどめ，"心配時間"までそれらを取っておかなければならない。"心配時間"には，心配以外のことは一切してはならず，患者に許されるのはあらゆることを心配し，それらを書き出すことだけである。この間は，心配に挑戦したり問題を解決したりしようとすることも許されない。具体的には，"心配時間"はたとえば 30 分間などというように設定され，時間が来たら心配することを直ちにやめなければならないが，"心配時間"内に心配することをやめてはならない。

検討と介入のための問い

　「あなたは，自分の心配を全くコントロールできないと考え，自分が常に心配ばかりしているように感じるのですね。だったら毎日 30 分間だけ時間を決めて，心配することにしてしまいませんか？　その 30 分のあいだに，自分の心配をすべて書き出してみてください。決めた時間以外の時間に生じた心配は，メモ書きするにとどめて，心配すること自体は，"心配時間"まで，取っておくようにしてください」

例

セラピスト：あなたは，自分がいつも心配ばかりしているように感じているのですね。心配しがちな人は，心配する時間や程度を自分ではほとんどコントロールできないと思うことが多いのですが，あなたはいかがですか？

患者：私も同じです。いったん心配し始めると，それから逃れることができません。バスに乗っていたり，家にひとりで過ごしていたりするときにも，心配にとらわれてしまうのです。

セラピスト：心配しているとき，あなたは何を考えているのですか？

患者：心配を全くコントロールできないと考えています。「心配するのをやめよう」と自分に言い聞かせるのですが，うまくいきません。

セラピスト：そうですか。私がこれから提案することは，ちょっと奇妙に聞こえるかもしれません。それは"心配時間"と呼ばれる方法です。あなたにお願いしたいのは，自分の心配に注目するためだけに，一定の時間を毎日確保することです。もし時間外に，たとえば早朝などに心配するようなことがあれば，その心配をメモ書きするにとどめ，心配そのものは決めた時間にするようにしてください。

患者：そんなことをしたら，もっと心配するようになってしまいませんか？

セラピスト：はじめは皆，そう考えるようです。でも慣れてくれば，心配時間のあいだだけあなたは心配するようになり，結果的に心配そのものが減ってくると思いますよ。

患者："心配時間"を設定することが心配を減らすなんて，ちょっと不思議な感じがします。だって今まで私は，自分の心配を何とかして取り除こうと考えていましたから。

セラピスト：そうでしょうね。でも，私たちは今，あなたの心配を取り除こうとはしていません。心配をコントロールしようとしているだけなんです。

患者：それで，どうすればよいのでしょうか？

セラピスト：毎日の"心配時間"をあらかじめ決めてしまいましょう。寝る直前やベッドに入っている時間は避けたほうがよいでしょう。もしそういうときに心配が生じたら，書き留めておくだけにしましょう。
患者：わかりました。では，午後5時30分からの30分間を，私の"心配時間"にします。ちょうど仕事が終わって，自宅に到着する時間なんです。

ホームワーク

セラピストは次のように言って，ホームワークを教示するとよい。「毎日30分間時間を決めて，集中して心配してください。その間に生じた心配をすべて書き出しましょう。さらに，"心配時間"が始まったときと終わったときの心配の程度も書き留めてください。"心配時間"は寝る直前には設定しないほうがよいでしょう。ベッドの中ではなく，机の前に座っているときに，心に浮かんだ心配事を書き出すようにしましょう。早朝に心配事が浮かんでしまったら，それはメモ書きするにとどめ，"心配時間"まで取っておきます。この課題を1週間行なった後で，1週間分の心配事を見直して，繰り返し生じた共通のテーマがあるかどうか検討してみてください。これらの課題に取り組むときには，このツール（ツール4.11　心配時間）を使うとよいでしょう」

予測される問題点

患者の中には，"心配時間"の間中，ずっと心配し続けることなどできないと考える人がいる。このような懸念は，心配が実は限定的な現象であることを暗に示している。（それは，自分の心配の内容が似たようなものであるとの患者の気づきが，心配の限定性を暗に示しているのと同様である）。"心配時間"を集中的に設定するのは，心配という刺激に患者をさらすためであって，問題解決を試みるなどして心配な気持ちを中和するためではない。これは強迫性障害に対する治療法として用いられる曝露法によく似たものである。心配しがちな人は，解決法を見つけることによって自分の恐れを中和しようとすることが多い（Borkovec et al., 印刷中）。"心配時間"は逆に，心配を中

和しようとせず，すべての心配に注目するよう患者に求めるものである。その課題に取り組むことを通じて，自分の心配のパターンを患者は知ることができるのである。

その他の関連技法

"心配時間"は，"自動思考の同定"を含む技法である。さらに，その他の関連技法としては，思考と気分をモニターする，下向き矢印法，イメージ技法，自動思考の歪曲を分類する，などが挙げられる。

ツール

ツール4.11（心配時間）が挙げられる。

■ 技法：思考が検証可能かどうかを検討する

解説

自分自身にレッテル貼りをしたり，反証できない思考や言明に基づいた予測をしたりする人は多い。たとえば前章で述べた通り，「自分は価値のない人間だ」とか「自分は何の役にも立たない」といった言明は，定義すること自体が不可能である。我々はこのような言い方をするとき，自分が何を言っているのか実はよくわかっていないのである。にもかかわらず我々は，何の意味もないこのような言明を用いて，自分自身を動揺させてしまうのである。

患者は自分の思考を，「自分が事実とみなしていることについての仮説にすぎない」と考えてみるとよい。たとえば，あたかも"事実"を述べているかのような，以下の言明について考えてみよう。

「ビルの身長は6フィートである」
「私は試験に落ちるだろう」
「明日は雨だろう」

「彼女は私に話しかけないだろう」
「誰も私のことなんか好きではないだろう」

　我々にできるのは，これらの言明が本当であるかどうかを検証するために，情報を集めることである（すなわち，事実と事実でないことを見極める）。我々はビルの身長を測定することができるし，試験の結果を確かめることができるし，明日になれば天気を確認できるし，彼女が話しかけてくれるかどうかモニターすることができるし，自分を好いてくれる人がいるかどうかについて情報収集することができる。上に挙げた思考の例は，それが事実か否かを検証できるのである。

　しかし，"事実"であるかのように述べられた考えの中には，実際には検証できないものもある。それが事実かそうでないかを，確かめようがないのである。すなわちそれらは"反証不可能"な思考である（Popper, 1959）。反証できない考えは，その考え自体に意味がないと言ってもよい。以下に挙げるのが，反証できない言明の例である。

1. 「何をやっても私は役立たずだ」
2. 「天使は存在する」
3. 「我々は亡霊に支配されている」
4. 「私は気が狂うかもしれない」
5. 「私はすべてのことを確実に知っておかなければならない」

　これらの思考が確かめられるかどうか，ひとつひとつ検討してみよう。

　1の「何をやっても私は役立たずだ」という考えをあなたは反証できるだろうか？　この人は自分のすべての行動の価値を割引いてとらえているようである。つまり「自分は役立たずだ」ということを"自明の理"であるかのように考えているのである。自明の理では，我々はそれに反証することがで

きない。

2の「天使は存在する」という言明も、反証不可能である。天使が存在するかどうかは、我々が天使の姿を目で見て確認するしかないことである。しかし天使とは目で見て確認できるような存在ではなく、ゆえに我々は天使の存在を証明することはできない。したがって、「天使は存在する」という言明を反証することは不可能である。

3の「我々は亡霊に支配されている」という言明についても同様である。我々は亡霊をこの目で見ることができないので、亡霊が我々を支配しているかどうかということについては、反証することができない。

4の「私は気が狂うかもしれない」という言明も反証不可能である。なぜなら誰にとってもそのような可能性はないとは言えないからである。

5の「私はすべてのことを確実に知っておかなければならない」についても同様である。我々は毎日いろいろなことをする。例：職場まで運転する、昼食をとる、人と会話する、など。その後にどうなるか確実に知らなくても、我々は毎日そのようなことをしているのである。つまり「何かを確実に知っておくべきだ」という信念は、やはり反証できない。このような言明は、"好み"や"感情"に基づいており、その人の"要望"や"欲求"にすぎない。そのような言明は、証明することも反証することも不可能である。

"反証可能性"という基準が重要なのは、我々はそれによって、ある考えが本当かどうかを検証できるからである。科学的手続きの基本は、仮説を提示し、事実と照合してその仮説を検証するというものである。もしある考えを検証できないのなら、その考えの何が正しくて何が正しくないのかを見つけ出すことは絶対にできない。科学的な視点においてそのような考えに意味がないのは、それらが検証できないからなのである。

検討と介入のための問い

「あなたの心配を検証できる方法がありますか？　仮にあなたの心配が誤っ

ているとしたら，それを確かめることができますか？ あなたが何か悪いことが起きそうだと予測したときに，我々はどうやってあなたの予測が正しいのかそうでないのかを確かめることができますか？」

例

セラピスト：あなたはパーティでの自分の振る舞いについて，心配しているのですね。

患者：ええ。「へまをしてしまうのではないか」と心配なんです。

セラピスト：何かがうまくいかないと予測すると，私たちは心配するのです。ところであなたが仮にパーティでうまく振る舞えたとしたら，私たちはそれをどのように確認できるのでしょう？

患者：皆が私に話しかけてくれたり笑いかけてくれたりすれば，うまく振る舞えたと言ってもよいのではないでしょうか？

セラピスト：わかりました。仮にそういうことがあれば，あなたのネガティブな予測が正しくなかったと判断できるのですね。他には？

患者：私自身がパーティで楽しめることです。

セラピスト：あなたが楽しめたかどうか，どうすれば確認できますか？

患者：何人か知っている人がいて，私がそれほど舞い上がらずに，その人たちとおしゃべりができれば，楽しめたと言ってよいと思います。

セラピスト：わかりました。今おっしゃったことを書き出して，パーティについてのあなたの予測が正しいかどうか，確かめてみましょう。

ホームワーク

セラピストはホームワークについて次のように説明するとよい。「このツール（ツール 4.12 思考を検証可能な形に変換する）を使って，今あなたを悩ませている思考を同定してください。例：『自分は負け犬だ』『私は失敗するだろう』。そしてそれらの思考が正しいかそうでないかを，どうすれば確かめられるか検討してみてください。『自分は負け犬だ』とか『私は失敗し

た』と結論づけるためには，どんな点について観察し，どんなことを確かめる必要がありますか？　逆に，『自分は負け犬ではない』とか『私は失敗しなかった』ということは，どのようにして確かめることができますか？」

予測される問題点
　心配しがちな患者の中には，自分自身の心配や感情そのものを予測してしまう人がいる。例：「そのパーティに行ったら，私は不安になり，イライラするだろう」。この種の予測は，「私は不安だから心配するのだ」といった循環的な特徴をもつ。このような場合セラピストは患者に対し，自分や他人の行動を含むポジティブな状況を予測するように教示するとよい。例：「私はそのパーティで，誰かに話しかけたり微笑みかけたりするだろう」「誰かが私にも声をかけてくれるだろう」。心配しがちな患者はまた，過去のポジティブな経験を割引いて考え，それらが今後のポジティブな経験を約束するものではないと主張するかもしれない。確実さに対するこの種の欲求は，本章で後述する"不確実性を受け入れる訓練"によって克服できるだろう。

その他の関連技法
　その他の関連技法としては，思考と事実を区別する，予測を検証する，意味論技法（言葉を定義する），根拠を検討する，などが挙げられる。

ツール
　ツール4.12（思考を検証可能な形に変換する）が挙げられる。

■ 技法：自己成就予言

解説
　ネガティブな出来事の原因を考えるとき，我々はその出来事における自分自身の役割を見落とすことがある。"回避""先延ばし""強制"は，自己成就

予言を促進する3つの行動の型である。たとえば回避しがちな人は, 他人と関わることを意図的に避けているにもかかわらず,「つきあうに値する人がいない」と言い訳する。別のある人は, 自分があるプロジェクトに着手できないのは,「そのプロジェクトに不安を感じるからだ」と主張するかもしれないが, 先延ばしのせいでその不安が生じていることに気づいていないだけかもしれない。また配偶者（妻）が自分に対して冷たいことを気にしている人は, 自分が強制的で他罰的な夫であり, 自分の批判的な態度が妻を遠ざけてしまっていることに気づいていないだけかもしれないのである。

検討と介入のための問い

「今あなたが問題としていることは, あなたが自分で予測したことが現実化したものなのではありませんか？ 自分の考えがあたかも真実であるかのように振る舞ったことが, その考えが間違っていることに気づくチャンスを奪ってしまったのではないでしょうか？ たとえばあなたは,『誰も自分のことを好きになってくれないだろう』と考えていましたよね。あなたはその考えのせいで, 人づきあいをしなかったり, ちょっと気分が悪いとその場から立ち去ったりしているのではありませんか？ あなたはその結果, 自分のネガティブな考えに挑戦する機会を失ってしまったのかもしれません」

例

男性と親しくなれないことを嘆いている, ある若い女性患者の例を考えてみよう。彼女は, パーティに行っても自分に興味を抱く男性はいないだろうと考えていた。

> セラピスト：パーティに行く前, あなたはどんなことを考えるのですか？
> 患者：「男の人と親しくなるチャンスは絶対にないだろう」ということです。
> セラピスト：もしある女性が, 興味を抱いた男性に対して自分の気持ちを伝えるとしたら, 彼女はどのように振る舞えばよいでしょうか？

患者：よくわかりません。

セラピスト：たとえば彼女は，その男性の姿を目で追ったり，彼と視線を合わせたり，彼に微笑みかけたり，彼を褒めたり，彼に質問したりするのではないですか？

患者：でもそんなこと，私にはできません！

セラピスト：あなたは，「自分はそんなことはしない」と思うのですね。でも仮にあなたがそうしてみたら…，すなわち，すぐにうつむいたりもせず，相手が自分に興味を抱いていないと感じてもすぐに引き下がったりもせず，今，私が言ったように振る舞ってみたら，どんなことになると思いますか？

患者：私は拒絶されるでしょう。

セラピスト：でももしかしたら，男性があなたに話しかけたり，微笑み返したり，あなたに質問したり，デートに誘ったりするということだって，ないとは言えないのではないですか？

　患者はこの対話を通じて，男性が自分に興味を抱かないのは，自分自身の内気さや回避行動が原因であると思うようになった。セラピストは彼女に対し，男性が自分を見たり微笑みかけたりする様子を繰り返しモニターし，さらに自分からも男性に微笑みかけたり話しかけたりするようにしたらどうかと提案した。2ヵ月後この女性患者は，前よりも男性が自分に興味を抱いてくれるようになったということをセラピストに報告した。

　次に，税金の支払い手続きに困っているある男性患者の例を紹介する。彼は翌週が支払い期限だというのに，税金についての手続きや税理士への相談を全くせずに，プレッシャーを感じ続けていた。彼は次のように考えていた。「税金のことを思うたびに自分は不安になる。というのも，税金の支払い手続きは，私にとってとても不愉快なことだからだ」。彼はこのように考え続けた結果，税金の支払い手続きをギリギリまで引き延ばしていたのである。セラピストは次のように彼に問いかけた。「あなたにとって本当に不愉快な

のは，税金の支払い手続きですか？　それとも税金の手続きを後回しにしてこのような事態に陥ることですか？」。彼は今まで税金の手続きを早めにすませるということをしたことがなく，ゆえにこのふたつの"不愉快"を区別することができなかったので，不愉快なことはギリギリまで引き延ばすほうがましだと結論づけていたのである。これが自己成就予言である。

　このような患者には次のように自問してもらうとよい。「もしかしたら自分の行動（あるいは行動の欠如）そのものが，今自分が悩んでいることの原因になっているのではないだろうか？」

　抑うつ的な人は，友だちに不平を述べたり，物事のネガティブな側面に注目しすぎたりすることが多い。そしてそのような人は，自分が皆に好かれないといったことについても不平を言うことが多い。「私には友だちがいない」とか「私は人に好かれない」と思いがちな患者は，「自分は自ら人を遠ざけるようなことをしているのではなかろうか？」と自問してみるとよいだろう。このような問いを批判的に感じる患者もいるかもしれない。セラピストはそのような患者に対し，このような自問自答を通じて，自分の行動において修正可能な側面（例：不平を言うこと，ネガティブな側面ばかりを気にすること）に注目できるようになるのだと説明することができる。

ホームワーク

　ここでのホームワークの目的は，ネガティブな予測がネガティブな結果を引き起こしやすいこと，すなわち"自己成就予言"について，患者に気づいてもらうことである。セラピストは，過去または現在において予測したネガティブな事象をリスト化するよう患者に教示する。そしてネガティブな予測に基づくどのような行動が，現実のネガティブな出来事を引き起こしてしまうのかを同定してもらうのである。例：先延ばし，回避，何かを試そうとしないこと，諦め，敵意，攻撃的な行動。その際，自己成就予言を記載するためのツール（ツール 4.13　ネガティブな予測を同定する）を用いることができる。

予測される問題点

　自己批判しがちな患者は，問題の原因に自分自身が関与していると認識すると，それは自分が失敗者である証拠だと考えたり，セラピストに非難されたと受け止めたりするかもしれない。セラピストは患者のそのような反応を，"自分を非難する"方向にではなく，"問題を同定する"方向に変換していかなくてはならない。その際有用なのは，自分自身が問題の原因の一部であると考えることの損益を分析したり，別の方法を意図的に試してみたりすることである（例：ネガティブな予測に反した行動をあえてとってみる）。

その他の関連技法

　その他の関連技法としては，段階的な課題設定，活動スケジュール法，代替案を検討する，問題解決法，二重の基準法，合理的なロールプレイ，などが挙げられる。

ツール

　ツール4.13（ネガティブな予測を同定する）が挙げられる。

◼ 技法：確信を揺さぶる

解　説

　心配しがちな人は，自分が恐れている出来事が起きる可能性について，次のように言うことが多い。「もし飛行機が墜落したらどうしよう？」「歯医者に行ったら，エイズに感染してしまうかもしれない」「発狂したらどうしよう？」「破産してしまうかもしれない」。心配しがちな人は，これらの出来事の可能性を完全になくしてしまいたいと願っているが，それはできない相談である。したがってセラピストは，それらの出来事に関する様々な情報や正確な確率を患者自身が調べ，恐れている出来事の現実的な生起確率を評価できるよう留意しなければならない。患者はそのようなことを通じて，歯医者

でエイズに感染することや，シカゴから飛び立った飛行機が墜落することが「完全にない」とは言えないが，その可能性は限りなく低いのだということを認識できるようになるのである。

検討と介入のための問い

「私たちは，全くありえないとは言えないまでも，現実的にはほとんど起こりそうもない物事の心配をしてしまうことがあります。たとえば，私たちには心臓発作を起こす可能性が確かにありますよね。でもその確率はどうでしょう？　もし私たちが起こりうるすべてのことについて心配するのであれば，結局はありとあらゆることについて心配し続ける羽目に陥るでしょう。たとえば，あなたが道を歩いているときに，誰かがあなたを悪魔だと思って殴り殺してしまうことだって，可能性としてはないとは言えません。でもこのようなことが起きる可能性はどれぐらいなのでしょうか？　ふだん私たちは，様々な情報を集めることによって，ある物事がどれぐらい起こりうるのかを予測しているのです。その際，生起確率といった基礎的な情報があればそれも参考にします。たとえば，頭痛が起きている人の中で，脳腫瘍にかかっている人の確率（割合）は実際にはどれぐらいでしょうか？　頭痛を経験したことのあるすべての人――それはほとんどすべての人だと言ってもよいでしょう――に話しかけて，『あなたは脳腫瘍を患っていますか？』と尋ねてみたとしても，『ええそうです』と答える人は，非常に少ないのではないでしょうか」

例

ある患者が，「頭痛がするので自分は脳腫瘍にかかっているのかもしれない」とセラピストに訴えた。彼は最近，脳腫瘍に関するニュースを聞いたばかりであった。

　　セラピスト：あなたが脳腫瘍にかかっているという根拠には，どんなこと

があof ますか？

患者：最近頭痛がするのです。頭痛は脳腫瘍の徴候なのではありませんか？

セラピスト：どれくらい頭痛が続いているのですか？

患者：2，3時間です。

セラピスト：その頭痛が脳腫瘍だと考えるのは，どうしてですか？

患者：ニュースで，脳腫瘍で亡くなった人のことを聞いたのです。その人は頭痛を訴えていたそうです。

セラピスト：ところで，このニューヨークで，頭痛を感じたことのある人はどれぐらいいると思いますか？

患者：半数以上だと思いますけど。

セラピスト：それらの人々のなかで，脳腫瘍にかかっている人の割合はどの程度だと思いますか？

患者：ほとんどいないと思います。

セラピスト：それでは，頭痛を感じていて，さらに脳腫瘍にかかっている人の割合は，どれくらいになるのでしょう？

患者：ええと…でも，そういうことがないとは言えませんよね。どんなに確率が低くても，そういう人だっていますよね。そして私は，100万分の1ぐらいしかいない，そんな不幸な人間かもしれないのです。

セラピスト：あなたは脳腫瘍にかかる可能性を，全くのゼロだと思いたいのですか？

患者：それが不可能だとはわかっています。でもゼロだと確信できたら，と思ってしまうのです。

セラピスト：そのような確信を求めることの利益と不利益には，どのようなことがありますか？

患者：不利益は，私が心配しすぎることです。利益は…どうでしょうか。ちょっとした徴候に気づけるということでしょうか。

セラピスト：だからといってあなたは，毎日のすべての時間を，完全に確信しながら生活しているわけではないですよね。あなたはどうやっ

て，様々な不確実なことに対処しているのですか？

患者：どうにもならないことは，ただ受け入れるだけです。

セラピスト：ということは頭痛についても，そのように受け止めることができるのではないですか？

患者：そうできればどんなにラクかと思います。でもそんなふうにしたら，本当に重大な脳腫瘍の徴候を見逃してしまうかもしれないじゃないですか。

セラピスト：あなたが脳腫瘍にかかっている可能性は，どれぐらいなんでしょうか？

患者：ほとんど0％に近いと思います。

セラピスト：その可能性が完全に0％であると確信しようとするならば，あなたはすべての時間を，心配することだけに使ってしまうのではありませんか？　もう少し可能性の高いことだけに注目するとしたら，どうなるでしょうか？　たとえば，クレジットカードの支払いをうっかり忘れてしまったら，追加料金を取られる可能性はどれくらいですか？

患者：それは100％です。

セラピスト：それは確実なことですよね。しかし世の中は不確実なことばかりで，確実なことというのはほとんどないのです。仮にあなたが，「世の中は不確実なことばかりで，誰もが確信なんかもてるものではないのだ」と思うとします。その考えにはどんな利益と不利益があるのでしょうか？

患者：ホッとできるかもしれません。それが利益です。私は確信を求めすぎて，かえっておかしくなっていたようです。確信することで，自分の心配を小さくしようとしていたのです。でも，そのことがかえって自分の心配を強めていたのですね。

セラピスト：そうだと思いますよ。

このようなやりとりを通じて患者が確信することを諦めた後，セラピストは次のような言明を 10 分間繰り返すよう患者に求めた。「どんなに頑張っても，私はすべてを確信することはできないのだ」。10 分の間，患者の不安の程度ははじめ少し上がったが，その後は減少していったのである。

ホームワーク

確信を求めている自分の心配事を書くことがホームワークである。それにはたとえば，健康面，経済的なこと，人間関係，仕事に対する心配などが含まれる。それぞれの心配は，「もしかしたら…かもしれない」という形に変換される。例：「もしかしたら自分はガンかもしれない」。次に患者は，心配を少なくしたり解決したりするために確実さを求めることの利益と不利益を書き留めるように教示される。最後に，「もしかしたら…かもしれない」と変換された心配を，毎日 15 分間あえて繰り返し考えるよう求められる。

予測される問題点

患者の中には，不確実である心配事を繰り返し考え続けることによって，さらに不安が増すのではないかと恐れる人がいる。したがって，思考に揺さぶりをかけるこのような技法は，最初はセッション中に行なうべきである。このような揺さぶりによってかえって心配が減るということを，患者がセッション中に実感できるとよい。またこのような手続きにおいて，心配が半減するまでにかれこれ 15 分間以上を必要とする患者もいるが，たとえ 15 分かかってもそうなるまで自分の心配を考え続けるよう，セラピストは患者に教示する。思考を機械的に繰り返したり，別の行動や刺激に気をとられたりするばかりの患者がいるかもしれないが，結局それによってせっかくの揺さぶりが中断されてしまう。したがって，このような"安全行動"は禁止されるべきである。

その他の関連技法

その他の関連技法としては，損益分析，受け入れの練習，下向き矢印法，などが挙げられる。

ツール

ツール 4.14（確信を揺さぶる）が挙げられる。

■ 技法：タイムマシンに乗る

解　説

我々は，今の自分の悩みが永遠に続くだろうとしばしば思い込んでしまう。そのようなときは，"今，ここ"の問題に巻き込まれ，現在生じている感情や思考から逃れられなくなっているのである。そのような状態に陥ると，目の前のことだけにひらすら注目してしまうので，思考や気分の変化になかなか気づくことができない。すなわち，"今，ここ"以外の時間や場所において，自分がどのように感じたり考えたりしうるのか想像すらできなくなってしまうのである。ということは，"今，ここ"から少々離れることさえできれば，自分の気分や体験が変化しうるということをモニターできるようになるかもしれない。

タイムマシン技法の目的は，"今，ここ"にある問題に対して別の見方を構成することである。この技法を使えば，患者は過去や未来を行き来できるようになる。セラピストは患者に対し，自分がタイムマシンに乗っており，過去に戻ったり未来に行ったりできるようになったのだと想像するように教示するとよいだろう。

検討と介入のための問い

セラピストは患者に対し，楽しかった過去の記憶を思い出すように求める。「時間を巻き戻して，楽しかった体験を思い出してみてください」「過去のポ

ジティブな体験を思い出したときに，自分の気分がどのように変化するか，注目してみてください」

「今現在，あなたは大変心配していますね。でも来週になったら，あなたは今の心配についてどのように感じるでしょうか？ 1ヵ月後，あるいは1年後には，さらに5年後には，今の心配についてどのように感じているでしょうか？ あなたは，今心配していることに対して，将来は今ほど心配しなくなるかもしれません。そうなったとしたら，その理由は何でしょうか？ 今現在，あなたは"今，ここ"の問題だけで手一杯であると感じているかもしれません。でも，"今，ここ"の問題とは直接関係のない別の出来事が，明日や来週，または来月，あるいは1年後に起きるかもしれません。そのような別の出来事によって，"今，ここ"の問題が問題でなくなるかもしれません。もしそうなるとしたら，たとえばどのような出来事が考えられますか？」

例

セラピスト：仕事がうまくいっていないことが，ひどく心配なのですね。確か先週の火曜日に，上司があなたの業績を非難したということでした。それでは今からタイムマシンに乗って，あなたが幸せだと感じていた頃に戻ってみましょう。あなたが小さかったときのことになるでしょうか？

患者：私が思い出すのは，両親と一緒に自宅のポーチでくつろいでいたときのことです。それは夏で，私たちはレモネードを飲んでいました。外は蒸し暑かったのですが，私たちは日陰に座っていたので，涼しかったのです。

セラピスト：そのことを思い出すと，どのように感じますか？

患者：くつろいで，幸せな感じがします。

患者は，時間を巻き戻して楽しい記憶にひたることによって，"今，ここ"の問題から逃避し，楽しく平和な気分を経験できることを認められるように

なる。次にセラピストは，タイムマシンに乗って，"今，ここ"で起きていることについて何も気にする必要のなくなった未来に行ってみるよう教示する。

> セラピスト：今度はタイムマシンに乗って，未来に行ってみましょう。今から1ヵ月先のことを想像してください。その頃のあなたは，先週の火曜日に上司に非難されたことをどのように感じているでしょうか？
> 患者：そんなに気にしてはいないでしょう。忘れてはいないと思いますけど。
> セラピスト：では今から6ヵ月先の未来ではどうですか？ 半年後，あなたはこのことをどのように感じているでしょう？
> 患者：さらに気にならなくなっていると思います。
> セラピスト：では1年後はどうでしょうか？
> 患者：もう忘れてしまっているかもしれません。
> セラピスト：それは興味深いですね。当初は途方に暮れてしまうような出来事であっても，時間が経てば気にならなくなり，場合によっては忘れてしまうこともあるのですね。このようなことは，これまでのあなたの人生でいったいどれぐらいあったでしょうか？
> 患者：数え切れないほど，たくさんあったと思います。

　患者はこの技法を通じて，ある出来事に対するネガティブな反応は，その出来事が生じた直後に最も大きく，その後時間が経つにつれて反応の強度が軽減されるということを理解するようになる。

ホームワーク
　セラピストは次のようにホームワークを提示するとよい。「心配への対処法として，将来の見通しの中にその心配を置いてみるということが挙げられます。すなわち，将来のあなたが今の心配をどのように感じるか，想像してみるのです。これは"タイムマシン技法"と呼ばれています。なぜならこの技法においては，あたかもタイムマシンに乗っているかのように，時間を過

去に巻き戻したり，未来に早送りしたりするからです。未来のあなたは，今の心配についてどう感じるでしょうか？　未来のあなたは，今の心配事に対して，今ほど心配してはいないだろうと考えるのであれば，それはどうしてですか？　今の心配事とは別の何か大事なことについて，あるいはもっとシンプルな楽しみについて考えることが，今の心配を軽くしてくれるかもしれないと思えますか？　このツール（ツール4.15　タイムマシン）を使って，今あなたが心配していることを書き出してみましょう。そして将来，あなたはそれらの心配事をどのように感じるでしょうか？　その予測についても書き出してみてください」

予測される問題点

　絶望感を抱いている患者の中には，将来その絶望感がもっと強まるだろうと信じている人がいる。たとえば，パートナーとの破局を経験したばかりの患者は，将来もっと寂しくなるに違いないと思っているかもしれない。このような患者に対してセラピストは，その寂しさにどう前向きに対処できるかを尋ねてみるとよい。患者はたとえば，活動スケジュールを作成するとか，人との接触を増やすとか，関心のあることに挑戦するといった目的のために，何らかの講習会に申し込んだり，ハイキングのサークルに参加したりするといったことができる。セラピストはまた，以前の喪失体験について患者に尋ね，どのようにして立ち直ったかを患者に想起してもらってもよいかもしれない。心配しがちな患者は，目の前にある問題に対する自分の対処能力を過小評価することが多いが，過去に自分がとった効果的な対処法について思い出すことは十分に可能だからである。

その他の関連技法

　その他の関連技法としては，二重の基準法，問題解決法，合理的なロールプレイ，下向き矢印法，根拠を検討する，などが挙げられる。

ツール

ツール 4.15（タイムマシン）が挙げられる。

▍ 技法：他人をタイムマシンに乗せる

解　説

現在起きている出来事が時間経過に伴ってさほど気にならなくなるという現象については，自分も他人も同じはずである。たとえば社会不安障害の患者は，自分の心配を周囲に気づかれたら，自分が社会適応のできない弱い人間であると思われてしまうと信じている。しかし実際は，他人の心配事をいつまでも気に留めるような人はほとんどいないのである（というのもある人の個人的な心配事は，他の人にとってはどうでもいいようなことだからである）。

検討と介入のための問い

「あなたは，自分が他の人からどう見られているのかということを心配しているのですね。ところがたいていの人は，自分が他人について思ったことなど時間が経てば忘れてしまうものです。今から1週間後，1ヵ月後，1年後に，他の人があなたについてどう考えるだろうかということを，タイムマシンに乗ったつもりで想像してみませんか。その際，その人たちにもタイムマシンに乗ってもらい，『今，私のことをどう思っていますか？』とその人たちに尋ねるのです。その人たちは，今のあなたやあなたの行動を覚えているでしょうか？　それとも何か別のことを考えているでしょうか？」

例

ある若い管理職の男性に対して，この技法を用いたときのやりとりを紹介する。彼は会議中に他の人たちが彼の不安に気づき，彼に対してネガティブな印象を抱いてしまうことを恐れていた。彼の自動思考は，「私の不安が皆にばれてしまい，皆は私を弱い人間だと思うだろう。その話は私の上司にも

伝わるだろうし，そうなったら，とんでもないことになるかもしれない」というものであった。このような自動思考が同定されたことで彼の不安は多少軽減された。というのも，このような一連の出来事がありえないことであると彼自身が気づいたからである。我々は引き続きタイムマシン技法を用いて，彼の読心術による思い込み（「皆が私の不安に気づいている」）について考察を続けた。

セラピスト：では，会議の場面を想像しましょう。どんな人たちがそこにいるのですか？

患者：私の会社から出席しているのは私ひとりです。あとの6人は，別の会社から来ている管理職です。

セラピスト：それでは，この会議に，ジョンという人が出席していると想定してみましょう。ジョンはX社の管理職です。彼は，あなたが赤面しているのを見て，「あの人は不安なのだろう」と考えます。もしそうだとしたら，あなたはどのように感じますか？

患者：もっと不安でたまらなくなります！

セラピスト：そうですか。ところであなたの思い込みのひとつは，「皆が私の不安に気づいている」ということでした。その考えが合理的であるかどうか，検討してみましょう。ジョンは，会議が終わってからどうするでしょうか？　1時間単位で考えてみてください。

患者：午前11時ごろに会議は終わるので，ジョンは自分のオフィスに電話をしてから，昼食に行くのではないでしょうか。

セラピスト：ジョンは昼食を食べながら，あなたが不安になっていたことを考えるのでしょうか？

患者：そんなことはないと思います。

セラピスト：その後ジョンはどうするのでしょう？

患者：彼は昼食を終えて，空港まで車で行き，少し待った後に飛行機に乗りこむでしょう。

セラピスト：彼はその頃，あなたの不安について考えるでしょうか？

患者：いいえ。考えないと思います。

セラピスト：その後ジョンはどうするのでしょう？

患者：彼は飛行機の中で仕事をするでしょう。ひょっとしたらお酒を飲むかもしれません。2，3時間もすれば飛行機は目的地に着陸して，彼は自分の車を運転して帰宅するでしょう。彼は家族に会って…。

セラピスト：それまでの間，ジョンは何について考えたり心配したりするでしょうか？

患者：彼は今回の会議が自分にメリットがあったかどうか，自分の仕事ぶりに問題があったかどうか，といったことを心配するかもしれません。いろいろな可能性が考えられます。

セラピスト：そんななかで，ジョンはあなたの不安について考えるでしょうか？

患者：いいえ。彼は別のことで頭がいっぱいだと思います。ジョンが私の不安について考えるだろうと思うこと自体が，おかしいのだとわかりました。私はうぬぼれていたようです。

セラピスト：あなたがうぬぼれていたとは思いません。なぜなら，あなたは本当につらい気持ちになっていたからです。ところで，仮にあなたの自動思考が正しいと想定すると，こんなことが起きるのではないでしょうか？　ジョンは会議中にあなたの不安に気づきます。彼はあなたの不安を考えることで頭がいっぱいで，空港まで車で戻るときに道に迷ってしまうかもしれません。彼はあなたの不安に気を取られ，飛行機に乗っている間も自分の仕事ができないかもしれません。彼は帰宅した後もあなたの不安のことばかりを考え続け，その結果彼の妻は，彼に無視されていると感じてしまうかもしれません。どうでしょう？　こんなことがありうるのでしょうか？

患者：ありえません。想像もできません。

セラピスト：ということは，仮にジョンがあなたの不安に気づいたとして

も，どれくらい彼はそのことを考えるのでしょうか？
患者：せいぜい10秒間ぐらいでしょう。

ホームワーク

セラピストはホームワークについて，次のように説明するとよい。「このツール（ツール4.16 なぜ皆は時間が経つと，私のネガティブな振る舞いを気にも留めなくなるのか？）に，自分の心配について，特に周囲の人々に，自分がどう見えたり思われたりするのか，といった心配について書き出してください。それからあなたや周囲の人々がタイムマシンに乗っているとイメージして，たとえば1週間後，1ヵ月後，1年後…といったときに，周囲の人々があなたのことをどのように考えるか，想像してみてください。その人たちは，あなたのこと以外に，どんなことを考えるでしょうか？」

予測される問題点

患者の中には，自分が何かネガティブなことをしてしまったら，それがもとで周囲の人々は自分に対してネガティブで厳しい見方をし続けるだろうと思い込んでいる人がいる。たとえばある男性患者は，パートナーとセックスしようとするときに勃起できなければ，相手は自分のことをずっと否定的に見続けるだろうとの不安に囚われていた。このような不安は，次のような問いによって検討できる。「あなたが勃起しなかったことを，相手はその後どのように考えるでしょうか？ たとえば1週間後，1ヵ月後，1年後に，彼女がそのことをどう思うか，想像してみてください。あなたが彼女と別れなければ，その後，彼女とうまくセックスできることもあるのではないですか？ それに勃起以外のことで，彼女はあなたについて何か思うことがあるかもしれません。たとえば1年後，仮に彼女があなたのことを否定的に考えるようになったとしても，それがどうしてあなたが勃起しなかったということに関係するのですか？」

第4章　心配を検討する　219

その他の関連技法

その他の関連技法としては，心配を予測に変換する，自動思考をモニターし同定する，下向き矢印法，などが挙げられる。

ツール

ツール 4.16（なぜ皆は時間が経つと，私のネガティブな振る舞いを気にも留めなくなるのか？）が挙げられる。

◤ 技法：問題をあえて否認する

解　説

セッションでは通常，「何が問題か」ということに着目するが，そのこと自体が問題の要因と化してしまうことがある。もちろん我々セラピストは，患者の問題解決を手助けしたいと考えている。しかし，一見重大に見えることが実はささいな問題にすぎないことに気づき，状況の全体像を正確に見渡してみることも，ときには有益である。"問題をあえて否認する"という技法は，実在する問題を否認したり抑圧したりすることをあからさまに目指すものではない。それは，他の認知療法における技法と同様に，患者が問題だと考えていることが必ずしも回復を妨げる障害にはならないことを，患者自身に理解してもらうために用いられる。「実はこのことはさほど"問題"ではないのではないか」ということを検討することを通じて，患者は問題に対する合理的な見方を獲得するのである。またこのような見方は，「問題解決のためにはどうすればよいか」といった点に患者が着目するのを手助けし，同じ問題が繰り返されるのを減らすことにも貢献するだろう。

検討と介入のための問い

「あなたは何か悪いことが起きるんじゃないかと心配しているのですね。仮に何かが起きても，それが大した問題ではないとしたら，それはなぜで

しょうか？　今あなたが心配していることが本当に起きると想像してください。たとえそれが起きたとしても，それが大した問題にはならないのはなぜか，考えることができますか？　たとえばあなたは，それに対する解決法を考えることによって，その問題をさほど重大には考えずにすむのかもしれません。または，その問題をもっと広い視点から見直そうとしてみたり，あるいは問題をあえて無視したりすることによって，問題を重大視せずにすませられるのかもしれません」

例

セラピストは，それぞれの「問題」について，「これは大した問題ではない。なぜなら…だからだ」といった言い方で考えてみるように，患者に教示するとよい。

> セラピスト：あなたは現在仕事を探していて，とても落ち込んでいるのですね。あなたはすでに，自分の絶望的な考えを同定し，どのような解決策があるかについても検討し始めています。それに基づいてこの技法を練習してみましょう。あなたが何について悩んでいるのかを，まず私が言います。あなたはそれに対して，「それは大した問題ではありません。なぜなら…だからです」といった言い方で反論し，どのような解決法があるのかを答えてください。たとえば，「あなたは雨が降っていることを悩んでいます」と私が言ったら，「それは大した問題ではありません。なぜなら私は傘をもっているからです」といった調子で答えてほしいのです。では，始めましょう。「あなたは今無職です」
>
> 患者：それは大した問題ではありません。なぜなら私は自分がいつかは就職できることを知っているからです。
>
> セラピスト：そうですか。でも，あなた以外にも多くの人が職探しをしているでしょう？

患者：それは大した問題ではありません。なぜなら私には立派な経歴があるし，実際の職務経験も豊富だからです。
セラピスト：でもあなたは現在，きちんとした生活をしていないのではありませんか？
患者：それも大した問題ではありません。なぜなら私は，毎日職探しをしたり運動をしたり友人に会ったりしているからです。
セラピスト：でも人によっては，無職であるあなたを軽蔑することがあるかもしれませんよ。
患者：それも大した問題ではありません。なぜなら友だちや家族は私を応援してくれているからです。それに私は，他人が私のことをどう思おうが，それを気にする必要がないからです。

問題をあえて否認する価値は，そうすることで患者の反応の枠組みが変わり，患者のネガティブな反応が最小化されることにある。すなわち患者は，「それは大した問題ではない」という枠組みで反応するようになり，その結果，ポジティブな見方や解決策を考え出すようになるのである。

ホームワーク

自分の心配事をリスト化し，それらの心配事が仮に大した問題でないとしたら，それはなぜかということについて，できるだけ多く考えてみることがホームワークである。"問題をあえて否認する"ことには，たとえば，解決策のリストを作る，問題を広い視点からとらえ直す，その問題の存在が，合理的で価値のある別の目標や挑戦を邪魔立てしないことに気づく，といったことも含まれるだろう。患者はツール4.17（問題をあえて否認する）を使って，この課題に取り組むとよい。

予測される問題点

問題を縮小視することを試みる他の技法と同様に，患者の中にはこの技法

について，問題を無効にしたり切り捨てたりするようなものだと受け止める人もいるかもしれない。セラピストはそのような反応について患者から話を聴いたうえで，この技法は思考実験であり，事実について結論づけるものではないと説明するとよい。広い視点から物事をとらえ直すよう患者に教示する際には，二重の基準法や合理的なロールプレイといった技法が役に立つかもしれない。また，たとえ「問題」が実在するということであっても，その問題に対して実行可能な行動をすべてリスト化することが，患者の視野を広げる手助けになるだろう。

その他の関連技法

その他の関連技法としては，問題解決法，連続法の活用，合理的なロールプレイ，タイムマシン技法，二重の基準法，より適応的な代替的思い込みを検討する，などが挙げられる。

ツール

ツール 4.17（問題をあえて否認する）が挙げられる。

▶ 技法："まぼろしの恐怖"をあえて心配する

解 説

人は自分を動揺させるイメージや思考が生じるのを避けるために，心配し続けることがある（Borkovec & Hu, 1990; Borkovec & Inz, 1990）。たとえばある男性患者は，「自分はお金を使いすぎているのではないか」とか，「自分の収入ではやっていけないのではないか」と心配していた。彼は心配のあまり出費を切り詰めようと，ありとあらゆることをするかもしれない。しかしもしここで下向き矢印法を使ってみれば，彼が本当に心配しているのは，自分が困窮してホームレスになってしまうことであるということがわかるかもしれない。彼の認知的なエネルギーはすべて，自分が本当に恐れていること

を考えずにすませるために費やされているのかもしれないのである。別のある女性患者は，ベッドに横たわりながら，「よく眠れないのではないか」と心配し続けていた。彼女の身体や意識はそのような心配によって覚醒し続けており，実はむしろそのようなことに心的エネルギーを使うことで，彼女の睡眠リズムは乱れてしまっているのであった（Harvey, 2001a, b）。もしこれらの患者に，自分の"本当の恐怖"に直面させ，それをもっと心配するように仕向けたらどうなるだろうか？　もし患者が，長い間恐れ続けているまぼろしのイメージ（例：ホームレスになる，二度とよく眠れない）を積極的に思い浮かべたら，どうなるだろうか？　おそらく患者は，"まぼろしの恐怖"を嵐のようにイメージするという逆説的な技法によって，かえって最大の恐怖に慣れ，その結果，それに先立つ小さな心配事をさほど恐れずにすむようになるだろう。

検討と介入のための問い

「私たちが何かを心配するのは，その後にもっと悪いことが起きるかもしれないと恐れているからです。たとえばあなたはベッドに入ってから，『あと1時間は寝つけないのではないか』と心配することがありませんか？　その心配をもっと掘り下げてみると，あなたが本当に心配しているのは，その夜一睡もできなかった結果，その翌日クタクタに疲れきってしまうということかもしれません。今回あなたに同定してもらいたいのは，そのような，あなたにとっての"最悪の恐怖"です。つまり，あなたが一番心配していることです。そしてその最悪の心配事を，何度も何度も繰り返しイメージしてください。飽きるまでイメージし続けていただきたいのです」

例

セラピスト：あなたは自分のお金がどんどん減っていくことを心配しているのでしたよね。この心配事が，あなたにとってどんなことを意味するのか，教えてください。「もしお金がどんどん減っていったら」

…そしたらどうなるのでしょう？
患者：私は破産するでしょう。
セラピスト：そうですか。とすると，あなたが本当に恐れているのは，ただ単にお金が減っていくということではなくて，破産してしまうことなのですね。私たちは多くの場合，本当に恐れていることをイメージしたり考えたりするのを避けるために，むしろいろいろなことを心配したりするものなのです。
患者：そうかもしれません。確かに私は，いろいろと心配してみせることによって，他の人に安心させてもらおうともしています。たとえば私はいろいろな心配事を妻に話します。そうすれば妻に「大丈夫よ」と言ってもらえるんです。
セラピスト：なるほど。あなたが本当に心配しているのは，破産してしまうことなんですね？　そのようなことを心配し続けるのは，さぞかしつらいことでしょう。でもこれからやっていただくのは，「破産するかもしれない」という考えにあえて向き合う技法です。
患者：そんなことをしたら，ますます動揺してしまいそうですが。
セラピスト：ところで，あなたが破産しないとしたら，その理由にはどんなことが考えられますか？
患者：実は，私はかなり投資をしているんです。それに仕事もしていますし。妻も働いています。それらが，私が破産しない理由でしょうか。
セラピスト：そうですか。でも少しだけ，自分が破産することについてイメージしたり考えたりしてみませんか。そうしたらどうなるでしょう？　どんなイメージや映像が頭に浮かびますか？
患者：一文無しになって，ホームレスになってしまった自分の姿です。
セラピスト：では目を閉じて，それをはっきりとイメージしてみてください。そして繰り返し次のように言うのです。「私は一文無しのホームレスだ」
患者：「私は一文無しのホームレスだ」

セラピスト：今，あなたはどれくらい不安ですか？ 0%から100%までの間で評価してください。

患者：80%ぐらいです。

セラピスト：では今やったことを繰り返しましょう。

患者：(同じ考えとイメージを10分間繰り返した後，彼の不安は5%までに低下した)。この技法にはもう飽きてしまいました。

セラピスト：それはあなたが「私は破産するかもしれない」という恐怖に耐えられるようになったからですよ。

ホームワーク

セラピストは患者に対し，下向き矢印法を用いて（例：「だとしたら，次にどんなことが心配になるのですか？」），最も恐れている心配事を同定するように求める。患者は自分が同定した心配事をリスト化し，それぞれについての損益分析を行なう。次に患者は最も恐れていることを視覚的にイメージし，それを言葉で表現する（例：「私はガンで死ぬのだ」）。最後に患者はそのイメージを積極的に思い浮かべながら，その言語表現を15分間繰り返す。以上がホームワークである。

予測される問題点

患者の中には，最も恐れていることを考えると，さらに気分が悪化してしまうと思い込んでいる人がいる。したがってこの技法は，まずは実験としてセッション中に実施するとよい。「このようにイメージする時間をもっと長くしたら，あなたの不安はどうなるでしょうか？ 今ここで確かめてみましょう」。ほとんどの患者が，自分の予測通りには気分が悪化しないことに気づくだろう。そのような患者はこれまで，ネガティブなイメージから逃れるために，心配することで安心感を得ようとしてきたのである。また患者の中には，自分の心配事がいかにももっともで，あってもおかしくはない現実的なものであると信じている人もいる。上の例で言えば，本当に破産する人

が存在するのは確かである。しかしそのことだけを心配する患者には，そのようなネガティブなライフイベントを，普通の人たちがいったいどのように切り抜けているのかということについて，ホームワークとして情報収集してきてもらうとよいだろう。例：人々は普通，破産や離婚やガンにかかるといった問題に，どのように対処しているのだろうか？ 情報収集によって得られたモデルは，起こりうる最悪の結果に対する患者の心配を減らすことに貢献するだろう。

その他の関連技法

その他の関連技法としては，過去の心配とその結果を検討し，起こりうる様々な出来事について心配することの損益を分析するというのが挙げられる。他に問題解決法，二重の基準法，などが挙げられる。

ツール

ツール 4.18（"まぼろしの恐怖"をあえて心配する）が挙げられる。

◤ 技法：受け入れること

解　説

セラピストは次のように言って，この技法を提示するとよい。「すべてをコントロールしたり変えようとするだけではなく，物事を受け入れたり最善を尽くしたりできるようになることも，私たちにとってはとても重要です。たとえば私たちは，仕事を完璧にはできないかもしれませんが，その仕事において自分には何ができるかを検討することはできますね。何か問題があるからといって自分自身を批判したり，問題について破局的に考えたりするよりも，まずこんなふうに自分に言ってみたらいかがですか？『確かに私にはいろいろな問題があるけれど（例：抑うつ），まずはそれらの問題を受け入れよう。そしてそれらに対する解決法を探してみよう』」

検討と介入のための問い

「私たちは生きていくなかで，様々なことを受け入れられるようになります。たとえば，もし私がバーモントに住んでいたら，バーモントの冬の寒さを受け入れられるようになるでしょう。もし私がマイアミに住んでいたら，マイアミの8月の暑さを受け入れられるようになるでしょう。今起きている問題から距離をおいて，それを受け入れることを練習してみませんか。つまり，問題解決のために行動するのではなく，問題を観察する立場に身を置いてみるのです。あなたは今起きていることを，どのように説明しますか？　観察者となって距離をおいて物事を眺めるとしたら，それにはどんな利点がありますか？　観察者として，出来事の成り行きをただ眺めるだけにするとしたら，どのような結果になると思いますか？」

例

セラピスト：私たちは，何か問題が生じると，それをコントロールしなければならないと思ってしまいがちです。でもまずは，いったんその問題を受け入れて，成り行きをただ観察することにしたら，どうでしょうか？　何の判断もせず，何かをコントロールしようともせず，問題を受け入れたり観察したりするに留めるのです。たとえばある1月の朝，起きたらとても寒かったとしましょう。私たちは，その寒さを受け入れ，観察するのではないでしょうか？　そして寒さに対処するために，暖かな服装を選ぶでしょう。それが現実的な生活というものです。それと同じように，もしあなたが現在心配している問題を受け入れるとしたら，どのようなことになるでしょうか？

患者：わかりません。

セラピスト：それではまず，今のあなたの心配事を検討してみましょう。あなたは身体のあちこちが痛いのを，末期ガンだからではないかと心配していましたね。かかりつけ医があなたに必要なのは運動することだけだと言っても，やはりあなたは末期ガンで死ぬことを心配

しているのでしたね。この"受け入れ"の技法に従えば，あなたがするべきことは痛みを観察することであって，痛みについて判断することではありません。痛みを言葉でちゃんと表現しようとすればいいのです。痛みを解釈する必要はなく，記録するだけでいいのです。あなたは，自分の身体の痛みをどのように表現しますか？

患者：左足が少しこわばっているように感じます。今，痛みはそれほどでもありません。細い針でチクチクと突っつかれているような感じもしますが，そのように感じないこともときどきあります。

セラピスト：足首から下はいかがでしょうか？

患者：いつも通りです。靴を履いていると，足の指に意識が向きます。足の裏が少し温かく感じます。

セラピスト：そうですか。ところで「人はいつかは死ぬのだ」ということを受け入れることはできますか？ 受け入れるとしたら，それはどんな感じでしょうか？

患者：ええ。私は死んでしまった自分の姿を思い浮かべることができますよ。死んでいる私は，じっとして動かず，息もしていません。死んでいる自分の後ろに立って，自分の死体を見ているような気になってきました。

セラピスト：そのように死んでいる自分を観察するのは，どんな感じですか？

患者：最初は少し不安でした。でも今は，穏やかな感じがします。

ホームワーク

セラピストはホームワークについて，次のように説明するとよい。「私たちは，人生において絶対にコントロールできないようなことについて，心配することが多くあります。そのような心配に対して役に立つ技法のひとつとして，それらを受け入れてみることを練習するというのがあります。実は私たちは，この"受け入れ"という技法を，毎日いろいろな場面で行なっています。たとえば私たちは，お腹がすいていること，毎日睡眠が必要なこと，

数々の支払いをしなければならないこと，仕事に行くこと，交通渋滞にはまってしまったこと，季候が暑いだの寒いだのといったこと…など様々な事実を受け入れていますよね。私たちはこれらの事柄に文句を言ったり，むやみに心配したりしませんよね。受け入れるということは，判断や解釈をしないで，そしてコントロールしようともせずに，観察者の立場に身を置くことなのです。観察者はただ見ているだけです。ここであなたが心配している事柄をいくつか調べて，あなたがそれらをどのように受け入れることができそうか検討してみましょう。このツール（ツール 4.19 受け入れることを練習する）を使って，心配を書き出します。そして要点だけで結構ですから，実際に起きた出来事を書き出しましょう。その際，予測したり解釈したり判断したりしないでください。また解決しようともしないでください。出来事や状況をそのまま書き出すだけでよいのです。たとえば，あなたが投資でいくらかの資金を失ったとしましょう。そのことをありのままに書いてください。それからその投資の結果を，そのまま受け入れた場合の利益と不利益を評価してください。そして，解決のために動き出さず，その出来事に抵抗もしないようにして，ありのまま受け入れようとしてみてください」

予測される問題点

　心配しがちな人の多くは，自分が心配することで悪いことが起きるのを防いでいるのだと自負している。しかし"受け入れ"とは，何かが起きるかもしれないという可能性そのものを受け入れることである。セラピストは患者に，"解決しようとすること"と"受け入れること"についての損益を分析するよう求めるとよいだろう。また患者に，日頃無意識的に受け入れている事柄をすべて挙げてみてもらってもよいだろう。

その他の関連技法

　その他の関連技法としては，不確実性を受け入れる訓練，二重の基準法，合理的なロールプレイ，下向き矢印法，自動思考を同定する，などが挙げられる。

ツール

ツール 4.19（受け入れることを練習する）が挙げられる。

❖❖ ツール 4. 1　心配をモニターする

あなたが心配したときの日付と時間を記入します。次に，それぞれの心配が生じたときの状況と，あなたの感情や気分（例：不安，悲しい，無力感，恥ずかしさ，など）を記入します。最後に，そのときの心配の具体的な内容（例：『言い争いになりそうだ』『どうすればいいかわからない』）を書き出します。

日付・時間	状　況	感情・気分	心配の具体的な内容

◆◆ ツール4.2　心配について損益分析する

心配の具体的な内容	不利益	不利益についての評価	利　益	利益についての評価	不利益と利益の配分

◆◆ ツール4.3 メタ認知質問票

この質問票は，私たちの信念に関するものです。各行には様々な信念が記されています。それぞれの信念に，あなたがどれくらい同意できるか，当てはまる数字を丸で囲んでください。すべての項目について答えてください。どの回答が正しいあるいは間違っているということはありません。

	そうは思わない	ややそう思う	かなりそう思う	非常にそう思う
1. 心配は将来起こりうる問題を回避することに役立つ。	1	2	3	4
2. 心配することは危険である。	1	2	3	4
3. 自分が実際に何かをやらかしてしまったのか，それともただそれを想像したにすぎないのか，区別するのが難しい。	1	2	3	4
4. 自分の考えについて，さらにあれこれと考えてしまう。	1	2	3	4
5. 心配することで，自分が病気になってしまいそうだ。	1	2	3	4
6. 問題について考えているときの，自分の心の動きに気づいている。	1	2	3	4
7. 心配な思考をコントロールせず，その心配が現実化してしまったら，それは自分のせいである。	1	2	3	4
8. もし心配な考えをコントロールしなければ，今度はそれらの考えが私を支配するだろう。	1	2	3	4
9. 落ち着くためには，心配する必要がある。	1	2	3	4
10. 言葉や名前を記憶することに自信がない。	1	2	3	4
11. どんなに止めようとしても，心配な考えは持続する。	1	2	3	4
12. 心配することによって，物事を判断することができる。	1	2	3	4
13. 自分の心に生じた心配な考えを無視することはできない。	1	2	3	4
14. 自分の思考を常にモニターしている。	1	2	3	4
15. 常に自分の考えをコントロールしなければならない。	1	2	3	4

ツール 4.3 （つづき）

	そうは思わない	ややそう思う	かなりそう思う	非常にそう思う
16. 時々私の記憶は，自分の判断を誤らせる。	1	2	3	4
17. 確信がもてないときは，後で痛い目に遭うだろう。	1	2	3	4
18. 心配のせいで，私は正気を失ってしまうかもしれない。	1	2	3	4
19. もし私があることを心配し続けたら，それは現実のことになってしまうだろう。	1	2	3	4
20. 私はめったに自分の考えに疑問を抱かない。	1	2	3	4
21. 心配は私の身体に大きなストレスを与える。	1	2	3	4
22. 心配することで，私は悲惨な状況を避けられる。	1	2	3	4
23. 私は常に自分の思考に気づいている。	1	2	3	4
24. 私は記憶力が悪い。	1	2	3	4
25. 私は自分の心の動きに常に多大な注意を払っている。	1	2	3	4
26. 心配しない人は，浅はかな性格の持ち主だ。	1	2	3	4
27. 心配することで，私はうまく物事に対処できる。	1	2	3	4
28. 何かをし損ねたのではないかと考え，自分の記憶力を疑ってしまう。	1	2	3	4
29. 思考をコントロールできないのは，その人が弱いからである。	1	2	3	4
30. もし心配しなければ，さらにミスを犯すことになる。	1	2	3	4
31. 私は，思考をコントロールするのは難しいということを知っている。	1	2	3	4
32. 心配する人は，よい人間である。	1	2	3	4
33. 意思に反して，心配な考えが頭に浮かぶ。	1	2	3	4

✦✦ ツール4.3 （つづき）

	そうは思わない	ややそう思う	かなりそう思う	非常にそう思う
34. 自分の考えをコントロールできなければ，気が狂ってしまうだろう。	1	2	3	4
35. 心配しなければ，人生に失敗するだろう。	1	2	3	4
36. いったん心配しだしたら，それを止めることはできない。	1	2	3	4
37. 常にコントロールしなければならない思考がいくつかある。	1	2	3	4
38. 心配しなければ，物事を解決することはできない。	1	2	3	4
39. 思考を完全にコントロールできなければ，私は罰を受けるだろう。	1	2	3	4
40. 考えが邪魔をして，物事に集中できない。	1	2	3	4
41. 考えをあるがままに放っておくのはよいことである。	1	2	3	4
42. 自分の考えについて，自分で心配してしまう。	1	2	3	4
43. 私はささいなことで気が動転する。	1	2	3	4
44. 私の心配は生産的でない。	1	2	3	4
45. 私は心配のせいで物事を明確にとらえることができない。	1	2	3	4
46. 心配は，問題解決の一助となる。	1	2	3	4
47. 場所に関する自分の記憶には，ほとんど自信がない。	1	2	3	4
48. 心配な思考をコントロールすることはできない。	1	2	3	4
49. 特定の思考について考え続けるのはよくないことである。	1	2	3	4
50. 思考をコントロールできなければ，困ったことになる。	1	2	3	4
51. 自分の記憶を信用できない。	1	2	3	4
52. 心配しているときこそ，物事を明瞭に考えることができる。	1	2	3	4

◆◆ ツール 4.3 （つづき）

	そうは思わない	ややそう思う	かなりそう思う	非常にそう思う
53. 心配な思考は自動的に生じるものだ。	1	2	3	4
54. もし私が心配をしなければ，自分勝手な人間になってしまうだろう。	1	2	3	4
55. 自分の思考をコントロールしたら，私はかえって身動きが取れなくなるだろう。	1	2	3	4
56. 自分がきちんとしているためには，心配する必要がある。	1	2	3	4
57. 自分の行動について記憶にほとんど自信がない。	1	2	3	4
58. ひとつの物事に長時間集中するのが苦手である。	1	2	3	4
59. 悪いことが起きたとき，もしそれについて心配していなかったら，責任を感じるだろう。	1	2	3	4
60. 心配しないというのは，正常なことではない。	1	2	3	4
61. 私は常に自分の思考を検討している。	1	2	3	4
62. もし心配するのを止めたら，私は軽薄で，傲慢で，攻撃的な人間になってしまうだろう。	1	2	3	4
63. 心配することで，よりよい将来の計画を立てることができる。	1	2	3	4
64. 心配することを減らせたら，私はもっと強い人間になれるだろう。	1	2	3	4
65. もし心配しなければ，私は身勝手な人間になってしまうだろう。	1	2	3	4

第 4 章　心配を検討する　237

◆◆ ツール 4.4　心配を予測に変換する

心配事	具体的な予測内容 （いつ，何が起きるかについて具体的に記述する）

◆◆ ツール 4.5　ネガティブな予測を検証する

私が予測するのは「…だろう」ということである	実際の結果は,「…」であった

❖❖ ツール4.6　過去のネガティブな予測を検討する

過去のネガティブな予測を見直すことは、"運命の先読み"といった否定的な方向に偏った思考を検討するのに役立ちます。まずどのようなネガティブな状況において（すなわち、どのような出来事がきっかけとなって）、ネガティブな予測をしたのか、思い出してください。たとえばあなたは誰かと別れて、「自分はもう決して誰ともつきあうことはできないだろう」とか「私は二度と幸せになれないだろう」と予測したことがあるかもしれません。左側の欄に状況や出来事を、真ん中の欄にはそのときに考えたネガティブな予測を、そして右側の欄には、実際にはどうだったかという結果を記入してください。

きっかけとなった過去の状況や出来事	予　測	実際の結果

◆◆ ツール 4.7　過去のネガティブな出来事への対処法を振り返る

私たちは皆，ネガティブな出来事に対処しなければならないことが時々あります。あなたは，自分がさほど上手にそのような状況に対処できているとは考えていないかもしれません。今回は，あなたが今までに経験したネガティブな出来事を振り返って，あなたがどうやってそれらに対処したのかを確かめてみましょう。あなたは問題を解決するために，どのようなことをしましたか？　それらの対処法のうち，うまくいかなかった方法には，どんなものがありますか？（例：飲酒，ひきこもる，うまくいかない人間関係に執着する，ぐずぐずする，不平ばかり言う）。そして最後に，現在あなたが抱えている問題を検討して，その問題にうまく対処するために役に立ちそうな方法と，役に立たないであろう方法を考えて，書き出してください。

過去にあったネガティブな出来事	役に立った対処法	役に立たなかった対処法

現在心配している問題	役に立ちそうな対処法	役に立たないであろう対処法

◆◆ ツール4.8　視点 - 逆視点法

まず自動思考を記入して，次にその自動思考に対する合理的な反応を考え出し，自動思考に挑戦してください。今度は逆に，その合理的な反応に対して自動思考の視点から挑戦してください。このようにふたつの視点を交替しながら，ひとつ前の思考に挑戦し続けてください。

自動思考	合理的反応

◆◆ ツール4.9　実は間違っていた予測から学ぶ

現在のネガティブな信念と矛盾する過去の出来事を書き出します。次に，あなたがなぜその過去の出来事から学ぶことができなかったのか，その理由を書いてください。そしてそれらの理由が，あなたが過去にした予測をそのときに修正できなかった理由と同じであるかどうか，検討してみてください。

今のネガティブな信念と矛盾する過去の出来事	なぜ私はこの出来事から学べなかったのか
	• 絶対に確実な保証が必要である • 信念に矛盾する出来事を振り返るのが面倒である • 信念と矛盾する証拠を割引いて考えている • 私は今の信念を維持したいし，それが正しい信念だと信じている。
	その他の理由は…

◆◆ ツール 4.10　生産的な心配と非生産的な心配

私たちは皆，何かについて心配することがあります。下の質問群は，あなたの現在の心配が生産的か，それとも非生産的かを検討するためのものです。生産的な心配とは，現実的なものであり，具体的な行動を導きます。それは実際に起こりうることに対する心配や，合理的な予測に基づいて導き出された心配です。非生産的な心配とは，全く可能性がないとは言えないけれども，その確率が非常に低いことについての心配です。

私の現在の心配事：

質　問	回　答
この心配事が現実化する可能性は，非常に低いのではないだろうか？	
私はどんなことを予測しているのだろう？	
私が実際にできる行動は何だろうか？	
それらの対処行動は合理的だろうか？	
私は自分にはどうにもコントロールできないような物事について心配しているのだろうか？	
これは生産的な心配か？　それとも非生産的な心配か？	
これが生産的な心配である理由は何か？（あるいは，非生産的な心配である理由は何か？）	

◆◆ ツール 4.11　心配時間

下の表に，あなたの心配事を書き出してください。そこに何らかのパターンやテーマを見出せますか？　これらの心配事は現実的だと思いますか？

日付／時間：	心配時間の長さ（分）：
場　所：	
"心配時間"開始時の不安の評価 （0〜100%）：	"心配時間"終了時の不安の評価 （0〜100%）：
心　配：	
共通してみられるパターンやテーマ：	

第4章　心配を検討する　245

◆◆ ツール 4.12　思考を検証可能な形に変換する

思　考	どのように検証できるか？

注：その思考の表現の仕方に何か問題はないだろうか？　その思考は本当に検証することができるだろうか？　その思考に反証するための情報収集は可能だろうか？

◆◆ ツール 4.13　ネガティブな予測を同定する

左側の欄には，あなたのネガティブな予測を書き出してください（例：パーティで，誰も私に話しかけてくれないだろう）。真ん中の欄には，あなたがどんなふうに振る舞えば，そのネガティブな予測が"実現"するか，書き出してください（例：私は誰にも話しかけない。おびえているように振る舞う）。右側の欄には，あなたがどんなふうに振る舞えば，そのネガティブな予測の実現を防止できるかを，書き出してください。たとえばその予測とは正反対のことをあなたが信じているとしたら，あなたはどんなふうに振る舞うでしょうか？（例：皆に自己紹介をする／相手について尋ねてみる）

ネガティブな予測	自分がどのように振る舞えばこの予測は実現するだろうか？	この予測を実現させないために，自分ができることは何だろうか？

◆◆ ツール 4.14　確信を揺さぶる

左側の欄には，自分の中で何度も繰り返し生じる心配事を書き出してください。たとえば「もしかしたら何か恐ろしいことが私に起きるかもしれない」といった考えです。真ん中の欄には，3分間にその思考を何回繰り返したかを書いてください。右側の欄には，あなたの不安のレベルを0〜100％の間で評価します。自分の心配事について繰り返し考えることを，不安のレベルが半減するまで続けてください。つまりあなたの最初の不安度が80％であれば，それが40％以下に下がるまで，その心配事を繰り返し思い浮かべるのです。また最初の不安の程度の高低にかかわらず，少なくとも15分間は，その心配事について考え続けてください。

繰り返し生じる心配事	曝露した回数	不安の程度 (0〜100％)

この心配事が現実化する可能性は？：

この心配事が現実化すると考えることによる不利益：

この心配事が現実化すると考えることによる利益：

◆◆ ツール 4.15　タイムマシン

今の悩み事について，将来どのように感じるだろうか？	なぜ私は将来，今と同じようには悩まなくなるのだろうか？
1週間後	
1ヵ月後	
6ヵ月後	
1年後	
5年後	

✦✦ ツール 4.16　なぜ皆は時間が経つと，私のネガティブな振る舞いを気にも留めなくなるのか？

私のネガティブな振る舞い	他人が私に関係なく行動したり考えたりする他の事柄

◆◆ ツール 4.17　問題をあえて否認する

問　題	なぜそれは大した問題ではないのか

✦✦ ツール 4.18 "まぼろしの恐怖"をあえて心配する

まず現在の心配にひそんでいる一番の心配事を明らかにします。次に，それについて心配することの利益と不利益を検討します。そして，その一番の心配事をイメージして，15分間その心配事を繰り返し考えてみます。その際，3分間隔で休憩を取り，そのときの不安のレベルを評価して，記入してください。

現在の心配の背景にある最大の心配事	このことを心配する不利益	このことを心配する利益

最大の心配事をイメージしたり，その心配事について繰り返し考えます	3分間隔の休憩	不安の評価 (0〜100%)

❖❖ ツール 4.19　受け入れることを練習する

現在の私の心配事：	
それらを受け入れる利益と不利益：	利　益：
	不利益：
心配だけれども私がすでに受け入れている毎日のこと：	
なぜ私はこれらのことを受け入れられるのか？	
現在の心配事のきっかけとなった出来事を詳しく書き出します（判断したり，解釈したり，予測したりはしません）：	
結　論：	

第5章
情報処理と論理におけるエラー

　認知理論が主張するのは，情報処理におけるエラーがもとで，不安や抑うつといった症状が維持されたり強められたりしてしまうということである。認知モデルによると，人は自分の信念と矛盾しない情報を選択的に抽出したり思い出したりするという。本章では，ネガティブな信念を結果的に強化することになってしまう，情報処理におけるエラーに焦点を当てる。そして人が論理的なエラーを犯すことによって，目の前の情報を無視して，否定的な結論を導き出してしまうことについても考察する。

◼ 技法：検索の限界

解　説

　抑うつや不安に陥っている人の思考における顕著な特徴とは，自分のネガティブな考えに合致する情報だけを取り入れ，それとは矛盾する情報は無視したり割り引いたりするというものである。これはいわゆる"認知的スキーマ"による情報処理の特徴でもある。人は，自分の信念や考えの背景にあるスキーマや，信念や考えを構成しているスキーマと矛盾しない情報に選択的に注目し，それを探索し，想起し，確認し，そして重要視するのである。認知心理学者たちはこのような情報処理のパターンを，「確証バイアス」と呼んで

いる。わかりやすく言えば，人は自分の信念と一致する情報だけを取り入れるということである。すなわち，もしある人が「青い目の人は意地悪だ」と信じたら，その人はその信念を確証するどんな情報をも取り入れる一方，その信念についてそれ以上検討することを止めてしまうのである。我々はこのように，情報検索の過程で，自分の信念に矛盾する情報を無視しがちなのである（Simon, 1983 を参照）。

　セラピストはこの理論について次のように説明できる。「これから，"検索の限界"と言われる現象について検討していきたいと思います。これは私たちの情報処理の特徴です。人間の情報検索には限界があるため，私たちは自分の抑うつ的な考えや不安な考えを確証する方向に注意が限定されやすいのです。たとえばあなたが『自分は失敗者だ』というネガティブな信念をもっているとします。あなたは自分の失敗を示す情報だけに注目し，その信念を強化してしまうでしょう。つまり自分が失敗したという証拠以外の情報，特に"うまくいった"という情報を検索することを止めてしまうのです。その結果，あなたは『ほらやっぱり。私は失敗者なんだ』と，自分が失敗者であることが確実であるかのように，自分自身に言ってきかせるのです。

　このような非常に選択的な情報処理を，コンピュータの検索機能と比較してみましょう。たとえば私が，コンピュータの検索機能を使って，自分が書いた膨大な文章のなかから"失敗"という語を探したら，どういうことになるでしょうか？　おそらく"失敗"という語が，様々な文章において様々な意味で使われていることがわかるでしょう。一方，私が自分のスキーマ，すなわち限界のある検索機能を使って，自分の頭の中で"失敗"を検索したら，私は，自分の書いたものすべてが"失敗である"と決めつけてしまうかもしれません。これと同じような偏った情報処理が，抑うつや不安に陥っている人の思考にも見られます。そのような人の思考は，限界のある検索によって特徴づけられるのです。たとえば，あなたは不安なとき，『自分は間違っているのだろうか？』と自問するかもしれません。間違いを犯すことは誰にだって常にありうることです。すると上の問いに対してあなたは，『やはり自分

は間違っているだろう』と答え，それ以上の情報検索を止めてしまうのです。そしてこのような限界のある検索によって，今度はあなたの行動までが限定されてしまうのです」

　同業者に対してであれば，私はたとえば次のように説明できるだろう。「統計学の初歩として，私たちは"カイ自乗検定"というのを習いますね。たとえば金髪で知的な人が15人いたら，あなたは『金髪の人は知的だ』と考えるかもしれません。しかし他にも考えるべきことがありますね。例：『金髪だが知的ではない人もいるのではないか？』『黒髪で知的な人もいるのではないか？』『黒髪だが知的でない人はいるだろうか？』『金髪でも黒髪でもない人は，どうなんだろう？』。このような検討の結果，あなたが次のような表を作成したとします。

	金髪	黒髪	はげ頭
知的	15人	30人	10人
知的でない	15人	30人	2人

　表を見れば，金髪の人の半分つまり15人が知的であること，そしてそれは黒髪で知的な人の半分にすぎないことがわかりますね。黒髪で知的な人は，金髪で知的な人の2倍なのです。しかし，黒髪の全体の人数自体が，金髪の2倍なのです。この表で最も興味深いのは，はげ頭全体の人数が他に比べて最も少ないのにもかかわらず，はげ頭の人のうち，そのほとんどが知的であるということです。

　でも普通の人は，カイ自乗検定をすることもなく，サンプリングに偏りがある可能性に注目することもないのです。だからたとえば，抑うつ状態に陥っている人は，自分が何かに失敗したという事実に注目し，『自分は失敗者だ』と結論づけてしまうかもしれません。そのような人は，本当は次のような表を作ってみればよいのですが，そうはせずに『自分は失敗者だ』との結論を下してしまうのです。

	自分	他人
失敗した業務	3	30
成功した業務	57	70

　その人がもしこのような表を作ってみれば，自分は60のうち3つの業務（すなわち5%）に失敗したにすぎないけれども，他の人たちは100のうち30もの業務（すなわち30%）に失敗しているのだということが，客観的に見て取れるでしょう。その人は検索の限界という罠にはまってしまったがゆえに，たった3つの失敗に注目して，『自分は失敗者だ』と決めつけてしまったのです。しかし上の表のように，もっと正確に検索してみようとすれば，その人は，『60もの業務のすべてを本当に成功させられるのかどうか』ということについて検討したり，失敗の基礎確率が実は30%にものぼるということに気づいたりすることができるのです。

　セッション中の出来事について具体的にイメージしてみましょう。たとえばある患者が，治療を中断するとあなたに告げたとします。あなたは『私はこの人の役に立てなかった』と考え，ひどく落ち込んでしまうかもしれません。でも，自分のこれまでのカルテを見直して，80%の患者はあなたとの治療を中断していないということが確かめられたとしたら，どうでしょうか？　たぶん気分は改善されるでしょうね。さらに他のセラピストたちの治療継続率が40%にすぎないと知ったら，あなたはどう感じるでしょうか？　おそらく同業者たちに同情しつつ，やっぱり気分は改善されるのではないでしょうか？（もちろんその結果が万が一逆ならば，あなたはさらに落ち込むことになってしまうかもしれませんが）」

検討と介入のための問い

　「"限界のある検索"というパターンに自分がはまっているかどうかを判断するためには，次のように自問してみるとよいでしょう。『自分のネガティブな信念に合致するのは，どの情報だろうか？』『自分のネガティブな信念と

矛盾するのは，どの情報だろうか？』『他の人ならどのように情報検索するだろうか？』。そして，ネガティブな側面に限って情報検索することの利益と不利益について検討してください。さらに考えてほしいのは，あなたがネガティブな情報だけに注目するのであれば，ポジティブな結果や，ポジティブでもネガティブでもない結果を，あなたは果たしてどうやって予測できるのかということです」

例

セラピスト：化学の試験がうまくいかなかったので，最悪の気分だということですね。実際のところ，試験の出来はどうだったのでしょうか？

患者：75点でした。私にとっては失敗です。前にも化学の試験では70点を取ったことがあるのです。

セラピスト：それらの結果から，どんなことが言えますか？

患者：私は本当に頭が悪いということです。

セラピスト：これまでのあなたの成績は，平均するとどれくらいなのですか？

患者：これまでに25科目を履修しましたが，平均は"A"です。

セラピスト：なのにあなたが今注目しているのは，2回の化学の試験結果なのですか？

患者：ええ。

セラピスト：あなたの学校の，学生全員の平均的な成績はどれくらいなのですか？

患者："B"ぐらいだと思います。私は平均よりはいいのです。

セラピスト：そうですか。あなたの視野は今とても狭まっているようですね。あなたは出来のよくなかった2回の試験結果だけに注目して，他の情報をすべて無視しているのではありませんか？

患者：確かに私は化学の試験のことだけを考えていました。

セラピスト：仮にあなたが，自分の結果だけでなく，クラスメイト全員の結果を含めて検討してみたら，どうなるんでしょう？　あなたはどう

結論づけるのでしょうか？

患者：そう考えれば，私の出来はかなりよいと言っていいと思います。

セラピスト：私たちは気分が落ち込むと，それによって考えが偏ってしまうことがあり，そういうときはたいていネガティブな情報ばかりに注目してしまいがちです。そしてポジティブな情報には目を向けないのです。それはちょうどコップの半分に飲み物が入っているのに，入っていない方ばかりに目を向けるのと同じなんですよ。

ホームワーク

何らかの課題や問題に対処する際に感じた失望やネガティブな気分を書き出し，そのような気分に関連する思考への反証を探したり，同じような課題に対する他人の対処法を検討したり，様々な対処法に対する根拠や反証を見つけようとするといったことがホームワークである。

予測される問題点

患者の中には，徹底した情報検索法が，現実に起きているネガティブな行動を都合よく解釈しようとするものにすぎないと考える人がいるだろう。「結局のところ，私がうまくやれなかったというのは事実なんです」と主張する患者もいるかもしれない。セラピストはそれに対し，患者の主張は事実かもしれないが，その他の事実が存在することも確かであると指摘するとよいだろう。さらに，正確な事実とは，すべての情報がくまなく検索されることで明確になるのだと説明するとよいだろう。完璧主義的な患者の中には，自分が仕事で「たったひとつの失敗」をすることにも耐えられないと訴える人がいるかもしれない。そのような患者には，完璧主義そのものに対して挑戦するような質問をすることが有効である。例：「もし成功しなかったら，具体的にはどんなことになるのでしょうか？」「たとえ失敗したとしても，どんなことであれば，その失敗から影響を受けずにすむでしょうか？」

その他の関連技法

その他の関連技法としては，二分割思考への挑戦，連続法，二重の基準法による円グラフ法，意味論技法，などが挙げられる。

ツール

ツール 5.1（すべての情報を活用する），ツール 5.2（より包括的に情報を検索する）が挙げられる。

◆ 技法：基礎確率を無視する

解　説

我々はある行動におけるリスクを判断する際，「これがうまくいかない可能性はどれぐらいだろうか？」と自問する。しかし我々はいったいどのようにして，そのような可能性を査定するための情報を入手しているのだろうか？　ある研究者たちが指摘するのは，我々は，最近の情報，目立っている情報，個人的に関わりのある情報を重視しすぎてしまうという事実である（Kahneman, 1955; Kahneman & Tversky, 1979; Tversky & Kahneman, 1974）。つまり我々は"基礎確率"についての客観的な情報を無視しがちなのである。基礎確率とは，ある出来事が生起する比率（頻度）のことである。たとえば飛行機に乗って旅行に行くのにひどく不安を感じている人がいるとする。その人は，たまたまその日にどこかで飛行機が墜落したのをニュースで知り，墜落した飛行機が燃えているのをテレビで観て，翌日に自分が乗る予定の飛行機も同じように墜落するのだと決めつけてしまった。この人は飛行機の墜落についての基礎確率（同じ距離を移動するなら，飛行機は他のどんな交通手段よりも事故が起きる確率がうんと低い）を無視したのである。すなわち，飛行機の墜落についてその人が注目したのは，最近の情報（今日のニュース），目立っている情報（燃えている映像），個人的に関わりのある情報（明日の搭乗予定）であったため，飛行機の墜落について，統計的な数字で表

現されている客観的な情報よりも，はるかに重大に考えてしまったのである。

実際我々は，基礎確率を常に無視していると言ってもよい。大半のアメリカ人女性は，自分は他の人に比べて太っていると思っているし，ほとんどのアメリカ人は，自らの経済状況を正確に検討することなく，自分は中産階級に属していると信じている。トゥバスキーとカーネマンは，たいていの人は出来事の可能性を評価する際に，関連性の低い情報を使って恣意的な処理を行なっていると述べている（Tversky & Kahneman, 1974）。それと同様に，不安を抱いて飛行機に乗っている人は，飛行中のあらゆる物音に聞き耳を立て，何かを聞きつけては「危険が迫っている」と判断してしまうのである。

国民の半分に精神病理的な症状が生じたことがあるという結果が，国民調査によって明らかにされているにもかかわらず，抑うつや不安に陥っている人の多くが，自分の精神状態は異常であると判断してしまうのも同じ現象である。ある行動の結果やリスクを判断したりする際の，その人の評価能力を査定するためには，まずはその人が意識的にまたは無意識的に準拠している確率に関する思考を検討することが役に立つ。

検討と介入のための問い

「何か望ましくないことが起きると，私たちはそれが起きた瞬間のネガティブな面だけに注目してしまいがちです。そしてそのようなことが起きる頻度については，あまり考えることをしないのです。たとえば，頭痛がすると『脳腫瘍かもしれない』と不安になる人がいます。でもその場合私たちが検討すべきなのは，頭痛が起きた人のなかで実際に脳腫瘍にかかっている人の割合がどれくらいかということです。このような割合は"基礎確率"と呼ばれています。基礎確率は私たちに真実を教えてくれます。それでは，あなたの心配事について検討してみましょう。あなたが心配している飛行機についての基礎確率を調べてみましょう。飛行機が墜落する頻度は，実際にはどれくらいだと思いますか？　墜落事故が起きる確率は，現実的には何％ぐらいなんでしょう？」

例

患者：来週飛行機に乗るのですが，ものすごく不安です。このあいだ，空港でのニアミス事故を見たばかりなんです。

セラピスト：確かにニアミスは怖いですよね。その事故を見て，あなたはどんなふうに考えたのですか？

患者：やはり「飛行機は怖い」ということです。そういえば去年，ロングアイランドの上空で飛行機が爆発したこともありましたよね。

セラピスト：あなたはニュースになるような話ばかりに注目してしまうようですね。これらの出来事から，飛行機に乗るのが危険だと結論づけたのですか？

患者：そうです。

セラピスト：飛行機に乗る本当の危険性を判断するためには，飛行機事故で亡くなった人数を，移動距離ごとに数えてみる必要があるのではないでしょうか？ あるいは，これまでの墜落事故の件数を確認してみてもよいのではないですか？

患者：確かにそうするのが論理的かもしれませんね。

セラピスト：たとえばある調査によれば，1マイル毎の移動における飛行機の安全性は，他のすべての交通手段よりもずっと高いことが確かめられています。

患者：私もその話は聞いたことがあります。でもやっぱり私は飛行機が怖いのです。

セラピスト：シカゴのオヘア空港では，昨年6500万人の乗降客がいたそうです。が，誰ひとりとして事故で死んだ人がいないことをご存知ですか？

患者：興味深い話ですね。

セラピスト：それに4万5千年ものあいだ飛行機に乗り続けなければ，事故に遭遇することはないというデータもありますが，ご存知ですか？

患者：そう聞くと，私が思っているよりはずっと安全そうですね。でも，

ロングアイランドの爆発事故はどうなんでしょうか？

セラピスト：あれは飛行機が墜落したからこそ，ニュースになったんです。オヘア空港に無事に降り立った6500万人の一般客が，事故が起きなかったことについて感想を述べているニュースなんて，誰が見たいと思うでしょうか？

ホームワーク

　セラピストは，患者が基準にしている確率に関する数値を引き出すために，「何％ぐらいの確率で，それが起きると思いますか？」「何％ぐらいの人に，それが起きると思いますか？」などと患者に尋ねるとよいだろう。回答された数値に基づいて議論を続けると，いつか患者は自分が反論しきれないことに気づく。たとえば上記の患者は，飛行機が事故を起こす一般的な確率は1％であると言い張った。しかし，たとえばニューヨークの空港では，毎日数百もの飛行機が離着陸している。患者の主張する事故の確率に基づけば，ニューヨークでは毎日数機の飛行機が墜落することになってしまう。このような検討を行なった結果，この患者は自分の出した1％という数字が妥当でないことに，否が応でも気づくことになるだろう。

　ツール5.3（ある出来事の生起確率を評価する）を使って，自分の評価と客観的な基礎確率とを比較検討することがホームワークである。患者はまず，自分が予測したことを書き出す。例：「飛行機が墜落するかもしれない」。次に自分の恐れていることが本当に起きる確率を％で評価する。このツールはまた，別種の比較の際にも用いることができる。たとえば，「自分は貧乏人だ」と思い込んでいる患者は，その思い込みを左側の欄に書き（例：「私は貧しい」），右側の欄には，その患者が，それが普通の人々の平均収入だと思っている額を書き入れる。このようなデータがあればセラピストは，収入に関する正規分布をグラフで示して，全体における患者の経済的な位置を明確に示すことができるだろう。

予測される問題点

患者の中には，「それでも私にはそれが起きてしまうかもしれない！」と言って，さらに確実な情報を求め続ける人がいる。セラピストはそのような要求に対応するために，"確信を求めることにおける損益分析"か，"不確実さを受け入れたり，確信を揺さぶったりする練習"のどちらかを使うことを検討するとよいだろう。別の問題として予測されるのは，このような介入は自分の悩みを軽視するものであると，患者が感じてしまうことである。その場合セラピストは，ある出来事を合理的に解釈するためには，すべての情報を検索する必要があることを，再度説明するとよいだろう。

その他の関連技法

その他の関連技法としては，損益分析，根拠を検討する，くまなく情報を検索する，"過度の一般化"などの思い込みを検討する，破局視を修正する，二重の基準法，などが挙げられる。

ツール

ツール5.3（ある出来事の生起確率を評価する）が挙げられる。

◼ 技法：論理を検討する

解　説

不安や抑うつに伴う思考は，非論理的な結論に結びついてしまうことが多い。

　「私は独身である。ゆえに私は愛されない」
　「試験がうまくいかなかった。ゆえに私は失敗者である」
　「悪いことはいつでも起こりうる。だからきっと悪いことが起きるだろう」
　「ビルが私を好きになってくれないのなら，私は価値のない人間だと

いうことだ」
「いいことが起きれば，次に必ず悪いことが起きるだろう」

「なぜならば」とか「ゆえに」といった言い方で，非論理的な結論が導き出されることは実に多い。抑うつ的な思考の多くは事実の描写から始まるが，その事実とは論理的に関係のないネガティブな結論が導き出されてしまうのである。

論理的なエラーとは，次のようなものである。

- たったひとつの実例に基づいて，普遍的な結論を導き出してしまう。
- たったひとつの行動に基づいて，その人の人間性を決めつけてしまう。
- 可能性があるにすぎないだけのことを，必ず起きることとして考えてしまう。あるいは起きる確率が高いものとして考えてしまう。
- すべての出来事が互いに関連しあっていると信じてしまう（例：よいことがあれば，次は必ず悪いことがある）。

非論理的な思考に挑戦するには，たとえば次のようなやりかたがある。

- **内的な矛盾を検討する**：「あなたの中には，矛盾するふたつの考えがあるのではないですか？　たとえば，『私は完全であるべきだ』という考えと『私は自己批判したくない』という考えは矛盾していますね。あるいは，『私はできるだけ多くの人に出会いたい』という考えと『私は誰からも嫌われたくない』という考えも矛盾していますよね」
- **背理法**：「あなたの思考の背景にある論理を検討してみてください。それはあまりにも不合理な論理なのではありませんか？　たとえば『私は独身である。ゆえに私は愛されない人間だ』という考えがあるとします。もしそうだとしたら，『結婚しているすべての人は，かつては皆独身だった。ゆえに，結婚しているすべての人は，愛されない人間だ』というこ

とになるのではありませんか?」
- **自己批判による悪循環に挑戦する**:「あなたは,『自分は自己批判しすぎる』と言って,さらに自己批判するという悪循環にはまっているのではないですか? それはたとえば,『私は落ち込んでいるから,自分を負け犬ように思ってしまう。そして自分を負け犬のように思うから,私はさらに落ち込んでしまうのだ』といったようなことです」

検討と介入のための問い

セラピストは次のように患者に尋ねてみるとよいだろう。

- それが事実ならば,そこからどんな結論を導き出せますか?
- 他にどんな結論が考えられますか? 他の結論があるかもしれないということを,あなたはイメージできますか?
- あなたの予測や結論とは違う見方をする人もいるのではないですか?
- あなたは単に可能性があるにすぎないことを,必然的なこととして考えているのではありませんか? あるいはそれが起きる可能性を,高く見積もりすぎているのではありませんか?
- 「まさかそんなことが起こるはずがない」とあなたが思っていたことが,実際に起きてしまったことがありますか?
- ある出来事Aが別の出来事Bを引き起こすと予測するのであれば,実際には出来事Aは,どのようにして出来事Bを引き起こすのでしょうか? ふたつの出来事の間には,物理的な因果関係があるのですか? 出来事Aと出来事Bの間には,何か特別な関連性があるのでしょうか?
- あなたの出した結論は,他のすべての人や状況にも当てはめられるのでしょうか?

例

ある対話の例を挙げる。

セラピスト：あなたは，「自分は独身だから価値がない」と思っているのですね．でも今現在結婚している人でも，かつては独身だったのですよね．

患者：ええ，確かに．

セラピスト：「独身者だから価値がない」というあなたの論理からすると，現在結婚している人はすべて，結婚するその瞬間までは価値のない人間だったということになりませんか？ つまり，たとえ今結婚している人でも，結婚する前は価値のない人間だったということになるのではないでしょうか．

別の例を示す．

セラピスト：実際にエレベーターが落下することもあるのだから，自分の乗るエレベーターが落下するに違いないと言うのですね？

患者：馬鹿げているように聞こえるかもしれません．でもどうしてもそう思ってしまうのです．

セラピスト：ところであなたは，自分が宇宙人に遭遇する可能性があると思いますか？

患者：ひょっとしたら，あるかもしれません．でも実際に宇宙人に会ったことなどありませんけど．

セラピスト：でもあなたはエレベーターが落下するのも見たことはないのでしょう？ つまりあなたにとっては宇宙人との遭遇もエレベーターの落下も，「絶対にない」とは言えないことなのです．ここで重要なのは，「その出来事が起きる確率はどれくらいか？」ということではありませんか？

患者：よくわかりません．確かに宇宙人と遭遇する可能性はかなり低いとは思います．けれどもエレベーターの落下についてはどうなんでしょうか？

セラピスト：あなたはこれまでに，エレベーターが落下したという話を何回ぐらい聞いたことがありますか？
患者：一度もありません。
セラピスト：とすると，エレベーターが落下するというのは，普通はありそうにない，つまりかなり可能性の低いことだと考えるのが，合理的なのではないでしょうか？
患者：そうですね，そう思います。
セラピスト：「ちょっとでも可能性のあることはすべて，現実的にありうることだ」と考えるとしたら，どういうことになりそうですか？
患者：始終，心配し続けることになるでしょう。

ホームワーク

ツール5.4（論理的なエラーを検討する）を用いて，自分の出した結論に共通してみられるエラーを同定することがホームワークである。セラピストはこのツールについて，次のように説明するとよい。「私たちは，ある結論を出したり，その結論に至る理由を述べたりするときに，同じような間違いを犯しがちです。自分のネガティブな思考を検討して，それらの思考に共通する問題点を見つけてみてください。たとえば，パーティに行ったときに，誰かがあなたに対して感じの悪い振る舞いをしたとします。ネガティブな思考をする人であれば，『誰も私のことなんか好きじゃないんだ』と決めつけてしまうかもしれません。この結論には，ある人の言動をすべて自分に関連づけて一般化するというエラーがみられます」

予測される問題点

患者の中には，自分の思考はネガティブだけれども正確であると主張する人もいる。このような患者には，ホームワークの課題を通じて，自分の推論や結論づけにおける論理を検討するよう教示するとよいだろう。また，そのような思考の根拠や反証を考えたり，背景にある思い込み（例：「私は皆に承

認されなければならない」）を検討し，それらの妥当性を経験的に検討するよう教示することもできる。

その他の関連技法

その他の関連技法としては，背景にある思い込みを同定する，二重の基準法，条件つきルールを検討する，思考の妥当性に関する根拠と反証を検討する，などが挙げられる。

ツール

ツール5.4（論理的なエラーを検討する）が挙げられる。なおこのツールは，セラピストのためのツールでもある。患者がひとりでこれを使うのが難しそうな場合は，このツールを患者に渡さないほうがよいだろう。

◼ 技法：関係のない出来事を結びつけ，そこにないパターンを見つける

我々は誰でも，実際には直接関係のないふたつの出来事を結びつけ，それらの因果関係を決めつけてしまうことがある。このような思考は"魔術的思考"とか"迷信"と呼ばれることがあるが，一方でこれは，人間の思考の特性でもある。我々は，自分がコントロールできない出来事の原因を，常に探している存在なのである。このような"そこにないパターンを探す"という傾向は，スキーマ処理の特徴であり，情報過多による悪影響を排除するためには有益である。しかしこれまでにも述べてきた通り，人間は，自分の考えを確証するために，思考を歪曲してしまう存在でもある。したがって我々は，探してみれば豊富な反証が見つかりうる状況においても，単なる相関を因果関係とみなしたり，何かを恣意的に分類したり，そこにないパターンや傾向を認識してしまったりして，そのことが抑うつや不安を増大させてしまうのである。そこでセラピストに求められるのは，これらの錯覚を惹起する相互

関係や，間違って見つけられたパターンを患者と共に検討することである。

　我々が，あるふたつの出来事を因果的にとらえてしまうのは，それらの出来事が往々にして同時期に生じるからである。たとえば私が，次の土曜日に飛行機に乗って，ニューヨークからフロリダに行くことを楽しみにしていると仮定しよう。そのとき私は，ケネディ空港で墜落事故があったことをラジオのニュースで知る。するとその3ヵ月前に，ケネディ空港を離陸した他の飛行機がハイジャックされたことがあったのを思い出す。そこで私は，飛行機の墜落可能性を高く見積もったり，ケネディ空港近辺ではハイジャック事件が起きそうだと考えたりするのである。これが，出来事を因果的に理解してしまうエラーの例である。すなわち，実際には何もないのに，そこに因果関係を見出してしまうのである。

　不安を感じやすい人は，単なる相関関係を因果関係として錯覚する傾向があり，その結果魔術的な思考に陥ってしまいがちである。「スーザンと別れたとき，私はあの赤いネクタイを締めていました。あのネクタイを身につけると，悪いことが起きるに違いないのです」「エレベーターに乗るときは，警報音が鳴っていないか，必ずチェックしています。だから私が乗るエレベーターは，この数年間落下したことがないのです」

　相関関係に対する錯覚が問題なのは，その人が何の脈略もなくそこから信念を形成してしまうことである。たとえば，警報音のチェックとエレベーターの落下との因果関係を本気で予測するのであれば，警報音をチェックしなかったときにエレベーターが落下する確率を知る必要がある。しかし上述のような強迫観念を抱く人は，「自分がチェックしているから，エレベーターは落下しないのだ」と結論づけてしまうのである。同様に，ケネディ空港を離着陸する飛行機が事故を起こす危険性を知るためには，事故を起こした飛行機の数だけではなく，無事に離着陸した飛行機の数も同時に知る必要がある。つまり焦点となる出来事の有無にかかわらず，ある出来事の生起確率をくまなく調べる必要があるのである。

検討と介入のための問い

「私たちは，ふたつの出来事がほぼ同時に起きると，それらには因果関係があるとみなしてしまうことがあります。でもたとえば，あなたがある家に招かれて，その家のあちこちに灰皿が置いてあるのを見るとします。あなたは灰皿があるから，人はタバコを吸うのだと考えるでしょうか？ あるいはある月曜日の朝，メアリーが赤い服を着ているのを見たとします。あなたはメアリーが赤い服を着たから，1週間が始まったのだと考えるのでしょうか？ そんなことはありませんよね。では，あなたが因果的に考えていることについて検討してみましょう。たとえばあなたは，『先日飛行機が墜落した。だからまた別の飛行機も墜落するだろう』と考えたのでしたね。これらの因果関係をきちんと確認するためには，すべての出来事について検討しなければなりません。あなたが飛行機を恐れているのは，墜落事故の記事を最近読んだからでしょう？ でも，多くの飛行機が墜落もせずに無事に離着陸していますよね。このことについては，どのように考えますか？」

次のようにも説明できる。「あなたには，これらのふたつの出来事が関連しているように思えるのですね。たとえばXが起きるとYも起きる，というようにです。XとYの間には因果関係があると，あなたは考えているのかもしれません。しかし，XとYの本当の関係性を調べるには，Xが起きないときに，どれくらいYが起きる可能性があるのかということについても，検討する必要があるのです」

例

投資家で，自分が所有する株の値が不安定であることを気に病んでいる患者との対話を示す。

> セラピスト：あなたは株価の動きをチェックするために，毎日何時間もコンピュータのモニターを見続けてしまうのですね。どうしてそんなことになるのでしょうか？

患者：少しでも早く情報を手に入れたいと思ってしまうのです。

セラピスト：それでむしろ不安になって，株の売買をやりすぎてしまうことがありませんか？

患者：あります。そのせいで，かなり損をしたこともあります。

セラピスト：あなたがコンピュータから離れている間，株価はどうなるのでしょうか？

患者：上がったり下がったり，いろいろですよ。そのせいで急に生活に困るようなことはありません。以前，休暇中に株価をチェックできなくて不安になったことがありましたが，結局そのときは，私の所有する株の値段は上がっていました。

セラピスト：あなたは，「コンピュータで株価をチェックしている間は損をしないし，情報をいち早く手に入れられる」と考えがちなのですか？

患者：そうかもしれません。

セラピスト：コンピュータで株価をチェックする時間を，少し調整してみませんか？ これから1ヵ月のあいだ，あなたがチェックしているときとしていないときの両方において，株価にどのような動きがあるか，確かめてみるのです。

患者：わかりました。

　この患者は，自分が相互関係に対して錯覚を抱き，そこには存在しないパターンを見つけていたことに気づいた。その結果，コンピュータで株価をチェックする時間を減らすことができた。当然のことながら，そのことは患者の保有する株価には何の影響も与えなかったが，追いつめられているかのように株を売買することは軽減されたのである。

　次に紹介するのは，相関関係に錯覚を起こしたり，そこにないパターンを見つけたりしていた別の患者の例である。

　　セラピスト：飛行機に乗ることは，あなたにとって大変危険なことなので

すね。JFK空港での墜落事故について，たった今ニュースを聞いたばかりだそうですね。

患者：ええ。それに9月に起きたハイジャックのことも思い出しました。

セラピスト：確かにあの事件は本当に悲劇的でした。そのせいで飛行機に乗るのが怖いのですか？

患者：ええ。飛行機は，爆発したり墜落したりしますから。飛行機に乗ると，そんなことばかり起きるような気がします。

セラピスト：何を根拠に，そのように考えるのですか？

患者：墜落事故が起きたばかりですし，9月には飛行機が2機もハイジャックされたからです。

セラピスト：墜落事故とハイジャック事件とは，互いに関連しているのですか？

患者：そうは思いません。墜落事故の原因は，技術的な問題だったそうです。飛行機の構造に何か問題があったのでしょう。

セラピスト：では，墜落事故とハイジャック事件は，直接関係はないのですね？

患者：そう思います。

セラピスト：ところでJFKを離着陸する飛行機の数は，1ヵ月平均でどれぐらいだと思いますか？

患者：何千機にも上るでしょう。

セラピスト：1年間だとどれくらいになるでしょうか？

患者：何万機にもなるんじゃないですか。

セラピスト：ということは，事故や事件に巻き込まれた3機以外の，ほとんどすべての飛行機が，毎日無事に離着陸しているということになりますよね。このことについて，あなたはどう考えますか？

患者：事故に遭った人は，たまたま悪い飛行機に乗ってしまったということでしょうか。

セラピスト：不運だったということですね。ところで墜落事故とハイ

ジャック事件は直接関係がなく，その他の飛行機はすべて無事に離着陸しているということであれば，墜落事故に何かパターンがあると言えるのでしょうか？

患者：なさそうです。

セラピスト：あなたは最初，墜落事故とハイジャック事件を，つまり技術的な問題とテロを結びつけて考えていたようですが，それについてはどうなんでしょうか？

患者：そのふたつは全く関係ないようですね。

セラピスト：そのふたつはたまたまだったということになりますか？

患者：ええ，そうだと思います。

ホームワーク

　不安や抑うつを引き起こしたと思われるパターンや相関関係を，書き出してくるのがホームワークである。「"パターン X" が生じているので不安だ」「A のせいで B が起きそうだから心配だ」。それらの記録に基づき，患者の確認行為やモニター行為や回避行動について，そして災難を防ぐための患者の努力について，検討することができる。これらのパターンや相関関係の反証を考え出すこともホームワークの課題となる。「これらのパターンや規則には例外がありますか？」「このようなパターンがないときもありますか？」。このホームワークの目的は，患者が物事を正確に区別することを，そして患者が「自分の出した結論は正確でない」と気づくように手助けすることである。

予測される問題点

　単に相関しているにすぎないことでも，何らかの対処が必要な場合がある。たとえばある女性患者は，新しいボーイフレンドが週末になると酒をがぶ飲みし，彼女が自分の意見を言うと軽蔑したような冷酷な態度を示すことに気づいた。この場合は因果関係の有無にかかわらず何らかの対処が必要であろう。またふたつの物事の関連性を検討するためのこのような技法自体を，情

報収集の新たな手段として，患者に使ってもらうことも可能である。たとえばこの技法は，「私は…という男を知っている」「実際に私は…という例を見た」といった患者の主張を検討するために適用することができる。これらの思考が確証バイアスとして働き，患者のもともとの信念を強化していることが多いからである。

その他の関連技法

その他の関連技法としては，根拠を検討する，確率を検討する，意味論技法，根拠の質を検討する，行動実験，反証のためのルールを検討する，などが挙げられる。

ツール

ツール 5.5（そこにないかもしれないパターンを見つける）が挙げられる。

◤ 技法：誤った二分割思考を作り出す

解　説

抑うつ的な思考の特徴のひとつは，「自分にはふたつの極端な選択肢しかない」というものである。そのどちらもが魅力的ではないので，抑うつ的な人は，結果的にだまされた感じや無力感を抱いてしまいがちである。たとえば，不幸せな結婚をしていて，他の既婚男性と不倫をしていたある女性患者は，実際には多くの選択肢が存在する（例：もっと自分に合った男性とつきあう。同性の友人と一緒に過ごす時間を増やす）にもかかわらず，このふたつの関係のどちらかを選ばなければならないと思い込んでいた。彼女の頭には，それ以外の選択肢が浮かばなかったのである。

効果的な問題解決の鍵となるのは，第3，第4，そして第5の代替案を建設的に探求することである。ある状況から脱け出せなくなる——例：「あなたの言うなりになるか，それとも私の言うなりになってもらうか」——よりも，

第5章　情報処理と論理におけるエラー　275

そのような極端なふたつの選択肢に折り合いをつけられるような，いくつかの選択肢を考え出すほうが望ましい。例：ある会社のマネジャーであった女性患者は，自分が昇進できないことを知って動揺した。そのことに彼女は激怒しており，上司に向かって「なんて馬鹿な人なの！」と言って，すぐにでも辞めたいのだと言う。我々は，彼女のとろうとしている行為の利益と不利益を検討し，次に，彼女がその会社に留まった場合の長期的な目標について検討してみた。彼女によれば長期的な目標とは，責任のあるポジションに就くことや尊敬されること，そして経済的な見返りを得ることであった。さらに我々は彼女がとろうとしている行為に関連する二分割思考を同定した。「上司を罵倒するか，上司の言いなりになるかのどちらかだ」。そこで我々はこの思考に対する代替案を考えてみた。「会社の成長にとって私が大変役に立つことを，上司に説明してみたらどうだろうか」。この第3の代替案——いかに自分が会社に役立つかを上司に説明する——についてリハーサルした後，彼女は実際に上司に会い，ビジネスにおける自分の鋭い観察眼や外交的手腕を強調した。その結果，彼女は異動し，その後昇進することができたのである。それから数年たった今も，彼女は同じ会社で働き続けており，経済的な見返りをしっかりと得て，相応のポジションも手に入れている。彼女は，極端な二分割思考——他人を罵倒するか，自分が他人に嫌々従うか——を回避することによって，自分にとってよりよい選択ができたのである。

　二分割思考の極端な例としては，以下のようなことが挙げられる。

> 「人は勝者か敗者（あるいは失敗者か成功者，金持ちか貧乏人）のどちらかである」
> 「私はこのふたつの仕事（あるいは恋人，住まい）の，どちらかを選ばなければならない」
> 「私は今すぐにそれをしなければならない。さもなければ，ずっとしないままだろう」
> 「私が今の職を辞められないのは，絶対に他の職に就くことができな

いからだ」
「私はどちらもさほど好きではないのに，ジョンかビルのどちらかを選ばなければならない」

検討と介入のための問い

「あなたは物事を，"すべてか，さもなければ全く無しか"というふうに見ていますね。これは"二分割思考"（あるいは"全か無か思考"／"黒か白か思考"）と呼ばれる思考です。あなたがよく言う，『私はいつも失敗する』とか『私はいつも拒絶される』というのが，それに該当します。ここで重要なのは，黒や白だけでなく物事の灰色の面を見ることや，物事の変化や多様性を示す証拠を見つけることです。"全か無か思考"の反証を探してみてください。そして物事が少しでもよい方向に向かったときの例を見つけてみてください」

例

セラピスト：あなたは自分が完全な失敗者であり，混乱してばかりだと言うのですね。何かを達成したことが一度もない人を，"完全な失敗者"と呼ぶのだと私は考えますが，いかがでしょうか？

患者：その通りです。私は負け犬です。

セラピスト：そうですか。あなたは，"全か無か思考"や"黒か白か思考"に陥っているようですね。黒や白だけでなく，灰色の面があるかどうか見てみませんか？　あなたにはこの1年間で，何か達成したことがありますか？

患者：そうですね，会計学ではよい成績を取れました。それに私は10ポンドの減量にも成功しました。

セラピスト：友だちは，あなたのことをどう思っているでしょうか？

患者：みんなは私のことをとてもよい友だちだと思ってくれているでしょう。私は人の話をよく聞きますし，一緒にいて楽しいのではないかと思います。落ち込んでいないときの私は，ユーモアのセンスがあ

りますから。

セラピスト：そうですか。そうすると今話してくれたことは，「私は完全な失敗者だ」という"全か無か思考"の証拠にはなりませんよね。

患者：そうですね。でも，私はある試験でBを取ってしまったんです。Aだったらよかったのに…。

セラピスト：Bでは駄目だと言うんですか？ あなたの"全か無か思考"によると，「もしAを取れなければ，完全な失敗者だ」ということになるのでしょうか？

患者：そうなんです。この考えが合理的でないことはわかります。

セラピスト：なぜそう思うのですか？

患者：私の試験の結果は，実際はいろいろだからです。とてもよい成績のときもあれば，それほどではないときもあります。

セラピスト：そういうふうに考えるほうが，よいのではないですか？ 灰色の面や，多様性について考えてみるのです。

患者：確かにそのように考えられれば，気分が改善されるように思います。

ホームワーク

"全か無か思考"を同定するのがホームワークである。その際，次のような言葉がキーワードとなる。すべての，全体的に，完全な，いつも，決して…ない，一番…な。また，自分に生じた"全か無か思考"をツール5.6（誤った二分割思考に挑戦する）に記録して，その思考の反証となる具体例も併せて記入し，最後に，その"全か無か思考"を「ときには…である」といった表現に書き換えることもホームワークの課題となる。

予測される問題点

患者の中には，「自分に価値がない」とか「すべてがうまくいかない」といった考えにおける根拠の多さに圧倒されている人がいる。そのような患者は，二分割思考に対する取り組みを，単なる理屈にすぎないと考えてしまう

かもしれない。このような患者に対してセラピストは，ネガティブな面を支持する根拠が多いことを認めたうえで，物事がうまくいくときの根拠も同時に検討することの有用性を指摘し，そのような検討を通じて，どのようにしたら物事がうまくいくのかを学ぶことができると話すとよいだろう。たとえばある女性患者は，男性とのつきあいについて，「今までうまくいったことは一度もない」と訴えていた。しかし，彼女が男性とまあまあうまくいっていたときについて検討してみると，抑うつ的でない独身男性とのつきあいは比較的良好であったことに気がついた。この気づきによって，彼女はその後，実りのない男性とのつきあいを避けることができるようになったのである。

その他の関連技法

その他の関連技法としては，信念における変化を見つける，根拠を検討する，思考の両面を使ってロールプレイをする，行動と人とを区別する，進歩することと完璧であることを区別する，などが挙げられる。

ツール

ツール 5.6（誤った二分割思考に挑戦する）が挙げられる。

◤ 技法：背理法

解　説

様々な議論において一般的によく用いられる技法は，相手の論理を不条理な結論に至らしめることである。その際，できるだけ愉快な形をとるとよい。そのひとつのやり方が，相手の推論を活用して，それと類似の推論がいかに不条理かを考察するというものである。

例を挙げる。
 1. ミスをする人は馬鹿だ。

2. 私はミスをした。
3. ゆえに私は馬鹿である。

類似する不条理な推論には，次のようなものがある。

1. 動物には4本足をもつものが多い。
2. 私は動物である。
3. ゆえに私は4本足をもつ。

あるいは，

1. 茶色の目をもつ馬が多い。
2. 私の目は茶色である。
3. ゆえに私は馬である。

　患者の推論を不条理へとつなげるもうひとつのやり方は，患者の言い分に含まれる非論理性を明らかにすることである。たとえば独身者の中には，「独身者であるということは，私が愛されない人間だということだ」と推論する人が多い。この推論を不条理へとつなげるためには，次のように考えてみるとよい。「現在結婚している人はすべて，かつては独身者だった。ゆえに，結婚しているすべての人は，愛されない人間である」。同様の例を次に挙げる。

1. 私はまだそれを終えていない。
2. ゆえに，私はそれを決して終えることができないだろう。

この推論を不条理へとつなげると，

1. 何かを終えた人はすべて，終える前にはそれを終えていなかった。

2. ゆえに，何かを終えたことのあるすべての人は，決してそれを終える
   ことができないだろう。

検討と介入のための問い

「あなたの思考において，どんな論理があるのかを調べてみませんか？ あなたの推論の仕方が，合理的であるかどうかを検討するのです。自分がどのように物事を推論しているか，書き出してみましょう。そしてそのやり方で推論し続けるのであれば，どのような結論に至るのかを検討してみるのです。たとえば次の推論について考えてみましょう。『独身者であるということは，私が愛されない人間だということだ』。ところで，『現在結婚している人はすべて，かつては独身者だった』と断言できますよね。あなたの論理に基づくと，『結婚しているすべての人は，愛されない人間である』ということになってしまいますね。あなたはこのような不合理な推論をするときがあるのではないですか？ ちょっと検討してみましょう」

例

セラピスト：「自分には価値がないので死にたい」と思っているのですね。
患者：私は何をやっても失敗ばかりなんです。
セラピスト：ところで"価値がない"人とは，いったいどのような人なんですか？
患者：何事も達成できないような人のことです。
セラピスト：何事も達成できない人とは？
患者：成功していなかったり，大金を稼いでいなかったりする人のことです。
セラピスト：ということは，成功していない人や大金を稼いでいない人は，価値がないということなんですね？
患者：ええ。でもちょっと決めつけすぎているような気もします。
セラピスト：あなたの考えを推し進めると，価値のない人は死ぬしかないということになるのでしょうか？

患者：うーん。そう言ってしまうと，かなりエリート主義っぽいですよね。
セラピスト：もっと推し進めると，成功していない人や大金を稼いでいない人は皆殺しにされてもいい，という結論に至るような気がしますが？
患者：そんなことまで言っていませんよ。
セラピスト：そうですか？　でもナチはそうでしたよね。ナチは，お年寄りや身体障害者や知的障害者の人たちを殺しました。あなたの考えをもっと進めていくと，成功していない人や大金を稼いでいない人は排除するべきだという結論に至るように思われますが，いかがでしょうか？
患者：それは非人間的な結論です。
セラピスト：では，あなたが自分自身に対してもっと人間的になるためには，どうすればよいでしょうか？

ホームワーク

ツール5.7（思考を不条理へと変換する）を使って，ネガティブな思考とその思考における論理を同定し，それが不条理に変換できるかどうかを検討するのがホームワークである。たとえば，「私は失敗した。ゆえに生きる価値がない」と考える患者には，この考えをすべての人に適用した場合に導き出される，「何かに失敗した人は，皆死ぬべきである」という不条理な論理を検討してもらうのである。

予測される問題点

患者の中には，自分の思考から導き出される結論が妥当であると言い張る人がいる。しかし，ここでの課題は思考の妥当性を検討することではなく，その思考を一般化した場合の不条理さを検討することである。つまり検討すべきポイントは，その思考が「真実かどうか」とか「論理的であるか」といったことではなく，その思考を一般的な原則や推論過程として考えてもよいかどうかということである。したがってセラピストは次のように言うとよい。

「私たちは，あなたの考えが正しいとか間違っているかといったことを検討しているのではありません。私たちが検討しているのは，あなたの考えを他の人たちにも適用したらどうなるか，ということなのです」

その他の関連技法

その他の関連技法としては，"べき"思考に挑戦する，損益を分析する，価値のシステムを検討する，適応的な信念を新たに構築する，などが挙げられる。

▶ 技法：感情に基づく推論

解　説

不安や抑うつを伴う思考に共通する特徴は，そのときどきの自分の感情に基づいて現実を判断してしまうことである。ある研究によれば，不安な状態にある人は，不安とは直接関係のない出来事の危険性や脅威も過度に高く見積もってしまうということである（Finucane, Alhakami, Slovic, & Johnson, 2000）。このような研究が示唆するのは，人は，「私は不安だ。ゆえに危険が迫っている」といった感情的な理由づけをしてしまいがちだということである。しかし現実検討のための指標として，感情はさほど有用なものとは言えない。我々は，感情に基づく推論について患者に検討してもらうために，どのようにして感情が思考に影響を与えるかという因果関係（感情 → 思考）を考察するよう教示する。認知主義者のなかには，このような教示を奇異に思う人がいるかもしれない。しかし感情に基づく推論を修正するには，思考に焦点を当てるよりも，特定の気分を自分で惹起するための"気分誘導法"を活用するほうが役に立つ場合もある。つまり，患者の思考が感情的理由づけによるものであったり，患者が否定的な気分に基づいて考えたりしている場合，それらの思考は，ポジティブな気分を惹起することによって修正できるかもしれないのである。たとえばヴェルテン法（Velten technique）という技法がある。これは，ポジティブな言葉やイメージを，ポジティブな気分

が惹起されるまで繰り返し想起し続け，今度はそのような新たな気分に基づいて物事を考えてみるといった技法である（Snyder & White, 1982; Velten, 1968）。

検討と介入のための問い
《感情的理由づけ》
「心配や不安や抑うつといった感情が生じているとき，私たちの思考はそれに巻き込まれてしまいがちです。私たちが『これは本当にひどいことだ』と考えるのは，実は不安や悲しみといった感情のせいなのかもしれません。これが"感情的理由づけ"です。自分の心配事が，実は感情に影響されているのではないかということを検討してみてください。そして別のやり方でその心配事をとらえることができるかどうか，考えてみてください」

《感情に基づく推論》
「あなたの気分はあなたの考えに直接影響することがあります。たとえばあなたが悲しいと感じているとき，その悲しい気分がネガティブな思考を生み出してしまうのです。その結果，あなたはすべてを悲しい気分とともに経験することになるのです。あなたにこのようなパターンがあるかどうかを明らかにするために，3つのことをしてみましょう。まず，現在あなたに生じているネガティブな気分とネガティブな考えをすべて挙げてください。次に，ポジティブな気分が少しでも生じるまで，最低10分間はポジティブな言葉を繰り返し言ってみてください。そして最後に，新たに生じたポジティブな気分に基づいて，現状を再検討してみましょう。そのときに生じた新たな考えを書き留めてください。特に，新たに生じたポジティブな思考や建設的な思考はすべて書き出してください」

例

《感情的理由づけ》

セラピスト：飛行機に乗るという来週の予定のせいで，あなたは非常に動揺しているのですね。"動揺する"というのは，いったいどんな感じなのでしょう？

患者：すごくビクビクしています。来週飛行機に乗らなくてはならないということや，飛行機が墜落するかもしれないということで，頭がいっぱいです。緊張して，夜もよく眠れません。

セラピスト：ということは，あなたの言う"動揺"とは，ビクビクしたり緊張したりすることや，そのせいで眠れないということなのですね。飛行機のことで頭がいっぱいになっているのと，あなたの恐怖やビクビクした感じとは，どのように関係しているのですか？

患者：緊張や恐怖によって，「確かにこれは危険だぞ」と考えてしまうのです。

セラピスト：恐怖や緊張を感じることが，「飛行機は危険である」という考えの根拠になるということですか？

患者：ええ。私は緊張するといつも，「何か悪いことが起きる」と思ってしまうのです。

セラピスト：ところであなたの緊張や不安は，悪いことが本当に起きるかもしれないということの根拠になるのでしょうか？

患者：いいえ。それは私の感情にすぎませんから。

セラピスト：ご自分の感情を無視して，「飛行機は危険だ」という考えの根拠を探したら，どういうことになりそうですか？

患者：探しても，根拠は見つからないと思います。

《感情に基づく推論》

セラピスト：あなたは近頃かなり落ち込んでいるようですね。ナンシーと別れたばかりで，ネガティブな考えや気分でいっぱいになっているのでしょうか？ ひどく落ち込んでいるときは，ネガティブな気分に

　　　　よって多くのネガティブな考えが生み出されるものです。
患者：その通りです。ナンシーのような女性には二度と出会えないとずっと考えています。私は二度と幸せになれないでしょう。
セラピスト：そうですか。ところでちょっとした実験をしてみませんか。目を閉じてリラックスしてください。…それではこれからポジティブな気分を作り出す作業をします。一度目を開けて，このカードに書いてある言葉を読んでください。そしてこれらの言葉によって生じるポジティブな気分に集中してみてください。（患者にヴェルテンカードを渡す）。…今，どんな感じですか？
患者：少しましな気分になりました。悲しい気持ちがずっと軽くなったようです。
セラピスト：では，ナンシーと別れたことについて，あなたがどのように考えるかを調べてみましょう。ナンシーとの別れについて，ポジティブな考えや，少なくともネガティブでない考えが，何か浮かんでいますか？
患者：ええ。彼女と別れたのは，正しい選択だったように思います。私たちは努力したのですが，お互いにあまりにも違いすぎました。
セラピスト：別れたことで，どんなよいことがありますか？
患者：自分に合う人と出会う機会ができたことでしょうか。
セラピスト：そのように考えると，どんな感じがしますか？
患者：悪くないです。ちょっと希望がもてる感じがします。
セラピスト：今，あなたは気分を変えることによって考えを変えられました。このことから何がわかりますか？
患者：ポジティブな言葉を読むと，悲しい気分が和らぐということです。その結果，私は今，物事を前よりはポジティブに考えています。
セラピスト：気分が思考に影響を与えるということを学んだのですね。

ホームワーク

患者はまず、ツール5.8（気分の誘発とかわりとなる考え）を使って、(1) 現在のネガティブな思考（例：「私のことを好きな人などひとりもいない」「私はずっとひとりぼっちだろう」「私は何ひとつちゃんとできない」）と、(2) これらの思考に伴うネガティブな感情（例：不安、抑うつ、悲しみ、怒り、孤独感）を同定する。患者は次に、非常に気分がよかったり楽観的に感じられたりしたら、現在の状況をどのように考えることができそうか、ということについて検討する。以上がホームワークである。

予測される問題点

患者の中には、今とは別の気分を想像すること自体が難しいと考える人がいる。不安や悲しみがあまりにも強く、そのような気分に完全に巻き込まれてしまっている患者もいるだろう。セラピストはこのような場合、リラクセーション訓練やイメージ技法を使って、ポジティブな気分を患者に誘導する。この場合のイメージ技法としては、幸せで非常に落ち着いていた過去の記憶を、患者に想起してもらうというものがある。そうして惹起されたポジティブな感情やリラックスした気分を、この技法（感情に基づく推論）のために活用するのである。

その他の関連技法

その他の関連技法としては、二重の基準法、全体像を見渡す、バルコニーから眺めてみる、などの距離をおくための技法が挙げられる。さらに、タイムマシン、損益を分析する、信念の妥当性について根拠と反証を検討する、なども有用だろう。

ツール

ツール5.8（気分の誘発とかわりとなる考え）が挙げられる。

◤ 技法：新近性効果

解　説

　一般的な"経験則（ヒューリスティック）"は，長期にわたる平均的な情報よりも，最新の情報に基づいて用いられることが多い。すなわち最新の出来事のほうが，平均的な，あるいは繰り返し起きる出来事よりも，「それが代表的である」と判断されやすいのである。たとえば，飛行機の墜落事故のニュースを聞いたばかりの人は，「今飛行機に乗るのは大変危険だ」と結論づけてしまいやすい。パートナーと別れたばかりで「自分は拒絶された」と思っている人は，将来におけるすべての人間関係についても「また自分は拒絶されるだろう」と予測してしまうかもしれない。

検討と介入のための問い

　「あなたは，最近の出来事をあまりにも重視しすぎてしまうようです。たとえば最近"出来事X"が起きたとします。あなたは，その"出来事X"がこれからも立て続けに起きるのだと考えてしまうのです。現状に少し距離をおいて，物事を長期的な視点から眺めてみませんか。過去何年間，この"出来事X"は起きていなかったのでしょうか？　これまでに"出来事X"が実際に起きたのは，何回ぐらいですか？」

例

　　セラピスト：来週飛行機に乗るのがとても怖いのですね。それは先週の飛行機事故のことがあるからですか？
　　患者：そうです。飛行機に乗るのは危険な気がします。
　　セラピスト：先週の事故が起きる前に比べて，飛行機に乗るのが怖くなってしまったのでしょうか？
　　患者：もちろんそうです！

セラピスト：ということは，先週の飛行機事故が飛行機の危険性を象徴していると考えているのですね。ところで，昨年どれくらいの飛行機が離陸して，どれくらいの飛行機が無事に着陸できたのだと思いますか？

患者：何千機にものぼるでしょうね。

セラピスト：その何千機のうち，たった1機が墜落したのだとしたら，その次に飛び立つ飛行機が墜落する可能性はどれぐらいだと思いますか？

患者：かなり低いと思います。

セラピスト：私たちには，最新の出来事を重視しすぎる傾向があります。飛行機の危険性を正しく理解するためには，長期間にわたる飛行機の離着陸の記録を調べなくてはなりません。たとえばあなたがルーレットに挑戦して，100回連続して負け続けていることを想像してください。そして101回目にやっと勝てたとしましょう。あなたは102回目以降も，続けて勝てそうだと予測しますか？

患者：いいえ。

セラピスト：おそらくそれまでの100回分と同じく，102回目以降も負けるだろうと予測するのではないですか？

患者：もちろんそのように予測するでしょう。

セラピスト：とすると，最新の出来事だけを考えるのはおかしいということになりますね。それ以前の出来事をすべて考慮する必要があるということですよね。

ホームワーク

　最新のネガティブな出来事と，それとは相反する過去の出来事とを比較検討することがホームワークである。セラピストは，最近起きたネガティブな出来事や経験を書き出すよう患者に求める。次にそれらの出来事や経験と相反する過去の出来事——しかもかなり前までの出来事——をできるだけ多く書き出すよう，患者に教示する。その際，ツール5.9（新近性効果を検討する）を活用するとよい。このような課題を通じて，別のポジティブな考えを

形成することができる。現在患者が危険について予測していること（例：最近飛行機事故が起きたので，やはり飛行機は危険だと見積もる）における新近性効果に対抗するためには，実証的な情報を入手するのがよい。たとえば飛行機を恐れる患者は，インターネットの当該のサイト（例：www.airsafe.com）にアクセスして，何百万人もの乗客が飛行機に乗って無事目的地に到着していることを知ることができる。

予測される問題点

患者の中には，新近性効果によって，ネガティブな自動思考と関連するさらにネガティブな出来事を想起してしまう人がいる。たとえば試験に失敗したばかりの患者が，何かに失敗して目標を達成できなかった過去の経験をさらに思い出すといったことである。セラピストはこのような患者に対して，試験に合格したり目標を達成したり楽しかったりした過去の体験について聞いてみるとよいだろう。患者に履歴書などをもってきてもらうことも有益かもしれない。

その他の関連技法

その他の関連技法としては，根拠を検討する，根拠の質を検討する，生起確率を検討する，心配についての損益を分析する，などが挙げられる。さらに，"不確実な思考への曝露"といった，不確実性に慣れる練習も技法としては効果的だろう。

ツール

ツール 5.9（新近性効果を検討する）が挙げられる。

◼ 技法：論理的誤謬に基づく推論

解　説

　アリストテレスは，議論や演繹的思考においてよくみられる論理的誤謬を同定している。そのひとつが，「権威のある人が真実だと言うので，それは真実だ」といった論理である。例：「父はいつも…と言っていた」「上司が…と言ったから」「私のセラピストが…と言っている」。議論においてよくみられるもうひとつの誤謬が，慣例（例：「皆がそうするから」）を根拠とすることである。これと類似するのが，これまでの経験を引き合いに出して議論するというものである（例：「今までずっとこのやり方でやってきたから」）。以上の論理は，「何が正しく，論理的で，実践的で，望ましくて，道徳的なのか」ということを証明するものではない。たとえば，昔，多くの権威者が「地球は太陽系の中心である」との間違った主張をしていたという実例がある。同様に，誰かがあるやり方をするからといって，そのやり方が他の人にとっても同じように効果的だとは限らない。したがって現実場面で取引きや選択をする際，様々なやり方があることを考慮に入れるほうがよいのである。また別の論理的誤謬には，他者攻撃的なものがある（例：「彼がそのことを信じているのは，ひとえに彼がひどい人間だからだ」）。このような論理は，他人のパーソナリティを単に非難するだけで，妥当な議論を形成するものではない。論理的誤謬については優れた文献があるので，そちらを参照されたい（Halpern, 2004; Copi & Cohen, 1994）。

検討と介入のための問い

　「私たちが抱くネガティブな思い込みは，不合理な考えや論理に基づいていることが多くあります。それらは同時に，権威や慣習といったことからも影響を受けています。私たちの思い込みは，権威者や専門家といった人たちの影響や，『みんなそうだから』『以前はそうしていたから』といった慣習的

で断定的な，しかし実はさほど根拠のない思い込みに影響を受けることがあるのです。あるいは『こんなことをするのは馬鹿な人だけだ』というように，単に人を非難するだけの信念である場合もあります。では自分のネガティブな思い込みの源を検討しましょう。あなたは何かを判断するとき，権威や慣習に影響されていることはないでしょうか？　または単に過去の経験に基づいて判断することはないでしょうか？　あるいは盲目的に誰かに賛同したり誰かを非難したりすることはないでしょうか？」

例

セラピスト：あなたは自分が同性愛者であることが恥ずかしいのですね。それはどうしてですか？

患者：皆が同性愛者を軽蔑しているからです。

セラピスト：皆がですか？

患者：そうです。全員ではありませんが。でもたとえば私の父は同性愛者をいつも非難していますし，聖書でも非難されています。

セラピスト：あなたは，皆から承認されなかったり，権威や慣習と違ったりすると，「恥ずかしい」と思ってしまうのですね。ところでガリレオのことを聞いたことがありますか？

患者：天文学者のガリレオのことですか？

セラピスト：そうです。当時カトリック教会は彼を非難しました。なぜなら彼は天動説を否定し，回っているのは太陽ではなく地球であると主張したからです。カトリック教会の権威ある人たちや他の大勢の人たちは，彼を糾弾しました。しかし結局正しかったのは誰でしょう？　権威ある人たちですか？　それともガリレオですか？

患者：ガリレオです。

セラピスト：そうですね。それではあなたが同性愛者だという事実について検討してみましょう。権威ある人たちやお父さんから承認されないという理由で，あなたが自分の同性愛を恥ずかしいと思っている

ことについて検討するのです。お父さんは同性愛について詳しいのでしょうか？

患者：いいえ。

セラピスト：あなたが「同性愛者とそうでない人は違う」と言うとき，それは「同性愛は悪い」ということを意味しているのですか？　ちょっと考えてみてください。左利きの人は右利きの人に比べて悪いのですか？　すべての人がチョコレートを好きではないわけですが，その中でチョコレートが好きだという人は，悪い人なんでしょうか？

患者：いいえ。左利きやチョコレートが好きだというのは，生まれつきだったり，個人的なことだったりするからです。

セラピスト：ということは，権威や他人の承認を基準にしなければ，最後に残るのはあなた自身の個人的な志向ということになりませんか？

ホームワーク

　ツール5.10（議論における誤謬：ネガティブな信念を分析する）を使って，自己批判やネガティブな信念を強化するような議論をすべて書き出すことがホームワークである。たとえば，ある患者が，自分が同性愛者であることをネガティブに考え，自分を恥じている場合には，同性愛に関するネガティブな信念をリスト化するのである。同様に，自分に過大な要求をしている患者は（例：「私はすべてに成功しなければならない」），その要求の背後にあるネガティブな信念をリスト化する。次に患者は，自分のネガティブな信念を裏づける根拠をできるだけ多く書き出す。たとえば「人は同性愛者であってはならない」というネガティブな信念を"裏づける"議論としては，慣習（例：「普通の人は同性愛者ではない」），権威（例：「父は同性愛を悪いことだと言っている」），他者非難（例：「同性愛者は欠陥人間だ」），感情，悪意ある嘲笑，流行などが挙げられるだろう。最後に患者はこれらの根拠がなぜ非論理的なのかを検討する。その結果，たとえば，「慣習に基づいて物事を判断するのが非論理的なのは，慣習とは常に変化するものであり，実社会における行

動には様々なものがあるからだ」とか，「他人を非難することが妥当でないのは，それがその人のパーソナリティを非難するだけで，的を絞った議論になっていないからである」といった理由が挙げられるかもしれない。

予測される問題点

患者の中には，上のようなやり方で論理的誤謬を見出すのが難しいと思う人がいる。たとえば，あまりにも長期にわたって慣習とされてきたこと（「人は普通，『X = Y』と考える」）を覆すのはかなり困難である。その場合セラピストと患者は，ある慣習が違う状況下ではどのようにとらえられるかを検討することで，慣習に基づく思い込みにおける誤りを見出せるかもしれない。その際たとえば，過去の慣習である奴隷制や反ユダヤ主義などをもち出すことが役に立つときもある。また他者非難的な思い込みは，かつては非難の的となっていた有名人（例：イエス，モーゼ，ブッダ，リンカーンなど）を例示することにより，修正することができるかもしれない。

その他の関連技法

その他の関連技法としては，損益分析，二重の基準法，合理的なロールプレイ，背理法，などが挙げられる。

ツール

ツール 5.10（議論における誤謬：ネガティブな信念を分析する）が挙げられる。

❖❖ ツール 5.1　すべての情報を活用する

ネガティブな思考：

この思考が私にとって本当のことである根拠	この思考が他の人たちにとって本当のことである根拠	この思考が私にとって本当のことでない根拠（すなわち反証）	この思考が他の人たちにとって本当のことでない根拠（すなわち反証）

❖ ツール 5.2　より包括的に情報を検索する

情報検索を万全にする		
	自　分	他　人
失　敗		
成　功		

自分の情報検索について自問する	
質　問	回　答
自分の見方と矛盾するのはどのような情報か？	
他の人たちはこのような問題にどのように対処するのだろうか？	
"検索の限界"は，どのような結果をもたらすだろうか？	
"検索の限界"には，どんなパターンがあるだろうか？	
私は常にネガティブな側面を探しているのではないだろうか？	

✦✦ ツール5.3　ある出来事の生起確率を評価する

ネガティブな予測や信念	このことが実際に生起する客観的な確率はどれぐらいだろうか？（0～100%）

❖❖ ツール 5. 4　論理的なエラーを検討する

論理的なエラーの例：飛躍した結論を導き出す。可能性と必然性とを混同する。行動と，その行動を起こした人とを混同する。ふたつの別個の出来事を結びつける。自己矛盾を含む言明をする（例：「私は非常に成功している。しかし私は失敗者でもある」）。他人の考えを自分の価値判断の基準にする。

ネガティブな思考	思考における論理的なエラー

◆◆ ツール5.5　そこにないかもしれないパターンを見つける

私たちは，出来事の中に何らかの不正確なパターンを見出してしまうことがあります。例：うまくいったことが多くあるのを認めずに，「何もかもうまくいかない」と嘆く。また，ある出来事や行為が他の何かの原因であると思い込んでいる人もいるでしょう。例：「私が誰かと話をしようとすると，いつもその後に困ったことが起きる」。重要なのは，これらのパターンが実際に存在するのか，それとも頭の中だけに存在するのか，きちんと調べてみることです。このツールに，あなたが見出したパターンや因果関係を記入し，それに対する反証を書き出してみてください。

見出したパターン	パターンに対する反証

第 5 章　情報処理と論理におけるエラー　*299*

❖ ツール 5.6　誤った二分割思考に挑戦する

私たちは時々，誤った二分割思考を生み出す"全か無か思考"に基づいて物事を判断することがあります。このタイプの思考の例には，「人は勝者か，さもなければ敗者だ」とか，「私はいつも人から拒絶される」といったものがあります。左側の欄には，あなたの"全か無か思考"（誤った二分割思考）の例を書いてください。真ん中の欄には，その思考の反証となる具体例を書いてください。右側の欄には，ポジティブなこととネガティブなことの両方を考慮して，"全か無か思考"について書き直してみましょう。たとえば，「私は物事をうまくできるときもあれば，できないときもある」といったようにです。もしあなたのネガティブな思考が選択に関わるものであれば（「A か B のどちらかを選ぶしかない」），それ以外の代替案を少なくともひとつは見つけてみてください。

"全か無か思考"（誤った二分割思考）の例	この思考の反証となる具体例	「私は…ときもあれば，…ときもある」

◆◆ ツール 5.7　思考を不条理なものへと変換する

あなたの思考に含まれる論理を調べてみてください。それには何らかの不条理が含まれていますか？　たとえば，「独身でいるということは，私は人に愛されない人間だということだ」という思考には，「現在結婚しているすべての人は，かつては独身だった」という不条理が含まれています。

現在のネガティブな思考	どのような不条理が含まれているか？

◆◆ ツール 5. 8　気分の誘発とかわりとなる考え

左側の欄には，あなたの現在のネガティブな思考を書き出します。真ん中の欄には，その思考と関連するネガティブな気分や感情を書き出します。それから次のようにして，ポジティブな気分を誘発してみましょう。

ポジティブな気分の誘発：目を閉じて，ポジティブでリラックスできる場面をイメージします。筋肉を緩め，ゆったりとした呼吸を繰り返します。ポジティブな場面が想起されたら，それと関連するポジティブな言葉を思い浮かべてみましょう。例：「リラックスしている」「落ち着いている」「あたたかい」「やさしい」「安全だ」。ポジティブなイメージをこのように想起して，静かにリラックスした後に，現在の状況をポジティブに考えようとしてみてください。つまりポジティブな気分に基づいて，現在の状況をとらえ直してみるのです。そしてポジティブな気分が生み出したポジティブな思考を，ツールの右側の欄に書き入れましょう。

現在のネガティブな思考	現在のネガティブな気分	ポジティブな気分によって新たに生じた思考

✦✦ ツール5.9　新近性効果を検討する

左側の欄には，ネガティブな思考の引き金となった最新の出来事（不十分な業績，事故，拒絶，失望など）を書き出してください。右側の欄には，現在のネガティブな思考と矛盾する過去の出来事を書き出してください。たとえば，「試験に失敗してしまった。私は本当に馬鹿な人間だ」と思う人は，"試験に失敗した"という最新の経験だけに基づいてそう考えてしまっているのかもしれません。そこで，過去の経験でよい成績を取ったすべての例を書き出してみるのです。

私が一般化しすぎている最新の出来事や経験	それと矛盾する過去の出来事や経験

✦✦ ツール 5. 10　議論における誤謬：ネガティブな信念を分析する

次に挙げる思考の誤謬の例を見てください。私たちはこのような誤謬に陥ってしまうことがときどきあります。自分のネガティブな思考に対する論理づけにおいて、これらの誤謬があるかどうかを検討してみてください。それらの誤謬はどうすれば修正できるでしょうか？　あなたの論理づけにおいて何が間違っているのでしょうか？

誤　謬	ネガティブな信念にみられる誤謬	このような誤謬に基づく思考の例	何が間違っているのか？
他人を非難する	彼は悪い奴だ。ゆえに彼は間違っている。		
権威に従う	父はそれを間違いだと言っている。		
慣　習	今までずっとそのやり方でやってきたから。		
感　情	それについて考えると気分が動揺する。だからそれは間違いなのだ。		
心　配	もしそれを信じたら、恐ろしいことが起きるかもしれない。		
他者への遠慮	それをすることで誰かが不幸せになるのなら、私はそれを諦めなければならない。		
流　行	皆がそうしているから。		
論点の回避	他の人はそれを好まない。他人が好まないことはするべきでない。それは悪いことなのだ。		
後知恵	後になって思うが、そのときの私は馬鹿だった。		

◆◆ **ツール5.10** （つづき）

誤　謬	ネガティブな信念に見られる誤謬	このような誤謬に基づく思考の例	何が間違っているのか？
ギャンブラーの誤謬	私はツイているに違いない。／これだけ負けたのだから，ツキが戻るだろう。		
連帯責任	あんな悪い奴と一緒にいるのだから，彼も悪い人間に違いない。		
想像力の欠如	私には彼がそんなことをした理由がわからない。彼はきっと狂っているのだ。		
「彼は本物のスコットランド人ではない」*	本物の男ならそんなことはしない。だから彼は本物の男ではないのだ。		
相対主義的な誤謬	すべての物事は相対的であるし，皆それぞれの考え方がある。本当の現実などないのだ。		
急斜面からの転落	もしちょっとでも間違えたら，たちまちすべてが崩壊してしまうだろう。		
相関と因果関係との混同	Xをする人の多くがYである。したがってXをしたことのある彼はYである。		
少なすぎるサンプル	2人の友人がインターネット経由で知り合った異性とつきあってひどい目に遭った。だからインターネットは危険だ。		
強制的な選択の誤謬	スーザンかキャロルのどちらかを選ばなければならない。		
希望と必要性との混同	私は金持ちになりたい。だから私は金持ちになる必要がある。		

* 訳注：アントニー・フルーの著書『Thinking About Thinking』（Flew, 1975）からの引用。

第 **6** 章

全体像を見渡す

　たとえネガティブな考えでも，その一部は真実であることもある。たとえば試験の成績が他の人より悪かったり，株の投資で損をしたりというようなミスは誰にでもある。ではこのようなネガティブな出来事に対処するにあたって，どのようなときに問題が生じるのだろうか？　それはこれ以上考えられないほど極端な見方で，これらの出来事をとらえたときである。たとえば，投資に失敗して株式資産の30％を失った人が，このことを極端に重大視し，「自分はもう一文無しだ」とか「自分の望むような生活はもうできない」と考えてしまう場合である。ライフイベントと認知スタイルとの相互作用については，多くの実証研究が報告されている（Ingram et al., 1997 参照）。全体像を見渡すような考え方ができるようになるために，セラピストはどのように患者を手助けすればよいだろうか。本章ではそのための諸技法について検討する。その際，"合理的な (rational)" という言葉が，"バランスの取れた見方" とか "比率" を意味する "割合 (ratio)" という言葉から派生していることに注目することが重要である。

技法：円グラフ法

解 説

　自己批判は抑うつや不安の中心的要素である。何か悪い出来事が起こると，その責任が100％自分にあると思い込んでしまう人がいる。たとえば，離婚を経験した人が夫婦関係の終結を全面的に自分のせいにしてしまうとか，仕事を探している人が就職が決まらないことを100％自分の責任とする，などである。このような人たちは問題をすべて自分に関連づけて考える。そしてそれを"全か無か"という見方で因果的に解釈するのである。

　"全か無か思考"に介入する際に有効なのが円グラフ法である。この技法は，患者に様々な大きさの部分に分かれた円グラフを考えてもらうものである。グラフの各部分は，ある出来事の様々な責任の程度を示している。患者はその出来事の原因と思われることをすべて考え出し，それぞれの原因が円グラフにおいて占める割合を検討する。そのうえで残りの原因（つまり自分の責任の度合い）について考える。この最後に割り当てられた「円の一片」が出来事に対する自分の責任である。患者はできあがった円グラフを見て，自分の責任について再検討するのである。

検討と介入のための問い

　「様々な大きさの部分に分かれた円グラフを考えてみましょう。（セラピストは様々な部分に分かれた円グラフを描く）。それでは，この出来事［患者を悩ませている出来事。患者はその責任が自分にあると考えている］の原因をすべて考えてください。グラフの各部分に，それらの原因を当てはめます。あなたが考えた原因は，この円グラフにおいて，どれぐらいの面積を占めると思いますか？　あなたの責任はどれぐらいの大きさになるでしょうか？」

例

　ある女性会社員を例に挙げる。会社は彼女に対して，負荷の高い業務を課していた。彼女は自分の業績を批判的にとらえ，自分自身に「失敗者」とレッテル貼りしていた。たとえば彼女は，「私はすべての仕事をやり遂げなくてはならない。さもないとそれはすべて私の責任になってしまう」と思い込んでいた。そこでセラピストと患者は，仕事上の問題の原因をリスト化することにした。そして総計が100％，もしくはそれ以下となるように，それぞれの原因に対して重みづけを行ない，パーセンテージで評定した。

コンピュータのソフトウェアの限界	10％
社員から十分な情報が提供されていない	10％
上司の不合理な期待	30％
技術面や人事面での援助不足	45％
自分の努力不足	0％
自分の能力不足	5％

　このあと，これらを円グラフにまとめ上げた（図6-1）。

ホームワーク

　悪い出来事で，しかも患者が自分自身（または誰か他の人）に全責任があると考えている出来事について，円グラフを使って検討するのがホームワークである。たとえば次のように言うとよい。「どうしてこのようなこと（悪い出来事）が起こったのでしょうか？　原因と思われることをすべて考え出してください。あなたはどのような役割を果たしたでしょうか？　また他の人たちの役割についてはどうだったでしょうか？　どのような状況があったのでしょうか？　また「運の悪さ」が果たした役割についても考えてください。では，この円グラフ（ツール6.1　円グラフ法を練習する）を見てください。この円をそれぞれの要因や要素に切り分けてみましょう。円グラフには自己

様々な原因

■ ソフトウェア　■ 情報不足　□ 不合理な期待
□ 援助不足　■ 努力不足　■ 能力不足

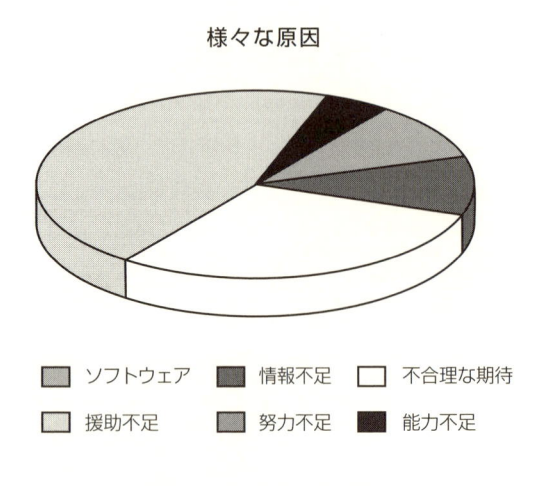

図6-1　円グラフ法の例

批判のための余地がどれほど残されていますか？」

（レッテル貼りを検討するためにこの技法を活用することも可能である。たとえば，自分自身に対するネガティブなレッテル［例：「私は馬鹿だ」］を書き出してもらい，次に，自分のその他の特質や行動をすべてリスト化してもらう。その際に円グラフを活用すると，患者の自己概念を多様な側面に分けて考えることができるだろう）

予想される問題点

出来事の別の原因を見つけることが困難な患者がいる。患者が出来事の全責任を自分に帰属させて考えている場合は特にそうである。このような場合セラピストは患者に，「自分自身を擁護する弁護人役になってみてはどうか」と提案してみるとよいかもしれない。弁護人は，状況に対し新しい見方を投げかけ，必ずしも患者に全責任があるわけではないということを示す必要がある。「その弁護人は何と言うでしょうか？」。患者に，そう質問してみてはどうだろう。またセラピストの側から，原因としてありそうなことを提示し

てもよい。例：関係者のひとりが怠慢だった，選択を誤った，運が悪かった，自分が全力を尽くさなかった，など。また，原因を再検討することは単なる言い訳にすぎないと患者が確信している場合もある。そのような患者は，自分がすべての責任を負うことが「道義的義務」であると信じているのである。このような場合は二重の基準法を使って，患者の判断の過剰な厳格さを検討してみるとよいだろう。

その他の関連技法

その他の関連技法としては，視点‐逆視点法，根拠を検討する，損益分析，連続法の活用，バルコニーから眺めてみる，合理的なロールプレイ，などが挙げられる。

ツール

ツール6.1（円グラフ法を練習する）が挙げられる。

■ 技法：連続法

解 説

抑うつ的思考の多くは二分割的（"全か無か思考"）である。たとえば，「私は敗者であるか，さもなくば勝者である」，もしくは「私は聡明であるか，さもなくば愚かである」といった思考である。このような黒か白かに二分する思考は"連続法"という技法を用いて検討することができる。この技法の目的は，すべてよいまたはすべて悪い，というのではなく，その程度もしくは多様性といった視点から問題を考えられるよう，患者を手助けすることにある。落ち込んだり不安になっている患者，もしくは怒りに巻き込まれている患者は，出来事に対して，まるでそれらが破局的であるかのように反応してしまうことが多い。ある出来事を都合が悪いこと，もしくは欲求不満をもたらすこととしてとらえるのではなく，「世界全体が破滅に向かっている」「こ

のままでは耐えられない状況となってしまう」と考えるのである。連続法では，出来事を0%から100%のスケールの目盛りに沿ってとらえるよう患者に求める。0はネガティブな面が全くないということを表す。一方，100は想像しうるかぎり最悪な結果を示している。例：ホロコースト（ナチによるユダヤ人の大虐殺）。患者はさらに，スケール上の他のポイントについても考えるよう求められる。連続法の各ポイントは10ポイントずつ増加している。そして関連する出来事がどのポイントに相当するか，それぞれ当てはめていくのである。患者は一般的に，よりネガティブでない（つまりよりポジティブな）出来事や結果を同定することが困難である。ネガティブ度が75%以下の出来事や結果の同定は特に難しい。このことは"全か無か"の視点から物事をとらえがちな患者の傾向を具体的に示していると言えるだろう。患者はその後，自分がスケール上に位置づけた出来事や結果を再評価することになるが，その際，別の出来事の評価を新たに行なうと，もとの出来事がなぜ最初に評定したほどひどく感じられないかということについて，考えてみるように求められる。

検討と介入のための問い

「あなたにとってその出来事は，かなりひどいものなのですね。0%から100%で言うと，それはどれぐらいひどいと感じるのですか？ ここで言う100%とは，これ以上考えられないほどの最もひどい気分を表します。ホロコーストに相当する気分と言っていいでしょう。一方，0%はネガティブな面が全くないことを表しています。では，10%ごとに目盛りのついたスケールを引いてみましょう。

あなたは現在の出来事に対して90%という悪い評価をしましたね。それではスケールのほかのポイントについてはどうでしょうか。たとえば，95%について考えてみましょう。気分が95%も悪くなってしまうような出来事とは，どのようなものでしょうか？ 現実に起こりうることを挙げてみてください。80%についてはどうでしょう？ 70%は？ 60%は？ 50%は？

```
 0   10   20   30   40   50   60   70   80   90  100%
```
ネガティブ   ↑   ホロコースト
な面が全く   現在の出来事：
ない

40％は？ 30％は？ 20％は？ そして10％ではどうでしょう？ それぞれどのような出来事が相当すると思いますか？ 相当する出来事が何も思いつかない目盛りはありますか？ どうやらあなたには，60％以下の目盛りに相当する出来事を思い浮かべることが難しいようですね。それはどうしてなのでしょう？ あなたは現在進行中の出来事を，極端にネガティブにとらえているのではありませんか？ その出来事をスケール上の別の目盛りに置き換えてみる，ということを検討してみてください。最初に考えたほどその出来事がひどくないとしたら，それはどうしてだと思いますか？」

例

セラピスト：ロジャーから一度も電話がかかってこないことに動揺しているのですね。確か，ロジャーとは二度デートをしたのでしたね。あなたはとてもイライラしているように見えます。今，ロジャーについて考えてみると，あなたはどれぐらい動揺するのでしょう？ 0％から100％までの数字で表すとしたらどれぐらいになりますか？ あなたがこれまでで最も動揺したときを100％として考えてみてください。

患者：95％ぐらいでしょうか。

セラピスト：かなりですね。それでは，ロジャーからもう絶対に電話がかかってこない，と想像してみてください。それが現実となってしまう可能性は，どれぐらいでしょう？ その出来事のひどさは，0％から100％のどこにあたるでしょう？ ホロコーストに相当するひどさが100％だと考えてください。

患者：75％ぐらいだと思います。私はいつだって拒絶されてばかりなんです。

セラピスト：そうですか。では，0%から100%までのスケールを描いてみましょう。これは連続法と呼ばれるものです。そして100%をホロコーストとします。75%はロジャーがあなたに電話をかけてこないということにあたります。では，90%にあたるのはどのようなことだと思いますか？

患者：誰かに襲われることでしょうか。

セラピスト：わかりました。では85%は何だと思いますか？

患者：怪我をすることです。ただし致命傷ではなく，回復可能な怪我ということです。

セラピスト：60%はどうでしょう？

患者：わかりません。…失業するということでしょうか。

セラピスト：50%はどうですか？

患者：友人がわけもなく私に腹を立てることじゃないでしょうか。

セラピスト：それでは40%はどうですか？

患者：このあたりになると，大した違いがなさそうです。…よくわかりません。何かやたら重い感じがしますね。体重が5ポンドほど増えたような感じです。

セラピスト：50%以下の目盛りに相当する出来事を考えるのが難しいようですね。どうしてでしょう？

患者：たとえよくないことでも，ほとんどのことが，ひどすぎると言うほどのことではないからだと思います。たとえよくない出来事でも，たいていのことは，そのひどさが50%以下なのではないでしょうか。

セラピスト：さてあなたは今も，ロジャーから電話がかかってこないということのひどさを75%だと信じていますか？ それは，ホロコーストを100%とした場合の75%に該当するほどのひどさなのでしょうか？ あるいは，誰かに襲われることを90%とした場合の75%に該当するのでしょうか？

患者：いいえ，たぶんそうではないでしょう。何となくそんな感じがする，

というだけです。
セラピスト：気分は気分でとても重要です。でも，全体像を見渡してロジャーのことを考えてみることも必要なことなのです。たとえばあなたが失業してしまうことに比べたら，ロジャーの件はそれほどひどいことではありませんよね。それはなぜだと思いますか？
患者：請求書を支払うためには仕事が必要だからです。支払いのためにロジャーは必要じゃありませんからね。

ホームワーク

　自分自身が行なったネガティブなレッテル貼り，破局的思考，および全か無かに基づく判断や結論づけを検証することがホームワークである。「今週は，あなたがひどく動揺したこと，あるいは近い将来のことであなたがひどく心配していることについて検討してみましょう。あなたを本当に不安にさせたり，落ち込ませたり，怒らせたりすることについて考えてみるのです。そしてその中からひとつ，どれについて検討するか，選んでみてください。どれぐらい，その出来事や状況はひどいのでしょうか？　それに対してどんな自動思考が浮かびますか？　それに対してあなたはどんなふうに悩んでいるのでしょうか？　それらを書き出してください。たとえばあなたには来週何かを発表する予定があり，しかもそのことを快く思っていない人がいるとしましょう。この件を0％から100％のスケールで考えてみましょう。あなたはこのことをどれぐらいひどいと感じますか？　このツール（ツール6.2　連続法を練習する）を使って検討してみましょう。これは"連続法"と呼ばれる技法です。0％から100％まで，10％単位で目盛りがついています。0％は，悪い側面が全くないことを示しています。100％は，ホロコーストのようにこれ以上ないほどひどいことに相当します。あなたは今挙げた出来事（あなたの発表を快く思わない人がいること）をこのスケール上のどこに位置づけますか？　ところで，各目盛りは10％間隔で記されています。すべての目盛りに，あなたが"ひどい""ネガティブだ"と思う出来事を，それぞれ当て

はめてみてください」

予測される問題点

患者の中には，この連続法を，ネガティブな出来事の無効化であるとみなす人がいる。自分がひどい問題を抱えているのは事実なのに，それをホロコーストといった極端にひどい出来事と比較することで，自分の問題が「大したことではない」と自動的に処理されてしまうかのように感じて激怒する人もいるかもしれない。このような場合は，物事を「ひどい」とか「恐ろしい」とみなすこと自体の損益について，患者に検討してもらうとよいだろう。他に，自分の心配が些細なこととして処理されてしまわないよう，物事をむしろ破局視する必要があると信じている患者もいる。このような無効化に関するスキーマは，いったいどこに端を発しているのだろうか？　セラピストはこのような問題について，スキーマワークを通じて検討することもできる（第7章参照）。もうひとつよく生じる問題は，60%以下の目盛りに相当する出来事をなかなか想起できない患者が，挫折感を抱いてしまうことである。セラピストはそのような患者に対し，ツールへの記入を求めることにためらってしまうことがある。しかし，スケール上の10ポイント間隔のすべての目盛りに相当する出来事を挙げるように求めることは，患者に「有益な挫折感」を惹起することができる。なぜなら患者はこのような作業を通じて，自分が下したもともとの評価が極端にネガティブなものであったことを実感することができるからである。

その他の関連技法

その他の関連介入としては，損得分析，認知的歪曲（破局的思考，感情的理由づけ，レッテル貼り，全か無か思考）を分類する，選択肢を考え出す，二重の基準法，などが挙げられる。

ツール

ツール 6.2（連続法を練習する）が挙げられる。

▣ 技法：二重の基準法

解　説

　我々は他人を評価するときのほうが，自分自身を評価するときに比べて，はるかに合理的かつ公平であることが多いようである。セラピストは二重の基準法を用いることで，自分が他人に適用している判断にどのような意味があるのか，患者に考えてもらうことができる。たとえば人間関係がうまくいかないために，自分を失敗者だと信じている患者がいるとしよう。そのような患者に対しては，もし他の人（たとえば，友だち）が自分と同じように人間関係がうまくいっていなかったら，その人のことを失敗者と判断するだろうか，と尋ねてみてはどうだろう。あるいは，他の人があなたのその状況をみたらあなたのことを失敗者と判断するだろうか，と患者に尋ねてみてもよいだろう。これらの問いかけを通じて，患者が自分に対しては，他人に対するのとは異なる別の基準を用いているかもしれないということを，考えてもらうことができる（患者は普通自分自身に対して，他人に対するよりも非常に厳しい基準を用いている）。セラピストは次のように尋ねてみるとよい。「なぜあなたは自分自身に対して，他の人に対するよりも，うんと厳しい基準を当てはめるのですか？」。さらに，患者の自己評価に比べて，他人による患者に対する評価のほうが，より寛大なのはなぜなのか，その理由を考えてみるよう患者に求めてみてもよい。「自分自身を判断する場合と他人を判断する場合とで異なった基準を用いるのはなぜなのでしょうか？　他の人々はあなたに対して，なぜあなたとは異なる基準を用いるのでしょうか？」。このように問いかけることで，誰に用いても理にかなった基準とはどのようなものか，患者に検討してもらうことができるだろう。

検討と介入のための問い

「友だちが，あなたと同じような出来事を経験したとしたらどうでしょうか。あなたは彼女のことをどのように評価しますか？　自分自身に対するほど，あなたが他の人に対しては厳しく評価しないのだとしたら，それはどうしてでしょうか？　あなたが二重の基準を用いるのは，つまり自分自身に対しては非常に批判的な基準を用いるのに，他の人に対しては寛大な基準を用いるのは，どうしてでしょうか？　どんな理由があるのですか？　他の人はこの状況をどのようにとらえるでしょうか？　あなたが自分自身に対するほど，他の人はあなたに対して批判的ではない，としたらどうでしょう。あなたはなぜ，他の人があなたに対して用いる基準よりも厳しい基準を自分自身に用いるのでしょうか？　他の人のほうが，あなた自身よりもあなたのことをよく理解しているように思われるのは，どうしてだと思いますか？」

例

　　セラピスト：あなたは自分を失敗者だと思っているとのことでした。今あなたは，ジョージと別れたばかりで，そのことで苦しんでいるのですね。では，もしあなたの友だちが，あなたと同じようなことを経験しているとしたらどうでしょう？　あなたは彼女のことをどう思いますか？　彼女のことも失敗者だと考えますか？

　　患者：いいえ，たぶん彼女のよい支えになってあげられると思います。

　　セラピスト：支えになるというのは，どのようなことでしょうか？

　　患者：彼女にこう言ってあげます。「あなたがつらい思いでいるのは無理もないことよ。だってあなたはご主人のことを本当に大切に思っていたんだもの」って。

　　セラピスト：その言葉からすると，あなたは二重の基準をもっているように聞こえます。あなたは友だちに対してよりも，自分自身に対して，より厳しく批判的に考えてしまうようですね。それはなぜなのですか？

　　患者：たぶん自分自身に対して，より大きな期待を抱いているからだと思

います。
セラピスト：他の人に対するのと同じ程度の期待を，自分自身に対して抱くとしたらどうなるでしょうか？
患者：もっと楽な気持ちになるでしょう。

　先にも述べたように，これにかわる選択肢としては，「他の人々はあなた（患者）のことをどのように判断するだろうか？」と患者に尋ねる方法がある。これにより患者は，他の人々のほうが患者自身よりも，患者に対してさほど厳しい基準を用いないということを認識できるであろう。

セラピスト：あなたはジョージと別れたことに対して，このように反応しているわけですが，親友のフランであればあなたの反応について，どのように判断するでしょうか？
患者：彼女は私のことをあれこれ批判したりはしないでしょう。今回の私の反応についても，普通のことだと思ってくれるでしょう。彼女は，「あなたにもよいところがたくさんあるのよ」と私に言ってくれるのです。
セラピスト：フランにとって，たとえばどんなよいところがあなたにはあるのでしょうか？
患者：フランは私のことを「友だちにするには，とてもよい人だ」と思ってくれているでしょう。私は結構気が利くほうですから。それに頼りがいもあると思います。友だちを大切にしますしね。
セラピスト：お友だちは，あなたに対してあなたほど批判的ではないようですね。それはどうしてでしょうか？
患者：たぶん私は，他の人たちが私を判断するときよりも，より厳しい基準を自分自身に対して用いているんだと思います。

ホームワーク

　ツール6.3（二重の基準法を練習する）を使い，自分自身に対する批判的

な思考をリスト化することがホームワークである。さらに患者には，次の2点についてもホームワークとして考えてもらう。(1) 友人が自分と同じような問題を抱えていたとしたら，自分はその友人に対して，どのようなアドバイスをするだろうか。(2) なぜ自分は自分に対して，より批判的な基準，つまり二重の基準を当てはめるのだろうか。

予測される問題点

完璧主義的な患者の中には，他人に対するのとは異なる厳しい基準を，自分自身に対して当てはめるべきだと信じている人がいる。たとえばある女性患者は，高収入を得ているのにもかかわらず，ある同僚と同程度の収入ではないために自分を失敗者だと考えていた。セラピストが二重の基準法について説明したところ，彼女は，より高い基準を自分自身に対して当てはめていることには同意した。ただしその一方でこの患者は，他の人よりも自分のほうがはるかに有能であると信じていたのである。このような場合，「より高い」基準と「最も高い」基準を区別することが有効である。というのも，多くの完璧主義者は「100％こそが唯一の基準だ」と信じているからである。このような患者には，80％を目指してみてはどうか，90％を目指したらどうなるか，それらと比べて100％を目指したらどうなるのか，各基準を目指すことにはどのような意味や根拠があるのか，といったことを検討してもらうとよい。そのような検討を通じて，「最も高い」基準を自分自身に当てはめることの弊害について，患者に考えてもらうことができる。

他に問題となりやすいのが，他の人が患者に対して批判的である，と患者が固く信じているような場合である。この場合，次のふたつの問いを患者に投げかけることができる。第一に，他の人たちについての患者の推論が本当に正確かどうか，ということである。この点については，患者の推論に対する友人たちの意見を，患者自身が調査することで検証できる。たとえば，「もし私が失業したら，あなたは私のことをどう思いますか？」と，患者が友人に尋ねてみるのである。第二に，一概に「他の人」と言っても様々な幅があ

るということを，患者に検討してもらうとよい。実際，患者の友人の中には，患者に対して批判的な人がいるかもしれない。そのような友人とのつきあい自体を考え直す必要も出てくるかもしれない。たとえば，ある双極性障害の女性は，自分の病気について何人かの友人に話をしてみた。すると実際に，ある友人は彼女に対して用心深く批判的に振る舞うようになってしまった。この結果，患者はその人を真の友人と呼べるかどうか，改めて考え直してみることにしたのである。

その他の関連技法

その他の関連技法としては，思考に対するロールプレイ，認知的歪曲における損益や根拠や合理性について検討する，思いこみを検討する，が挙げられる。

ツール

ツール6.3（二重の基準法を練習する）が挙げられる。

■ 技法：バルコニーから眺めてみる

解説

フィッシャーらは，自分に距離をおいて，少し離れた場所から自分と他者との相互作用を把握するよう患者に求める際の技法について解説している（Fisher & Ury, 1991）。セルマンはこのような技法を，自分の役割を系統的に作り上げていくツールとして解説している（Selman, 1980）。患者はこのような技法を活用することで，自分と他者との相互関係を第三者的な視点から検証することができる。私たちは，他者との相互関係にがんじがらめになって，そこから脱け出せず，そのような自分に失望してしまうことがある。この技法の目的は，現状をより超越的で広範な視点からとらえられるよう，患者を手助けすることである。

検討と介入のための問い

「現状から少し距離をおいて，自分自身を眺めてみてはどうでしょうか？ ちょうどバルコニーから見下ろすようにです。あなたの目には何が見えるでしょうか？ あなたの頭には，どんな考えが浮かぶでしょうか？」

例

セラピスト：あなたとキャロルは，このところずっと家事の分担のことで言い争ってきましたね。あなた方はふたりとも，フルタイムで働いています。ですから家事もふたりで分担するべきだと考えています。それでは，今あなた方が言い争っている件について考えてみましょう。キャロルは自分が夕食を作り，夕食後，あなたに皿洗いを頼んだのですよね。そのときに言い争いになり，あなたは彼女に対してひどく腹を立てたのでしたね。

患者：彼女は私に「頼んだ」のではありません。「命令した」んです。

セラピスト：そうですか。ということは彼女の言い方があなたの気に障ったのですね。ところでそのとき，あなたの頭にはどんな考えが浮かんだのですか？

患者：「彼女は私に敬意を払っていない」

セラピスト：そう考えて，あなたはどんなふうに感じたのですか？

患者：怒りです。だから私は部屋を飛び出したんです。

セラピスト：わかりました。ところで「彼女があなたに命令した」というのは，ひとつの解釈ですよね。あなたがそう考えたのです。そしてあなたはその考えによって，激しい反応を示しました。ときどき私たちは，ある状況に巻き込まれてしまうと，別の視点から状況をとらえることができなくなってしまいます。…それでは，ちょっと目を閉じてください。そして想像してみましょう。あなたとキャロルが台所にいるところが見えます。その一方で，もうひとりのあなたが別の誰かとして，台所にいるふたりよりも50フィートほど高いバ

ルコニーに立っているとしましょう。バルコニーからは，台所での
ふたりの話し声がよく聞こえるとします。さて，台所では今，どん
なことが起きているでしょうか？ バルコニーから眺めながら，状況
を説明してください。

患者：キャロルは2時間かけて夕食を作っていました。彼女は時間に追わ
れていました。夕食のとき，私は感じの悪い態度をとっていました。
そっけない感じです。

セラピスト：わかりました。バルコニーの上という有利な視点を生かして，
次に何が起きたかを見てみましょう。

患者：私たちは食事を終えて，テーブルを片づけていました。そのとき
キャロルが言ったんです。「お皿を洗うのを忘れないでね」って。

セラピスト：そうですか。これらの状況をバルコニーから見て，あなたは
どのように感じましたか？

患者：特別何も感じません。普通の気分です。あの夜，彼女のほうが私よ
りもずっと多く家事をしていたように見えました。そして私はムッ
としていたんです。

セラピスト：バルコニーからだと，あなた方が言ったことやったことし
か見えませんよね。あなたのムッとした気分までは目にすることが
できません。

患者：そうですね。もしかしたら私は過剰に反応しすぎていたのかもしれ
ません。

ホームワーク

　患者はどのような人間関係，もしくは問題に悩んでいるのだろうか。それ
らをリスト化し，それらをバルコニーから眺めていると想像することがホー
ムワークである（ツール6.4　バルコニーから眺めてみる）。セラピストはた
とえば次のように教示できる。「バルコニーから距離をおいて眺めてみたら，
それぞれの状況はどのように見えるでしょうか？　このように別の視点から

物事をとらえることには，どのような利益があるでしょうか？」

予測される問題点

患者の中には，自分の感情にとらわれるあまり，距離をおいて別の観点から状況をとらえることが難しいと言う人がいる。別の視点から物事をとらえられるよう手助けする際に役に立つのが，気分を誘導するための技法である。たとえばゆっくりと呼吸をしてリラクセーションの練習をする，または落ち着いたイメージを思い浮かべたうえで状況から距離をおいてみる，といったやり方である。その出来事に対する患者の見方，経験の仕方に問題がある場合もある。それは，あたかも自分がその出来事の登場人物であるかのように感じながら，患者がその状況を眺めてしまうというものである。つまり，自分が眺めている光景と一体化してしまうのである。このような一体化を軽減するためには，患者にその場面の登場人物を描写してもらうようにするとよい。あくまで患者がそのとき目にしている光景における身体的要素や行動的要素だけを表現してもらうのである。そしてその人の内面的な特徴や動機については推測しないようにしてもらうのである。

その他の関連技法

その他の関連技法としては，二重の基準法，根拠を検討する，損益分析，選択肢を検討する，タイムマシン（自己と他者），思考に対するロールプレイ，などが挙げられる。

ツール

ツール 6.4（バルコニーから眺めてみる）が挙げられる。

■ 技法：選択肢を考え出す

解　説

　ジョージ・ケリーは，融通のきかない思考を修正するための方法として「構成的選択論」を提案している（Kelly, 1955）。このアプローチには，現状を検討し，他の様々な見方や行動を再構成するということが含まれている。不安や抑うつ，および怒りを伴う思考スタイルは，柔軟性や融通性に欠けるという特徴をもつことが多い。そのため患者は，その他の思考や行動を考え出すことができなくなってしまう。また頑なな思考は，患者自身の次の反応を鈍らせてしまう。

　たとえば試験中に，「自分はこの試験に失敗するに違いない」という思いにとらわれてしまった人がいるとする。この状況に対して構成的選択論を適用すると，「もしかするとうまくいくかもしれない」「この試験がうまくいくことは，生きていくために絶対不可欠なものではない」といった，別の様々な考えを見つけられるかもしれない。さらに，「もしこの試験がうまくいかなかったら，次に何をすれば挽回できるだろうか」というように，その後の対処法について考えることもできるかもしれない。構成的選択論を適用することで，新たな思考の枠組みを考え出した結果，当の試験に対して，「確かにそれは少々やっかいだが，それほど大したことではない」と考えられるようになり，人生を変えるほどのものとして評価することがなくなるのである。

検討と介入のための問い

　「あなたはネガティブな結果をひどく恐れている［心配している］ようですね。実際にそのような結果となってしまったとしたらどうなるのでしょうか？　ちょっと想像してみましょう。そのときにどんなふうに考え，どのように行動すれば，そのネガティブな結果をポジティブな方向へと変えていくことができそうですか？　あなたにできることはどんなことでしょうか？

どのような選択肢が考えられますか？　どのような行動計画を立て，実行すればよいでしょうか？　短期的にも，そして長期的にも考えてみてください」

例

　　セラピスト：あなたはケンと別れることになるかもしれない，と心配しているのですね。今，どのように感じていますか？

　　患者：すごく絶望的な感じです。というのも，私は彼をとても頼りにしているからです。

　　セラピスト：そうですか。しかし将来のことは，今の私たちには予測しきれませんよね。人間関係が終わりを迎える可能性はいつでもあるものです。仮にそのようなことが起きたとしても，何かあなたにできることがあるのではないでしょうか。気分を改善するために，あなた自身にできることです。それを一緒に考えてみませんか。

　　患者：でも，私，ケンがいなかったら絶対に幸せになれない気がするんですけど。

　　セラピスト：では，ケンと出会う前はどうだったでしょうか。あなたが楽しい気分でいたのは，どんなときでしたか？

　　患者：そうですね，私は自分の仕事を気に入っています。友だちのことも大好きです。そういえば以前は，今よりも頻繁に友だちと会っていた気がします。ハイキングやスキーなど，身体を動かして楽しんでいました。このところは，以前ほどスポーツクラブにも行かなくなっていました。実をいうと，この2ヵ月で体重が増えちゃったんですよ。それも彼との関係について悩んでいたせいでしょうか。

　　セラピスト：そうですか。とすると，あなたはそれらのことを再開することができますね。他にも何かありますか？　ケンと別れたら，むしろ自由にできるようになることが，何かあるのではないでしょうか？

　　患者：実はフィルという男性のことが少し気になっています。彼とは仕事で知り合いました。フィルとなら，うまくやっていけるかもしれません。

セラピスト：ということは，あなたはフィルと一緒に過ごすことができるかもしれないのですね。他に，ケンとつきあっていることで生じているネガティブなことが何かありますか？　ケンと別れたら，もうこれ以上そのことについて悩まなくてすむ，といったことです。

患者：ケンと別れたら，彼との喧嘩や言い争いに悩まなくてもよくなるでしょう。「ケンと別れることになったらどうしよう」とか，「彼は何を考えているんだろうか」とか，いちいち気にする必要がなくなるのです。実際のところ，そういったことが結構重荷なんです。

セラピスト：今挙げてくれたようなことが，仮にケンとの関係が終わった場合に，選択肢としてあるのですね。

患者：そうだと思います。何もかも悪くなるというわけではなかったんですね。実際には，かえってよくなることもあるのかもしれませんね。

ホームワーク

　現在自分が悩んでいることや，それらの悩みに対するネガティブな思考を書き出すのがホームワークである（ツール 6.5　選択肢を考え出す）。次に患者は，現在の思考や行動にかわる選択肢を考え出すよう求められる。その際，新たな選択肢についてどう思うかということを，現在抱いているネガティブな思考と比べて検討してもらうとよいだろう。

予測される問題点

　患者の中には自分の見方だけが唯一の「真実」である，と信じている人がいる。このような場合，セラピストは潜在的にも，また現実的にも数多くの真実が存在するという考えを提示するとよいだろう。すなわち情報や行動には様々な側面や要素が多数存在する，ということである。たとえば，これから離婚する人について考えてみる。これはたくさんの「真実」が存在する複雑な状況と言えるだろう。配偶者と過ごす時間がずっと少なくなること，子どもたちと一緒に過ごす時間を取れなくなること，経済的な負担の重さ，離

婚後に新しい関係を求めることができる自由，うまくいかないことに見切りをつけること，目標をはっきりさせること，どのようにしたらパートナーとよりよい関係を築いていけるのかを学ぶこと，などである。これらはいずれもみな「真実」である。しかしながらどれひとつをとっても，それ単独で真実の全体像を体現するものではないのである。

その他の関連技法

その他の関連技法としては，下向き矢印法，根拠の検討，二重の基準法，連続技法，タイムマシン，問題解決法，ロールプレイ，などが挙げられる。

ツール

ツール 6.5（選択肢を考え出す）が挙げられる。

◤ 技法：ゼロポイントを設定して検討する

解　説

抑うつ的な人は，完璧な人と自分を比較することが多い。何事も 100％の最高レベルで達成できる人，しかもごくわずかな努力で成し遂げてしまえる人と自分を比べてしまうのである。このような人には，普通および普通以下の実績はほとんど念頭にない。また，このように完璧主義的な人は，自分が今までに成し遂げたことのある最高の結果と現状とを比較することも多い。では，このようなパターンをあえて逆にしてみたらどうだろうか？　評価のための基点としてゼロポイントを設定してみるのである。患者はこのような技法を実践することによって，自分の「ポジティブ」な行動のすべてに注目できるようになるだろう。

検討と介入のための問い

「あなたは自分が今までに行なった最高のことや，他の人たちが行なった

最高のことと，今のあなた自身を比較しているようですが，逆に，ゼロを基点として考えてみてはどうでしょうか。ゼロを基点として自己評価してみるのです。ゼロポイントを基準にした場合，あなたがこれまでに行なったこと，もしくは現在手にしているものはどのように判断できますか？　少なくともゼロよりは高い評価を与えられるのではないでしょうか？」

例

　引退したある男性経営者を例に考えてみよう。彼は自分の仕事でまずまずの成功を収め，地元の人たちからも尊敬されていた。しかし彼は自分自身を，特別に裕福で有名な他の人たちと比較することがよくあった。彼は自分が現に手にしているものではなく，自分にはないものに焦点を当てがちだったのである。このような焦点の当て方は，彼の二分割的な"全か無か思考"を反映していた。そのせいで彼は，自分がすでに手にしているものを正しく評価することが一切できなくなってしまったのである。

セラピスト：「他の人たち」と言うときにあなたが思い浮かべるのは何百万ドルもの資産をもつ有名な人たちのことのようですね。ところであなたは，地域の最も貧しい人々と自分自身を比べたことはありますか？
患者：いいえ。
セラピスト：ホームレスの人たちと自分を比べてみたらどうでしょうか。その人たちは何を所有しているのでしょう？
患者：彼らが所有しているのは，衣類とほんの少しの荷物。せいぜいそれぐらいでしょうか。そもそもああいう人たちがもっているものって，人から物乞いして得たものだと思います。
セラピスト：それに対して，あなたは何を所有しているのでしょう？　あなたには素敵な自宅がありますね。年金も受けています。奥さんとふたりの娘さんがいます。レストランに行くこともあるでしょう。友だちもいますよね。ホームレスの人たちと比べてみてどうでしょうか？

患者：私のほうがずっと恵まれた暮らしをしていると言えるかもしれませんね。
セラピスト：自分が失敗者のように思えてしまうときもあることでしょう。そのようなときには，今のことを心に留めておくといいですね。

　この技法は次のように用いることもできる。「自分には何もないから失敗者である」と患者が信じているとする。では現に今，ゼロポイントにいる人に対して，その患者はどうやってそのことを納得させることができるだろうか？　そのことを患者自身に考えてもらうのである。そして患者の言い分が相手にどのように聞こえるか，患者に尋ねるのである。ゼロポイント比較は，自分自身の知性，容貌，社会的技量，業績，その他の個人的資質を批判的にとらえている人々に対して用いると有効である。セラピストは患者に，「ゼロよりはよいもの」として自分には何があるだろうか，ということを考えてもらう。それにより患者は，「理想と比べたら自分には何もない」と考えるのではなく，むしろ自分にはポジティブな資質がたくさんある，ということを考えられるようになるのである。

ホームワーク

　ツール6.6（ゼロポイント比較）を用いて，自分自身のことを検討するのがホームワークである。セラピストはその後，ときには創造的に自分自身について考えてみることが大切であると説明するとよい。たとえば次のように言うことができる。「創造的に考えるためのひとつの方法としてこのような方法があります。あなたが手にしているものや，あなたが行なうことは，何であろうとゼロよりはまし，もしくはゼロに比べればすばらしいもの，と考えるのです。そして現在の状況において，何であればさらに自分でよくしていけるのか，すなわち改善可能な点に着目します。生活の中であなたが不快に感じていることは何か，考えてみてください。それらをリスト化しましょう。さらに，そのリストに挙げられたものそれぞれについて，それがどのようにゼロよりもよいのか，明確に示してください。これは"現在の真実"を

認め,それを正しく評価していくための練習なのです」

予測される問題点

より大きな視点から状況をとらえられるよう患者を促す練習の場合,どのようなものについても言えることであるが,患者の中には自分の苦しみを無効化するものとして,この技法を受け止めてしまう人がいる。それを防ぐには,この技法が患者の苦しみを無効化するためのものではないということを伝えるとともに,この技法の意図をはっきりと患者に説明する必要がある。つまり患者の苦しみを,別のポジティブな視点から再度考え直してみることがこの技法の目的であると伝えるのである。患者には,「何が無いか」に注目するのではなく,むしろ自分が実際にもっているものに数分間注目してもらうとよいだろう。なかには,自分自身をゼロポイントと比較するのは現実的ではない,と不満を訴える人もいるかもしれない。それは,そのような人たちが自分よりもはるかに成功した集団や同僚を比較の対象として想定しているからである。したがってセラピストが指摘すべきなのは,自分をゼロポイントと比較することで,自分が実際に手にしているものを認めて評価したり,自分の人生よりもはるかにひどい人生があるということに気づいたりする助けになるということである。なおこの技法は,後で紹介する「すべてを取り除く」技法の導入のために用いることもできる。

その他の関連技法

その他の関連技法としては,連続法,ポジティブなことを追求する,極端でないやり方で比較する,合理的なロールプレイ,二重の基準法,円グラフ法,問題をあえて否認する,などが挙げられる。

ツール

ツール 6.6(ゼロポイント比較)が挙げられる。

▰ 技法：極端でないやり方で比較する

解 説

　完璧主義的な比較と似ているのが，何事につけても「0％ 対 100％」という見方をすること，すなわち"全か無か思考"である。このような見方をする人たちは次のように考えることが多い。「私は最高に成功している［美しい，裕福である，魅力がある，など］か，失敗者であるかのどちらかである」。つまり極端なことだけを比較の対象とするのである。こうした類の思考は「いくらやっても決して十分ではない」という不全感をもたらすことにもなる。連続法と同様に，極端でないやり方で比較する練習は，あらゆる範囲の評価を受けている人々と自分自身を比較するよう患者を促す。0％から25％，50％，75％，100％の実績（知識，能力，など）の全範囲にわたる人々と自分を比較してもらうのである。

　たとえば，「自分は愚かだ」と信じている女性がいた。彼女のオフィスには特別に頭のよい弁護士がいた。彼女は自分がその弁護士と同じくらい優秀でないという理由から，そのように信じていたのである。彼女の自動思考は次のようなものであった。「私は愚かだ。何をやってもまともにできない。何をやってもうまくいかない」。彼女はこのような完璧主義的基準に基づき，想像しうるかぎり最も優秀な人間と自分とを比較していたのである。そしてその優秀な人に対して，自分自身をその対極に位置づけてしまっていたのである。

　セラピストは，この女性に正規分布の概念を説明した。具体的には，平均的知能指数（IQ）を100とし，母集団の75％は大学教育を受けていない人たちが占めるというものであった。セラピストは彼女に，その分布上の次の5つのポイントについて自分自身と比較するように求めた。(1) 世界で最もIQの低い人たちを表しているポイント，(2) 平均以下のIQ（＝85）を示しているポイント，(3) 平均的IQ（＝100）を示しているポイント，(4) 平均以上

のIQ（＝115）のポイント，および（5）天才的IQ（＝175）のポイントである。このようにして極端でないやり方で比較するようにし，様々な評価ポイントを検討の対象に含めるよう彼女に求めたのである。この作業を通じて，彼女は自分が母集団の90％よりもはるかに知能が高く，より高い教育を受けていることを認識することができた。彼女は，ある特定の人が自分よりも優秀だから自分は愚かだと考えるのではなく，世間の90％以上の人たちよりも自分が優秀であることに気づき，驚いたのである。

　スケール上のこれら5つの評価ポイントに位置する人たちと，この女性はどのように違っているのだろうか。また彼女が各ポイントに位置する人々に対して，「誰よりも優秀だというわけでないのだから，自分は失敗者だ」と，納得させようとしたらどうなるだろうか。ゼロポイント比較と同様，これらの問いに対して彼女に検討してもらったところ，自分自身の能力に対する彼女の自己批判的思考は劇的に縮小したのである。

　とはいえ，言うまでもないことだが，すべての患者が上位10％に入るわけではない。では，患者が平均的レベルにある場合，もしくは平均以下の場合にはどうしたらいいのだろうか？　明らかに言えることは，平均的な人々のほとんどが，自らの業績を平均水準として快く受け入れようとするということである。誠実さや親切といった自分の資質を当人が明確に指摘できるような場合には特にそうである。誠実さや親切というのは，ときとして業績よりも重要とされることがあると言えるだろう。それではここで，ある工場の職長の例を考えてみたい。彼は，文章をうまく書けないということで自分を批判していた。そこでその根拠を彼に考察してもらったところ，文章を書くという分野において確かに彼は平均以下であることが明らかになった。しかしそこでさらに明らかになったのは，彼が「自分は文章をうまく書くべきだ」と思い込み，このような“べき”思考こそが彼を悩ませていたということであった。そこでセラピストは，このような“べき”思考を，必要条件ではなく「そうであればよい」という趣向の問題として彼に再構成してもらった。そして，たとえ文章をうまく書けなくても，彼が上手にできる他の多くのこ

とを見つけていったのである（後述の「技法：基準を多様化させる」ための技法を参照）。

検討と介入のための問い

「あなたは自分自身をトップレベルの人たちと比較しているようですね。つまりその分野で最高レベルにある人たちと自分とを比べているのです。しかしもっと別のレベルの人たちと比べてみてはどうでしょう。…そうですね，95％や100％の人々だけでなく，20％，50％，75％のレベルの人たちのことを考えてみてはどうでしょうか？」

例

ある女性患者は自分を愚かであると考えていた。化学の試験がうまくいかなかったからだという。しかし実際には，彼女はＢの成績を取っていた。しかも総合得点の平均では非常に高い点をとっていたのである。

 セラピスト：あなたは化学の成績がＢ評価だったから，試験がうまくいかなかったのだと思っているのですね。今の不快さは，0％から100％で言うと，どれぐらいでしょうか？
 患者：もう最悪です。90％ぐらい嫌な気分です。なぜなら私は当然Ａを取れるものと期待していたんです。なのにＢだったということは，要するに私はそんなに優秀ではなったということですね。
 セラピスト：なるほど。あなたの基準からすると，あなたはさほど優秀ではない，ということになるのですね。他にどのような考えが浮かびますか？
 患者：「私は本当に並なんだな」って思います。ケンはＡの成績を取ったんですよ。自分もケンと同じくらい優秀だと思っていたのに。
 セラピスト：私たちはトップの人だけに注目して，その人と自分とを比べてしまうときがあります。ケンはその試験で最も優秀だったのではあ

りませんか？ 自分を，ケン以外の人たちと比べてみたらどうでしょうか？ 他の人たちの化学の試験の成績は，どうだったのでしょうか？

患者：平均点はCでした。

セラピスト：だったら，自分をそのような人たちと比べてみたらどうですか？ つまりCの成績をとった普通の人たちと比較するのです。この場合，あなたはよくできた，と言えますよね。B以上の成績をとった人は何％ぐらいいたのでしょうか？

患者：だいたい10％ぐらいだったんじゃないでしょうか。

セラピスト：それでは全体を百分率で考えると，あなたはどれくらいのレベルに位置していたと言えるのですか？

患者：たぶん80％ぐらいのレベルだと思います。

セラピスト：ということは，40％ぐらいのレベルの人たちと比べたら，あなたの成績はどうだったのでしょうか？

患者：彼らと比べれば，2倍はよくできたということになります。

セラピスト：ということは，あなたよりもよくできたのは，90％以上のレベルの人だということになるのですね。つまりあなたは全体の80％を占める人たちよりもよくできていたのです。なのになぜ，あなたはそれほどまでに嫌な気分になるのでしょうか？

患者：自分が感じるほど，実際には悪くなかったのかもしれません。ほとんどの人たちは私よりも成績が悪かったのですから。

ホームワーク

　極端でないやり方で比較するという課題がホームワークである。セラピストは次のように提案し，導入を図るとよい。「私たちは自分をトップレベルの人と比較してしまいがちです。しかし様々なレベルの人たちと自分の実績を比べるほうが，より現実的ではないでしょうか。あなたは自分自身の資質について，いろいろとネガティブに（例：失敗者である，愚かである，醜い，など）語っていますね。今回はこの表（ツール 6.7 極端でないやり方で比較

する) を使って，このことについてよく考えてきてください。あなたは自分がそのようなネガティブな資質をもっていると考えているようですが，この表を使ってそれらをリスト化してみるのです。そして自分自身を様々なレベルの人たちと比べてみてください。つまり，25％のレベル，50％のレベル，75％のレベル，そして100％のレベルの人たちと自分を比べてみるのです。比較してみて，どのようなことがわかるでしょうか？　比較した結果，あなたはどんなことを感じたり考えたりするでしょうか？」

予測される問題点

　完璧主義的な患者は，このような技法を困難に感じる場合も多いだろう。すべての範囲にわたって，様々なレベルにある人と自分とを比較するのは合点がいかない，と不満を述べる人もいるだろう。なぜならそのような患者は，自分自身に対して高すぎる期待を抱いているからである。このようなときに役立つ技法がいくつかある。まず，すべての範囲にわたって比較することの損益を分析する。全範囲を比較の対象とすることにより，患者は自分が成し遂げたことを正しく評価することができるようになるだろう。また，標準以下のレベルの人たちと自分を比較し，それでいいと甘んじてしまったら，自分のモチベーションが低下してしまうのではないか，並の業績に陥ってしまうのではないか，と不安になる患者がいるかもしれない。しかし，人は最高レベルの人だけでなく，広い範囲にわたって自分と他人を比較したところで，本当にやる気を失ってしまうものなのだろうか？　この点について，根拠を挙げて検証することが第二の対応策ということになる。さらに患者の中には，このような比較をすること自体に躊躇し，それを先延ばししようとする人がいる。しかしたとえ大雑把なものであっても，全範囲にわたって比較をしてみることで，そこから何らかのポジティブな結果を得られるものである。そのような可能性について考えてみることが，第三の対応策となる。この場合セラピストは，次のように言って患者を手助けするとよいかもしれない。「50％や40％のレベルにいる人たちでも，そのことによってそれなりに何か

ポジティブなことを得ているのではないでしょうか？ たとえば，さほど大きなプレッシャーに苦しまなくてもいい，といったことです」

その他の関連技法

その他の関連技法としては，損益分析，選択肢を考え出す，連続法，下向き矢印法，段階的課題設定，が挙げられる。

ツール

ツール6.7（極端でないやり方で比較する）が挙げられる。

■ 技法：他の人の対処法を参照する

解説

前述の通り，私たちは自分よりも物事がうまくいっていない人に対して，「自分よりもずっと不幸である」とみなしてしまいがちである。しかし実際には，そうでない場合も結構あるのではないだろうか。たとえば収入について考えてみよう。私たちは，ある程度の稼ぎがないことには自尊心を保つことができない，と信じている節がある。しかし実際のところ，もっと少ない稼ぎしかなくても快適な生活を楽しんでいる人も大勢いるのではないだろうか。この技法（他の人の対処法を参照する）は，自分よりも物事がうまくいっていない人たちについて考えるよう，患者に求めるものである。うまくいっていない人たちを，ポジティブなロールモデルとしてあえてみなしてみるのである。つまりそのような人たちは，「物事の出来」という点では自分よりも劣っているが，結果的に成功しているロールモデル，ということになる。この技法は直感と相容れないように思われるかもしれない。しかしこの技法によって，患者は，高すぎる基準を自分に求めたり不公平な比較をして自尊心を低めたりせずにすむようになるだろう。

この技法の応用として，患者と同様の喪失（トラウマ，挫折，対立など）

を経験した人たちがいかに実りある形でそれに対処してきたか，患者に考察を促すというやり方がある。たとえば，失職したばかりの患者がいるとする。このような患者は，他の人たちが失業という事態にいかに対処してきたかということについて考えてみるとよいかもしれない。セラピストは次のように教示することができる。「他の人たちは，失業という事態にどのように対処しているのでしょう？　その秘訣は何だと思いますか？」

検討と介入のための問い

「あなたはとても高い基準を自分に求め，それを達成できなかったのですね。そして，どうして達成できなかったのか，ということにとらわれてしまっています。人生のネガティブな面ばかりに目が向いてしまっているのでしょう。しかしここでは，他の人たちについて考えてみましょう。他の人とは，あなたよりもっとうまくいっていない人（もしくは，あなたと同じぐらいうまくいっていない人）のことです。そういう人たちだって，何かポジティブな経験をしているのではありませんか？　もしそうだとしたら，それはどのようなことでしょう？　他の人たちはどのようにして大変な状況を切り抜けてきたのでしょうか？　どのようにしてポジティブな経験を得ることができたのでしょうか？」

例

セラピスト：あなたは，目標にしていた年収を得られなかったから，自分自身に対して不満なのですね。ところで，あなたよりも年収が低い人も，世の中にはいるのではないでしょうか？

患者：私よりも年収が低い人は，世の中に大勢いると思います。でも私は，自分がもっとたくさん稼げるものと期待していたんです。

セラピスト：つまり，自分の期待通りではなかったということですね。ところで，あなたよりも収入が少なかったという人を，誰か知っていますか？

患者：私と一緒に働いている人たちはほとんど全員そうです。

セラピスト：そのうちの何人かについて話してください。たとえば，その人たちはそれぞれの人生で何かポジティブなことを経験しているでしょうか？

患者：そうですね，実際のところ，ジェーンは私の半分ほどしか収入がありません。でも，友だちと楽しくやっているようです。質素だけれどすてきなアパートももっています。それに物事に対する姿勢が楽天的です。

セラピスト：ジェーンはどのようにしてそのように楽しく過ごしているのでしょうか？　あなたと比べてうんと収入が少ないというのに。

患者：彼女は自分自身に対して，私のような高い期待を抱いていないからではないでしょうか。

セラピスト：人生についてジェーンから学べることが何かあるのではないですか？　あるとしたら，それはどんなことだと思いますか？

患者：どうしたら楽しく過ごせるか，ということについてなら，彼女から学べそうです。

別の患者について考えてみる。この患者はもうすぐ離婚することになっており，そのことを心配している。彼は離婚が決まった後，自分を孤独な失敗者だと思い始めていた。

セラピスト：友だちで，離婚したことのある人がいますか？

患者：ラリーという友人がいますが，彼は離婚したことがあります。また，フランクは二度も離婚を経験しています。

セラピスト：ラリーは離婚をしたときに，どのように対処しましたか？

患者：そうですね，実際のところ，彼は結婚生活から解放されてかなり幸せそうでした。離婚による経済的損失については不満をもらしていましたけど。でも彼は自分自身のアパートを購入し，インターネッ

トを通じて，新たな人とデートもしていました。
セラピスト：あなたが離婚を乗り切るために，ラリーから何か学べること
　　　はありますか？
患者：そうですね。お金のことがからむと，ついついそちらに気を取られ
　　　てしまいますね（笑う）。
セラピスト：確かにそうですね。でもお金による解決は，罪悪感に対処す
　　　るためには有益かもしれません。弁護士に手助けしてもらうことで，
　　　さらに罪悪感を防げることでしょう。そうすればあなた自身の資産
　　　を守ることに，もっと関心を向けることができるかもしれませんね。
　　　ところで，こうした金銭面について，ラリーはどのように対処した
　　　のですか？
患者：彼はよい弁護士を雇ったんです。
セラピスト：そうですか。その他に何か，離婚をよい結果とするためにラ
　　　リーがしたことはありますか？
患者：彼は自分自身のためにすてきなアパートを購入しました。あのア
　　　パートは将来価値が上がると思いますよ。
セラピスト：あなたもアパートをもっているのではありませんか？
患者：ええ。そういえば，あれも私の財産なんですね！
セラピスト：そうですね。その他に何か，彼から学べることはありますか？
患者：じっと座ってイライラしたままで過ごさない，ということでしょうか。
　　　外に出かけていって人と会うことですね。何かをするということです。
セラピスト：このように，他の人が離婚にどう対処したか，ということを考
　　　えることも，全体像を見渡すためのひとつの方法と言えそうですね。
患者：はい。今は，離婚することもあまり悪いこととは思わなくなりまし
　　　た。彼らだって離婚に対処できたのだから，私にだってできないは
　　　ずはないですよね。

ホームワーク

　ツール6.8（他の人はどのように対処しただろうか？）を使って，自分がとらわれている対立，失業，収入不足，人間関係，拒絶，反対意見などを書き出し，それらの問題に対する他の人の対処法について考えてみることがホームワークである。想起するのは，患者の知り合い（もしくはかつての知り合い）で，患者と同じような，またはよりいっそう困難な問題を経験したことのある人で，そのような問題にうまく対処できた人であれば誰でもよい。セラピストは，次のように教示するとよい。「これらの人たちから学べるのは，どのようなことですか？」

予測される問題点

　全体像を見渡すことを求めるどの技法についても言えることだが，患者の中には，この技法が自分の経験を無効化するものであると感じてしまう人がいる。たとえば次のような不満を訴えた患者もいた。「先生はまるで，『これでいいんだ』と私に思わせようとしているかのようですね。でも私はこのせいでひどく傷ついているんです」。このような場合，セラピストは特にバランスを取るよう努める必要がある。患者の精神的なつらさを正当なこととして認めると同時に，そのようなつらさに対処してきた人たちから学べることがあるということを伝えていくのである。

その他の関連技法

　その他の関連技法としては，二重の基準法，問題解決法，選択肢を考え出す，極端でないやり方で比較する，問題をあえて否認する，活動スケジュール法，などが挙げられる。

ツール

　ツール6.8（他の人はどのように対処しただろうか？）が挙げられる。

技法：基準を多様化させる

解 説

　私たちは自分や他人を判断する際，ひとつの要因だけを基準として，その他の多くの要因を除外してしまいがちである。これは極めてよくあることである。たとえば，歴史の試験でCをとった女子大学生について考えてみよう。「C」というのは平均レベルの成績なのだが，この学生は「私は失敗者だ。自分は何も学んでいない」と結論づけてしまった。彼女は自分が間違えた問題だけに注目し，正解した他の問題をすべて無視していたのである。これは道理にかなった考え方と言えるだろうか？　正解した問題以外にも，試験には出なかったものの歴史の講義の中で学んだことは何かなかったのだろうか？　歴史以外の講義でも，きっと何かを学んだのではないだろうか？　たとえ試験に出ないようなことであれ，友人たちとのやりとりや大学生活のすべての面からも，多くのことを学んだのではないだろうか？　にもかかわらず，彼女はひとつの面だけに注目して自分自身を評価しているのである。自分が多くの物事を学んできたその他の分野を考慮に入れなかったのである。

　もうひとつ，社会不安の男性の例を挙げる。彼は，「あのミーティングで，自分はさぞかし愚かに見えただろう」と思い込んでいた。彼が示した根拠とは，ミーティングで話すときに口ごもってしまった，ということである。しかしそのミーティングにおいて，彼は何らかの有能さを発揮したのではないだろうか？　あるいはこれまでに彼が参加した他のすべてのミーティングではどうだったのだろうか？　下記の対話例は，この社会不安の男性とのやりとりから抜粋したものである。

検討と介入のための問い

　「私たちは，ひとつかふたつの状況で何かにうまく対処できなかったから，という理由で，自分にはある資質が欠けている，と思い込んでしまうことが

あります。たとえば私は，自分を愚かだと信じていた男性と話し合ったことがあります。彼は職場でのある面接でうまく答えられなかったせいで，自分を愚かだと決めつけていました。しかし口ごもったこと以外は，その面接で彼はうまくやれたのではないでしょうか？ さらにその面接以外の場面では，彼は何らかの有能さを発揮しているのではないでしょうか？ 実際彼は，仕事自体はうまくやってきていました。ただ面接が苦手だっただけなんです。人づきあいも得意でした。とかく人は自己批判的になってしまうと，自分のポジティブな資質や行動を見失ってしまいがちです。あなたは自分にどのような資質が欠けていると思いますか？ どのようにしたら自分や他人の資質を創造的なやり方で見直すことができるでしょうか？ いくつか方法を考えてみましょう」

例

 セラピスト：ミーティングで口ごもってしまったのですね。それで皆があなたを愚かだと思ったに違いない，と思っているのですね。そのミーティングの長さは，どれぐらいだったのですか？
 患者：90分ぐらいです。
 セラピスト：あなたは何回ぐらい発言したのですか？
 患者：10回ぐらいです。
 セラピスト：ミーティングで発言した人の有能さを評価するには，どのような方法があるでしょうか？
 患者：まず開始時間を守るということです。そして必要な情報をもってきて，それを皆に伝えることです。さらに，皆を納得させられること，皆の同意を得ること，などでしょうか。こういうことができれば，その人は仕事ができる，ということになると思います。
 セラピスト：これらのことが，あなたにはできましたか？
 患者：ええ，全部できました。
 セラピスト：これらのことができたということを，「口ごもったせいで仕事

ができないと思われてしまった」と思い込んでいるとき，あなたは考慮に入れていましたか？ あなたは他にもミーティングでうまくできたことがあったはずです。それらのことを考慮に入れていなかったのではないでしょうか。とすると，あなたは「成功する」ということについて，自分の基準を広げる必要があるかもしれませんね。

もうひとつ，73歳の女性の例を紹介する。彼女は結婚して50年ほどになる。「夫は私のことを愛していません。だって彼は私とセックスをしたがらないからです」。彼女はそう信じていた。しかも彼女は50年間の結婚生活を通じて，ずっとこのような信念を抱き続けてきたとのことであった。セラピストは，彼女の「愛」に対する基準を広げようとしてみた。

セラピスト：夫が妻を愛している，ということを示す方法として，セックス以外にどのような方法がありますか？

患者：妻に忠実であるということです。また，愛情深くあること，プレゼントを贈るといったことも挙げられます。妻が落ち込んでいるときに，手助けしたり一緒に何かをしたりする，ということもそれに該当すると思います。

セラピスト：その点について，ご主人はどうだったのですか？ 今挙げてくれたことのいくつかを，ご主人がしてくれたことはありますか？

患者：ええ，ありました。それに，彼は私に「愛している」とも言ってくれます。

セラピスト：あなたは愛情の証として，たったひとつのこと，つまりセックスだけに注目してきたのではないですか？ でもあなたの話を聞いていると，ご主人は様々なやり方で，あなたに対する愛情を示しているように思われますが？

夫の経歴を患者から聴取するなかで，夫の家庭医（夫は結婚前からこの医

者にかかっていた）が彼女に対し，あることを忠告していたことが明らかになった。家庭医は，彼（夫）がセックスにほとんど興味をもてないことを彼女に告げていたのである。さらにその後，患者の夫が慢性的な抑うつ症状に陥っていることも明らかになった。そのせいで彼の性欲は抑制されていたのである。しかしそのことが，別のやり方で彼が妻を愛する妨げになっていなかったことも明らかになったのである。

ホームワーク

　患者は，どのような資質について，もっとそれが自分に豊富だったらよかったのにと望んでいるのだろうか（すなわち，どのような資質について，それが自分に欠けていると思い込んでいるのであろうか？）。ツール6.9（資質を評価するための新たな方法を開発する）を使って，そのような資質をひとつ挙げ，それを自分の中に見出すための方法を考え出すことがホームワークである。その際同時に，自分がその資質を有することを示す具体例も挙げてもらう。

予測される問題点

　患者の中には，ネガティブな側面だけを追求してしまう人がいる。このような人たちは，自分のポジティブな側面を割引いて考えている。というのも，このような人にとってポジティブな面というのは，「あって当たり前」だからである。このような思考に対処するには，どうしたらよいだろうか？ それには，患者が「あって当たり前」と考えているポジティブな側面が，実際に欠けている人たちについて考えてもらい，そのような人を具体的に挙げてもらうとよいだろう。たとえば「礼儀正しく振る舞うこと」を当たり前と信じている患者がいたら，その人には，礼儀に欠ける人の例を挙げてもらうのである。

その他の関連技法

その他の関連技法としては，意味論技法，根拠と反証を挙げる，限定された情報検索を検討する，二重の基準法，肯定的側面の追求，などが挙げられる。

ツール

ツール 6.9（資質を評価するための新たな方法を開発する）が挙げられる。

◼ 技法：すべてを取り除く

解　説

私たちは，日常生活で経験するほとんどのことを「当たり前のこと」と考えがちである。そしてこれからもそれは続くものと思っている。抑うつは，日常生活におけるポジティブな側面を割引いてとらえてしまったために生じることが多い。報いてくれるものがありながら，その価値を正しく認めなかったり，自分の周りによい事柄があるのに，それに注意を払わなくなったりした結果，うつ状態に陥ってしまうのである。日本における抑うつの治療法の中には，抑うつ患者を"環境とのかかわり（他人とのかかわりと，状況とのかかわりの両方を含む）をなくしてしまった人"としてとらえているものもある［訳注：内観療法のことを指していると思われる］。その治療法では，患者を薄暗い部屋に置き，セラピストがそばにつく。患者は，今では自分がかかわりを失ってしまった状況や人物について，このような環境の中でじっくりと考えるのである。これらの状況や人々は，患者にとってどのような意味があったのだろうか？　静かな部屋でひとりきりで考えることによって，そのような意味に対する患者の意識は高まるだろう。その後セラピストは，患者にもう一度，それぞれの状況や人物へと意識を向け直してもらう。患者は様々な状況や人物とのかかわりに再度注目し，ひとりで考えるなかで，自分がそれらをどのように評価したのか，セラピストに向かって表現するのである。たとえば，皮を剥いたオレンジが患者の前に置かれていたとする。患者

は「オレンジの香りがします。オレンジジュースの甘さを思い出しました」と述べるかもしれない。同様に，患者のパートナーにその部屋に来てもらう。すると患者は正しい認識のもとでその人とのかかわりを思い出し，表現することができるだろう。このようにして世の中に対する意識と絆が再構築されるのである。

　私はこの方法を自分の治療に活用してきた。たとえば，「何事にも価値はない」と確信している患者がいるとする。そのような患者に対して私は次のように尋ねることがある。「すべてのものが自分から奪われてしまった，と想像してください。あなたは，身体，記憶，家族，仕事，自宅，全財産，さらには物事を感じる能力にいたるまで，何もかもすべてを失ってしまったのです」。その後患者は，これらのもの一切を奪ってしまった神にそれを返してくれるよう頼まなくてはならない。そのうちのいったいどれほどを取り戻すことができるのか，患者にはわからない。それでも患者は，返してくれるよう求める自分の要求がなぜ正当であるのか，ひとつひとつについてその根拠も述べなくてはならない。つまり患者は，それぞれの物事が自分にとって価値があることを神に対して証明しなければならないのである。「そんな証明などしたくない」と言う患者もいるだろう。その場合，患者は，すべてを失った後に自分の生活がどうなるかということについて想像し，説明するよう求められる。

検討と介入のための問い

　「あなたが手に入れているもの，そしてあなたという存在，そのすべてが奪われてしまったらどうなるでしょうか。想像してみてください。もしそうなってしまったら，あなたは何を返してほしいですか？　それはなぜですか？　絶対的な神が存在すると想像してみましょう。あなたは神に対して，返してほしいと思う状況や人物について，それらを再び元の状態に戻してくれるよう，頼まなくてはなりません。あなたの願いのうち，いったいいくつが，神に聞き入れられるかは定かではありません。あなたが返してほしいと

思うものがあなたにとって本当に大切であるということ，それらの価値をあなた自身が本当に正しく認めているということを，あなたは神に納得させなければならないのです。それではロールプレイをしてみましょう。私が神の役をします。あなたは自分から奪われてしまった人や状況を返してくれるよう私に頼んでください。何もかもがすべて奪われてしまったということを，心に留めておいてください。今やあなたには何も残ってはいません。身体も，心も，記憶も，友だちも，家族も，財産も…何もかもです。すべて失ってしまったのです。それでは始めましょう。まずは一度につきひとつだけ，私に頼んでみてください。その後，あなたがそれを本当に返してほしいと思っているということを，そして，あなたがその価値を本当に正しく評価しているということを，私が納得できるように説明してください」

例

　私はこの技法を，ウォール街で働いているある若い男性患者に用いてみた。彼は取引で誤った判断をしてしまったために，「自分の人生は終わってしまった」「自分には生きていく価値がない」と思い込んでいた。

　　セラピスト：目を閉じて，次のことを想像してみましょう。あなたはすべてのものを奪われてしまいました。すべての記憶や感覚，身体，家族…つまり奥さんやお子さんです。それに両親や友人もです。さらに仕事，自宅，車，全財産，何もかもすべてです。それでは次に，神，すなわち至高の存在を想像してください。その存在に，これらのものを返してくれるよう頼むのです。その際あなたは，あなたにとってこれらのものがどんなに重要であるかを説明し，その根拠を示さなければなりません。あなたの主張が正当なものであるということを神に納得させなくてはなりません。さもないとそれらのものはあなたのもとに戻ってこないのです。

患者は落ち着かない様子だった。それでもまずは，自分の感覚を返してほしいと頼んだ。なぜ感覚が優先されるのか，その理由を彼は次のように説明した。「そもそも見たり聞いたり感じたりすることができなければ，その他の事柄を評価することなど一切できないからです」

> セラピスト：では，あなたは何を，見たり聞いたり感じたりしたいのでしょうか？
> 患者：妻や息子の姿です。ふたりの姿を見たいのです。ふたりの存在を身近に感じたいのです。
> セラピスト：あなたはなぜそのように望むのですか？ ふたりの姿を見ることは，あなたにとってどのような意味があるのですか？
> 患者：それは私がふたりを愛しているからです。
> セラピスト：それでは仮に，あなたがそのふたりの存在だけを感じ取ることができるのであれば，それで十分なのですか？
> 患者：いいえ，十分ではありません。私は太陽をもう一度見たいですし，両親や弟の声も聞きたいです。音楽も聴きたいです。
> セラピスト：もし，もう二度と音楽を聴くことができないとしたらどうでしょうか？ あるいは二度と太陽を見ることができないとしたらどうですか？
> 患者：そんなの，あんまりです！

この患者はその後，その他にも返してほしいと頼みたいものは何か，それが自分にとって重要であることを示したいものは何か，という観点から，様々なものについて検討していった。この練習が彼にとってかなり大きな精神的影響を及ぼしたのは興味深いことである。「何事にも動じない"ミスター・ウォール街"」は，この技法を通じて，自分の人生で最も重要なものが文字通り目の前にある，ということを悟ったのである。

2週間後，彼の抑うつは解消された。「この練習のおかげで，自分の人生が

かけがえのないものであることを実感しました。たとえ取引が成立しない債券があったとしても、私の人生はかけがえのないものなんです」と彼は言った。そして次のような出来事について語ってくれた。「先日、隣の家の奥さんが訪ねてきました。彼女は妻よりも少し年上です。彼女が次のように言ったので、私たち夫婦はショックを受けました。『もうお気づきかもしれませんが、実は息子のジェリーが先月からずっと元気がないんです。あなた方にはお話しておきたいのですが、ジェリーは父親をガンで亡くして以来、ずっと動揺しているんです』。その話を聞いて、私は泣き出してしまいました。私にとって家族がどれほど大切であるか、そして家族にとって私という存在がどれほど大切であるか、やっと気づいたのです」

ホームワーク

ツール 6.10（自分にとって大切なものを求める）を使い、次のように想像をめぐらすことがホームワークである。「自分は何もかも失ってしまった…自分の身体、感覚、記憶、家族、財産、仕事、友だち…すべてを失ってしまった」。さらに患者は、これらの失ってしまったものについて、それぞれの意味や重要性を発見すると共に、それらを取り戻したい旨を正当な根拠に基づいて主張する。セラピストは次のように教示するとよいだろう。「なぜそれらがあなたにとって重要なのでしょうか？ なぜあなたはそれらを価値あるものとして評価するのですか？ 失ったものそれぞれについて説明してください」。このような技法は、「価値あるものなど何もない」「あらゆるものがあって当然だ」という患者の考えを検討するために有効である。ツール 6.10（自分にとって大切なものを求める）は、このようなことに関する患者の信念を引き出す際に役立つだろう。

予測される問題点

患者の中には、このような技法についても、それが自分の喪失や対立といった体験を無効化するものであるととらえる人がいるかもしれない。なぜなら

そのような患者にとって，自分の経験した喪失や対立は「真実」だからである。確かに喪失や対立はその人にとって真実であるかもしれない。しかしそれ以外のこと，つまり我々セラピストが患者に考察を促すような事柄もまた，すべて真実であることに変わりはない。患者がこのような他の可能性や経験をも，自分の人生における真実として受け入れていくかどうかは，患者がそれらの意味について認識できるかどうかにかかっているだろう。よりマインドフルになること，すなわち目の前にある真実に対する自覚を高めていくことにより，そのような認識は生じうる。セラピストは次のように言うことができる。「あなたは1秒たりとも，呼吸をしていないときはありませんよね。しかしあなたは自分が呼吸をしていることをほとんど意識していないのではないでしょうか。では，あなたが常にしているこの呼吸について考えてみましょう。5分間呼吸ができなくなってしまったら，私たちは確実に死にます。それが真実です。しかし，呼吸をしなければ死んでしまうといった真実は，あえて想像してみてはじめて，それが真実であると気づくものなのです」

その他の関連技法

その他の関連技法には，連続法，ゼロポイントを設定する，極端でないやり方で比較する，選択肢を考え出す，問題解決法，二重の基準法，バルコニーから眺めてみる，活動スケジュール法などが挙げられるが，これらはすべて，ツール6.10にリスト化した項目の価値を正しく評価し，よりマインドフルになることを目指して活用する必要がある。

ツール

ツール6.10（自分にとって大切なものを求める）が挙げられる。

▰ 技法：喪失や対立から生まれる機会と新たな意味について検討する

解説

　人生において喪失や対立を避けることはできない。しかし喪失や対立は苦痛をもたらすので，我々はこれらに対してよりよく対処していく必要がある。一方，喪失や対立が何らかの意味を成し，我々を新たな認識へと導いてくれるきっかけとなることもある。あるいは喪失や対立は，新たな困難に対処する機会を我々に提供し，それらに対処する経験を通じて，我々は人間的に成長することもできる。たとえば，現在，離婚を経験しつつある人は，「親しい関係を失い，継続的な人生が途絶えてしまった」と考え，ひどく落ち込んでいるかもしれない。しかしその一方で離婚には次のような面もある。(1) 愛情や愛着が自分にとってどのような価値をもつのか，改めて認識する機会を与えてくれる。(2) 友人や別のパートナーと新たな関係を築く機会を与えてくれる。(3) 仕事や人間関係において，自分が成長する機会を与えてくれる。喪失の悪い面ばかりに目を向けるのではなく，現在の状況からどのような機会や挑戦や意味が結果的に得られるのか，新たな可能性へも目を向けてみるよう，セラピストは患者を励ますとよいだろう。認知療法の父のひとり，ヴィクトール・フランクルは，『Man's Search for Meaning（人生の意味を求める）』(Frankel, 1984) という大変印象深い著書の中で，このような考え方について論じている。フランクルは，ナチの死のキャンプにおいては，意味を探求することだけがキャンプ生活における対処法であったと述べている。

　このような基本的問題，つまりネガティブな状況においてポジティブな面を追求するという問題が私にとって鮮明になったのは，2001年9月，私の居住地でもあるニューヨークで，世界貿易センターがテロリストによる攻撃を受けたときであった。私はテロの犠牲者たちのことで頭がいっぱいになり，精神的混乱に陥った。と同時に，我々ニューヨーカーは，何千人もの人々を

助けるために命を落とした消防士や警察官たちを目撃したことで，コミュニティ精神，希望，誇り，そして強さといった感覚が自らの中に満ちるのを感じた。多くの勇敢な人々が命を落とす光景を目撃することは，あまりにも高い代償であったことは確かである。しかしこのような事態を目にしたおかげで，私はヒーローが存在することをはっきりと実感できた。我々が，前向きな気持ちで互いに結びつくことができたのも，彼らのおかげなのである。

検討と介入のための問い

「今のあなたは，その喪失［対立］にとらわれてしまっているのかもしれません。あなたにはそれが非常にネガティブに感じられるのでしょう。しかしそれを別の視点からとらえてみることも可能ではないでしょうか。現在のこのような状況から，あなたは何か自分の人生に新しい意味を見出すことができるかもしれません。そのような視点から今の状況を考えてみることにしたらどうでしょうか？ どのようなポジティブな結果が生まれる可能性があるでしょうか？ 今回の経験を通じて，あなたが価値を置いているものについて，どんなことを学んだでしょうか？ あなたにとって本当に大事なこととは何でしょうか？ この喪失［対立］を通して，何か新たに経験できることがありますか？ 新しい機会，新しい行動，新しい人間関係，新しい挑戦があるでしょうか？ もしくはこれまでとは違った見方で物事を経験することができるでしょうか？」

例

セラピスト：ジェーン，あなたはビルと別れてからずっと落ち込んでいるのですね。落ち込んでいるとき，どんな考えが浮かびますか？

患者：「愛する人がいない人生って，いったいどんな人生なんだろう」ということです。

セラピスト：あなたにとって，誰かと深くて意味のある関係をもつことが重要なのですね。あなたはそういったことに価値を置いているのですね。

患者：そうです。私には友だちがいます。仕事も順調です。でも私は，誰かと親しい関係をもつことで，ずっと幸せな気持ちになれるんです。

セラピスト：そのような相手がいるということは，あなたにとって意味があるのですね。

患者：そうです。そのような人がいると，「私は誰かを愛することができるんだ」と思えるのです。私は誰かと親密な関係であったり，誰かと結びついているということが好きなんです。

セラピスト：誰かと親密に結びついているということ，誰かを愛せるということ，それがあなたにとって重要なんですね。

患者：ええ。それなしで生きていくのはつらいんです。

セラピスト：そうですか。今はそのような関係が失われてしまったので，あなたはとてもつらいのでしょう。しかしつらい経験を通じて，私たちは自分自身をよりよく知ることができますね。あなたにとってそれは何だと思いますか？

患者：私は人生に愛を求めている，ということです。

セラピスト：なるほど。確かにあなたはつらい経験をしました。しかし，自分自身についてそのような発見ができたというのは，よいことかもしれませんね。そういうふうにも考えられませんか？

患者：ええ。でも私は，特別な人と親密でありたいんです。

セラピスト：誰かを愛せるということ，誰かに何かを与えられるということ，誰かと結びつくことができるということは，あなたの重要な一部なのですね。それを変えたくはないのですね。

患者：ええ。だから私はすごく落ち込んでいるんです。こんな状態で，これから先いったいどうやって，そういう人を見つけることができるんでしょうか。

セラピスト：今はまだ，その時期ではないのかもしれませんね。しかし親しくできる誰かを見つけるということは，あなたにとってとても重要で，価値のあることなのでしょう。だからこそ心に留めておきた

いのは，あなたにとって特別な人とこそ，そういう親しい関係をもつことが重要だということです。誰でもいいわけではないでしょう？

患者：でも，そういう人が見つかるまでの間は，さぞかし寂しいでしょうね。

セラピスト：おそらく，少しの間はそうかもしれません。しかしその寂しさから何かを発見できるかもしれませんよ。それはたとえば，あなたが人に与えるものをたくさんもっているということかもしれません。確かにこのような経験はつらいことですよね。しかしあなた自身についていろいろなことを教えてくれるのです。そしてあなたの愛や優しさの一部を，自分を大切にする方向へと向けることも，できるようになるかもしれません。

患者：そうなるといいと思います。

ホームワーク

喪失や対立から，自分が価値を置いているものや自分にとって重要な物事について，新たに何を知ることができたのだろうか？ そのことについて考えてみることがホームワークである。セラピストは次のように説明することができる。「私たちはネガティブな経験を通じて，自分が何に価値を置いているのか，何が自分にとって重要なことか，を明確にすることができます。あなたは今回の経験を通して，どんなことを新たに知ることができたでしょうか？」。また，現在の状況からさらに新しく何かを学んだり，成長や行動の機会が生まれたりすることもあるだろう。ホームワークで，それらのことをリスト化することもできる。ツール6.11（機会と新たな意味について検討する）に，上の問いに対する回答を記入することができる。

予測される問題点

患者の中には，出来事の意味や重要性を見つけようとすることで，抑うつ状態がひどくなってしまう人がいるかもしれない。それはそのような患者が，自分の望むことを今現在手に入れておらず，将来も決して入手できない，と

信じているからである.もちろん,セラピストは患者の現在の苦しみを正当なものとして認める必要がある.一方で,患者の反応によって暗示される価値や欲求が,いかに今後の潜在力となりうるかを指摘することも同様に重要である.それぞれの価値が患者の生活を動機づける推進力となりうるのである.たとえば,先の対話例に示した通り,親密な関係にピリオドが打たれると,それが引き金となって人は寂しさを感じるようになる.そのような人は,親密さこそが自分には必要であると考えてしまうかもしれない.しかし同時に,重要な価値,すなわち他者との間に有意義な結びつきを育むことの重要性を認識できるようにもなるのである.このような価値を自覚することでその後,患者は他の人たちとの関係をよりいっそう深めることができるようになるだろう.これまでよりもっと誠実に,直接的な形で他者と関係を結ぶことができるようになるかもしれない.

その他の関連技法

その他の関連技法としては,選択肢を考え出す,ポジティブなリフレーミング,問題解決法,ネガティブな思考に対するロールプレイ,活動スケジュール法,個人的なスキーマを同定・修正する,などが挙げられる.

ツール

ツール 6.11(機会と新たな意味について検討する)が挙げられる.

❖❖ ツール6.1　円グラフ法を練習する

下の「円」はいくつかの部分（片）に分かれています。各部分について考えてみましょう。それぞれ部分（片）は出来事の原因を表します。場合によっては，ある原因に対して，複数の片が必要となるでしょう。たとえばある原因を他の原因と比較した場合，それがその出来事に対して，より多くの影響を及ぼしているような場合です。各部分に，その出来事の原因としての名称をつけてみてください。ところであなた自身は，その出来事の原因として，どれほどの割合を占めているでしょうか？　あなたに残された部分は，どれぐらいの大きさになるでしょうか？

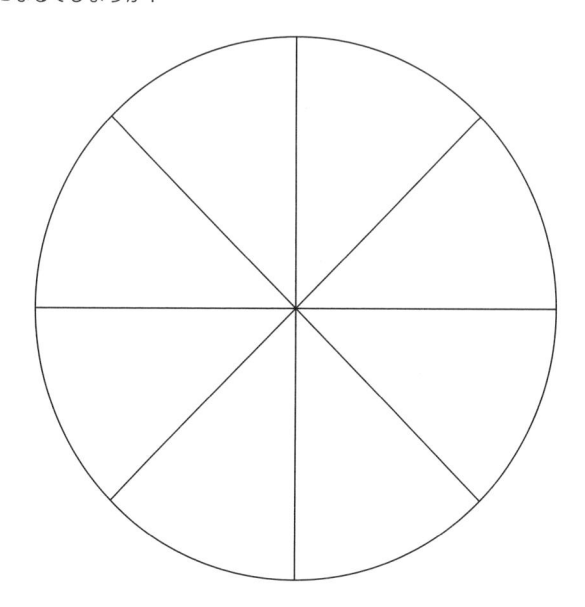

どんなネガティブな出来事があなたを悩ませているのですか？

_____

この出来事を引き起こす原因としてどのようなことが考えられるでしょうか？　その出来事に対するあなた自身の責任も含めて，すべての原因をリスト化してください。

_____

_____

_____

◆◆ ツール 6.2　連続法を練習する

あなたが現在悩んでいる出来事のひどさは，どれぐらいでしょうか？　下のスケールを使い，それがどこに位置づけられるか示してください。スケールには 10 ポイントごとに目盛りが記されています。それぞれのポイントに相当すると思われることを当てはめていってください。今のこの出来事よりも低いポイントに相当する出来事がなかなか思い浮かばない，ということはありませんか？　それはなぜでしょう？　このスケール上のそれぞれのポイントにまずはひと通り出来事を当てはめてみます。その後さらに，今回の出来事を再評価してみてください。その再評価は，あなたが最初に下した評価と同じでしょうか，それとも異なるでしょうか？　同じにせよ，異なるにせよ，その理由を考えてみてください。

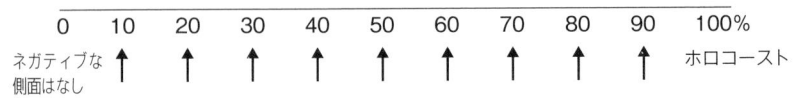

```
  0   10   20   30   40   50   60   70   80   90   100%
ネガティブな ↑    ↑    ↑    ↑    ↑    ↑    ↑    ↑    ↑   ホロコースト
側面はなし
        質問：現在の出来事はどこに位置づけられると思いますか？
```

コメント：

✦✦ ツール 6.3　二重の基準法を練習する

あなた自身やあなたの現在の経験には、どのようなネガティブな側面があるでしょうか？もしこれがあなたの友人に起こったことだとしたらどうでしょう。あなたはその友人にどのようなアドバイスをしますか？　あなたは友人にもあなた自身に対するのと同じくらい批判的になるでしょうか？　もしそうでないとしたら、それはなぜでしょうか？

現在のネガティブな思考	友人へのアドバイス	友人に対するよりも自分自身に対して批判的になる理由

❖❖ ツール6.4　バルコニーから眺めてみる

私たちは自分の視点からしか物事を見ないことがあります。そのために激しい感情に巻き込まれ，そこから抜け出せなくなってしまうのです。しかしどのような相互関係であれ，他の様々な視点から物事を眺めてみることはできるものです。たとえばあなたの現在の経験を例に考えてみましょう。バルコニーから観察しているかのように，それを眺めていると想像してみてください。どのような眺めでしょうか？　このような新しい見方で自分の経験をとらえ直してみることには，どのような利点があると思いますか？

現在起きていること（ネガティブな思考，感情，など）に対する私の今の見方	バルコニーからそれを眺めたときの私の見方	バルコニーからそれを眺める利点

❖❖ ツール6.5　選択肢を考え出す

私たちは動揺しているとき，たったひとつの自分の見方にとらわれてしまうことがよくあります。その他にも様々な見方があるのに，それに気づけなくなってしまうのです。現在の状況とあなたの物の見方について考えてみましょう。左側の欄で現在の状況を説明してください。真ん中の欄にはそれに対するあなたのネガティブな考え——すなわち，あなたの「解釈」——を記します。さらに現在の状況を別の見方でとらえてみたらどうなるでしょうか？　右側の欄にはそのような別の見方をリスト化します。異なった解釈や行動，他にも追求可能な機会など，どのようなことが考えられるでしょうか，挙げてみてください。

あなたを悩ませている現在の状況を記してください	あなたのネガティブな考え方とはどのようなものでしょうか？	現在の状況に対してどのような別の見方ができるでしょうか？　それによって新しい機会が生まれますか？　あなたが追求できる別の可能性はありますか？　それらをリスト化してください。

◆◆ ツール 6.6　ゼロポイント比較

あなたが自分に欠けていると思う資質とは何でしょうか？　そして，そのような資質を全く有していない人について考えてください。つまりゼロポイントに位置する人のことです。それはどのような人だと思いますか？　あなたとどのように違うでしょうか？　あなたが有しているもの，またはあなたがとる行動で，ゼロポイントの人よりもあなたのほうが上回っていることを象徴的に表すようなこととは何でしょうか？　あなたが失敗者であるということを，そのようなゼロポイントにいる人たちに納得させようとしたらどうしますか？　それはどのようなことだと思いますか？

ゼロポイントにいる人が手にしている資質や物事	私が手にしている資質や物事

◆◆ ツール6.7　極端でないやり方で比較する

私たちはトップレベル（100％）の人と自分自身を比較して，自分を不十分に感じることがあります。しかしあらゆる範囲に位置するあらゆる人たちと自分を比較してみたらどうなるでしょうか？　次の質問に答えながら，自分自身を再評価してみましょう。

質　問	答　え
あなた自身の資質であなたが批判していることは何ですか？	
この資質を全く有していない0％の人を考えてみてください。その人とあなた自身をどのように比較しますか？	
25％の人とはどうでしょうか？	
50％の人とは？	
75％の人とは？	
100％の人とは？	

◆◆ ツール 6.8　他の人はどのように対処しただろうか？

私たちは喪失や対立を経験すると，予想される最悪の可能性や意味に注目してしまいがちです。しかし他にもそれと似たような経験をしてきた人がいるのではないでしょうか？　もしくはもっとひどい経験をした人もいることでしょう。このことに気づくことは有効な助けとなるはずです。これらの人たちの中には，特に役立つ対処法や考え方を見つけた人がいるかもしれません。そのような人たちの対処法や考え方から何を学ぶことができるでしょうか？

あなたの現在の状況を記してください	このようなことを誰か他に経験した人はいませんか？	その人たちはこの状況をどのようにとらえたでしょうか？　そしてどのように対処したでしょうか？

✧✧ ツール 6.9　資質を評価するための新たな方法を開発する

私たちはある特定の状況（例：化学の試験）でうまくいかなかったりすると，自分にはその資質（例：知性）が欠けていると考えてしまうことがよくあります。しかしながら，知性やその他のポジティブな資質には様々な側面があります。そしてそれらを証明する方法はたくさんあります。あなたはどのような資質について，もっと自分に備わってほしかったと願っていますか？　あなたにもそのような資質が多かれ少なかれ備わっていることでしょう。それを証明してくれるポジティブな行動にはどのようなことがありますか？　具体的な例を考えてみてください。その資質を評価する際にはネガティブな言葉ではなく，ポジティブな言葉を使うとよいでしょう。たとえば「失敗」と言うのではなく，「うまくいった経験」と言うほうがよいでしょう。また，背景にある資質について推測するよりも，実際に観察することができ，確認できるような実績や行動に着目するようにしてください。

例：評価の対象とする資質：私には成功した経験がある。

それを観察する別の方法：学生時代を通じての実績，試験の成績，教授のコメント。

異なる状況において，あなたがこの資質を有することは，どのように示されるでしょうか。説明してください。

評価の対象とする資質：
それを観察する別の方法：
あなたがこの資質を有することを示す実例（詳しく）：

◆◆ ツール 6.10　自分にとって大切なものを求める

自分が何もかも失ってしまったと想像してください。自分の感覚，身体，記憶，家族，仕事，財産，など何もかもすべてです。では，あなたが返してほしいと思うものは何でしょうか。重要であるからこそ取り戻したい，と思うものです。それらをリスト化しましょう。そしてそのそれぞれについて，なぜ返してほしいのか，その理由を裏づける根拠を述べてください。

私が返してほしいもの	それが私にとって重要である理由

✦✦ ツール 6.11　機会と新たな意味について検討する

現在の状況（または喪失したこと）	現在の状況（または喪失）から，私が必要としているものや価値について明らかになったこと	私の人生における新たな機会と挑戦

第 7 章

スキーマに焦点を当てた治療

　ベックの初期の精神病理学的記述によると，診断上の各病態はスキーマによって特徴づけられるという。スキーマとは，その人のもつ全般的で習慣的な思考パターンであり，各病態における脆弱性を表している（Beck, 1976; Beck et al., 1978）。たとえば抑うつスキーマは喪失，失敗，拒絶，枯渇についての考えを反映している。不安スキーマは脅威と損傷についての考え，怒りスキーマは屈辱と支配についての考えをそれぞれ反映したものである。ベックらは，各パーソナリティ障害においても特有なスキーマモデルを提案した（Beck, Freeman & Associates, 1990）。たとえば回避性パーソナリティ障害は，自分が不適切であることや拒絶されることについてのスキーマと関連があり，自己愛性パーソナリティは権利や特別な社会的地位についてのスキーマと関連がある，といったことである。またヤングは，パーソナリティの脆弱性に焦点を当て，スキーマモデルを構築した（Young, 1990）。ベックとヤングの両モデルは，アドラーの理論に基づいている（Adler, 1926）。アドラーによれば，人は自分の不適切さを自覚すると，それらを埋め合わせようとするか，こうしたスキーマが活性化されうる状況を避けようとするのだという（認知療法の適用におけるスキーマの妨害作用については，リーヒイ［2001］を参照）。患者が自分の個人的スキーマを同定し，修正していくために，セラピストはどのように手助けしたらよいだろうか。本章ではそのための方法を検討する。

■ 技法：スキーマを同定する

解　説

　抑うつ，不安，怒りに対する脆弱性のもとには，中核信念（コアビリーフ）がある。中核信念とは，個人が自己や他者に対して抱く信念である。ベックら，そしてヤングとフラナガンは，個人が抱きがちな多くの中核的なスキーマを同定した（Beck et al., 1990；Young & Flanagan, 1998）。そしてこれらのスキーマとパーソナリティ障害との対応について考察したのである。しかし本書では，スキーマの内容を評価するためにパーソナリティ障害の診断を必要としなくてもよいのではないかと考える。確かに諸文献において，パーソナリティ障害に様々なスキーマがリスト化されている。しかし個人的スキーマや中核信念に特有の内容は，リストに必ずしも網羅されているとは言えないだろう。スキーマとはそれ自体，本質的に個々人に特有な，自己や他者に対する見方であり，非常に一貫性の高いものである。その意味ではケリーの提唱する「個人的構成概念」のほうが，むしろスキーマの概念に近いかもしれない（Kelly, 1955）。つまり，自己や他者をとらえる際の，その個人に特有で偏りのある認知の仕方，ということである。

　ベックらは中核信念の例として次のようなものを挙げている（Beck et al., 1990）。たとえば，脆弱である，社会的技量に欠けている，無能である，困窮している，弱い，無力である，うぬぼれが強い，他人にコントロールされやすい，責任感がある，有能である，道徳的に正しい，潔白である，特別である，個性的である，魅力的である，印象的である。またヤングは，個人的なスキーマとして次のようなテーマを同定した（Young, 1990）。例：依存，従属，けがや病気に対して脆弱である，セルフコントロールを失う恐れ，感情的剥奪，見捨てられること，不信，欠陥，社会的に好ましくない，能力がない，罪悪感，屈辱，厳しい基準，権利など。

　スキーマを同定する技法としては次のふたつが提唱されている。ひとつは

下向き矢印法，もうひとつはその人の自己や他者に対する見方において一貫して認められるパターンに着目する方法である。下向き矢印法（第1章を参照）とは，セラピストが一連の質問をしていくことにより，基本的な中核信念を明らかにしていくものである。次にその一例を挙げる。「彼女は私を好きではない」→「他人から拒絶されることには耐えられない」→「他人からの拒絶は私に魅力がないということを意味している」。このようにして「私に魅力がない」という中核信念を明らかにしていくのである。もうひとつの方法は，患者の話に一貫して見られるパターンがあるかどうか，セラピストが着目するというものである。そうすることで患者の中核的なスキーマや信念を仮説として同定できるかもしれない。たとえば患者は自分に対して，「愚かだ」「無能だ」とか，「愛されていない」といったレッテルを貼りつけていることがある。セラピストの中には，スキーマの同定を時間がかかる骨の折れる仕事であると確信している人もいる。しかし治療の初期段階で，これらの中核信念の同定に着手することは必ずしも不可能ではない。

　バトラーらが提案するスキーマの同定表を利用することもできる（Butler, Brown, Beck, & Grisham, 近刊）。このようなツールを用いることで，多様なパーソナリティ障害を適切に識別することもできる。ヤングもスキーマ質問紙を開発しているが（Young, 1990），このツールも有用であると思われる。

検討と介入のための問い
《下向き矢印法》
「あなたがそのことで悩むのは，それによって『　　　　』と考えてしまうからですか？」→「もしその考えが本当なら，それによって『　　　　』と考えてしまうから（あるいは，それが『　　　　』を意味するから），あなたは悩んでしまうのですか？」。例を挙げる。「もし試験の出来がよくなかったら，それは私が失敗したということです」→「もし失敗したというのが本当なら，それはあなたにとってどのようなことを意味するのですか？」→「私は落伍者だということです」→「あなたが落伍者だとしたら，どうなるので

しょうか？」→「自分で自分の世話すらできなくなってしまいます」→「そうなったらどうなるのでしょうか？」→「飢え死にするかもしれません」。この例からは，どのような中核信念，もしくはスキーマが読み取れるだろうか。それは損傷，喪失，失敗に対する脆弱性，そして「生物学的脆弱性」といったものだろう。

《共通のパターンに気づく》

セラピストは次のように述べることができる。「話を聞いていると，あなたはある［共通のパターン］にとらわれているように思います」。共通のパターンとしては，たとえば患者が自分自身を，醜い，望ましくない，無能である，邪悪，無力，魅力がないとみなす，といったことが考えられる。患者の中には，何かがあるたびにそれを自分の魅力的でない容貌のせいだと語る人がいる。そのような患者は，自分に何か身体的欠陥があるように感じ，そのせいで自分には魅力がないと考えているのだろう。患者の語りにはそのような個人的スキーマが現れている場合がある。セラピストはさらに突っ込んだ質問をすることもできる。例：「もし仮に，あなたに魅力がない［または，欠陥がある，醜い，など］としたらどうなるのでしょうか？」。たとえばある患者は，次のように自分の信念を述べた。「夫はいつか私のことを見捨ててしまうでしょう。でも私は，結婚していないと幸せになれないんです」。彼女の個人的スキーマには，身体的欠陥，見捨てられること，困窮に陥ること，自分に報いることができない，などのテーマが含まれていた。しかし彼女は，結婚前の，独身でいたときのほうが実はずっと幸せに感じていたのである。このことの想起が，上述のスキーマの同定に役立った。これにより彼女は，たとえ結婚していなくても幸せでいられるということを認識できたのである。

例

《下向き矢印法》

　　セラピスト：あなたは，「こうだったらいいのに」と思っていることと現実

にギャップがあって，悩んでいるのでしたね。特に容姿が完璧でないことが気になって仕方がないとのことでした。そうですか？

患者：ええ。私は老けて見えるんです。

セラピスト：老けて見えるというのはどのようなことなのでしょう？　あなたにとってそれは何を意味するのでしょうか？　次の問いに答えてみてください。「もし自分が老けて見えるとしたら，それは私にとって何を意味するのだろうか？」

患者：私が魅力的でない，ということです。

セラピスト：とすると，あなたは「老けて見える」ことと「魅力的でない」ということは同じことだと考えているのですね。もしあなたが魅力的でないとしたら，そのことが何を意味するから，あなたは悩むのでしょうか？

患者：夫が私を必要としなくなるということです。

セラピスト：もしそうなったらどうなるのですか？

患者：そうしたら，私はひとりぼっちになってしまいます。そしてそうなると…わかりません。…悲惨な人生になるんじゃないでしょうか。

セラピスト：とすると，あなたは老けて見えると魅力的ではなくなってしまう，そして夫に拒絶され，見捨てられてしまうかもしれない，最後にはひとりぼっちで悲惨になってしまう，そう考えているのですね？

患者：その通りです。私はそのように感じています。

セラピスト：ご主人がいなかったら，なぜ悲惨なことになってしまうと思うのですか？

患者：私ひとりでは，自分自身を幸せにできないからです。

セラピスト：とすると，あなたの人生は，ご主人がいなければ価値がないということなのですか？

患者：その通りです。

この例で，患者のもつ自分自身についてのスキーマのいくつかが明らかに

なった。「魅力的でない」「見捨てられる」「ひとりでいるかぎり幸せになれない」といったテーマをもつスキーマである。しかしその後の対話で明らかになったのは，彼女は多くのポジティブな資質を有しており，それらは彼女の結婚生活にも貢献しているということであった。それはたとえば，知性，共通の興味，共通の絆，共感，夫をサポートすること，などである。ところが彼女はそれらを割引いて考えてしまっていた。彼女のスキーマのひとつは，「男性は女性の容貌だけに注目し，他のものには一切，価値を置くはずがない」というものだったのである。

《共通のパターンに気づく》

セラピスト：あなたは，男性との関係において，気がつくといつも一段下の立場に置かれている，と言いましたね。たとえば前のご主人はあなたを女中扱いし，性的にも，感情的にも，あなたの欲求に一度も応えてくれなかったとのことでした。今のボーイフレンドもあなたを利用しているようです。さらに，お父さんの話もありました。お父さんは，落ち込んでいたあなたを無視したのでしたね。これらのことに，何らかのパターンがありそうですか？

患者：ええ。男性は私をまるでろくでなしのように扱うんです。

セラピスト：そうですか。つまり，それがあなたの男性観というわけですね。では，これらの男性との関係に対するあなた自身の信念についてはどうでしょうか。何らかのパターンがありそうですか？

患者：私は自分を，何を望んでもそれが叶えられない人間だと思っています。

セラピスト：では，そのパターンについて考えてみましょう。つまり，何を望んでもそれが叶えられない，というパターンについてです。あなたがこのパターンを繰り返していることについて，どう思いますか？

患者：しょせん私が望むことなんて，大して重要じゃないということです。

セラピスト：あなたの望みが大して重要じゃないのだとしたら，それはどういうことを意味するのでしょうか？　そう考えると，あなたは自分

自身についてどう感じますか？

患者：私自身が重要な人間じゃない，という気がしてきます。

セラピスト：どうしてあなた自身が重要でないのですか？

患者：だって，私は太っているからです。それに，姉のように綺麗じゃないからです。姉はいつもみんなから注目されていました。

セラピスト：あなたは自分を太っていると思っていて，だからあなた自身の望みは重要じゃないと考えているのですね。あなたはそんなふうに自分自身を見ているのですか？

患者：今まで私は，このようなことを言葉にしたことはありませんでした。でも，そうなんでしょうね。私が考えているのはこういうことなのだと思います。だってそうでしょう？ 太って醜い子どもですよ，そんな子ども，いったい誰が愛するというんですか。誰も愛したりしないですよ。

セラピスト：あなたは，自分が愛とは無縁だったと，そう考えているのでしょうか。あなたは確か，自分の望みを叶えてくれない男性とばかりつきあう羽目になると言っていましたね。でももしかしたら，自分自身についてのスキーマがこのようなことを引き起こしている可能性もあるのではないでしょうか？

患者：そうかもしれません。私が自分のことをそんなふうに思っているから，こういうことになるんでしょう。

セラピスト：そのような考えが，さらにネガティブな方向にあなたを導くのではないでしょうか？「私は太って醜い，私には魅力がない，私の望みなど大して重要でない，男性は私の要求に応えてくれない，そして私という人間はしょせん，その程度の存在なんだ」といった考えです。こういうのを"自己成就予言"と呼びますが，そういうことが起きているのではないでしょうか？

患者：そうですね。いつも同じパターンです。

セラピスト：あなたは自分自身を太っていると考え，そのような自分は醜

く，欠陥があり，魅力的でない，ととらえているようですね。これらは「個人的なスキーマ」もしくは「自己概念」と呼ばれているものです。あなたは男性との関係においてこのようなスキーマを維持しているのでしょう。自分自身を「欠陥があり，魅力でない」ととらえてしまう個人的な見方やスキーマは，こうやって維持されてしまうのです。

患者：そんなパターンがあったのでは，悪循環が終わりそうにないですね。

ホームワーク

スキーマを同定するために，まずいくつかの自動思考を同定するのがホームワークである。そのうえでそれぞれの自動思考に対して下向き矢印法を用いて，中核信念を同定していくのである。その結果，いくつものスキーマが明確になるだろう。加えて，ツール 7.1（個人的な信念についての質問紙）に記入してもらってもよい。これは患者が以前のホームワーク（たとえば，思考記録など）を見直す際にも役立つ。自己や他者についてのスキーマが，このツールを用いることで明確になるかどうか，確かめてみることができる。

予測される問題点

患者の中には「スキーマ」と「現実」を混同してしまっている人がいるだろう。物事を把握する際の習慣的パターンを，「自分が構成したもの」と考えずに，まさにそれが「事実そのもの」であると信じているのである。このような患者に対してはまず，物事に対する患者の見方にどのようなパターンがあるのか，それを同定しようとしているだけであると伝えるとよいだろう。患者の見方に挑戦したり論争をしかけたりしようとしているのではないということを伝えるのである。たとえば，「他の人たちは私のことを拒絶する」と信じている患者がいるとする。もしかしたらその患者の見方は「事実」による裏づけがあるのかもしれない。その一方で，それは単に患者のほうが常に相手を拒絶する人ばかりを選んで，そのように信じるようになったのかもしれないのである。

その他の関連技法

先述したように，下向き矢印法はスキーマの同定に大変役に立つ。その他の関連技法としては，自動思考・思い込み・条件つきルールを同定する，事例の概念化，信念を構成する変数を探す（たとえば，引き金となるものを同定する），思考を推測する，などが挙げられる。

ツール

ツール7.1（個人的な信念についての質問紙）が挙げられる。

◼ 技法：スキーマ処理について説明する

解　説

自分の物の見方に多かれ少なかれ何らかの偏りがあるということは，多くの人が認めることだろう。スキーマ処理とはこのような偏りのことを言う。たとえば，失敗に対して非常に敏感な人がいるとする。このような人の注意は，困難，間違い，モチベーション，および目標達成といったことに向きやすいだろう。一方でこのような人は，自分の実績を他人の実績と比較しがちである。第5章では，偏った情報処理の例として「限定された検索」や「確証バイアス」について述べた。本章では，「スキーマ処理」という専門的な概念を参照しながら，偏った情報処理について検討する。スキーマ処理とは，特定の内容に関する情報を選択的に想起したり注目したりする情報処理の偏りのことである。たとえば，自分の容貌にばかり選択的に注目し，ささいな身体的欠陥に基づいて自分の魅力を評価する人がいる。あるいは他者から拒絶される徴候ばかりに注目する人もいるだろう。なお，スキーマ処理には，選択的に物事を「忘れる」，すなわち「認知的回避」も含まれることに留意されたい。

検討と介入のための問い

「私たちは皆，自分が注目することや，自分が大事だと考えることには多かれ少なかれ選択的になるものです。他の人が注目したり記憶したりしないことでも，自分にとって大事なことであれば，それに関心を向け，記憶してしまうのです。赤いレンズの入ったメガネをかけることを想像してみましょう。すると目にするものはすべて赤みを帯びて見えることになりますね。スキーマというのはこの赤いレンズのようなものです。スキーマを通して，私たちは自分自身や世界を見ているのです。私たちは皆，いろいろなスキーマや概念を日々用いています。具体的には，達成，拒絶，諦め，コントロール，承認，無力，魅力といったスキーマがよく用いられます。それでは，あなたがよく用いるスキーマにはどのようなものがあるか，一緒に考えていきましょう。

ひとつ言えるのは，私たちはスキーマを使うことによって，ある事柄に対し，他の事柄よりも，より注意を向けてしまうということです。たとえば，仮にあなたが拒絶のスキーマをもっているとします。するとあなたは多くのことを『拒絶』に関連づけて注目し，解釈するようになるでしょう。そして，『人は私をどのように見ているのだろう』『人は私のことを何と言うだろうか』『人は私に対してどんなふうに振る舞うだろう』と心配するのです。たとえ誰かがあなたのことを拒絶していなくても，あなたはこの『拒絶スキーマ』のせいで，他人の言動を『拒絶』に関連づけてとらえてしまうのです。こうして拒絶にばかり注目するとどうなるのでしょう？　つまり，拒絶があなたのスキーマや概念となってしまったら，どうなるのでしょうか？　おそらくあなたの記憶は，拒絶に関連づけられたものになるでしょう。このように，認知的な偏りが物事への注目や記憶の仕方を決定してしまうこともあるのです。これがスキーマです。スキーマによって，他の事柄よりもある事柄に対して，より注意を集中させ，その事柄についてより多く記憶したり考えたりするようになるのです」

例

セラピスト：あなたはある特定の見方で物事をとらえてしまうことがありませんか？　身の回りで起きたことに対して偏った見方をすることはありませんか？　このことについて考えていきましょう。（上記のスキーマ処理についての説明書を渡す）

患者：私にはどんなスキーマがあるのでしょうか？

セラピスト：それについては，この後，明らかにしていきましょう。しかしその前にまず，スキーマの働きについて，あなたに理解してもらいたいのです。たとえばあなたが，「特別である」ことに関するスキーマをもち，「自分は優秀であるべきだ」と信じているとします。あなたの注意は，どのようなことに向けられるでしょうか？

患者：私の注意は，誰よりもうまくやることに集中するでしょうね。

セラピスト：そうでしょうね。そして実際にあなたはそうするでしょう。ではもしあなたがそのようなスキーマをもっていたら，自分の実績についてはどのように考えるでしょうか？

患者：「自分が一番でなかったらどうしよう」と，絶えず心配するでしょう。「失敗するんじゃないか」と考えて不安になると思います。

セラピスト：つまり「他の人たちのほうが私よりもうまくやっているんじゃないか？」もしくは「うまくいかなかったらどうしよう」といったことに，注意が集中してしまうのですね。

患者：そうだと思います。

セラピスト：ということは，もっと正確に言えば，あなたは「実績」や「比較」といったことに非常に注目しているということになるのかもしれません。そうだとすると，あなたは自分自身について，どんなことを考えるようになるのでしょうか？　たとえば「私はもっとよくできたはずだ。だから私のやったことなんて大したことじゃない」といったことかもしれませんね。

患者：そうかもしれません。そうだとすると，私は，何かを実際に達成し

ていたとしても，そのことを認めないかもしれませんね。

セラピスト：あるいは，「自分は失敗するだろう」と予測しがちになるかもしれません。「最高の結果を出さなければ，自分は失敗者だ」と考えてしまうのです。

患者：いわゆる「完璧主義」ですね。

セラピスト：では，そういうあなたが，自分の人生を振り返るとどうなるでしょう？ 自分が一番ではなかったという実例をいくつも思い出し，そのことをくよくよと思い悩んだりするのではないでしょうか？ 自分が完璧であることに執着すると，むしろ自分が完璧でなかったことばかりを思い出し，ポジティブな面を全く評価できなくなってしまうのです。そうしてまだやってもみないうちから，「自分には無理だ」と決めつけてしまい，「もっとうまくやるべきだが，自分はそこまでやれないだろう」と思い込んでしまうのです。これがスキーマの機能です。

患者：なるほど。とすると，私はいったいどんなスキーマをもっているのでしょうね？

ホームワーク

ツール7.2（スキーマを理解するための手引き）を読んでくるのがホームワークである。

予測される問題点

患者の中には，「自分はスキーマなんかもっていない」とか「自分は客観的に現実をとらえている」と主張する人がいる。このような人に自分の習慣的な思考パターンを検討するよう求めても，なかなかその気にならないかもしれない。思考パターンの背景には主観的で構成主義的なプロセスがあるが，このような人は，自分の思考プロセスを検討すること自体に気が進まないのだろう。このような患者は，思考の主観的側面について質問されたり教示さ

れたりすること自体が,自分の問題を無効化し,ポジティブ思考によって自分を欺くように強制するものだ,と受け止めてしまうのかもしれない。したがって,そのような患者には,習慣的な思考パターンを同定したり,それについて話し合ったりすることは,患者の認識の間違いを指摘しようとするものではないということを強調する必要がある。たとえば,「人は私を拒絶する」というスキーマについて考えてみる。このようなスキーマも,ある特定の患者にとっては,経験的に妥当なものと言えるかもしれない。したがってその妥当性を認めたうえで,「では,なぜそうなってしまうのか」と,質問していくほうがよい。たとえば,「人があなたのことを拒絶するのは,あなたの選択や行動に,何か不適切な点があったからですか? それとも運が悪かったからなのでしょうか?」と尋ねてみるのである。実際には患者に対し,周囲の人はポジティブな反応を示している可能性もある。その場合,情報処理を不正確にさせる何らかの認知プロセスが患者側にあるのかもしれない。このようなスキーマの維持に関わる過程については,本章において後に検討する。

その他の関連技法

その他の関連技法としては,自動思考を同定する(特にレッテル貼りと自己関係づけ),下向き矢印法,背景にある思い込み,事例の概念化,などが挙げられる。

ツール

ツール7.2(スキーマを理解するための手引き)が挙げられる。

■ 技法:スキーマに関わる埋め合わせと回避を同定する

解 説

アルフレッド・アドラーは,多くの人が,力や優れた機能を頑張って身につけることで,劣等感を埋め合わせていることを観察した(Adler, 1964)。た

とえば「自分は弱い」と思っている人は，攻撃的な態度をとることによって，その感覚を埋め合わせようとすることがある。認知療法のスキーマモデルでは，この「埋め合わせ」という機能の重要性を強調する。埋め合わせ戦略の例としては，次のようなものが挙げられる（括弧内に示されているのは，その背景にあるネガティブなスキーマである）。ボディ・ビルディング（弱々しい，男らしくない），関係にしがみつく（無力である），貯蓄への執着（失敗した，並である，特別でない），魅力的であろうとする（魅力がない，愛されない）。たとえば，自分の体力に劣等感を抱いていたある若い男性は，「素手で喧嘩をして相手に勝てる自分であれば，私は弱い男ではないんだ」と考え，格闘技の達人になった，と話してくれた。

スキーマの埋め合わせに関連するのがスキーマの回避である。すでに述べた通り，特定のスキーマが活性化されるような状況を避けるのが，回避のパターンである。たとえば，「自分は望ましくない人間だ」「自分は欠陥人間だ」「自分は愛されない人間だ」といったスキーマを抱いている人は，そのようなスキーマを回避するために，人間関係に踏み込むことを避けてしまうかもしれない。そのような人は，周囲を見渡して拒絶のサインに目を光らせ，少しでも自分が拒絶されそうな徴候が見られたら，急いでその場から立ち去ってしまうのである。また，「自分は無能だ」と信じている人は，能力が試されるような状況を避けるようになるかもしれない。

検討と介入のための問い

セラピストは，患者にツール7.2（スキーマを理解するための手引き）を渡し，それを読んでもらったうえで，次のように教示するとよい。「あなたはすでに，自分のスキーマを同定することができました。そのスキーマのせいであなたが動揺してしまうのは，どんな状況においてですか？ あなたはどのようにして，そのような状況を避けていますか？ そのような状況を避けるために，あなたがしていることはどんなことですか？ つまりご自分のスキーマを埋め合わせるために，どんなことをしているか，それを教えてもら

いたいのです」

例

セラピスト：10年前と比べて，今の自分がきれいではないことを気にしているのですね［患者は42歳の女性である］。あなたはどのような変化が気になるのですか？

患者：年とともに容姿が衰えているんです。どんどん魅力が失われていくのです。

セラピスト：自分が以前ほど魅力的でないと考えるようになったきっかけは何ですか？

患者：鏡でチェックしたら，顔にたくさんしわがあるのを見つけちゃったんです。髪の毛も，昔のようにはつやつやしていませんし。

セラピスト：つまり鏡で容姿をチェックすると，気に入らない点ばかりが目につくということですね。あなたの言う「魅力的でない」「容姿が衰えている」とは，そういうことですか？

患者：そうです。私の容姿は，若い頃とは違うのです。

セラピスト：そのせいで，どんな変化が起きていますか？

患者：朝のお化粧にかかる時間が増えました。先週は美容外科に行って，唇と皮膚にしわ伸ばしの注射を打つことについて，医師に相談しました。しわとりの手術を受けることも考えています。

セラピスト：「自分が魅力的でない」という思いを何とかするために，あなたは様々なことを考えたり実行したりしているのですね。「自分が十分に魅力的でない」と感じているせいで，何か避けていることがありますか？

患者：ええ。肌の色がくすんで見えるから，照明の下には座らないようにしています。パーティにもあまり行きません。特に若い女性が大勢出席するようなパーティには。

セラピスト：もしパーティに行ったら，どのようなことになるのですか？

患者:照明の下には絶対に入らないでしょう。そして，その場にいる他の女性たちよりも自分のほうがずっと老けて見えるんじゃないかと，心配し続けるでしょう。

セラピスト:だからあなたはパーティに行かないのですね。パーティに行かなければ，「自分は魅力的でない」と思わずにすむわけですから。

患者:そうです。

セラピスト:ところで，自分のことを魅力的でないと，初めて思ったのはいつですか？

患者:10代の頃です。私はその頃，みっともないメガネをかけていて，よく皆にからかわれていました。本当に不細工な子どもだったんです。

セラピスト:その後は？

患者:少しはましになりました。身体がふっくらして，コンタクトをするようになってからは，男の子たちからも多少はモテるようになりました。でも，心の中ではいつも，「ああ，私って本当はうんと不細工なんだ」と感じていました。

セラピスト:「私は不細工だ」と感じていたせいで，何かしてみたことがありますか？

患者:ええ。こんなことを誰かに話すのは初めてですが，実は私，大学生のときに1年ほどトップレスダンサーをしていたことがあるんです。踊っているとき，男の人たちに物欲しそうに見つめられると，何だか自分がきれいになったような気がしました。そのときだけは，そこにいる男の人たち全員を，思いのままにできる力が自分にあるかのように思えたんです。

ホームワーク

次の2点を同定するのがホームワークである。(1) 自分や他人に貼りつけているネガティブなレッテル。(2) そのようなネガティブな「問題」を埋め合わせようとして，もしくは回避しようとして自ら行なっていること。たと

えば,「自分はあまりにも平凡だ」と信じている患者には,「あなたは,自分の平凡さが明らかにならないように,たとえばどのような行動をとっているのですか?」と尋ねてみることができる。また,「私は無力で,自分の面倒すらみることができない」と思い込んでいる患者には,「あなたはどのようにして,他の人たちに面倒をみてもらおうとしているのですか? そしてそのことを他人にどんなふうに約束してもらって,自分を安心させようとしているのですか?」などと尋ねてみてもよい。「自分は無能だ」とのスキーマを抱いている患者には,「あなたが避けているのは,どのような行動や挑戦ですか?」と尋ねてみるのがよいかもしれない。

予測される問題点

　長年にわたって習慣的なパターンとして機能してきたスキーマは,個人のパーソナリティに深く根づいている場合が多い。そのため,患者の中には,自分のスキーマに距離をおくことがなかなかできないという人がいる。たとえば,「私は他人に愛されない」と信じている女性は,男性と親密な関係になることを避けたり,そのようなネガティブなスキーマを強化しそうな人をパートナーとして選んできたかもしれない。しかし当人はこのような自分の行動が埋め合わせや回避であるとはみなさず,運の悪さを認めながらも,自分の行動は理に適っていると主張するかもしれない。これに対してセラピストは,次のように教示することができる。「あなたに起きた多くのネガティブな出来事を,あなた自身は自然なこととしてとらえているのでしょう。しかしそれらの出来事のいくらかは,あなた自身のスキーマに関係しているかもしれないということについて,少しだけ検討してみませんか」。次のような質問も役に立つかもしれない。「もしあなたが今とは違うスキーマをもっていたら,あなたはどのような選択をしていたでしょうか?」
　セッション中やホームワークで,スキーマの活性化や回避や埋め合わせについての具体例を患者から引き出すことも有効である。また,ネガティブなスキーマの引き金になっているものを同定するために,セラピストは次のよ

うに尋ねてみることもできる。「あなたはどんなときに，［自分はちゃんとしていない，自分は劣っている，自分は無力である］と思うことが多いのですか？」。そのうえで，同定された引き金をターゲットにして，認知療法の諸技法（たとえば，損益分析，根拠を検討する，二重の基準法，思考に反証する，思考［スキーマ］に反する行動をとる）を活用するとよいだろう。

その他の関連技法

その他の関連技法としては，下向き矢印法（個人的スキーマを同定するため），思い込みや条件つきルールを同定する，価値のシステムを検証する，などが挙げられる。

ツール

ツール 7.3（スキーマを回避し，埋め合わせる）が挙げられる。

■技法：スキーマの変容に向けてモチベーションを高める

解 説

スキーマとは本来，変化に対して抵抗する性質をもつ（Beck, 1976; Beck et al., 1990; Guidano & Liotti, 1983; Leathy, 2001b; Young, 1990）。患者は様々なメカニズムを利用して変化を避けようとするのが一般的である。それはたとえば，認知的あるいは感情的な回避，「保護ベルト」（Guidano & Liotti, 1983），スキーマの埋め合わせ，およびスキーマの回避，などである。認知療法でスキーマを修正しようとする際にも，変化に対するこのような抵抗が生じることがある。たとえば，重要な記憶を思い出せない，解離，治療の回避，ホームワークを行なわない，セラピストを挑発する，などである。スキーマは自分を守るためのものでもあるため，それを修正するのは容易ではない。しかも，スキーマは長年にわたる情報処理による取捨選択を通して形成され，確証されてきたものである。だからこそ，スキーマのためにつらい思いをして

いることを認めながらも，それが正しいと信じる患者は多い。このような患者は，自分のスキーマを修正しようとすると，何の対策もなしに放置されたような気になってしまうのである。また，スキーマを修正する過程はさぞかしつらくて長いものであろう，と信じている患者もいる。

　どのようにして，患者のこのような思い込みに対処したらよいだろうか。たとえば，スキーマの修正について，無意識の世界を探索するかのような印象を与えたのでは，いたずらに患者を怖がらせることになりかねない。それでは精神分析の二の舞になってしまう。認知療法では，そのような印象を与えることなく，もっとわかりやすいアプローチを提供する。セラピストは，他のあらゆる思考と同じようにスキーマを扱えることを，すなわち我々は，スキーマを同定し，現実と照合しながら検討することができるということを患者に説明するのである。そのような作業を通じて，患者は今もっているスキーマを，たとえ一時的であれ他の信念に置き換えられるようになる。そしてその新たな信念を，現実的な生活の中で試してみることができるようになるのである。

　しかしながら，このような取り組みを進めていくためには，スキーマを変容するためのモチベーションを患者から引き出し，そのモチベーション自体について患者と話し合っておくことが必要である。この段階で行なうこととしては，スキーマワークそのものについて患者に教える，幼少期の記憶を想起する際の不安や恐怖について検討する，認知療法のアプローチは精神分析とは異なるものであることを説明する，認知療法の実用的で常識的な側面を強調する，といったことである。

検討と介入のための問い

「スキーマに取り組もうとして，自分の思考や行動に向き合うと，ときにはつらく感じることがあるでしょう。ご自分が，エレベーターに乗る恐怖を克服しようとしているのだと想定してください。そのためにはまずエレベーターに乗って，あえて恐怖を感じる必要があるでしょう。それと同じで，ス

キーマに取り組む場合，自分をつらくさせるようなことをしたり考えたりすることが必要なときもあるのです。しかし最終的な目標は，そのようなつらさを乗り越えることです。つまりスキーマに挑戦し，それを変えていくことを目指すのです。スキーマを修正することには，あなたにとってどのような利益や不利益があるでしょうか？　現在抱いているスキーマによるネガティブな影響がうんと小さくなったら，どうでしょうか？　そうなった場合，あなたの人間関係，仕事，自信，およびその他の領域において，どのような変化がみられるでしょうか？」

例

セラピスト：あなたは自分自身を，自分の面倒すらみることができない無力な人間だ，と考えているのですね。これが自分自身に関するあなたのスキーマなのでしょう。こういう思いをあなたはずっと抱いてきたのですね。

患者：ええ。ずっとこんなふうに考えてきたように思います。たぶん子どもの頃から。

セラピスト：とすると，これは長期的な問題なのですね。このスキーマは，あなたの人生にどのように影響してきたでしょうか？　ちょっと考えてみてください。

患者：それはもう，かなり影響していると思いますよ。たとえば，夫との関係について言えば，夫は私を子ども扱いしますし，私もそれに慣れてしまっています。それに私は，車の運転を習ったこともないんです。もう45歳になるというのに，まるで子どもですね。

セラピスト：他の領域ではどうでしょうか？　自分は無力で無能だというスキーマによって，他にどんな領域が影響を受けましたか？

患者：長い間，自宅で過ごしていたことでしょうか。それに，本当にやりがいのある仕事をしたことがありません。全然自立できなかったんです。

セラピスト：そのようなあなたのスキーマは，あなたにどんな不利益をも

たらしましたか？
患者：夫に対してちゃんと自己主張できないことでしょうか。でもそれは，他の人に対しても同じです。取るに足りないつまらない仕事を12年も続けてしまっています。私は何かを自発的にすることがないんです。自分がとてもつまらない人間のように感じます。
セラピスト：自分を無力だと考えることに，どんな利益がありますか？
患者：夫に世話をしてもらえるということでしょうか。
セラピスト：そのことについてどう思いますか？
患者：つくづく自分が愚かだと思います。自分の無力さを実感してしまいます。
セラピスト：もしあなたが自分のスキーマに挑戦し，それを変えていこうとするのであれば，多少つらい思いをすることになるでしょう。たとえば，あなたがエレベーターに乗ることをひどく恐れているとしましょう。あなたがその恐怖を克服するには，たとえ不快でも何度もエレベーターに乗る必要がありますね。それと同じです。スキーマに挑戦しようとすると，ときどきつらい思いをすることがあるのです。これについてはどう思いますか？
患者：たった一晩でスキーマが変わるなんてことはないんでしょうね。それはわかっています。でも，どんなことをするのでしょうか？
セラピスト：まず私たちは，あなたのスキーマがどんなときに活性化されるのかを明らかにします。そして，スキーマが活性化されると，どんなことをあなたが考えたり感じたりしやすいのかということについても，明らかにしていきます。次に，もっと合理的で適応的な考え方を一緒に見つけていきます。このようなやり方についてどう思いますか？
患者：よさそうに思いますけど。
セラピスト：そうですか。でも，あなたのスキーマが反撃してくるかもしれません。「そんなこと，おまえにできるわけないだろう？ おまえ

は無力で無能なんだから。わかっているだろう？　何ふざけたことを言っているんだい？」。スキーマはこんなふうにあなたに言ってくるかもしれません。スキーマはそう簡単に諦めてはくれないのです。

患者：そうだと思います。きっと，何度もぶり返してくるのでしょう。

セラピスト：このぶり返しについても一緒に検討することができます。ただし，これは精神分析ではありません。認知療法です。認知療法は精神分析とは全く異なるセラピーです。私たちは，ネガティブな思考に対して，積極的に，そしてエネルギッシュに取り組んでいくのです。その際，認知療法のあらゆる技法を使いこなしていくことになるでしょう。

患者：わかりました。でも，認知療法は短期間で終わりにする治療法だと以前聞いたように思いますが？

セラピスト：このようなことに手をつけると，少し長くかかるかもしれません。1年ぐらいかかることもあります。いずれにせよあなた次第です。あなたにとって何が必要なのでしょうか？　あなたのモチベーションはどれぐらい強いでしょうか？　そういったことによるのです。でも，私たちで一緒に頑張っていけば，あなたはスキーマを修正するための新しいスキルを，さらに身につけることができるのですよ。

患者：でも，私はこれまでの人生，ずっとこんな感じだったような気がします。

セラピスト：ということは，あなたはもう十分，苦しんできたということになりますね。さっきも言った通り，この治療では，今のスキーマに反することを，あえてあなたにしてもらうことにもなるでしょう。たとえば，あなたが自分のことを無力だと信じているとしたら，たとえつらくても，あえて主体的に何かをしてみるといったようなことです。これは，車の運転を習うことと似ているかもしれません。

患者：でも何かを習うには，私は歳をとりすぎているのではないでしょうか？

セラピスト：あなたのスキーマが，「おまえは歳をとりすぎている」と，あ

なたに言っているのですね？ 本当にそうなんでしょうか？ たとえば運転免許を取って，高速道路を運転している人たちは，皆そんなに若くて賢いんですか？

患者：中にはそうでない間抜けな人もいるでしょう。

セラピスト：あなたのスキーマは，あなたがそのような間抜けな人よりも劣っていると，そう言っているのですか？

患者：ええ。

セラピスト：では，それに対してあなたは何と言い返すことができますか？ あなたを挑発するスキーマに対し，「それは間違っている」と伝えるために，あなたにはどんなことが言えるでしょうか？

患者：こう言ってみるのはどうでしょうか。「間抜けですって？ 私は大学を出ているし，いつも本を読んでるわ。仕事だって，ちゃんとやっている。私は間抜けなんかじゃない！」

セラピスト：そうそう，その調子です。あなたは自分のスキーマに挑戦し始めたのですよ。今，どんな気分ですか？

患者：かなりいいです。

セラピスト：それが始まりなんです。

ホームワーク

　ツール7.4（スキーマの変容に向けてモチベーションを高める）に記入し，スキーマの修正がもたらす効果を検討するのがホームワークである。よりポジティブなスキーマを身につけることができたら自分の生活はどのように違ってくるだろうか？ このことについて患者はホームワークで検討するのである。セラピストは次のように患者に尋ねるとよい。「もし，あなたが自分や他人について，もっとポジティブなスキーマをもつことができたら，どういうことになるでしょうか？ どのような人間関係，経験，感情，考えが新たに生じると思いますか？」

予測される問題点

　患者の中には，スキーマワークを精神分析と混同してしまう人がいる。しかし，精神分析ではなく認知療法を通じてスキーマを取り扱うことは十分に可能であり (Beck et al., 1990)，無意識などといった精神分析的概念を参照する必要はないのである。セラピストは認知療法の次の点について患者に強調するとよいだろう。(1) スキーマに対して構造的に取り組んでいくことができる。(2) 患者が取り組むホームワークは，あくまでも自助的なものである。(3) アジェンダ（計画）を立ててセッションを実施する。(4) スキーマに対して積極的に挑戦し，検討し，さらにスキーマに反する行動をとる，といったことを継続的に行なっていく。

　もうひとつよく生じる問題として挙げられるのは，患者がスキーマを変容させることに無力感を抱いてしまう，ということである。このような患者は，「自分はこれまで，ずっとこのようなスキーマに基づいて生きてきた。だから，自分のパーソナリティを治療によって変えていこうとすること自体が非現実的である」と考えるかもしれない。このような患者に対してセラピストが明確に指摘すべきなのは，認知療法が目指すのはパーソナリティを変えることではなく，スキーマが患者のパーソナリティに与える影響力を軽減することであるということである。基本的に，自分という人間はそのままであり続けるのである。それでも治療を続けることで，たとえば「自分は無能である」とか「自分は無力だ」といったスキーマのネガティブな影響力は軽減されうるのである。もちろんそのような変化に対する絶対的な保証はない。しかし，患者がスキーマに対してこのような取り組みを行なったことは，これまでにおそらく一度もなかったであろう。もしそうであれば，患者はこのような取り組みが無効であるとの根拠を提示することはできない。したがってセラピストは患者に対し，まずは試しにやってみるぐらいのつもりでスキーマワークに臨むよう働きかけることができる。「やってみて，何か改善されることがあるかもしれないから，それを確かめてみましょう」と勧めてみるのである。そのうえで，たとえば「この治療は"全か無か"的な完全な結果

第7章　スキーマに焦点を当てた治療　391

を求めるものではありません」と言って，ほどほどの治療効果を予測するように促せばよいのである。

その他の関連技法

その他の関連技法としては，損益分析，様々な状況におけるスキーマに関連する信念の変化を探求する，背景にある思い込みを同定する，条件つきルールを同定する，下向き矢印法，事例概念化，などが挙げられる。

ツール

ツール7.4（スキーマの変容に向けてモチベーションを高める）が挙げられる。

▶ 技法：スキーマの源である幼少期の記憶を活性化させる

解　説

自分の非機能的なスキーマに距離をおくために患者ができることは，そのスキーマが形成された子ども時代や思春期について検討することである。たとえば，「自分は太っていて醜い」と信じている女性患者がいるとする。彼女がどのようにして，このようなネガティブな自己概念をもつことになったのかを検討するのである。きょうだいや友だちにからかわれたのだろうか？ それとも両親が彼女の容姿を批判したのだろうか？　彼女の家庭には，容姿に対する完璧主義的な偏見があったのだろうか？　セラピストは患者の幼少期の記憶を活性化するために，直接的に尋ねてみてもよい。「誰があなたにこのような考えを吹き込んだのですか？」「あなたは自分自身に［太っている，愚かだ，価値がない，など］といったレッテルを貼っていますが，このようなレッテルについて考えたとき，あなたの子ども時代の記憶で思い出されるのはどんなことですか？」。他のやり方としては，患者にネガティブな感情（たとえば羞恥心）に注目させ，それに伴うイメージを思い描いてもらうとい

うことがある。このような感情誘導を行なうことで，患者は幼少期の記憶を想起しやすくなるかもしれない。「初めてそんなふうに感じたのは，いつの頃でしたか？」。患者が記憶を想起する際に，セラピストはそれに付随する詳しい状況や感情や思考を患者から引き出していくとよい（詳しくは，Beck et al., 1990; Greenberg & Paivio, 1997; Hackmann, Clark, & McManus, 2000; Young, 1990. を参照）。

検討と介入のための問い

「そもそもあなたが，そのようなネガティブな信念やスキーマを抱くようになったきっかけは何だったのでしょう？ 多くの場合，その源は，幼少期の記憶にまでさかのぼることができます。つまり子どものときの何らかの体験が，今のあなたの信念やスキーマのきっかけとなっているかもしれないのです。それではあなたの『自分は無力だ』というスキーマについて考えてみましょう。目を閉じて，『自分は無力だ』という考えに集中してみてください。それに伴って，どのような気分になるでしょうか？ それをとらえてみてください。子ども時代，あなたはそのような気分や考えを抱いたことがあったでしょうか？ そのときの状況や場面を思い描いてみてください」

例

 セラピスト：あなたは「自分は無力だ」と考えているのでしたね。それはあなたの中核的なスキーマのようです。では目を閉じて，次の考えに集中します。「私は本当に無力だ。私には何もできない」。目は閉じたまま，このことを思い続け，それに伴って生じる感覚をつかまえてみてください。

 患者：（目を閉じて）体が動かなくなってしまったような感じがします。まるで凍りついてしまったようです。

 セラピスト：凍りついてしまってどうすることもできない，という感覚ですね。ではそのような感覚に伴って，どのようなイメージが浮かん

でくるでしょうか？
患者：ええっと…5歳ぐらいのときだったと思います…居間を歩いているときでした。立ち止まって，ふと考えてしまったんです。「どっちに行ったらいいんだろう」って。「お母さんに教えてもらわなくちゃ」って思いました。
セラピスト：つまり，それが，無力で凍りついてしまったような感じ，ということですね。あなたの心に浮かんでくるイメージというのはそれでしょうか？
患者：はい。それで母に尋ねたんです。「どっちに行けばいいの？」って。

次に，ある男性患者との対話を紹介する。彼は「自分は何事も決してうまくやれないだろう」と思い込んでいた。

セラピスト：あなたには，「自分は完璧に仕事をこなさなければならない」というスキーマがあることが同定されましたね。では目を閉じて，次の考えに集中してみることにしましょう。「私は完璧でなければならない」「私は皆の期待に応えることができない」
患者：わかりました。
セラピスト：まず「私は皆の期待に応えることができない」のほうからやってみましょう。こう考えると，どのような身体感覚や気分が生じるでしょう？
患者：心臓がドキドキしてきます。それに緊張してきます。
セラピスト：どこが緊張するのですか？
患者：全身です。
セラピスト：そのまま「私は皆の期待に応えることができない」という考えに集中し続けてください。どんな記憶やイメージが生じてくるでしょうか？
患者：母がブツブツ文句を言っています。私がBを取ったから不満なんで

す。でも私が取ったBはたったひとつで，あとの4科目はAだったんですよ。母の文句を聞いているうちに，私の気持ちはどんどん落ち込んでいったのです。

ホームワーク

セッションでの練習と並行して，この技法をホームワークとしても実施する。まず患者には，自分の中にある様々なスキーマを同定してもらい（これはスキーマ質問紙を使うか，セッション中に行なうかする），それらのスキーマをリスト化する。リスト化された各スキーマと関連する幼少期の記憶やイメージ，さらにそのような記憶やイメージと関連する気分や感覚や思考に注目し，それらをツール7.5（スキーマに関わる幼少期の記憶）に記入するのが，ホームワークである。なおこの課題は，1回20分，計3回を実施してもらうのがよいだろう。

予測される問題点

患者の中には，記憶を想起することがとてもつらいため，この技法の有効性そのものに疑いを抱く人がいる。したがってセラピストは，スキーマに取り組む際には，つらい思いをするときもあるということを，あらかじめ患者に念押ししておくとよいだろう。スキーマが再構成され，患者が適応的なやり方で自分や他人をとらえられるようになると，記憶の想起に伴うつらさも軽減されるはずである。それでもあまりにもつらい記憶で，とても想起できそうもないという場合もありうる。その場合はセラピストから，いったんこの課題を棚上げにすることを提案してもよいだろう。

スキーマに関連する記憶の想起が，たとえ一時的であれ，現在のスキーマの確証につながってしまうこともある。たとえばある女性患者の場合，母親に魅力的でないと言われ続けていたことを想起した際に，自分の欠点に関わるスキーマが一時的に強化されてしまった。この場合セラピストは，"あること"を変えようとする場合の第一歩は，その"あること"についてもっと

知ることなのだ，と説明するとよいだろう。スキーマの源を同定したからといって，そのスキーマが自動的に修正されるわけではないのである。以上の対処法は，スキーマに焦点を当てるセッションではいつでも活用可能である。

その他の関連技法

その他の関連技法としては，感情や体験を処理するためのエクササイズが挙げられる。例：感情にアクセスする，物語を書く，ホットスポットを同定する，など。さらに，幼少期の記憶を想起することに関連する技法としては，自動思考を同定し分類する，下向き矢印法，思考を推測する，などが挙げられる。

ツール

ツール7.5（スキーマに関わる幼少期の記憶）が挙げられる。

■ 技法：自分のスキーマの源に手紙を書く

解　説

トラウマやつらい体験による悪影響を修正するために有用であることが判明している技法がある。それは，トラウマやスキーマの源となった人物に対して手紙を書くというアサーティブ（主張的）な行為である。その際，源となった人物に実際に手紙を送る必要はない。また，実際にそこまでする患者もほとんどいない。しかしながら，幼少期の経験に支配されコントロールされているような思いにとらわれたままでいるよりも，何が起き，それに対して自分がどんなことを感じたり考えたりしたのか，そしてスキーマの源となった人物は，どんな過ちを犯し，どんな意地悪をし，どのように不公平であったかということを，自己主張的にはっきりと書き記すことを，セラピストは患者に勧めるのである。

検討と介入のための問い

「あなたが自分自身についてこのようにネガティブに考えるようになったのは，いったい誰のせいなのでしょうか？ 誰があなたにこのようなネガティブなスキーマを植えつけたのでしょう？ その人は結局今でもあなたに影響を与え続けており，あなたにとってそれが未解決の課題となっているのです。いったい過去に，何が起きたのでしょうか？ 誰かがあなたにネガティブな信念を吹き込んだのはいつですか？ そのときのことを思い出してみてください。そして，その人物に対して手紙を書き，あなたの気持ちをはっきりと伝えてみてはどうでしょうか。その手紙を実際に送る必要はありません。手紙を書くときには，『今の自分は十分に強いのだ』と想定してみてください。自分で自分を守る強さが，今のあなたにはあるのです。あなたはその人物に対して，『冗談じゃない！』と主張してよいのです。あなたはどのようにして，ネガティブなスキーマをその人に教え込まれたのでしょうか？手紙の中で，そのときの記憶を詳しく書いてみてください。その人物は，どのように間違っていたのでしょうか？ あなたはそれに対して，どのように感じていたのでしょうか？ その人は本来，どのような言動をとるべきだったのでしょうか？ それらを当の本人に伝えてみてください」

例

　　セラピスト：お父さんがあなたに「お前は愚かだ」と言ったときのことを思い出すと，どのように感じますか？

　　患者：複雑です。腹立たしい気もしますし，ちょっと怖い感じもします。今でも私には，「父に殴られるんじゃないか」という思いがあるのでしょう。父に対して腹なんか立てたら，それこそ殴られてしまいますから。

　　セラピスト：それはあなたが子どもだった頃の話ですよね。今でもお父さんはあなたを殴るかもしれないのでしょうか？

　　患者：いいえ。今なら指一本触れようとしないでしょう。私のほうが父よ

り身体が大きいですから。私は 15 歳のとき，父にこう言った覚えがあります。「今度殴ったら，殺してやるからな」

セラピスト：そうですか。ということは，あなたの感じる怖さは，小さいときの経験がもとになっているのですね。しかしあなたの話を聞いていると，今でもお父さんがあなたに対し，「おまえは愚かだ」と言い続けていると，あなた自身が感じているように思われます。お父さんに対して自己主張することを考えるだけでも，あなたは怖いと感じてしまうのですから。

患者：確かに今もそう感じているのでしょうね。

セラピスト：ホームワークとして，あなたにやってきてもらいたいことがあります。それは，お父さんに対して手紙を書いてくることです。その手紙を実際に投函する必要はありません。ただ書くだけでよいのです。お父さんはあなたに対し，どんなことをしたのでしょうか？ お父さんはどんなときに，あなたのことを「愚かだ」と言ったのでしょうか？ あなたがそのときに感じたこと，そして今でも感じていることを，お父さんに伝えてみてください。また，そのことを思い出した結果，あなたがお父さんについてどのように感じるか，そしてお父さんがあなたに対してどのような過ちを犯したか，ということについても書いてください。

患者：わかりました。でもちょっと不安になります。

セラピスト：どうしてでしょうか？

患者：子どもの頃，父に反抗しようものなら，こっぴどく怒鳴られたり殴られたりしたからでしょう。

セラピスト：しかし今のあなたは，もう子どもではありませんよね。

患者は父親宛の手紙を書き上げ，次のセッションにそれを持参した。

患者：（手紙を読み上げる）「お父さん，あなたは私が何をしようと，一度

も私を信頼してくれたことがありませんでしたね。あなたはいつも，自分の作った馬鹿げたルールに私を従わせようとしていました。あなたは暴君だったのです。始終私は，『お前は愚かだ，無責任だ，不注意だ』と言われていました。でも愚かなのは，あなた自身だったのではありませんか。あなたはひどい父親でした。よい父親なら，子どもが自分のことをポジティブに思えるように育てるのではありませんか。子どもが自信をもてるようにしてくれるのではありませんか。しかしあなたはそうではありませんでした。それどころか非常に無責任でした。あなたはよく酔っ払って帰ってきて，私や母に怒鳴りました。これって無責任なことですよね？　私は愚かな人間ではありません。あなたと違って，私は大学にも行きました。あなたには，息子には息子の考えがあるということ自体が，気に食わないのかもしれません。でも，友だちは私のことを，頭のよい人間だと思ってくれていますし，上司だって，私がちゃんと仕事をしていると思ってくれています。それでもあなたは私を愚かだと言うのでしょうか？　私はあなたのことを許すべきなのかもしれません。でも今は無理です。私はひどく腹を立てているのです」

セラピスト：手紙を書き始めたとき，あなたはどんなふうに感じましたか？

患者：罰せられるんじゃないかと思って，怖かったです。でも書き進めるにしたがって，気分がよくなっていきました。胸のつかえが取れたような感じです。父は私のことを正しく理解していなかったんだ，と思えるようになりました。

ホームワーク

　ネガティブなスキーマの源になった人物に対して手紙を書いてくることがホームワークである。その際セラピストは，ツール 7.6（スキーマの源に手紙を書く）を使って，この技法について再度説明を行なうとよいだろう。

予測される問題点

　上の例からもわかるように，スキーマの源となった人物に手紙を書くことにためらいを覚える患者は多い。仕返しを恐れたり，手紙を書くことで古傷をえぐられるのを心配したり，罪悪感に駆られたりするからである。このような練習を，単なるポジティブ思考と同一視してしまう人もいる。ネガティブなスキーマに関し，その源となった人物の言っていたことが正しかったのだと信じている人もいる。したがってセラピストは，患者がためらいや恐怖を感じたらいつでも，患者のそのような反応を取り上げて，詳しく検討する必要がある。そして，そのようなためらいや恐怖心を抱くのはむしろ普通のことであると患者に説明するとよいだろう（例：「あなたはこのようなネガティブなスキーマを信じるように吹き込まれたのです。そして，自分の意見を主張するべきではないとも教えられたのでしょう。だから今，あなたは複雑な気持ちを抱いているのです。それはむしろ普通のことなのですよ」）。セラピストはさらに，アサーション（主張性）に関するネガティブなスキーマを患者から引き出そうとするとよい（スキーマの例：「私にはそんな権利はない」「おそらく，あの人が言っていたことは正しかったのだろう」「自己主張なんかしたら，ますます事態が悪化してしまう」）。このような思考に対しては，二重の基準法を用いて取り組むことができる（例：「ではあなたとは違って，自己主張する権利をもつのは，いったいどのような人たちなのですか？」）。またそのような思考の根拠を検証してもよいだろう（例：「そのスキーマが妥当でないという根拠には，どのようなことがあるでしょうか？」「このようなネガティブな信念を検証するためには，どんなことができるでしょうか？」）。その他にも，スキーマの源を取り扱うことが本当に事態を悪化させるのかどうか，実証的なアプローチを通じて患者と一緒に検証していくことができる（例：「このような作業をすると，ますます気分が悪化すると考えているのですね。では，その予測を実際に確かめてみませんか？　やってみて，もし気分が悪化しなければどうでしょう？　それによってどんなことがわかるでしょうか？　これもまた，変化に対するスキーマ側の自己防衛

なのかもしれませんよ」)

その他の関連技法

その他の関連技法としては，自由な話し合い，感情とイメージにアクセスする，物語を書き直す，イメージの再構成，根拠と反証を検討する，事例概念化，二重の基準法，合理的なロールプレイ，などが挙げられる。

ツール

ツール 7.6（スキーマの源に手紙を書く）が挙げられる。

◼ 技法：スキーマに挑戦する

解　説

ネガティブなスキーマに対しては，ネガティブな思考と同様に，認知療法の諸技法を使って取り組むことができる。ひとたびあるスキーマが活性化され，それが同定されれば，それに対して認知療法の全技法をフルに活用することができるのである。それはたとえば，以下のような技法である（各技法については各章を参照のこと）。

1. 思考を事実と区別する
2. 思考における感情や信念の強度を評定する
3. 特定の思考の変化を探求する
4. 思考の歪曲を分類する
5. 下向き矢印法
6. 出来事の生起確率を評定する
7. ネガティブな思考を推測する
8. 言葉を定義する
9. 損益を分析する

10. 根拠を検討する
11. 根拠の質を検討する
12. 自分自身の弁護人になってみる
13. 思考の両面を使ってロールプレイする
14. 行動を人物と区別する
15. 様々な状況における行動を検討する
16. 行動を利用してネガティブな思考に対処する

検討と介入のための問い

「私たちはあなたのネガティブなスキーマを同定することができました。今度は様々な技法を活用して，スキーマを修正していきましょう。スキーマの修正にあたっては，これまで様々な思考に対して活用してきた認知療法の技法がすべて利用できます」

例

セラピスト：あなたのネガティブなスキーマは，あなたのことを馬鹿で，無能だとみなしているのですね。そして，そういうことをあなたに吹き込んだのは，あなたのお父さんだということでした。

患者：そうです。父はいつも私を馬鹿呼ばわりしていました。

セラピスト：では，「自分は馬鹿だ」というレッテルについて考えていきましょう。どのような経験が引き金となって，あなたは自分を馬鹿だと思ってしまうのですか？

患者：試験前はいつもです。「失敗するのではないか」と，受ける前から不安になるんです。

セラピスト：そうですか。ところで近々試験を受ける予定はありますか？

患者：来週です。

セラピスト：そのことを考えたとき，どのような自動思考が浮かびますか？

患者：「試験中に混乱してわけがわからなくなったらどうしよう。私は試

験範囲のすべてを覚えているわけではない。それどころか，まだ目を通してもいない箇所がある」

セラピスト：試験範囲のすべてを覚えていないとしたら，どうなるのですか？

患者：私は落第するでしょう。

セラピスト：落第したらどうなるのですか？ あなたにとって，それはどのようなことを意味するのですか？

患者：やっぱり私は馬鹿だということです。

セラピスト：わかりました。試験のことを考えると，あなたは自分を馬鹿だと思ってしまうのですね。それをどれぐらい確信していますか？ 0%から100%までの間で評価してみてください。

患者：75%ぐらいです。

セラピスト：「私は馬鹿だから落第するだろう」と考えると，どのような気分や感情が生じますか？

患者：不安です。ものすごく不安になります。それに恥ずかしさも感じます。

セラピスト：0%から100%で言うと，どれぐらい不安ですか？

患者：90%ぐらいです。

セラピスト：そうですか。ところであなたが「自分は馬鹿だ」と思うことによって，どのような不利益があるでしょうか？

患者：試験前にいつも不安になってしまうということでしょうか。不安でたまらないので，いつまでもうろうろと歩き回ってしまうんです。眠れなくなってしまいますし。

セラピスト：では，利益についてはどうでしょう？「自分は馬鹿だから落第するだろう」と考えることには，どんなよいことがあるでしょうか？

患者：そう考えることによって，頑張って勉強するということでしょうか。

セラピスト：何かそれを裏づけるような根拠がありますか？

患者：そう考えて頑張って勉強することが，ときどきあります。でも，どちらかと言うと，グズグズしてしまうことのほうが多いですね。それに試験の前に，授業に出ること自体をやめてしまったことが2,3回あ

りました。「どうせうまくいかないだろう」と考えて，不安になったからです。

セラピスト：とすると，それらはむしろ，「自分は馬鹿だ」と考えることによる不利益のリストに追加されるのですね。しかも先ほどあなたは，「すべてを覚えているわけではない」とも言いましたね。すべてを覚えていないと，試験に落第してしまうのでしょうか？ すべてを覚えていないということが，試験に落第する根拠や理由になるのですか？

患者：ときどきそう考えてしまうんです。

セラピスト：他の人たちは皆，すべてを覚えているのですか？

患者：いいえ。なかには教科書をほとんど読んだことがないという人もいます。そういう人たちがいるということは，私にもわかっているんですけど。

セラピスト：にもかかわらず，「すべてを覚えていないと，落第してしまう」と，どうしても思ってしまうのですね。この信念は完璧主義的なように思えますが。

患者：そうですね。でも，そんなふうに感じてしまうことが多いのです。

セラピスト：そのようですね。でも，すべてを覚えていなくても試験でうまくやれる，ということについても，何か根拠が見つけられるのではないでしょうか？

患者：そうですね。私だって，たいていの試験では，何とかうまくやってきています。覚えていないことだって，実際にはたくさんあったんですけどね。

セラピスト：では，「自分は馬鹿だ」という言葉の意味について，もう一度検討してみましょう。あなたは「馬鹿」という言葉を，どのように定義しますか？

患者：「物事を理解していない」「物事をうまくやれない」ということでしょうか。

セラピスト：「馬鹿」の反対語って，何だと思いますか？

患者：「極めて優秀」ということでしょうか。何でも知っている人のことを，そう言うのだと思います。

セラピスト：あなたの考えは，「私はすべてを覚えているわけではない。そして私は落第するだろう。なぜなら私は馬鹿だからだ」というものでしたね。その考えによると，知性の尺度にはふたつのポイントしかないようです。つまり「馬鹿」か，さもなければ「極めて優秀」か，のどちらかです。

患者：確かにそうですね。それこそ先生が以前言っていた「全か無か思考」ということですね。

セラピスト：その通りです。実際にはその尺度において，他にどのようなポイントがあると思いますか？ 知性について，0%から100%までの間に位置するポイントです。

患者：「かなり優秀だ」「まあまあ優秀だ」というポイントがあるでしょうね。それに，「普通だ」というのもあるでしょう。「普通よりは優れている」というポイントもあるかもしれません。

セラピスト：それらのポイントの中で，あなたに当てはまるのはどれでしょう？

患者：科目によると思います。普通の成績しか取れない科目もありますから。でも，ほとんどの科目は，「普通よりは優れている」に当てはまるような気がします。そしてときには，うんと出来がよいときもあるんですよ。

セラピスト：そうですか。このことと，先ほどのあなたの考え，すなわち「すべてを覚えていないのは，自分が馬鹿だからだ」という考えとは，一致しているのでしょうか？

患者：一致しません。考えてみれば，すべてを覚える必要はないんですよね。そんな人は実際にいませんよね。

セラピスト：たとえばあなたの友だちのジョンはどうなんですか？ もし彼が試験を受ける前に，「僕はまだ，教科書のすべてに目を通してい

ないんだ。だからきっと落第してしまうだろう」と言ったら、あなたは彼に何と言うのですか？

患者：（笑いながら）それこそおかしな考えですよね。「君は優秀だ。他の試験だって、これまでうまくやってきただろう？」って、彼に言うと思います。そもそもすべてを覚えられる人なんて、いるはずないですよね。成績だって、どうせ相対評価ですし。

セラピスト：ではどうしてあなたは、自分に対して友だちとは異なる基準を当てはめようとするのでしょう？

患者：「完璧にやりなさい。さもなければお前は馬鹿なんだ」って、いつもそう言われていたんです。だからそう思ってしまうのでしょう。

セラピスト：そのような基準について、どう思いますか？

患者：公平じゃないですよね。

セラピスト：この基準は正しいのでしょうか？ あなたは本当に馬鹿なんですか？

患者：いいえ、馬鹿ではないと思います。

セラピスト：あなたが馬鹿ではないという根拠は何ですか？

患者：私はこれまでちゃんと授業を受けてきました。SAT（大学進学適性テスト）でも、結構いい点が取れたんです。確かに私は完璧な天才というわけではありませんが、でも、馬鹿ではないと思います。

ホームワーク

ターゲットとするネガティブなスキーマ（例：醜い、無能だ、無力だ）をツール7.7（スキーマに挑戦する）を使ってリストアップし、それらのスキーマに挑戦するために、複数の認知療法の技法を使ってみることがホームワークである。具体的には、次のように教示するとよいだろう。

1. あなたは自分や他人に対して、どのようなネガティブなスキーマを抱いていますか？ あなたのネガティブなスキーマを5つ、書き出し

てみましょう。
2. それらのネガティブなスキーマは，どのようなときに活性化されやすいですか？　活性化の引き金となる状況や人物を同定してください。
3. 各場面で活性化されたスキーマに対する確信度を評価してください。また，各スキーマによって生じる感情を同定し，その強さも評価してください。
4. それぞれのネガティブなスキーマに対し，根拠と反証をリスト化してください。
5. それぞれのスキーマが現実的ではないとしたら，それはどのような理由によるでしょうか？　書き出してください。
6. それぞれのスキーマにおけるネガティブな信念に対しての今の確信度を再評価し，さらにそのようなスキーマによって生じる感情についても再評価してください。

予測される問題点

　ネガティブなスキーマに対して，ホームワークを通じて挑戦するだけでは，変化を引き起こしたり，変化を維持したりすることは難しいだろう。患者の中には，「私だって，このスキーマが合理的でないということは，十分わかっています。でもやっぱりこれが本当だと感じてしまうんです」と言う人がいるだろう。それに対しセラピストは，次のように説明することができる。「これまでの人生で長い間信じてきた信念を変えるのですから，それには時間がかかるでしょう。肉体をシェイプアップするためには，何度も同じエクササイズを繰り返し，時間をかけていく必要がありますよね。それと同じことです。スキーマを変化させるためには，長い時間がかかるのです。変化というのは，"全か無か"の結果を求めるものではなく，段階的な試みなのです。実際，試してはみたものの，スキーマへの確信度が若干低くなっただけ，という結果になることもあるでしょう。でも，そういうちょっとした変化も，変化として認めてもよいのではないでしょうか。さらに，スキーマに対する自

覚が高まった，ということも，やはりひとつの変化なのではないでしょうか」

　もうひとつの問題としては，セラピストがその患者にとって最適な技法を選択できるかどうか，ということが挙げられる。選択された技法が最適でない場合もありうる。どの技法が効果的であるかは，患者によって異なるからである（例：スキーマの論理的な妥当性を検証するよりも，"二重の基準法"のほうが，ある患者にとっては効果的だった）。したがって，セラピストはあくまでも実験的な姿勢で，患者と共に作業を進めていくとよい。「それではこれから，様々な技法を試していきましょう。あなたにとってどの技法が一番役に立つか，それを見つけていくのです。そうすれば今後は，あなたにとって最も効果的な技法を，集中的に活用することができるようになります」

その他の関連技法

　すでに述べた通り，本書で紹介する認知療法の技法はすべて，ネガティブなスキーマに挑戦する際に用いることができる。さらに，セラピストと患者は，フラッシュカードを一緒に作ってみてもよい。患者に最も頻繁に生じるネガティブな思考はどのようなもので，それに対する合理的な反応とはどのようなものだろうか。カードの片面にネガティブな思考を，もう片面に合理的な反応を書き，毎日そのカードを患者に読んでもらうのである。特にネガティブなスキーマの引き金となるような状況（例：試験，社交的場面への参加，誰かに電話をする）に臨む前に，読んでもらうことが効果的である。

ツール

　ツール 7.7（スキーマに挑戦する）が挙げられる。

▰ 技法：よりポジティブなスキーマを使って人生を検討する

解　説

　私たちは自分の人生で経験したことについて，「それしか選択の余地はな

かったのだ」と考えてしまいがちである。たとえば,「自分は他人より劣っている」というスキーマをもつ人は,これまでの人生における"他人より劣っていた"という経験を,全く論理的で合理的なものであるとみなしているかもしれない。それは,自分の経験がスキーマと矛盾していないように,当人には思えるからである。そのような人はたとえば,自力で物事に挑戦しようとしなかったり,やるべきことをグズグズと先延ばしにしてしまったり,他人から拒絶されたりといったことを,「自分は劣っている」というスキーマに一致するものとして経験してしまうのである。このような人は,次のように言うかもしれない。「これらのことが私に起きたのは当然のことなのです。だって私は劣っているのですから。私のように劣った人間は,このような目に遭っても仕方がないのです」

一方,これまでの人生に対して,別の見方をすることもできる。すなわち,ネガティブなスキーマが維持されているからこそ,自分が何かを選択したり,ある出来事が起きてしまうのではないか,と考えてみるのである。このようなとらえ直しをすることにより,自分のスキーマが物事にいかに影響しているかということを,理解するのである。セラピストは,「もっとポジティブなスキーマがあれば,人生においてどのような別の選択をしていただろうか」ということを,患者に考えてもらうようにするとよいだろう。たとえば,「自分は無力で価値がない」というスキーマをもつある男性患者がいた。彼は,それとは反対のスキーマ(「自分には能力も価値もある」)を自分がもっていたらどうだっただろうか,ということを想像してみた。その結果,そのような反対のスキーマに基づいて生きてきたら,自分が全く別の選択をしていたかもしれないことに気づいたのである。例:大学での課題をやり遂げられたかもしれない,もっとやりがいのある仕事に就いていたかもしれない,これほど危険を避けることがなかったかもしれない,もっと望ましいパートナーを選んでいたかもしれない。彼は自分の人生経験を,「自分が無力である」というスキーマの根拠として利用していたが,しかし本当は,彼が自分を無力であると信じていたがゆえに,このような人生経験をもつに至ったのかもし

れないのである。このような気づきを通してポジティブなスキーマを形成することが，今後の人生にポジティブな影響を与えるであろうということが，彼にも理解できるであろう。

　もうひとつ別の方法を挙げる。「愛情豊かで信頼できる両親の世話があったのであれば，どのような自分になっていただろうか」と考えてみるのである。たとえば，父親から身体的な虐待を受けていた男性がいた。彼は自分のことを「愚かだ」と話していた。この男性の場合，「もし父親が愛情豊かで，子どもの支えになってくれるような人だったら，自分はどうなっていただろうか」「もし父親がわが子を十分に尊重してくれるような人だったら，自分は今とはどのように違っていただろうか」と，考えてみるとよいだろう。そう考えてみることで，彼は自分自身をもっと気遣い，もっと自助的になれるかもしれない。それにより彼は，自分に対する別の見方を育むことができるかもしれないのである。この技法の価値は，このような認識の変化の可能性にこそあると言えるだろう。要するに，ネガティブなスキーマとは学習されたものであるから，再度別のスキーマを学習し直すことができるのである。これまでよりもポジティブなスキーマを再学習し，身につけることもできるのである。

検討と介入のための問い

　「私たちは皆，自分らしいやり方で自分について考えながら，日々暮らしています。そこでもし，あなたがネガティブなスキーマに基づいて暮らしているとしたらどうでしょうか？　たとえば『自分は無能だ』といったスキーマがあなたにあったら，学校や仕事，友だちづきあいやパートナーとの関係におけるあなたの選択は，限定されたものになるのではないでしょうか？　そして，その限定された選択が，まさに『自分は無能だ』というスキーマの根拠として，受け止められてしまうのです。自分を無能だと信じているあなたは，学校の宿題を遅れて提出したり，やりがいのない仕事を選んだりしてしまうかもしれません。そして，何事も簡単に諦めてしまうかもしれません。

しかしそのような選択は,『自分は無能だ』というあなたのスキーマが導いたものかもしれないのです。では,もしあなたに,別のポジティブなスキーマがあったとしたら,どうなっていたでしょうか？ たとえば『自分は本当に利口だ』といったスキーマです。その場合,あなたは別の選択をしたかもしれません。そしてそのような別の選択が,今度は逆に,今よりももっとポジティブなスキーマの根拠となったかもしれないのです。このようにスキーマというのは,"自己成就予言"のように機能するのです。

では,あなたの人生の様々な局面を振り返ってみましょう。もしあなたがもっとポジティブなスキーマをもっていたら,どうだったでしょうか？ たとえば学校ではどんな選択をしたでしょうか？ 仕事ではどうだったでしょうか？ 友人関係やパートナーの選択ではどうだったでしょうか？［食生活,健康面,運動,飲酒,服薬,金銭面,ライフスタイル,など］」。

［別の問いかけ］

「もしあなたの両親が,もっとあなたをサポートしてくれるような人たちだったら,どうだったでしょうか？ もっと愛情豊かで信頼できる,素晴らしい人たちだったら,あなたはどうなっていたでしょうか？ もしそうだったとしたら,それはあなたのスキーマにどのような影響を与えたと思いますか？ あなたの人生における選択は,どれほど違ったものになったでしょうか？」

例

　　セラピスト：あなたの子ども時代を振り返ってみましょう。その頃,あなたが自分自身について,「自分は愚かだ」というスキーマではなく,もっとポジティブなスキーマをもつことができていたら,どうだったでしょうか？ もしあなたに,このようなポジティブなスキーマがあったら,あなたの人生における選択や経験がどのように違っていたか,ちょっと考えてみましょう。

　　患者：過去に戻って,違う人生について考えるのですか？

　　セラピスト：そうです。あなたのネガティブなスキーマが,自分の人生に

どんなふうに影響したかを明らかにするために，まず，もしもっとポジティブなスキーマをもっていたらどうなっていただろうか，とあえて考えてみるのです。もしそうだったら，あなたの人生は，どのように違っていたでしょうか？ もしそのようなポジティブなスキーマをもつことができたら，今後のあなたの人生はどのように変わっていく可能性があるでしょうか？

患者：なるほど，そういうことですか。私は子どもの頃，父が言うように自分を愚かだと思い込んでいましたが，そうではなく，小さいときから「自分は利口なのだ」と考えていたらどうなっていたか，ということを考えるのですね。

セラピスト：その通りです。

患者：どうなんでしょうか。学校ではもっと勉強したかもしれません。宿題ももっとちゃんとやったでしょうね。大学でも，もっと頑張って勉強したかもしれません。自分には難しすぎると思って諦めてしまった講義がいくつかあったんですけど，たぶんそれらの単位もちゃんと取っていたかもしれません。

セラピスト：仕事については，どうでしょう？

患者：あんなつまらない仕事に6年間もしがみつくことはなかったかもしれません。確かにそうだと思います！ もっと頑張って働いたでしょうね。いろいろな研修を受けて，今よりも昇進していたのではないでしょうか。

セラピスト：お酒についてはどうですか？ 自分自身についてもっとポジティブなスキーマをもっていたら，どうなっていたでしょうか？

患者：今とは違っていたでしょう。私がお酒を飲むのは，「自分は愚かな失敗者だ」というネガティブなスキーマと関連しているのだと思います。もしあんなにたくさん飲んでいなかったら，もう少しいい仕事ができたのではないかと思います。

セラピスト：では，あなたの両親がもっと愛情豊かで，あなたをサポート

してくれる人たちだったら，どうだったでしょうか？　たとえば，お父さんが常にあなたを叩くような人でなかったら，どうだったでしょう？　あなたを「愚か者！」と言って怒鳴ったりしない人だったら，どうだったでしょう？　それどころかお父さんが，「お前は利口だ。本当に利口な子だよ」と言ってくれていたら，どんなふうになっていたと思いますか？

患者：そしたら私だって，あんなに惨めな思いをすることはなかったでしょう。いろんなことを，もっとうまくやれたのではないでしょうか。父に私のことを誇りに思ってもらえるよう，もっと頑張って勉強していたでしょう。

セラピスト：ということは，あなたの両親がもっと愛情豊かでサポートしてくれるような人たちだったら，あなたはもっとポジティブなスキーマをもつことができただろう，ということなのですね。そして，もしあなたがもっとポジティブなスキーマをもつことができていたら，つまり，「自分は利口でちゃんとしている」といったスキーマをもてていたら，あなたは人生において別の選択をしていただろう，ということなんですね？

患者：そうです。でも，私の人生は結局，そのようにはならなかったんですけどね。

セラピスト：確かにそうとも言えるでしょう。でも私たちは，これからの人生を変えていくことができます。ひとつめは，あなたが自分自身のよき親になることです。自分自身に対してもっと愛情深く，サポーティブになって，自分の面倒をみるのです。ふたつめは，よりポジティブなスキーマを新たに見つけ，身につけていくということです。そうすれば，新たなスキーマに基づいて，これまでとは違う選択ができるようになるでしょう。

患者：そんなふうにできたら，どんなに素晴らしいことでしょう。私にもできるでしょうか。

ホームワーク

子ども時代に戻って，人生の各段階での重要な選択や行動，人間関係などを，次のような教示に基づいて考察することがホームワークである。「もしあなたが子ども時代から，もっとポジティブなスキーマをもつことができていたら，どうだったでしょうか？ 様々な物事がどのように違っていたと思いますか？」。患者は自分の経験を振り返る際，ツール 7.8（別のスキーマのレンズを通して人生を眺めてみる）にリスト化されている"人生における 12 の分野"を参照することができる。

予測される問題点

抑うつ的な人が過去を回想すると，それがそのまま後悔や自己批判につながることがある。次のように言う患者がいるかもしれない。「確かにこんなにネガティブなスキーマをもっていなかったら，私はもっとよい人生を送ることができたでしょう。私はなんて愚かだったんでしょう！」。セラピストは，過去を振り返って後悔するために本技法を練習するのではないことを，患者に対してあらかじめ強調しておくとよいだろう。この練習の目的は，スキーマがいかに強力であるかを理解し，もっとポジティブなスキーマを新たに身につけることによって，今後の人生を変えていけるということを実感することなのである。したがってこの技法では，ポジティブなスキーマを新たに学習することを通して，過去の過ちを繰り返さないことに焦点が当てられるべきなのである。

その他の関連技法

その他の関連技法としては，背景にある思い込みを同定する，"べき"思考に挑戦する，条件つきルールを同定する，価値のシステムを検討する，事例を概念化する，適応的な思い込みを新たに見つける，スキーマに関わる幼少期の記憶を活性化する，などが挙げられる。

ツール

ツール 7.8（別のスキーマのレンズを通して人生を眺めてみる）が挙げられる。

◾ 技法：ロールプレイを通してスキーマの源に挑戦する

解　説

過去に自分を傷つけた身近な人たちのことを思い出すと，その記憶から脱け出せないような気持ちになってしまう，という人は多い。それによる影響に囚われ続けている自分の無力さを実感してしまうのである。この場合，エンプティ・チェアを使ったロールプレイが役に立つ。患者はロールプレイを通じて，ネガティブなスキーマの源に挑戦し，反論していくのである。患者は，幼少期に患者を傷つけた人の言動を「その通りだ」と思い込んでしまっている。この練習の目的は，そのような思い込みを患者自身が検討し，それに対して反論していけるよう手助けすることである。

検討と介入のための問い

「あなたに対してそのようなひどい扱いをした人が，今，この椅子（誰も座っていない椅子＝エンプティ・チェア）に座っていると想定してみましょう。あなたはその人に向かって，その人がどれほど間違っていたのかについて，話していくのです」

例

　　セラピスト：幼いあなたが取り乱して泣いていたとき，お母さんは「お前は自分勝手な子だ」と言って，あなたを罵ったのですね。そのときのことを思い出してみてください。
　　患者：わかりました。…私の望みなんて，母にとってはどうでもいいことだったんです。母の言葉によって，「私は生きているだけで自分勝手

なんだ」って，そう感じました。

セラピスト：では，お母さんが今，あなたの目の前にあるこの椅子に座っていると想像してみましょう。あなたは自白剤を飲んだとします。ということは，あなたは自分の思いのすべてをありのままに，目の前のお母さんに伝えることになります。お母さんはどんな点で間違っていたのでしょうか？

患者：（エンプティ・チェアに向かって）「自分勝手なのは，お母さん，あなた自身よ。よい母親なら子どもに『ああ，自分はお母さんに愛されているんだな』と思わせてあげられたはずだけど，あなたはそうではなかった。あなたは自分のことで頭がいっぱいで，私に目を向けてくれなかった」

セラピスト：あなたが自分勝手ではない理由を，お母さんに伝えてください。

患者：「私はちっとも自分勝手じゃない。そもそも，あなたの面倒をみていたのは，いったい誰よ？　この私でしょう？　家ではいつも手伝いばかりしていたし，ビリー（弟）の面倒だってみていたじゃない。結婚してからだって，私は夫や子どもの世話をするばかりだった。私はもっと自分勝手になったほうがいいぐらいだわ！」

セラピスト：今，お母さんに対して，どのように感じていますか？　それをお母さんに伝えてください。

患者：「私は傷ついているし，あなたに対して怒ってもいるわ。あなたは私を裏切り，そして傷つけたのよ！」

セラピスト：それでは今後はどうなるでしょう？　お母さんがあなたに対して何ができなくなるのか，伝えてください。

患者：「もうこれ以上，私を傷つけるような真似はさせないわ。『お前は自分勝手だ』なんて，二度と言わせない。私自身，自分のことを二度とそんなふうに思ったりはしないわ」

ホームワーク

この技法はセッション中に行なうべきものであり,「スキーマの源に手紙を書く」練習（ツール 7.6）と組み合わせて行なうとよいだろう。

予測される問題点

自己主張のためのロールプレイをセッション中に行なうと,恐れ,敗北感,屈辱感といった感情が惹起されることがある。特に心理的な屈辱や虐待によってネガティブなスキーマを植えつけられた人は,このようなロールプレイをする中で,かなりの恐怖や屈辱感や罪悪感を抱くことがある。それらの感情は,そのようなスキーマが植えつけられた際にまさに患者が感じたものである。セラピストはその点を患者に指摘し,ロールプレイ中に生じた感情は,過去に植えつけられたスキーマから生じていることを説明するとよい。スキーマの源に挑戦することは,屈辱感や恐怖に関連する思考（例：「自分には価値がないから,こんなことが起きたのだ」「私は罰せられるだろう」）に挑戦することにもつながるのである。

その他の関連技法

その他の関連技法としては,スキーマの源に手紙を書く,スキーマに関わる幼少期の記憶を活性化する,感情を活性化する,「別のスキーマをもっていたなら,人生はどのように違っていただろう」ということについて検討する,スキーマに関わる回避や埋め合わせについて検討する,などが挙げられる。

ツール

ツール 7.6（スキーマの源に手紙を書く）が挙げられる。

▎技法：よりポジティブなスキーマを形成する

解説

　スキーマ治療の目的は，スキーマが今現在患者に与えている影響力を軽減することである。よりポジティブで適応的なスキーマが新たに形成されれば，スキーマ治療の目標はほぼ達成されたと言えるだろう。ほとんどの場合，個人は複数のスキーマを有しているので，新たに形成される適応的なスキーマは多面的である必要がある。セラピストは，バランスのよい新たなスキーマを構築できるよう患者を手助けする。そして新たなスキーマが，患者のこれからの選択や経験にどのように影響することになりそうか，患者自身に検討してもらうのである。このときにポイントとなるのが，新たなスキーマをできるだけ柔軟なものにする，ということである。セラピストはたとえば，「私だってときには結構利口だ」「私はしょっちゅう魅力的な人間になる」というように，「ときには」「しょっちゅう」といった修飾語句を用いるよう，患者に勧めることができる。

検討と介入のための問い

　「新しいスキーマを身につけて，これまでよりもよい気分で，自分自身について考えられるようになることを想像してみましょう。あなたはもはや，自分のことを無能だとは思っていません。むしろ『自分だってときには結構有能だ』と考えられるときもあります。このような新たな見方を自分自身に適用し続けることができたら，どうなるでしょう？　新たなスキーマを維持していくためには，どのような認知療法の技法を活用するとよいでしょうか？」

例

　　セラピスト：あなたは自分のことを，愚かで責任感がないと思っているようですが，それはお父さんがあなたをそのように扱ったからなので

すね。では，それにかわるスキーマとして，どのようなことが新たに考えられますか？ よりポジティブなスキーマとして，どのようなものがありうるでしょうか？

患者：「私は賢くて，とてもきちんとした人間だ」ということでしょうか。

セラピスト：いいですね。あなたが賢い人であることを裏づける根拠には，何がありますか？

患者：私は大学を卒業しましたし，修士号も取りました。仕事でもまあまあうまくやっています。知能指数も高いほうだと思います。

セラピスト：では「自分は賢い」と思えるようになったあなたであれば，人と会っているときに，どんなことを考えるでしょう？

患者：「私の有能さを，相手はどのように思ってくれているだろう」と考えるかもしれません。

セラピスト：仕事についてはどうですか？ 自分をポジティブにとらえることができると，仕事の面で何か違ってくることがあるのではないですか？

患者：もっと挑戦しようとするでしょうし，昇進を狙うかもしれません。

セラピスト：経済的な面ではどうですか？

患者：まずクレジットカードの負債をきれいさっぱり清算して，それから貯金を始めるでしょう。賢い人ならそうすると思います。

ホームワーク

　自分のネガティブなスキーマを検討し，それらをどのようにしてポジティブなスキーマに変換できるのか，ということについて検討することがホームワークである。その際患者はツール7.9（ポジティブなスキーマの効果）を用いて，新しいスキーマを形成した結果，判断，機会，思考，経験において，これまでとはどのように違ってくるかを検討し，それらをリスト化するとよい。

予測される問題点

患者の中には,「このような技法は口先だけのよい話にすぎない」とみなす人がいる。つまり,新たなスキーマは"現実"でもなければ"現実のように感じられるもの"でもないというのである。しかし,新たなスキーマを試しに活用してみて,それによってこれまでよりも快適な気分になれるようにするためには,それなりの時間が必要である。セラピストはこのことを患者にあらかじめ説明しておくとよい。その際,スキーマを新たに形成する利益と不利益,そして新たなスキーマの根拠などについても,同時に検討しておくとよいだろう。また必要に応じて,二重の基準法やロールプレイといった技法を用いて,新たなスキーマを強化することができる。たとえば,「私は有能です」とただ繰り返すだけでは不十分かもしれない。その場合,認知療法の諸技法を継続的に実践し,ネガティブな古いスキーマに挑戦することも必要になってくるのである。

その他の関連技法

患者は様々な認知療法の技法を活用し,よりポジティブな新しいスキーマを維持していくことができる。たとえば,次のようなことを考慮するとよいだろう。ポジティブなスキーマの後にはどのようなポジティブな自動思考,思いこみ,行動が続くだろうか？ どのようなポジティブな下向き矢印法を新たに活用できるだろうか？ どのようにしたら患者はあたかもポジティブなスキーマを信じているかのように行動できるだろうか？ どのようにしたらそのようなポジティブなスキーマに基づいて,問題解決を試みたり計画を立てたりすることができるだろうか？

ツール

ツール 7.9（ポジティブなスキーマの効果）が挙げられる。

◆◆ ツール7.1 個人的な信念についての質問紙

名前：　　　　　　　　　　　　　　日付：

下の各文をあなたはどの程度信じているでしょうか？　あなたのいつもの感じ方を評価してみてください。

```
0          1          2          3          4
全然       少し       中程度に    かなり      完全に
信じていない 信じている  信じている   信じている   信じている
```

		あなたはどのくらい信じていますか？				
		0 全然	1 少し	2 中程度に	3 かなり	4 完全に
例.	この世は危険な所だ。(丸をつけてください)					
1.	私は仕事や社交のような社会的な場において不器用である。私は社会的に望ましくない人間である。	0	1	2	3	4
2.	世の人々は潜在的に，他人に対して批判的で，冷淡である。他人は私の自尊心を傷つけ，拒絶する存在である。	0	1	2	3	4
3.	私は不快な感情に耐えられない。	0	1	2	3	4
4.	もし誰かと親しくなると，「本当の」私が発見され，相手に拒絶されてしまうだろう。	0	1	2	3	4
5.	自分が劣っていてちゃんとしていないことが明らかになるのは耐えられない。	0	1	2	3	4
6.	どんな犠牲を払っても不快な状況を避けなければならない。	0	1	2	3	4
7.	不快なことを感じたり考えたりした場合は，すぐにそれを忘れてしまうか，何か別のことで気を紛らわせるのがよい（たとえば，別のことを考える，酒を飲む，薬を飲む，テレビを見る，など）。	0	1	2	3	4
8.	人の注目を浴びるような状況は避けたほうがよい。そしてできるだけ目立たないようにすべきである。	0	1	2	3	4
9.	不快感はいったん生じたらどんどんエスカレートし，抑制がきかなくなるだろう。	0	1	2	3	4
10.	誰かが私のことを批判するなら，その人の言っていることは正しいに違いない。	0	1	2	3	4

◆◆ ツール 7.1 （つづき）

		全然	少し	中程度に	かなり	完全に
11.	何かを試して失敗するなら，はじめから何もしないほうがよい。	0	1	2	3	4
12.	問題については考えなければよい。そうすれば何もする必要がないのだから。	0	1	2	3	4
13.	人との関係に緊張感が生じたら，それはその関係が悪化したということである。そのような関係は断ち切ったほうがよい。	0	1	2	3	4
14.	問題を無視してしまえば，その問題はなくなるだろう。	0	1	2	3	4
15.	私はひどく困っている。ゆえに私は弱い人間である。	0	1	2	3	4
16.	私は常に誰かにそばにいてもらう必要がある。それは，私がやるべきことを実行できるよう手助けしてくれる人，何か悪いことが起きたときに助けてくれる人である。	0	1	2	3	4
17.	私を助けてくれるような人は愛情深く，親切な人に違いない。当人が望んで私を助けてくれるなら，そのことでその人も自信をもつことができるだろう。	0	1	2	3	4
18.	「自分自身の力でやれ」と言われても，私には何もできない。	0	1	2	3	4
19.	自分よりも強い人と愛情で結ばれないと，私は孤独に陥ってしまう。	0	1	2	3	4
20.	見捨てられること以上に最悪なことなどない。	0	1	2	3	4
21.	幸せであるためには常に愛されていなければならない。	0	1	2	3	4
22.	私を助けたり支えたりしてくれる人を怒らせるようなことは，一切してはならない。	0	1	2	3	4
23.	私を助けたり支えたりしてくれる人の好意を損なわないために，私はその人たちに従わなければならない。	0	1	2	3	4
24.	私は，私を助けたり支えたりしてくれる人たちと，いつも親しくしていなければならない。	0	1	2	3	4

◆◆ ツール 7.1 （つづき）

		全然	少し	中程度に	かなり	完全に
25.	私は他人とできるだけ親密になれるよう努めるべきである。	0	1	2	3	4
26.	私は自分自身で判断することができない。	0	1	2	3	4
27.	私は他の人たちのようにうまく物事に対処できない。	0	1	2	3	4
28.	私が判断するのを助けてくれる人，私が何をすべきかを教えてくれる人，そのような人が私には必要である。	0	1	2	3	4
29.	自己満足なら私にもできる。しかし目標を達成するためには，他人の助けが必要である。	0	1	2	3	4
30.	自尊心を保つために私ができることは間接的な自己主張である。それはたとえば，指示されたことをその通りにやらないというようなことである。	0	1	2	3	4
31.	私は誰かと愛情で結ばれていたいと思う。しかしその代償として相手に支配されるのはいやだ。	0	1	2	3	4
32.	権威者たちは往々にしてでしゃばりで，要求がましい。そして干渉的で，他人をコントロールしたがる。	0	1	2	3	4
33.	権威者たちの支配に対しては抵抗しなければならない。同時に私は，権威者たちからの承認や賞賛を受け続ける必要がある。	0	1	2	3	4
34.	他人にコントロールされたり支配されたりするのは耐えられない。	0	1	2	3	4
35.	私は自分なりの方法で物事を行なっていくべきだ。	0	1	2	3	4
36.	期限を守ったり，要求に応じたり，ルールに従ったりすると，私のプライドや独立心は損なわれてしまうだろう。	0	1	2	3	4
37.	他人の望むルールに従うと，自分の行動の自由が妨げられてしまう。	0	1	2	3	4
38.	怒りを直接表すのはやめるべきだ。むしろルールに従わないことを通じて自分の不快感を表明するほうがよい。	0	1	2	3	4

➤➤ ツール 7.1 （つづき）

		全然	少し	中程度に	かなり	完全に
39.	自分にとって何が最良であるかは自分が一番よく知っている。何をするべきか，他人にとやかく言われる筋合いはない。	0	1	2	3	4
40.	ルールというのは独断的なものであり，私を息苦しくさせる。	0	1	2	3	4
41.	人は他人に対してやたら欲求がましくなりがちである。	0	1	2	3	4
42.	相手があまりに威張り散らしているように思われるとき，私にはその人の要求を無視する権利がある。	0	1	2	3	4
43.	私は自分自身や他の人たちに対して十分責任を果たすことができる。	0	1	2	3	4
44.	物事をちゃんとやり遂げたかどうかは，私が自分自身で判断するべきだ。	0	1	2	3	4
45.	他の人たちはとかくいい加減で，無責任になりがちである。そして，わがままで，無能である。	0	1	2	3	4
46.	何事も完璧にやり遂げることが重要である。	0	1	2	3	4
47.	的確に物事を進めるためには，秩序，システム，ルールが必要である。	0	1	2	3	4
48.	秩序がないと，すべてが崩壊するだろう。	0	1	2	3	4
49.	何かをするうえで少しでも欠点や欠陥があれば，それは破滅的な結果を招きかねない。	0	1	2	3	4
50.	常に最高水準を固守していくことが必要である。さもないと物事は失敗に終わってしまうだろう。	0	1	2	3	4
51.	自分の感情は完全にコントロールしなければならない。	0	1	2	3	4
52.	他の人も私のように物事を遂行すべきである。	0	1	2	3	4
53.	最高水準で仕事を遂行しなければ，私は失敗するだろう。	0	1	2	3	4
54.	欠点や欠陥や間違いは耐え難い。	0	1	2	3	4
55.	些事にこだわることが極めて重要である。	0	1	2	3	4

◆◆ ツール 7.1 （つづき）

		全然	少し	中程度に	かなり	完全に
56.	私のやり方こそが最高であるはずだ。	0	1	2	3	4
57.	自分自身に対しても警戒を怠ってはならない。	0	1	2	3	4
58.	力やずるがしこさこそが物事を成し遂げるための最高の手段である。	0	1	2	3	4
59.	私たちは弱肉強食の世界に暮らしており，強者だけが生き残っていけるのだ。	0	1	2	3	4
60.	自分から先制攻撃をしなければ，相手にやられてしまう。	0	1	2	3	4
61.	約束を守ったり，恩義を重んじたりすることは，大して重要なことではない。	0	1	2	3	4
62.	ばれなければ，嘘をついたり騙したりしてもかまわない。	0	1	2	3	4
63.	私はこれまで不当な扱いを受けてきた。だからこれからは，どんな手を使っても自分の正当な取り分を手に入れる資格がある。	0	1	2	3	4
64.	他の人たちは弱い。利用されて当然である。	0	1	2	3	4
65.	私のほうから相手を押しのけないと，逆に自分がやられてしまう。	0	1	2	3	4
66.	ばれずにうまくやり通せるのなら，何でもやってみたほうがよい。	0	1	2	3	4
67.	他人が私のことをどう思おうが，それは大した問題ではない。	0	1	2	3	4
68.	手に入れたいものがあれば，手段を選ばずに何でもやってそれを手に入れるべきである。	0	1	2	3	4
69.	私は物事をうまくやり通せる。悪い結果など心配する必要はない。	0	1	2	3	4
70.	もし人が自分自身の面倒をみられないとしても，それはその人の問題である。私の知ったことではない。	0	1	2	3	4
71.	私は特別な人間である。	0	1	2	3	4
72.	私はとても優れているので，特別な扱いや特権を受ける権利が当然ある。	0	1	2	3	4

ツール7.1 （つづき）

		全然	少し	中程度に	かなり	完全に
73.	他の人に適用されているルールでも，私はそのようなものに縛られる必要がない。	0	1	2	3	4
74.	人から認められたり賞賛されたり感心されたりすることは，大変重要なことである。	0	1	2	3	4
75.	私の立場を尊重しないような人は罰せられるべきである。	0	1	2	3	4
76.	他の人たちは私の要求を満足させるべきである。	0	1	2	3	4
77.	私という人間がどれほど特別であるか，他の人は認めるべきである。	0	1	2	3	4
78.	私がしかるべき敬意を表されなかったら，あるいは手に入れてしかるべきものが私の手に入らなかったとしたら，それは耐え難いことである。	0	1	2	3	4
79.	分不相応な賞賛や富を手に入れている人がいる。	0	1	2	3	4
80.	他の人には私を批判する権利などない。	0	1	2	3	4
81.	誰の要求も私自身の要求の妨げとなってはならない。	0	1	2	3	4
82.	私には才能がある。したがって私のすることが滞りなく進んでいくよう，他の人は道を譲ってでも私に便宜を図るべきである。	0	1	2	3	4
83.	私のことは，私と同じくらいに利口な人にしか理解できないだろう。	0	1	2	3	4
84.	私は素晴らしい成果を手に入れるだろう。私には，その十分な資格がある。	0	1	2	3	4
85.	私は刺激的でとても面白い人間だ。	0	1	2	3	4
86.	他の人たちに注目されないと，私は幸せになれない。	0	1	2	3	4
87.	人を楽しませたり感動させたりしないと，私はつまらない人間ということになってしまう。	0	1	2	3	4
88.	常に皆の関心を引かなければならない。さもないと人に好かれることなどできない。	0	1	2	3	4

♦♦ ツール7.1 （つづき）

		全然	少し	中程度に	かなり	完全に
89.	欲しいものを手に入れるため，私は人を感嘆させたり，楽しませたりする。	0	1	2	3	4
90.	私に対してポジティブな反応を示してくれないような人は不愉快だ。	0	1	2	3	4
91.	私のことを無視するなど，とんでもないことだ。	0	1	2	3	4
92.	私は注目の的でなければならない。	0	1	2	3	4
93.	物事を徹底的に考えるなんてことは煩わしいし，そんなことをする必要はない。なぜなら私は「本能的な」感情でやっていけるからだ。	0	1	2	3	4
94.	楽しませてさえいれば，相手は私の弱さに気づかないだろう。	0	1	2	3	4
95.	退屈には耐えられない。	0	1	2	3	4
96.	何かしたくなったら，どんどん実行すべきである。	0	1	2	3	4
97.	極端な方法で行動すれば，人は私に関心を払ってくれるだろう。	0	1	2	3	4
98.	合理的な思考や計画よりも，感情や直感のほうがはるかに重要である。	0	1	2	3	4
99.	他の人たちが私のことをどう考えようとかまわない。	0	1	2	3	4
100.	私にとって重要なのは，自由であること，そして他人から独立していることである。	0	1	2	3	4
101.	他の人たちと一緒に過ごすよりも，自分ひとりで何かをするほうが楽しい。	0	1	2	3	4
102.	ほとんどの場合，私は他人に放っておいてもらいたい。	0	1	2	3	4
103.	自分が何をするかを決める際に，他人の影響は受けない。	0	1	2	3	4
104.	他の人との親密な関係は私にとって重要ではない。	0	1	2	3	4
105.	自分自身の基準や目標は自分で決める。	0	1	2	3	4

◆◆ ツール 7.1 （つづき）

	全然	少し	中程度に	かなり	完全に
106. 私にとっては人と親しくなるより，自分のプライバシーのほうがはるかに重要である。	0	1	2	3	4
107. 他人がどう思おうが，私にはどうでもよいことだ。	0	1	2	3	4
108. 私は誰の助けもなしに自分自身で物事を処理できる。	0	1	2	3	4
109. 他人と一緒にいて「行き詰まった」ように感じるより，ひとりでいるほうがよい。	0	1	2	3	4
110. 他人を信頼して秘密など打ち明けるべきではない。	0	1	2	3	4
111. 自分が巻き添えにならないかぎり，自分自身の目的のために他人を利用してもかまわない。	0	1	2	3	4
112. 人間関係とは厄介で，自由を妨げるものである。	0	1	2	3	4
113. 私は他人を信用できない。	0	1	2	3	4
114. 他の人たちは何か隠れた動機をもっている。	0	1	2	3	4
115. 警戒を怠ると，他人に利用され，巧みに操られてしまうだろう。	0	1	2	3	4
116. 私は絶えず警戒している必要がある。	0	1	2	3	4
117. しばしば人はわざと私を煩わせようとする。	0	1	2	3	4
118. もし他人に「こいつはカモにできる奴だ」と思われたら，私はひどい目に遭うことになるだろう。	0	1	2	3	4
119. 他人が私について何か気づいたら，それを利用して私を攻撃してくるだろう。	0	1	2	3	4
120. 人が言うことと，意味することが違うのはよくあることだ。	0	1	2	3	4
121. 親しい人でも私を裏切ったり，誠実でなくなったりすることはありうることである。	0	1	2	3	4

◆◆ **ツール 7.1** （つづき）

患者氏名：＿＿＿＿＿＿＿＿＿＿＿＿＿＿＿＿＿＿ 実施日：＿＿＿＿＿＿

評価担当者：＿＿＿＿＿＿＿＿＿＿＿＿＿＿＿＿ 評価日：＿＿＿＿＿＿

PBQ 評価		得点		Z 得点	対照群のZスコア	
					各パーソナリティ障害患者のZ得点	パーソナリティ障害の診断がつかない患者のZ得点
回避性	該当項目 1 - 14	＝＿＿＿	（得点－ 18.8）/10.9	＝＿＿＿	.62	－.69
依存性	該当項目 15 - 28	＝＿＿＿	（得点－ 18.8）/11.8	＝＿＿＿	.83	－.49
受動-攻撃性	該当項目 29 - 42	＝＿＿＿	（得点－ 19.3）/10.5	＝＿＿＿	データなし	－.38
強迫性	該当項目 43 - 56	＝＿＿＿	（得点－ 22.7）/11.5	＝＿＿＿	.31	－.51
反社会性	該当項目 57 - 70	＝＿＿＿	（得点－ 9.3）/6.8	＝＿＿＿	.31	－.18
自己愛性	該当項目 71 - 84	＝＿＿＿	（得点－ 10.0）/7.6	＝＿＿＿	1.10	－.38
演技性	該当項目 85 - 98	＝＿＿＿	（得点－ 14.0）/9.3	＝＿＿＿	データなし	－.29
分裂性	該当項目 99 - 112	＝＿＿＿	（得点－ 16.3）/8.6	＝＿＿＿	データなし	－.14
妄想性	該当項目 113-121	＝＿＿＿	（得点－ 14.6）/11.3	＝＿＿＿	.51	－.55

註：Zスコアは様々な診断のついた756人の精神科外来患者のデータに基づいている。

❖❖ ツール 7.2　スキーマを理解するための手引き

スキーマとは何でしょうか？

　人はどのようなことで落ち込んだり，不安になったり，腹を立てたりするのでしょうか？　それが人それぞれ異なっていることは明らかです。スキーマと呼ばれるものが，これらの違いを生み出します。スキーマというのは，人が物事をとらえる際の習慣的な受け止め方のことです。たとえば抑うつは，喪失，欠乏，失敗に関わるスキーマによって特徴づけられます。不安は，脅威や恐怖に関わるスキーマによって，怒りは，侮辱や屈辱やルール違反などに関わるスキーマによって特徴づけられます。パーソナリティ研究によって明らかにされたことは，人が落ち込んだり，不安になったり，腹を立てたりする背景には，その基盤となるテーマがあるということです。このテーマが人によってそれぞれ異なるのです。

　人にはそれぞれ特定の習慣的思考パターンがあります。人はそのパターンを通じて物事を経験するのです。たとえば「達成」ということを重要視する人もいれば，「拒絶」に焦点を当てる人もいるでしょう。「見捨てられることへの恐怖」に注目しやすい人もいるでしょう。たとえば，あなたのスキーマ（あなたが特に関心を向けたり脆弱性を呈しやすいテーマ）が「達成」に関連しているものであると仮定します。あなたはとても順調に仕事上のキャリアを積んできましたが，あるとき失敗をしてしまいます。すると「達成」に関わるスキーマが活性化し始めます。「私は最高に成功しなければならない。さもないと私は失敗者になってしまう」という考えが浮かびます。さらに仕事上のちょっとした失敗が，「失敗者」についてのスキーマ（もしくは「平均は失敗に等しい」というスキーマ）を活性化してしまうのです。そして，あなたは不安になったり落ち込んだりするのです。

　あなたのスキーマが「見捨てられること」に関連していると仮定した場合はどうでしょうか。どのようなことがきっかけであれ，ある場面で「相手に拒絶され，ひとりぼっちになってしまうかもしれない」と思うと，あなたはそれに過敏に反応するでしょう。人間関係がうまくいっているかぎりは，さほど心配することもないでしょう。しかし，見捨てられることに関わるスキーマを抱いているかぎり，あなたの心配が消えてなくなることはなく，「ひとりぼっちになったらどうしよう」「拒絶されたらどうしよう」とビクビクし続けることになるでしょう。もし人間関係がうまくいかなくなったら，あなたはたちまちひどく落ち込んでしまうでしょう。なぜならあなたは，ひとりでいるのに耐えられないからです。

私たちはどのようにしてスキーマを埋め合わせるのでしょうか？

　ある特定の問題に関わるスキーマをもっている人は，そのスキーマに関わる脆弱性を何かで補おうとするでしょう。仮に，あなたが「失敗」に関わるスキーマをもっているとします（あるいは「平均的であるのは悪いことだ」というスキーマを想定してもよいでしょう）。そのようなスキーマをもつあなたは，過剰なまでに必死に働くことで，「自分が劣っていることが明らかになってしまう」とか「自分は完璧であるべきなのに，実はそうでない」と自覚せざるをえない状況を防ごうとするのです。あるいは，自分の仕事を何度も何

◆◆ ツール7.2 （つづき）

度もチェックするかもしれません。人はあなたを仕事中毒だと考えるかもしれません。そんなあなたの気が休まることはありません。なぜなら，「本当に自分はちゃんとやったのだろうか。まだ何かやり残している仕事があるのではないか。自分のやる気が減ってしまったらどうしよう」などと，不安でたまらないからです。

　あるいは，仮にあなたが「見捨てられること」に関するスキーマを抱いているとします。このスキーマを埋め合わせるために，つまり見捨てられることを防ぐために，あなたは自己主張することを恐れ，パートナーの言うことにいつも従おうとするかもしれません。もしくは，相手が自分を見捨てたりはしないことを，常に相手に保証してもらって安心しようとするかもしれません。あなたは常に探るようにして，「彼［彼女］は出て行ってしまうんじゃないか。何かその可能性をうかがわせるような徴候はないか」と，目を光らせ続けます。あるいは「相手との関係にしがみつく」といったやり方で，見捨てられることに関するスキーマを補おうとするかもしれません。相手があなたの要求に応じてくれないのにもかかわらず，とにかく「ひとりになりたくない」という思いから，その人との関係に執着するのです。もしくは，「自分はひとりでやっていけない」という思いから，あなたにとって本来耐え難いはずの関係を続けてしまうのです。

　このように，背景にあるスキーマを埋め合わせようとすると，それ自体，何らかの問題を引き起こすことになります。「埋め合わせ」をしようとすると，あなたは自分の要求を犠牲にしなければならなくなるのです。たとえば，強迫的に仕事をしてしまったり，八方塞がりの人間関係にしがみついたり，不安に駆られるたびに相手に安心を保証してもらったり，その他問題のある行動をする羽目に陥ってしまうのです。しかもこうして埋め合わせを続けているかぎり，あなたは背景にあるスキーマに対する取り組みを始めることができないのです。これが「埋め合わせ」の最も大きな問題点と言えるかもしれません。あなたはたとえば，「私は特別でなければならない」とか「私は人より優れていなければならない」とか「平均的であることを避けなければならない」とか「ひとりにならないようにしなければならない」といった信念を抱いているかもしれませんが，今まであなたは，そのような自分の信念に疑問を感じたことがなかったのではないでしょうか。だからこそ，あなたは自分のスキーマを変えようとはしなかったのでしょう。その結果，スキーマは依然として存在し続け，何かあったらいつでも活性化されるようチャンスをうかがっているのです。そしてそのようなスキーマは，そのままあなたの弱点であり続けるのです。

どのようにして私たちはスキーマとの直面を避けているのでしょうか？

　もうひとつ問題となるのが「スキーマの回避」です。自分のスキーマを活性化させるような状況を一切避けようとする，というのがスキーマの回避です。たとえばあなたが「失敗者」についてのスキーマを抱いていると仮定しましょう。あなたは，心の奥深いところで「自分は本当に無能だ」と考えています。そこで，このようなスキーマが表面化して検

❖❖ ツール7.2 （つづき）

　証されることを避けるために，あなたは困難な仕事には決して手を出さず，何かをやり始めても早々にやめてしまうのです。あるいは，あなたが「自分は愛されない」「自分には魅力がない」というスキーマを抱いていると仮定しましょう。あなたはどのようにして，このようなスキーマが活性化されるのを避けるでしょうか？　人との交際を避けようとするのかもしれませんし，自分を受け入れてくれないかもしれない相手とのつきあいをやめてしまうのかもしれません。あなたは，「私は何にも人にしてあげられない。相手も私のことをそう思っているだろう」と思っているために，デートをしたり友だちに電話をかけたりすることも避けてしまうかもしれません。あるいはあなたに，見捨てられることを恐れるスキーマがあるとしたらどうでしょうか？　あなたは誰とも親しくならないようにするかもしれませんし，相手との関係を早々に終わりにしてしまうかもしれません。そうして自分が拒絶されることを防ぐのです。

　その他，どのような方法で人はスキーマの活性化を防ごうとするのでしょうか？　何らかの物質を使ったり極端な行動をとったりすることによって，感情を麻痺させるというのもひとつの方法でしょう。たとえば，深酒をする，感情を鈍磨させる薬物を服用する，むちゃ食いをする，無謀な性的行動に走る，といったことが考えられます。あなたは，「思考や感情に直接対処するのはあまりにも大変だから，たとえ無茶な行動に依存してでもそれを避けなければならない」と思っているのかもしれません。これらの行動によって，背景にある恐怖を隠蔽すれば，恐怖に直面せずにすむからです。しかしそれは，むちゃ食いや飲酒や服薬の間だけのことであり，つらい感情は再び戻ってきてしまいます。なぜならむちゃな行動をすることは，背景にあるスキーマに本当の意味で挑戦することとは違うからです。そして皮肉なことに，このような嗜癖的な行動は，ネガティブなスキーマや自分自身に対する悪感情をいっそう強化してしまうのです。

スキーマの源はどこにあるのでしょうか？

　私たちはこのようなネガティブなスキーマを，親やきょうだい，同僚，パートナーなどといった人たちから学びます。たとえば親の場合を考えてみましょう。あなたの親はあなたに対し，「誰よりも優れていないかぎり，お前は十分ではない」と感じさせたのかもしれません。あるいは「お前は太りすぎている」とか「お前には魅力がない」と言ったりすることがあったのかもしれません。出来のよい子どもとあなたを比べたり，何かを要求したあなたのことを利己的だと言ったのかもしれません。何かをあなたに無理強いしたり，「ああしなさい，こうしなさい」とあれこれ要求したのかもしれません。あるいは「自殺する」とか「見捨ててやる」などと言って，あなたを脅したのかもしれません。このようにして，親はネガティブなスキーマを子どもに植えつけるのです。そのやり方は実に様々です。親はいろいろなやり方を通じて，自他についての様々なネガティブなスキーマを子どもに教えてしまうのです。

❖❖ ツール 7.2 （つづき）

　次に親がネガティブなスキーマを植えつける，そのやり方の例をいくつか紹介します。これらは，ネガティブなスキーマを親からどのように教え込まれたのか，何人かの人たちに思い出してもらったことをまとめたものです。

1. 「あなたはもっとちゃんとやれたはずなのに，どうしてBなんていう成績を取ったの？」：完璧主義的なスキーマ。もしくは劣っていることを避けるスキーマ。
2. 「あなたの足は太すぎるわ。それに鼻も不恰好だし」：太っていることや醜いことについてのスキーマ。
3. 「あなたの従兄はハーバード大に入れたのに。どうしてあなたは彼のようにできないの？」：劣っていることや無能であることについてのスキーマ。
4. 「私はこの家を出て行ったほうがいいんだろうね。お前たち子どもが，自分で自分の面倒をみられるようにすべきなんだわ」：人に負担をかけていることや見捨てられることについてのスキーマ。

　スキーマの源としては，親だけでなく他にもいろいろ考えられます。たとえばあなたのお兄さんやお姉さんが，あなたをいじめたせいで，あなたには，虐待される，愛されない，拒絶される，コントロールされる，といったことに関するスキーマが形成されたのかもしれません。あるいはパートナーのあなたに対する言動によって，「自分はちゃんとしていない」といったスキーマができてしまったのかもしれません。他にも私たちは，自分の住む社会における文化的な傾向をスキーマとして内在化してしまうこともあります。たとえば，痩せていれば美しい，完璧な肉体をもつ，「本物の男」になる，完璧なセックス，巨額の富，素晴らしい社会的成功，などについての世間一般のイメージが，個人的なスキーマ（例：完璧主義，卓越性，不適切であることや不完全であること）を強化する要因になることがあるのです。

認知療法はどのような助けになるのでしょうか？

　認知療法は次のような重要な点において，あなたの助けになるでしょう。

- あなたがどのようなスキーマを抱いているのか，具体的に同定します。
- あなたがどのようにして自分のスキーマを埋め合わせたり回避したりしているのか，調べていきます。
- あなたの選択や経験が，あなたのスキーマをどのように維持したり強化したりしているのか，探っていきます。
- あなたのスキーマが形成された源や過程を明らかにします。
- ネガティブなスキーマに挑戦し，それらのスキーマを修正します。
- より適応的でポジティブなスキーマを，新たに見つけていきます。

第7章　スキーマに焦点を当てた治療　433

◆◆ **ツール 7.3　スキーマを回避し，埋め合わせする**

下表は，人が自分自身や他人のことを理解するときに用いる様々な見方を示したものです。左側の欄を見てください。ここに挙げられた数々の見方のうち，あなたにとってどれが馴染み深く，どれが自分のスキーマと一致していると思いますか？　そして，それらのスキーマを回避したり埋め合わせたりするために，あなたはどのようなことをしていますか？　それを右側の欄に書き入れてください。たとえば，「自分は男らしくない」と思い込んでいるある男性は，ウエイトトレーニングに過剰に取り組んだり空手を習ったりするかもしれません（埋め合わせ）。「自分は頭が悪い（無能だ）」と信じているある女性は，学校で懸命に勉強するかもしれません（埋め合わせ）。「他人は信用できない」と信じているある女性は，デートすることを避けるかもしれません（回避）。ではあなた自身はどうでしょうか？　あなたが自分のスキーマにこれまでどのように対処してきたか，検討してみましょう。下表に載っていない別のスキーマがあれば，それも左側の欄に新たに記入し，検討してください。

個人的なスキーマ	埋め合わせたり避けたりするために私がしていること
無能である，または，不適当である	
無力である	
弱い	
身体が弱い（病気やケガに対して）	
他人を信用できない	
責任感がない，または，無責任である	
不道徳または邪悪である	
他の人からコントロールされてはならない	
タフである	
特別である，または，個性的である	

◆◆ ツール 7.3 （つづき）

個人的なスキーマ	埋め合わせたり避けたりするために私がしていること
際立っている必要がある	
外見が魅力的である	
印象的である	
他の人たちと関わらない	
愛されない	
面白みがない	
混乱している	
価値がない	
利己的である	
他人は私を批判する	
他のスキーマ	

❖ ツール 7.4　スキーマの変容に向けてモチベーションを高める

スキーマを変えるにはかなりの努力が必要であり，ときにはつらい思いをすることもあるでしょう。たとえば，現在抱いているスキーマに反することを，あえて行なったほうがよい場合があるかもしれません。自分のネガティブなスキーマが変わることをイメージしてください。スキーマが変容することによって，どのような利益があるでしょうか？　また逆に，どのような不利益が考えられるでしょうか？

個人的スキーマ	利　益	不利益

◆◆ ツール 7.5　スキーマに関わる幼少期の記憶

自分の個人的なスキーマに，どのような幼少期の記憶が関連しているのか，同定してみましょう。邪魔の入らない静かな部屋で，目を閉じて，今現在あなたを最も悩ませているスキーマに思いを集中させてください。それはどのようなスキーマですか？　たとえば，「私は愛されない」「私は無能だ」といったスキーマが考えられます。そのスキーマを，心の中で繰り返してみてください。

そのスキーマの背景にはどのような感情が隠されているでしょうか？　その感情に触れて，もっと強く感じようとしてみてください。あなたの中にある感情や思考をとらえることができるでしょうか？　あなたはいつ頃から，このような感情や思考を抱くようになったのでしょうか？　子ども時代の経験，もしくは人生の様々な時点を振り返ってみましょう。それはどのような場面だったでしょうか？　詳細に思い浮かべてください。そのとき，どのようなことが起こったのでしょう？　人々はどのような様子でしたか？　彼らは何をしていたのでしょうか？　あなた自身はどうしていたのでしょう？　どんな身体感覚が生じていましたか（例：緊張している，心臓がドキドキしている，汗をかいている，寒気がする）？　感情はどうでしたか（腹が立っている，無力に感じる，恐ろしい，悲しい，など）？　思考はどうだったでしょうか？　…「もう十分に当時を振り返った」と思ったら，目を開けてください。この練習であなたが体験したのは，どのようなことでしょうか？　下表に記入してください。

個人的なスキーマ	このように考えたり感じたりした最初の記憶	この記憶に伴う感覚，感情，思考

◆◆ ツール 7.6　スキーマの源に手紙を書く

あなたが自分自身や他人に対してネガティブなスキーマを抱くきっかけとなった人（たち）は誰でしょうか？　その人（たち）に手紙や声明文を書いてみましょう。その際，しっかりとした態度で，自分の意見を明確に主張してください。その人（たち）がどうして間違っていたのか，その人（たち）のあなたに対する見方は現実のあなたと比べてどのように食い違っていたのか，はっきりと伝えるのです。あなたは今，自分のために立ち上がろうとしています。そのことも相手に伝えるのです。そして，この練習をしている最中に考えたり感じたりしたことについても，下の欄に書き出してください。

自分のネガティブなスキーマの源に宛て，自分の意見をはっきりと主張するための手紙，または声明文：

この手紙（声明文）を書くことを通じて生じた考えや感情：

◆◆ **ツール 7.7　スキーマに挑戦する**

技　法	反　応
スキーマを同定します。	
このスキーマを定義します。	
どの程度このスキーマを信じていますか？（0%から100%で）	
このスキーマによって引き起こされる感情は？	
このスキーマはどのような状況によって活性化されるのですか？	
このスキーマによる利益と不利益は？	利　益： 不利益：
このスキーマの妥当性についての根拠と反証は？	根　拠： 反　証：
二重の基準法を使ってみます。あなたはこのスキーマを他の人たちに対しても適用しますか？	
なぜこのスキーマは現実的とは言えないのでしょうか？	
"全か無か思考"ではなく，連続尺度で考えてみましょう（例：0%から100%の間で自分自身と他の人々を評価してください）。	
このスキーマに反する行動をとってみましょう（このスキーマに対抗するようなどのようなことを，あなたは実践できますか？）。	
今，スキーマに対する確信度はどれぐらいですか？　再評価してみましょう。	

✦✦ ツール 7.8 別のスキーマのレンズを通して人生を眺めてみる

もしあなたがもっとポジティブなスキーマをもっていたらどうだったでしょう？ あなたの選択や行動はどのように違っていたでしょうか？ 以下に挙げる様々な分野で，どのような可能性があったか，検討してみてください。

分野・選択・行動	もっとポジティブなスキーマをもっていたらどのように違っていたでしょうか？
学 校	
仕事の選択	
仕事の実績	
物事を先延ばしにすること	
友 情	
パートナーとの親密な関係	
健 康	
喫 煙	
飲 酒	
金銭面	
余 暇	
住む場所	
その他	

◆◆ ツール 7.9　ポジティブなスキーマの効果

私の新しいポジティブなスキーマ：私は

分野・選択・行動	今後，どのような変化が起こりうるでしょうか？
学 校	
仕事の選択	
仕事の実績	
物事を先延ばしにすること	
友 情	
パートナーとの親密な関係	
健 康	
喫 煙	
飲 酒	
金銭面	
余 暇	
住む場所	
その他	

第 8 章
感情を処理するための技法

　認知療法は，ネガティブな気分や不安が活性化されたり維持されたりする際の認知や思考の重要性を強調する。しかし最近では，感情の処理が果たす役割を考慮することも重要視されるようになってきている(Casper et al., 2000; Greenberg & Paivio, 1997; Greenberg & Safran, 1987; Greenberg, Watson, & Goldman, 1998; Leahy, 2002)。本章では，グリーンバーグが提唱しているような，経験的なあるいは感情に焦点を当てたエクササイズを通しての，感情を活性化する技法について概観する。本章ではまた，患者が自分の感情を処理したり概念化したりするためのやり方を理解するために，そしてそのやり方をさらに豊かにするために，認知療法の技法をいかに活用できるかということについても検討する。そしてマインドフルネスに関する研究 (Kabat-Zinn & University of Massachusetts Medical Center/Worcester Stress Reduction Clinic, 1991; Segal et al., 2002) や，感情を処理するための戦略と概念化 (Leahy, 2002) についても概観する。
　グリーンバーグの"感情に焦点を当てた治療"は，古典的な認知療法のモデルとは異なる，経験的なアプローチに基づくものとして理解されることが多い。しかし，思考を同定し修正しようとする認知療法の試みにおいて，グリーンバーグの治療は非常に役に立つと思われる。たとえばそれは，次のような点に活用可能であろう。(1)特定の感情を同定する。(2)"感情スキーマ"

(グリーンバーグの用語)を内包する思考を同定する。(3) 患者のニーズを同定する。(4) 患者のニーズを満たすための方向性を同定する。グリーンバーグのアプローチの一端を担っているのが，"メタ感情"という概念である。メタ感情とは，患者が自分自身の感情をどのように理解しているか，ということをいう。筆者はこれまで自分の研究において，グリーンバーグによる重要な洞察を参考にしており，さらにそれらを発展させようとしてきた。本章では，感情や感情を伴う思考に，そしてメタ認知的またはメタ感情的な信念に，患者がアクセスするのを手助けしたり，"語り直し"によって感情を緩和するのを手助けしたりするための，様々な技法について解説する。

◢ 技法：感情にアクセスする

解 説

認知療法では，抑うつや不安の活性化や維持について検討する際，思考や信念のもつ中心的な役割を強調するが，感情に焦点を当てたアプローチでは，まず第一に感情そのものに注目する。とはいえ，このアプローチでは，感情を"感情スキーマ"の構成要素のひとつとみなしている。と同時に，このアプローチでは，認知療法家が重視する認知的内容も同様に"感情スキーマ"に含まれるものとみなしている (Greenberg, 2002a; Greenberg & Safran, 1987)。グリーンバーグは，一次的感情と二次的感情を区別して考えている。一次的感情というのは基礎的な感情であり，二次的感情は，一次的感情を遮蔽したり一次的感情から自分を守ったりするための，より個人的ではっきりとした感情であると述べている。たとえば，ある人が"怒り"を感じたり表したりした場合，実はそれは二次的感情であるとみなし，その背景に"傷つき"という一次的感情を想定したりするのである。この場合，自分の傷ついた感情を認めたり，自分の弱さや失敗を実感したりするよりは，怒りを感じるほうがその人にとってははるかに楽なのである。さらにグリーンバーグらによると，感情を手段として利用する人たちがいるのだという (Greenberg

& Safran, 1987)。そのような人は，他者から何らかの反応を引き出すために感情表出を使うのである。たとえば泣いている人がいるとする。その人は他人に罪悪感を生じさせようとして，泣くという感情表出を行なっているのかもしれない。そしてその人の心の奥底にある一次的感情は，実は"恐れ"なのかもしれないのである。このように感情とは多層的であり，セラピストはどのような場合であれ，患者が自分の複雑な感情を同定できるよう手助けする必要がある。グリーンバーグは，そのための技法を経験的に開発し，提案している（Greenberg, 2002a）。今後それらの技法の有効性は実証的に検討されるであろう。グリーンバーグが提唱している技法には，たとえば次のようなものが含まれる。感情に名前をつける，身体感覚に着目する，感情に集中しその感情と共に過ごす，感情に伴う思考を同定する，感情に含まれる情報を同定する，「感情記録」をつける，感情に触れようとする際に妨害が生じることに着目する，感情が伝えようとしていることを同定する，自分が自分自身に対して求めていることを同定する。

認知療法において，感情に焦点を当てた技法や概念化は，非常に有用であると思われる。なぜなら，感情を伴う体験を活性化したり感情にアクセスしたりすることは，それぞれの感情スキーマに含まれている認知的要素を同定するための助けになるからである。また，基底的で個人的なスキーマというのは，しばしば強い感情を伴うものである。だからこそこれらの技法は，そのような個人的スキーマにアクセスする際にも力を発揮するのだろう。

検討と介入のための問い

「［特定の問題の分野］について話をするとき，あなたには強い感情が生じるようですね。この問題があなたの感情を揺さぶるのでしょう。それについて一緒に検討してみましょう。この問題を典型的に示している状況，もしくはその象徴となっている状況を思い浮かべます。目を閉じて，そのような状況に関わる記憶やイメージを思い浮かべます。そして同時に生じてくる感情を，そのまま感じてみましょう。その感情に集中し，それに伴って生じる身

体感覚にも目を向けてください。たとえば呼吸はどうなっていますか？ 身体はどんな感じですか？ 思考やイメージはどうでしょう？ このように感じることによって，何かを言いたくなったり，尋ねたくなったり，やってみたくなったりすることはありますか？

　あなたがこのような感情に触れようとするのを，邪魔してくるものが何かありますか？ それはどんなふうにして，あなたが自分の感情をしっかりと感じたり，感情を扱ったりすることを妨害しようとするのでしょうか？ 自分の内的な感覚に注目し，それらについて話してください」

例
　この男性患者は，2年間親密につきあっていた女性と，最近別れたばかりである。

　　セラピスト：あなたはとても悲しんでいるのですね。他にも何か感じますか？
　　患者：よくわかりません。自分が何を感じているのか，はっきりとわからないのです。
　　セラピスト：身体の感覚はいかがですか？ 何か感じますか？
　　患者：胸のあたりが，何か泣きたいような，そんな感じがします。あと心臓がドキドキするような気がします。
　　セラピスト：では，その胸のあたりの感じを，そのまま感じ続けましょう。目を閉じて，その感じに集中します。どんなことに気づきますか？
　　患者：胸の中が，重苦しいです。心臓がドキドキしてきて，なんだか泣き出してしまいそうな気がします。でも，自分でそれを抑え込もうとしているんです。
　　セラピスト：自分が泣き出してしまいそうなのをこらえていることに気づいたのですね。それはどんな感じなのでしょうか？
　　患者：心臓がドキドキしてくる感じです。
　　セラピスト：そうですか。では，もし実際に泣いてしまったら，どうなる

のでしょうか？　本当に泣いてしまったら，今のその感じは，どのようになると思いますか？

患者：わかりません。何かを外に出して解放するような，そんな感じでしょうか。でも，そんなことになったら，自分をコントロールできなくなって，取り乱してしまいそうです。

セラピスト：そうしたら，その後どうなりそうですか？

患者：先生に軽蔑されてしまうでしょう。

セラピスト：もし泣いてしまったら，私に軽蔑されるだろう，そうあなたは感じているのですね。心臓のドキドキについてはどうでしょう？　もし泣き出してしまったら，そのドキドキはどうなると思いますか？

患者：わかりません。それについては考えたくないような気がします。

セラピスト：そうですか。それではもう一度，胸のあたりの感じや，泣き出してしまいそうな感じに戻ってみてください。これらの感じに集中し，感じ続けてみるのです。

患者：(泣き始める) 本当にわからないんです。でも，とてもつらい…申し訳ありません。

セラピスト：いいんですよ。この瞬間，あなたはまさにそのように感じているのですから。ところで，このように感じているとき，つまり胸のあたりの感じや泣き出しそうな感じに集中しているとき，何か浮かんでくる考えがありますか？

患者：「ひとりでいるのは耐えられない」と思います。いつもこんなふうに思ってしまうんです。

セラピスト：ひとりでいることが怖いのですか？　ではこんなふうに泣いているときに，誰かに何かを求めるとしたら，あなたは何と言うのでしょうか？

患者：「お願いだから，戻ってきてほしい」ということでしょうか。

セラピスト：彼女に戻ってきてほしい，ということですか？

患者：ええ。でも彼女とは別れてよかったんです。それはわかっています。

でも，この寂しさには耐えられそうにありません。

セラピスト：今も心臓がドキドキしている感じですか？

患者：そうです。恥ずかしくてたまりません。隠れてしまいたいぐらいです。

セラピスト：どうして隠れてしまいたいのでしょう？

患者：どうしてって，今の私はすごく惨めな感じがしませんか？

セラピスト：悲しいと感じたり泣いたりすることは，あなたにとって惨めなことなのですか？

患者：そうです。

セラピスト：では，もう一度ご自分の悲しみ，つまりあなたの胸のあたりにある"泣きたい感じ"に戻ってみましょう。目を閉じて，その悲しみに注目します。何も映っていないスクリーンをイメージしてください。あなたの悲しみがどのような映像をスクリーンに映し出すか，見てみましょう。どのようなイメージがスクリーンに浮かんできますか？

患者：真っ暗な部屋で膝をかかえている自分の姿です。私はひとりぼっちです。(泣いている)

セラピスト：部屋でひとりぼっちでいるあなたは，どんなことを感じているのでしょう？

患者：「私はずっとひとりぼっちなんだ」って感じます。胸が張り裂けそうです。

ホームワーク

"感情記録表"（ツール 8.1 感情を記録する）（Greenberg, 2002a）を使って，患者が次のセッションまでに感じたすべての感情を記録してくることがホームワークである。セラピストは次のように教示するとよい。「治療を進めいくうえで，あなたがそのときどきに感じていることを明らかにすることが重要です。なぜならそれらの感情は，あなたにとってとても大切なものだからです。感情にはたとえば，悲しみ，幸せ，恐怖，好奇心など，様々なものがあります。これからの 1 週間，自分の感情に注目し，"感情記録表"にそ

れらを記録してきてください。"感情記録表"は今後あなたの役に立つことでしょう。たとえば，あなたが経験している感情の揺れ幅について，この記録を使って詳しく検証することができます。もうひとつお願いしたいことがあります。これからの1週間，あなたが自分に何らかの感情が生じたことに気づいたとき，それを妨害するようなあなた自身の心の動きがあったら，それらについても書き留めてきてほしいのです。たとえばあなたは，自分が不安になり始めたのに気づいたとき，その不安を振り払おうとしたり，気を紛らわせようとしたりするかもしれません。あるいは，悲しく感じたり泣きたい気分になったとき，それらの気分や感情を心の中から締め出そうとするかもしれません。このように，何らかの感情を自分自身で阻止しようとしていることに気づいたら，それらについても記録してきてもらいたいのです」

予測される問題点

　患者の中には，認知療法は感情を排除する治療法であると誤解している人がいる。そのような人たちは，認知療法の目的とは，完全に合理的なやり方で感じたり行動したりできるようになることであると考えているのだろう。セラピストはこのような患者に対し，認知療法の目指す"合理性"とは，感情を排除することではなく，より生産的に感情を扱えるようになることであると説明するとよい。あるいは感情とはちょうど空腹や痛みのようなものであるということを，説明してみてもよい。すなわち，感情は空腹や痛みと同じく，「自分は今，何を必要としているか」ということについて教えてくれる存在なのである。また，感情には思考が含まれており，感情に注目するということは，重要情報がたっぷりと詰まっているファイルキャビネットを開けるようなものであると，患者に伝えることもできる。その他にも，感情にいったんアクセスしたら，ネガティブな感情が洪水のようにあふれ出し，それに呑み込まれてしまうのではないかと恐れている患者もいる。感情にアクセスすることに関するこのような信念を同定することは，セラピストと患者が感情スキーマについて検討するうえで非常に重要である。なぜなら，感情

を概念化したり感情に対応したりする前に，感情に巻き込まれてしまうことへの恐怖心を解消しておくことが不可欠だからである。

その他の関連技法

その他の関連する技法としては，思考がどのように感情を惹起するかということについて説明する，思考と事実を区別する，思考における感情と信念の強度を評定する，ホットスポットを同定する，感情スキーマを同定する，感情の処理を促進する，などが挙げられる。

ツール

ツール8.1（感情を記録する）が挙げられる。

◾ 技法：書くことによる感情表出

解　説

ペンベーカーらは，トラウマ的だったり多大な困難を伴ったりした出来事を想起し，その出来事について自由に書き出すことを通じて感情表出することが，不安や抑うつの緩和や身体的健康の増進に効果的であると提唱している（Pennebaker, 1993; Pennebaker & Beall, 1986）。自由な感情表出（これをベンチレーションと呼ぶ）では，つらかった出来事を思い起こし，その具体的詳細を書き出していくが，その結果，患者は出来事のもつ意味にきめ細かく気づけるようになる。この技法では，ネガティブな出来事や記憶を明確化するため，それに伴って，ネガティブな気分も一時的に強まることがある。しかしたいていの場合，数日あるいは数週間のうちに，そのようなネガティブな気分やそれによるストレスは軽減されていくものである。

検討と介入のための問い

「長期間にわたってあなたを苦しめてきた出来事について，これから検討

していきます。それはどんな出来事だったでしょうか？ そしてあなたはその出来事においてどんなことを体験したのでしょうか？ できるだけはっきりと思い出すようにしてください」

例

患者は30代の女性である。彼女は子ども時代に，兄の友人から性的虐待を受けたことがあった。

> セラピスト：あなたは前回，小さかった頃にお兄さんの友だちから性的な虐待を受けたことを話してくれました。それを改めて思い出して語ることはつらいことだと思いますが，あなたにとってそれがどういう体験だったのかを，ここで一緒に考えてみませんか。あなたがこのことでずっとつらい思いをしてきて，今も苦しんでいるということは，私にもわかっているつもりです。
>
> 患者：本当にひどい体験だったのです。
>
> セラピスト：そうでしょう。それでもここではあえて振り返ってみましょう。そのときのことを詳しく思い出して，このような体験におけるあなたの感情を理解していきましょう。蘇ってきた記憶は，ひとつひとつ書き留めます。出来事の詳細やそれに伴う感情もすべて書き出します。また，思い出しているときに頭に浮かぶ考えも，同時に書き出してみてください。

患者は記憶を想起して書き留めるというホームワークをきちんと実施し，次のセッションに持参した。

> セラピスト：それではあなたが書いてきたものを一緒に見ていきましょう。あなたはどんなことを感じたり思ったりしたのでしょうか。書いたものを，今ここで読み上げてください。

患者：(読む)「彼は兄の友人でした。当時，私は13歳で，彼は17歳でした。彼の名前はケンといいます。ケンは私よりもずっと体が大きく，兄は彼のことを尊敬していました。あの日，私の両親は出かけていて留守でした。兄は自分のガールフレンドと1階の書斎に行ってしまいました。私とケンは2階の部屋にふたりきりになったのです。私たちはふたりで冗談を言ったりふざけあったりしていました。すると，彼がナイフをもっていると言って，それを私にちらつかせたのです。私は怖くなりました。ケンは私を寝室に連れていき，『これからゲームをするぞ』と言いました。私は怖くなって，一言も口をきけませんでした。『彼は狂っているんだわ』と思いました。彼は私にキスをし始めました。私は『やめて』といいましたが，彼は『これはゲームなんだ。だからお前がこれを気に入ろうが気に入るまいが，そんなことはどうでもいいんだ』と言って，再びナイフをちらつかせました。そして『俺の言う通りにしろ。どっちみちお前だって，これが好きになるに違いないんだ』と言ったのです。私はあまりにも怖かったので，結局彼の命令に従いました。ケンは私にペニスをくわえさせ，私は吐きそうになりました。何が起きているのか，当時の私にも完全にわかっていました。…そしてゲームは終わりました。私が服を着ると，彼は言いました。『誰かにこのことをしゃべったら，殺してやるからな』って。私はこのことを兄にも両親にも一言もしゃべりませんでした。怖かったんです。それに恥ずかしい気持ちがあったからです」

セラピスト：読んでいて，どの部分が最もつらかったですか？

患者：「誰かにしゃべったら，殺してやる」と彼に脅されている部分です。

セラピスト：今の話をあなたは私に読んで聞かせてくれました。そしてあなたは今，この面接室でこうして座っています。このことについてどう感じますか？

患者：やはり不安に感じます。でもちょっとホッとしました。私はこのこ

第8章 感情を処理するための技法 451

　　とをここで話してしまったわけですが，だからといって，今，何も起きていないからです。あれはもうずっと前のことだったんですね。
セラピスト：あなたは今までに，このことを誰かに話したことがありますか？
患者：いいえ。私はひたすら忘れたいと思ってきました。話したからといって，どうなるものでもないという思いもありましたし，話すともっと不安になるんじゃないかと思っていたんです。どっちみち，恥ずかしいと思い続けてきましたし。
セラピスト：今，どんなふうに感じていますか？
患者：そうですね。先生に話したからといって，特に恥ずかしいとは感じていません。先生は専門家ですから。でも私の夫に話したらどうなるでしょう？　夫は私を非難するかもしれません。そう考えると，「やっぱりこのことは私の胸のうちに隠しておかなくてはならない」と思ってしまいます。普通の人には，理解してもらえないかもしれませんので。

ホームワーク

セラピストは次のように患者に教示することができる。

　「あなたを苦しめてきたつらい記憶を自ら思い出すというのは，とても重要なことです。なぜならそれらの記憶が，今でもあなたに影響を与え続けているからです。それらの記憶を書き出すことによって外在化し，ひとつのストーリーとして語ってみましょう。そうすることが，過去の体験のもつ意味やあなたがそのときに感じたことを理解するための助けになるでしょう。またこの治療では，それらの記憶をこれまでとは違う新たなやり方で扱っていくこともできます。新たな扱い方によって，あなたは物事を今よりももっとコントロールできると感じられるでしょうし，過去の出来事をよりよく理解し，それを乗り越えられるようにもなるでしょう。とはいえ現時点では，そのような過去の出来事を思い出す

のは，やはりとてもつらいことかもしれません。しかし今のつらさが，あなたが今後もっとよい方向へ進んでいくための最初の一歩になるのです。

それでは，あなたを苦しめてきた出来事を振り返ってみましょう。どんな出来事が起きて，あなたがその出来事においてどんな体験をしたのか，できるだけ明確に思い起こしてみてください。これからの20分間，その出来事についてあなたが感じたり思ったりすることを，すべて書き出してみましょう。その出来事はあなたにとってどのようなものだったのでしょうか？　それらをできるだけリアルに，そしてたくさん思い出して，できるだけ詳しく書いてみてください」

予測される問題点

適切なガイダンスなしに，いきなり外傷的な記憶を患者に想起させてしまうことは，患者にトラウマを再体験させてしまうことにもなりかねない。そうならないよう，セラピストは配慮する必要がある。患者にはまず先に，セッションのなかでその出来事について話してもらうとよいだろう。そしてその後のホームワークで，さらに詳細に書き出してもらうのである。ではセッションで想起している最中に，患者があまりにも動揺してしまった場合にはどうすればよいだろうか？　たとえば，過去の体験を語るうちに，それに圧倒されてしまう患者もいるかもしれない。セラピストはそういう事態をあらかじめ防ぐため，リラクセーション法を使うなどして患者が出来事に距離をおけるようになってから，語ってもらうようにするとよいかもしれない。語っている最中に大きな動揺が生じた際は，セラピストは患者の話をさえぎり，深呼吸，筋弛緩法，注意の分散法などを用いて，患者の不安管理を援助してもよい。圧倒されてしまっている患者に対しては，面接室は安全な場であり，セラピストは患者の味方であることを，再認識してもらうことが役立つかもしれない。今日このセッションで外傷体験を話しても安全でいられるのはどうしてか，今日このセッションでその体験を語っても，患者を虐待した人物が現れたりひどい体験が起こったりしないのはどうしてか，それらに

ついての理由をすべて，患者自身に考えてもらい，話してもらってもよいだろう。

　患者の中には，感情にアクセスし外傷体験を想起してしまったら，自分がいっそうひどい状態に陥ってしまうと思い込んでいる人がいる。これはメタ感情的な信念である。「もし嫌な気分になってしまったら，それが二度と消えないのではないか」。患者がこのような信念を抱いているようであれば，セラピストはそれを同定し，そのような信念がどのように感情の処理を妨げているかを，患者と一緒に検討するとよい。たとえば，「ネガティブな感情はなんとしてでも避けなければならない」といった信念を抱いている患者は，その信念のために過去の記憶を十分に再体験できないかもしれない。その結果，今の自分が実はその記憶に耐えられることや，元の外傷的出来事とは違う現実が目の前にあることに，気づいたりできないでいるかもしれない。記憶の想起を自分自身で妨害するやり方には様々なものがある。例：大急ぎでストーリーを語り終えようとする，肝心な場面の詳細を省いて話す，外傷的な出来事と明らかに関係がありそうな感情を報告しない，セッション中に"心ここにあらず"といった解離的態度が生じる，不適切と思われる感情を示す（例：笑う，機械的にあるいは無表情で語る）などである（これらの現象については次節の「"ホットスポット"を同定する」でも解説する）。

その他の関連技法

　その他の関連技法としては，すでに述べたように，セラピストが患者を安心させ，さらに患者自身に現在が安全であることの根拠を説明してもらうというやり方がある。呼吸法や筋弛緩法の実施も有効である。また，セッション中に患者の記憶を引き出しておき，そのうえでホームワークとして，「書くことによる感情表出」技法をやってきてもらうのもよいだろう。この技法（書くことによる感情表出）の次に実施するとよい技法としては，下向き矢印法，スキーマを同定する，安全な行動，スキーマの源に手紙を書く，イメージの再構成，などが挙げられる。

ツール

ツール 8.2（ストーリーを書き出してみる）が挙げられる。

■ 技法：ホットスポットを同定する

解　説

　記憶やイメージの一部分に患者が"はまり込んで"しまうことがある。それがいわゆる"ホットスポット"で，そこでは強い感情（例：悲しみ，不安，恐怖）が惹起されたり，反対に感情が抑制されたりすることがある（例：解離，機械的な応答）。したがって，患者が過去の記憶やイメージを想起してそれを語っていくなかで，患者の感情が大きく変化することがあれば，いかなる場合であれセラピストは関心を払うべきである。そして患者の感情に大きな変化を与えた特定の記憶やイメージを，繰り返し語るように患者に求めるとよい。これらのホットスポットは感情スキーマを活性化する。しかもそのスキーマには，最も問題となっている自動思考が含まれていることが多いのである（Cason, Resick, & Weaver, 2002; Grey, Holmes, & Brewin, 2001 参照）。

検討と介入のための問い

　「その話（またはイメージ）を思い出して語る際に，特につらく感じてしまう箇所があるかもしれません。その場合，その特定の箇所を語る際に生じる，気分や感情の変化に注目してみてください。たとえばあることを語るときに，それまでよりも一段と気持ちが動揺することがあるかもしれません。あるいはある箇所に対して，"一定の距離をおいてしまう"自分に気づくことがあるかもしれません。その理由としては，語るのがあまりにもつらいので，その話に注目できなくなってしまうということが考えられます。そんなときには再度，自分に尋ねてみましょう。そのような話やイメージの特にどんなことに対して，あなたは動揺してしまうのでしょう？　それを思い起こしたとき，どのような考えや感情が浮かんでくるのでしょうか？」

例

セラピスト：お母さんにぶたれた箇所を読むとき，あなたはそのことに少し距離をおいてしまうようですね。特にお母さんが怒鳴り始めたところでは，あなたにはまるで何の感情もないかのように見えました。

患者：本当ですか？　自分では全く気づきませんでした。

セラピスト：ちょっと振り返ってみましょう。お母さんがあなたを怒鳴り始めた箇所を，もう一度読んでください。

患者：(ストーリーを読む)「それから，母は私を怒鳴り始めました。『まったくなんて馬鹿な子なの！　あんたなんか産まなきゃよかったわ』。母はそう言ったんです」(明らかに感情が喚起されているようである)

セラピスト：そのときどんな感情があなたに生じていたのでしょう？

患者：怖かった…あと，恥ずかしいと感じました。

セラピスト：それらの感情について，詳しく話してください。

患者：自分がいなくなってしまったような感じです。母に踏みつぶされてしまいそうにも感じました。そして「私には何の価値もないんだ」と思ったのです。「私なんかどうでもいい人間なんだ」って。

セラピスト：その部分を思い出すのがつらいのですね。だからあなたはその部分を話すとき，リアルな感情を思い出すのではなく，距離をおいてしまったのでしょう。

患者：そうなんでしょうね。あのときのことを思い出すのは，今でもとてもつらいですから。

ホームワーク

　外傷的な，もしくはひどく動揺した出来事についての記憶を，できるだけ詳細に書き出し，その記憶についてのストーリーを何回か声に出して読んでくることがホームワークである。そしてどの部分において最も動揺するか，すなわちホットスポットを見つけてきてもらうのである。その後，そのホットスポットについてセラピストと患者は一緒に検討し，それに伴う感情や思

考を同定し，書き足していくのである。その際，ツール8.3（ホットスポットを同定する）が役に立つだろう。

予測される問題点

ホットスポットとは，まさにその性質上，扱いが難しいものである。激しい動揺のためにホームワークを拒む患者もいるだろう。そのような場合，1回のセッションの長さを通常より長めに取るとよい（例：2回分のセッションの予約を取ってもらう）。そうすることで，扱うのが難しい記憶にもアクセスしやすくなり，ホットスポットの同定も容易になる。また解離もその性質上，解離している当人がそれに気づくことが難しいものである。したがってセラピストは，患者がセッション中にストーリーを繰り返し読む際に，感情的な回避の徴候があるかどうか，注意深く観察する必要がある（例：自動的あるいは機械的にストーリーを読む，ある箇所だけを素早く読み進める，ストーリーに距離をおく，ぼんやりしながら読む）。

その他の関連技法

その他の関連技法としては，書くことによる感情表出（ベンチレーション），感情スキーマを同定する，イメージを再構成する，自動思考を同定する，外傷体験をバルコニーから眺める，などが挙げられる。

ツール

ツール8.3（ホットスポットを同定する）が挙げられる。

▎ 技法：感情スキーマを同定する

解　説

感情を概念化したり処理したりするやり方は，人によって異なる（Leahy, 2002）。不快な感情（例：悲しみ，怒り，不安）がいったん活性化されると，

人は様々な思考や行動でそれに反応する。たとえば，自分が不安になったことに気づくと，"自分が不安になっている" ことに対して，やっかいな考えが浮かんでくるという人がいる（例：「ずっとこの不安が続くだろう」「自分ではこの不安をどうすることもできない」「他の人はこんな気分になることはないだろう（他人にはこの不安を理解してもらえないだろう）」「こんなことで不安になるなんて恥ずかしい（あるいは，罪深い）」「こんな不安は受け入れられない」）。感情について，「このような感情は抱いてはならない」「このような誰にも理解されないような感情は，外に出してはならない」といった確信を抱いている人もいるだろう。このような人は，「自分は完全に合理的であるべきで，複雑な感情など抱くべきではない」と考えているのかもしれない。以上の様々な感情スキーマを同定するために，"リーヒイの感情スキーマ尺度（Leahy Emotional Schemas Scale：LESS）"（Leahy, 2002）を活用することができる。感情スキーマは，抑うつ，不安，パーソナリティ障害など，様々な次元に関連している。

検討と介入のための問い

「私たちは，不安や悲しみを感じたり感情的に混乱したりしたとき，そのような感情体験に対して様々なことを考えます。たとえば，『このような気分は長く続くに違いない』と思う人もいれば，『これは一時的な感情にすぎない』と思う人もいるでしょう。『どのような感情であれ，それが自分にあるのを認めたくない』という人もいれば，自分の感情を受け入れ，理解していこうという人もいます。それではこれから，あなたが自分自身の感情や気分に対し，どのように感じ，反応し，考えているのか，このツール（LESS）を使って明らかにしていきましょう」

例

セラピスト：あなたは不安になると，不安になったこと自体に動揺してしまうのですね。呼吸が速くなったり，心臓がドキドキしたりしてい

るのに気づくと，そのような感覚のせいで，さらに動揺してしまうのではないですか？

患者：そうなんです。コントロールを失ってしまいそうだと思うんです。

セラピスト：感情的に動揺すると，コントロールを失ってしまいそうだと考えるのですね。ではそうならないために，あなたはどうするのですか？

患者：まずは息を止めて，その後，深呼吸をするようにしています。

セラピスト：息を止めて，次に深呼吸をするのですか。そんなことをしたら過呼吸を起こしたり，よけい息が苦しくなったりしませんか？

患者：わかりません。そんなふうになるんですか？

セラピスト：これについては後で試してみましょうか。でも，まずは感情について検討しましょう。あなたは自分が不安になっていることに気づいて動揺するのだと言いましたが，不安について考えると，他にどんな考えが浮かびますか？

患者：「こんなふうに不安を感じるべきではない」と思います。私は知的で合理的な人間なんです。それに，やらなくてはならないことだってたくさんあります。

セラピスト：「自分は合理的かつ論理的であるべきで，感情的になってはならない」と信じているということですか？

患者：ええ，たぶん。もちろんロボットみたいなのは駄目だと思いますけど，こんなふうに感情的になるのは，やっぱり望ましくありません。

セラピスト：他にはどんなふうに考えますか？

患者：不安に感じるなんて無意味です。だって，現実的には何も悪いことなんか起きていないのですから。私は人づきあいもしていますし，仕事だって順調です。不安を強く感じること自体がおかしいんです。

セラピスト：自分の感情が自分でも理解しがたいのですね。では，自分の感情について人と話をするとしたら，そのことについてどう思いますか？

患者：話したって，誰にも理解してもらえないでしょう。皆は私を"できる人"だと思っています。もし私の不安が知られたら，皆にびっくりさ

第8章　感情を処理するための技法　459

れてしまうでしょう。ノイローゼにでもなったんじゃないかと思われてしまうかもしれません。
セラピスト：だからあなたは，自分が不安になっているのに気づくと，それを直ちに取り除かなければならないと考えるのですね。そして息を止めて，ものすごく大きな深呼吸をするのですね。あなたは，「自分は合理的かつ論理的であるべきだ。なぜなら他人は自分をそのような人間だとみなしているからだ」と信じており，また，「実際に何も悪いことなど起きていないのだから，自分が不安を感じるのは無意味である」と考えているのですね。さらにあなたは，「自分が不安に感じるなんて，みっともなく恥ずかしいことだ。この不安は誰にもわかってもらえないだろう」と信じてもいるようですね。

ホームワーク

"リーヒイの感情スキーマ尺度（LESS）"（ツール8.4）を完成してくることがホームワークである。上記（検討と介入のための問い）を，その際の教示として参考にしていただきたい。LESSは，感情に対するその人の思考や，感情に対するその人のさらなる感情を，14の次元からとらえるものである。患者がLESSを完成させた後に，セッションでさらにLESSへの回答を一緒に参照しながら，患者の感情スキーマを検討することができる。

予測される問題点

患者の中には，自分の感情について考えたり，自分自身の感情を扱ったりすることが苦手な人がいる。対処方略として感情を回避している患者は，特にそうである。たとえば，アルコール依存症者，コカインやマリファナの常用者，日常的にむちゃ食いをしている患者は，自分の感情に触れる機会がないため，感情についての思考や反応を同定することができない。このような患者に対しては，セッション中にLESSを用いるとよいだろう。セラピストは次のように教示することができる。「自分のアパートに戻り，ドアを開け

て，部屋に一歩踏み入れるとき，あなたはどんなことを感じるでしょうか？」。この問いに対し，むちゃ食いと大量飲酒を頻繁に行なっていたある女性患者は，次のように言った。「そこは空っぽです。そして私の人生も同じように空っぽで虚しいんです」。この回答を聞いたセラピストが，LESSのいくつかの項目を彼女と一緒に検討したところ，彼女が，「このような感情（虚しさ）は取り除くべきだ。さもないと自分は感情に圧倒されてしまう。私のこのような感情は，誰にも理解してもらえないだろう」と信じていることが明らかになったのである。

　また，患者の中には，異なる感情に対して，それぞれ別の感情スキーマを抱いている人もいる。たとえばある女性患者の場合，不安と性的感情という2つの別個の感情に対して，それぞれ異なる感情スキーマを抱いていることが明らかになった。彼女は試験前にはいつも不安を感じていたが，その不安が一時的であり，他の人も同じように不安を感じるだろうから，その不安については皆に理解してもらえるだろうと考えていた。一方，性的空想についての彼女の信念は，不安とは対照的であった。彼女は自分の性的空想について，「これは完全にコントロールするべきだ。さもないと私の性的感情は手に負えなくなってしまうだろう。それにしても性についてこんなふうに感じてしまう自分が恥ずかしい。他人にこのことを知られたら，軽蔑されてしまうに違いない」。彼女はまた，他人の性的感情に対しても，同じような否定的な信念を抱いていた。このように患者は，様々な感情に対し，それらを処理するためのそれぞれの「理論」や「方略」をもっていることがある。セラピストはこのことを念頭に置いて，患者と話をする必要がある。

その他の関連技法

　次節の「感情の処理を促進する」でも示す通り，認知療法家は多様な技法を用いて，感情スキーマにおける様々な次元を検討することができる。たとえば，感情を引き出す，感情にアクセスする，ある方略の損益を分析する，ある信念についての根拠と反証を検討する，二重の基準法，行動実験（例：

第8章 感情を処理するための技法 461

他人は本当に,ある感情を抱いた自分を拒絶するだろうか?),下向き矢印法,感情スキーマと個人的なスキーマとの関連性を検討する,感情に関する信念の源を同定する,ロールプレイ,などが挙げられる。

ツール

ツール 8.4(リーヒイの感情スキーマ尺度),ツール 8.5(リーヒイの感情スキーマ尺度の 14 次元)が挙げられる。

■ 技法:感情の処理を促進する

解 説

前節で述べた通り,感情スキーマモデルの各次元は,感情の処理の仕方と密接に関連している。感情処理のメタ感情モデルとメタ認知モデルでは,活性化された感情の概念化や,活性化された感情への対処方略は,抑うつや不安,そして怒りの持続の仕方に影響を与えると考えている(Leahy, 2000)。本節では感情スキーマにおける各次元の活用法について提案したい。各次元の具体例については,ツール 8.6(感情スキーマ:次元と介入)を参照されたい。たとえば,自分の感情を受け入れがたいと信じている人は,「もし感情を受け入れたら,どうなるのだろうか」と自問してみるとよい。「感情を受け入れてしまったら,二度とそこから抜け出せなくなってしまうだろう」といった信念が見つかるかもしれない。他にも,感情を受け入れることに対する患者のネガティブな態度は,「感情とは恥ずかしいものだ」「感情をコントロールすることはできない」「感情とは耐えがたいものだ」「いったんある感情を認めてしまったら,それはエスカレートする一方だ」といった患者の信念に基づいているのかもしれない。また,「感情は抑え込むべきだ」といった信念を抱いている患者もいるが,そのような信念は感情の侵入的な特性をかえって強めてしまうことにもなりかねないことに留意されたい(Purdon, 1999; Purdon & Clark, 1993)。

検討と介入のための問い

セラピストはツール 8.6（感情スキーマ：次元と介入）を使って，患者に対し，たとえば次のような質問をしてみるとよい。

「あなたの感情を認め，理解してくれる人がいますか？」（妥当性）
「あなたは自分の感情を理解できますか？ 悲しみや不安，怒りといった感情が自分に生じたとき，そのもっともな理由を説明できるでしょうか？」（理解可能性）
「あなたが自分の感情を合理的でないと考える理由は何ですか？」（理解可能性）
「どうしてあなたは自分の感情を不適切であると思うのでしょうか？ 今まさにあなたに生じている感情なのに，それが生じてはならないと思うのはどうしてですか？」（罪悪感と恥ずかしさ）

他にも，それぞれの次元に基づき，ある感情スキーマに対して様々な質問をすることができるだろう。

例

セラピスト：あなたはマイクに対して性的な感情を抱いて，それを恥じているのですね。どうしてあなたは自分の感情を恥ずかしく思うのでしょうか？

患者：どうしてって，私はテリーと結婚しているんですよ。よい妻なら，こんな気持ちにはならないはずなのに。

セラピスト：つまり，「結婚している女性が夫以外の男性のことを性的に想像するなんてとんでもない。私はよい妻ではない」とあなたは考えているのですね？ マイクに対する自分の性的感情に気づいたとき，あなたはどう対処しているのですか？

患者：「こんなふうに感じるべきじゃない」と，自分に言い聞かせています。

こんなふうに感じちゃいけないんです。でもマイクのことを思っただけで，不安になってしまうんです。彼のことが頭から離れなくなってしまうんです。どっちみち，彼と私がつりあわないということは，私にもわかっています。でも私は怖いのです。「もしこのままこんな空想にふけっていたら，自分はどうなってしまうんだろう？ もしこの空想のままに自分が行動してしまったらどうしよう？」って。ただ，そんなことは絶対にないとは思いますが…でもよくわかりません。

セラピスト：つまりあなたは罪悪感や恥ずかしさを抱いているのですね。そしてマイクに対して性的感情を抱かないようにしているのですね。でもそんなことをすると，かえってその感情が強まってしまうのではないでしょうか？ もしあなたが，マイクに対してそのような感情を抱いていることを認めてしまったらどうなるのでしょうか？ そのような感情を抑圧するのをやめたら，どういうことが起きるのでしょうか？

患者：彼への思いがますます強くなってしまいそうです。

セラピスト：ところであなたは，世の中の結婚している人が配偶者以外の人に対して性的な空想を抱くことがあると思いますか？ それともそんなことがあるのは，あなただけなんでしょうか？

患者：誰だってこんなふうに感じることはあるでしょう。

セラピスト：では，空想することと，空想を実際に行動に移すことには，何か違いがあると思いますか？ 何かを頭に思い浮かべることと，実際にそれを実行することは，違うことなのではありませんか？

患者：もちろんそうです。私は何かを実行しようなんて思っていません。絶対にそんなことはしないでしょう。マイクのことは単なる空想にすぎないのです。

セラピスト：あなたは，「自分は"貞節"というたったひとつの思いしか抱いてはいけないのだ」と考えているようですね。結婚している人は，1日24時間ずっと，貞節でないといけないんでしょうか？ もしあ

なたが自分の貞節に疑問を抱いたり，夫以外の男性を空想したとしたら，それはどんなことを意味するのですか？

患者：私の中には，「そういう自分は悪い人間だ」と思っている面があります。でもその一方で，「それって人間らしいことなんだ」と，そう思う面もあるみたいです。

セラピスト：では，「このように感じるのは，自分が人間らしいということの表れなんだ」と考えてみることもできるわけですね。仮にそう考えてみたら，どうなると思いますか？

患者：罪悪感が小さくなりそうです。…ひょっとすると，そう考えてみたほうが，かえって彼のことを空想しなくてもすむようになるかもしれません。

ホームワーク

ツール 8.6（感情スキーマ：次元と介入）を使って，自分の感情処理について検討することがホームワークである。その際，ツール 8.6 で提示されている質問への回答を書き出したり，書き出した各回答について検討してみてもよいだろう。

予測される問題点

先にも述べたが，患者の中には，認知療法は合理的な問題解決を目指すセラピーであると思い込んでいる人がいる。そのような人は，セラピストが感情を扱うことを提案すると，それは力動的なセラピーの単なる修正版で，そのようなやり方は非生産的であると思うかもしれない。セラピストはこのような患者に対し，感情に対して別の見方をすることによって，感情を上手にコントロールできるようになることが，認知療法で感情を扱う目的であると説明するとよいだろう。これが実際に，感情に対する認知的アプローチそのものなのである。感情を理解すること，感情を受け入れること，感情を破局的にとらえないこと，感情に対する罪悪感を軽減すること，これらはすべて

感情を処理するための認知的アプローチの一環なのである。

その他の関連技法
自動思考に挑戦し，非機能的な思い込みを修正するために使われる技法の多くは，感情スキーマを検討する際にも用いることができる。たとえば，損益分析，根拠を検討する，二重の基準法，下向き矢印法，ロールプレイ，行動実験，などが挙げられる。

ツール
ツール 8.6（感情スキーマ：次元と介入）が挙げられる。

◼ 技法：イメージの描き直し

解説
長期にわたり外傷体験が記憶に留まると，外傷後ストレス障害（PTSD）を発症する可能性がある。外傷的なイメージを口頭でのやりとりを通じて修正しようとしても，恐怖構造が十分に活性化されないままで終わってしまうことがある。この場合，外傷的イメージに含まれる思考や感情に，患者が対抗できるようになるのは難しいだろう。こういうときには，イメージそのものを劇的なぐらい詳細に描き直すことを通じて，ストーリーを再構成するとよいだろう。これはある意味，元の外傷体験の本質を変えてしまうことでもある。たとえば，幼少期に父親に殴られていた体験をもつある患者は，父親を小さく，弱く，愚かな存在としてイメージし，自分を強く，積極的で，父親に十分対抗できる存在としてイメージし直した。このような描き直しによって，患者は，これまでのやられっぱなしの犠牲的で弱い自己イメージが修正され，自分を強くて有能な存在であると感じられるようになったのである。本技法およびそのバリエーションについては，他の文献を参照されたい（Resick, 2001; Smucker & Dancu, 1999）。イメージを描き直すこのような技

法は，被虐待経験をもつ患者の治療に特に役立つ。

検討と介入のための問い

「あなたはこのようなひどいイメージや記憶を思い浮かべると，自分が攻撃され，打ち負かされてしまったように感じるのですね。ではこれから，あなたのイメージやストーリーを変える試みを始めましょう。これからイメージしてもらいたいのは，強くて，大きくて，攻撃的で，怒っているあなた自身です。一方，あなたを虐待した人については，弱くて，小さくて，愚かであるとイメージしてください。あなたは今や，かつての虐待者を支配し，批判し，罰することのできる存在です。そんな自分自身の姿をイメージしてください。そしてその人に向かって，『あなたはなんて愚かでひどい人なんだ』『私のほうがずっと素晴らしい人間だ』と言ってみるのです」

例

セラピスト：お父さんはしょっちゅうあなたを殴り，地下室に閉じ込めていたのですね。あなたはどのように感じていたのでしょう？

患者：自分は弱くて最低な人間だと感じていました。そして，誰も私のことを気にかけてくれないんだとも感じていました。だから私はなすすべもなく，ただ殴られているしかなかったんです。

セラピスト：今このことについて私と話していて，どんなふうに感じていますか？

患者：何だか怖いです。またあんなことが起きたらどうしようって。

セラピスト：そうですか。あなたが小さかった頃，お父さんはしょっちゅう酔っ払って帰ってきて，大声を上げ，何度もあなたのことを殴ったのでしたね。

患者：そうです。逃げようがなかったんです。

セラピスト：ではちょっとイメージしてみましょう。お父さんはとても小さくて，そうですね，2フィート（60cm）ぐらいの人です。そしてか

細くて甲高い声しか出せないのです。一方，あなたはとても大きくて，強くて，攻撃的です。両手でぐっと握りこぶしを作ってみましょう。そう，ちょうど誰かを殴ろうとするかのようにです。あなたは今，お父さんを圧倒しているのです。さあ，イメージしてみましょう。

患者：（拳を握って）父の姿が浮かびます。小人みたいに小さくて，ねずみのようなキーキー声で，私に向かって叫んでいます。「お前はやるべきことをやっていない」って。

セラピスト：いいですね，その調子です。ではお父さんに「出て行け！」と言ってみましょう。そしてさらに，「命令するのは自分のほうだ」と告げるのです。

患者：（イメージ上の父親を大声で怒鳴りつける）「ああしろ，こうしろって，僕に命令するのはやめてくれ。なんてくだらない男なんだ！ 僕に比べてなんてつまらない奴なんだ！」

セラピスト：お父さんがあなたと比べてつまらない奴だというのは，どうしてですか？ その理由をお父さんに言ってください。

患者：「お前なんか，ただの酔っ払いじゃないか。お前は失敗者で，ひどい父親だ。僕は大学にも行った。お前は何ひとつ援助してくれなかったけれども。それに子どもだって育てた。経済的にも自立している一人前の人間なんだ。それに比べて，お前はなんてつまらない人間だろう」

セラピスト：もし今後，お父さんがあなたを殴るようなことがあったらどうしますか？ それをお父さんに伝えてください。

患者：「もしそんなことがあったら，僕はお前を殺してやる。踏みつけにしてやる。ぐちゃぐちゃになるまで，踏み潰してやる。そして窓から放り出してやる！」

ホームワーク

以前に受けた虐待や屈辱を伴う外傷体験について思い出し，それらを詳細

に書き出してくることがホームワークである．そしてこの"現実に基づいたストーリー"を，"空想に基づく新たなストーリー"に置き換えるのである．新たなストーリーにおける患者は，強く，自信にあふれ，挑戦的に相手に向かっていく人物である必要がある．新たなストーリーにおいては，患者が場面の支配者になり，かつて患者を虐待したり侮辱したりした人物は，ろくでもない存在として描かれるのである．このエクササイズを通じて考えたり感じたりしたことを，書き出してくることもホームワークの課題となる．

予測される問題点

　患者はストーリーを語り直すなかで，自分が恐れている虐待者と対決するわけだが，その際ひどく不安になってしまう人もいるだろう．そのような患者は，「虐待者が戻ってきて，自分を痛めつけようとするんじゃないか」「自己主張などしたら，虐待者に罰せられるに違いない」と訴えるかもしれない．これらの訴えはありえないことだが，実際にこのように考えてしまう患者は珍しくない．したがって，セラピストは本技法を適用する際，患者が躊躇しているようであれば，それに注意を払う必要がある．そして，不安の増強，解離，無表情で機械的な反応，突然の治療中断の申し入れなどがあったら，すぐさまそれらに対処しなければならない．その際，セラピストは患者にどんな自動思考が生じているか，尋ねてみるとよい．たとえば「虐待者と対決するイメージを思い浮かべたら，私は不安に駆られてしまうだろう．なぜなら…だからだ」といった文章を完成してもらう，といったやり方が考えられる．この種の自動思考や思い込みは，被虐待体験に伴う無力感，恥ずかしさ，侮辱された感じなどを反映していることが多い．自尊心や自己主張をめぐるこのようなネガティブな思考に対しては，標準的な認知療法の技法を用いて検討することができる．たとえばある患者の場合，次のような自動思考に気づいた．「私が虐待を受けるのは当然のことだ」「彼らに立ち向かったりしたら，私は殺されてしまうだろう」「抵抗さえしなければ自分の身を守れる」．恐怖を伴うこのような思考に対しては，損益分析，合理的なロールプレイ，

二重の基準法，エンプティ・チェアといった技法を使って検討することができる。

その他の関連技法

その他の関連技法としては，イメージ誘導，スキーマワーク(中核的スキーマを同定する，スキーマの回避や維持について検討する)，事例概念化，まぼろしの恐怖，自己主張，スキーマの源に手紙を書く，二重の基準法，などが挙げられる。

ツール

ツール 8.7（ストーリーを語り直す）が挙げられる。

◆◆ ツール 8.1　感情を記録する

感情の種類	月曜日	火曜日	水曜日	木曜日	金曜日	土曜日	日曜日
幸せだ							
面白そうだ							
興奮している							
思いやる							
親密である							
愛している							
愛されている							
同情する							
感謝している							
誇りに思う							
自信がある							
傷ついている							
悲しい							
後悔している							
イライラしている							
怒っている							
恨んでいる							
嫌悪感を抱く							
軽蔑している							
恥じている							
罪悪感を抱く							
羨ましい							
嫉妬を感じる							
不安である							
恐れている							
その他							

◆◆ ツール 8.2　ストーリーを書き出してみる

あなたのストーリーに関する記憶をできるだけ詳細に書き出してください。
このストーリーにおいて，あなたはどんな感情を抱きましたか？
このストーリーを振り返ってみて，どのような考えが浮かびましたか？
このストーリーのどの部分，すなわちどの記憶が最もつらいものですか？　それはなぜですか？
このストーリーを書き出してみて，今あなたはどのように感じていますか？

❖❖ **ツール 8.3** ホットスポットを同定する

そのストーリーやイメージをできるだけ詳細に書き出してください。	そのストーリーのどの部分において最も動揺しますか？それがあなたのホットスポットです。	これらのホットスポットに対して，どのような考えや感情が浮かんできますか？

◆◆ ツール8.4　リーヒイの感情スキーマ尺度

あなたはご自分の感情にどのように対処しているでしょうか？　感情にはたとえば，怒り，悲しみ，不安といったものが挙げられます。感情を処理するやり方は，人それぞれ皆違っており，どれが正しいとか間違っているとか，そういうことはありません。それでは次の各文をよく読んで，この1ヵ月間のあなたの感情がどうであるか，そして自分の感情にどのように対処しているか，考えてみてください。下の各文を読み，最近1ヵ月間のあなたに最も当てはまる数字を選んでください。

　　　1＝全く当てはまらない　　　　4＝やや当てはまる
　　　2＝当てはまらない　　　　　　5＝当てはまる
　　　3＝あまり当てはまらない　　　6＝非常に当てはまる

1. ＿＿＿ 落ち込んだときは，物事を違った角度からとらえようとしてみる。
2. ＿＿＿ 何かに悩んだときは，実はそれが大した問題ではないのだと考え，その理由を探してみる。
3. ＿＿＿ 私の感情反応は，他の人とは異なるようだ。
4. ＿＿＿ 感情の中には，抱くべきではないものがある。
5. ＿＿＿ 自分で自分の感情が全く理解できないときがある。
6. ＿＿＿ 感情を「外に出す」ためには，泣くことが重要だ。
7. ＿＿＿ 感情に身を任せてしまったら，コントロールを失ってしまいそうで怖い。
8. ＿＿＿ 他人は私の感情を理解し，受け入れてくれる。
9. ＿＿＿ 人はある種の感情（例：性的感情や暴力的感情）を抱かぬよう，気をつけるべきである。
10. ＿＿＿ 自分自身の感情を理解できない。
11. ＿＿＿ 他人が変わってくれれば，私の感情もよい方向に変化するだろう。
12. ＿＿＿ 自分でも気づいていない感情が，自分の中にあるようだ。
13. ＿＿＿ いったん激化した感情は二度と消えないのではないかと思うと不安だ。
14. ＿＿＿ 自分の感情を恥ずかしく感じる。
15. ＿＿＿ 皆が悩むことでも，私は悩まない。
16. ＿＿＿ 私の気持ちを気にかけてくれる人などひとりもいない。
17. ＿＿＿ 私にとって重要なのは，自分の感情に敏感で率直であることではなく，自分が合理的で現実的であることである。
18. ＿＿＿ 矛盾した感情を抱くのは耐えられない（例：同一人物に対して好意と嫌悪感を同時に抱く）。
19. ＿＿＿ 私の感情は他の人たちよりもはるかに繊細である。
20. ＿＿＿ 不快な感情は直ちに取り除くようにする。

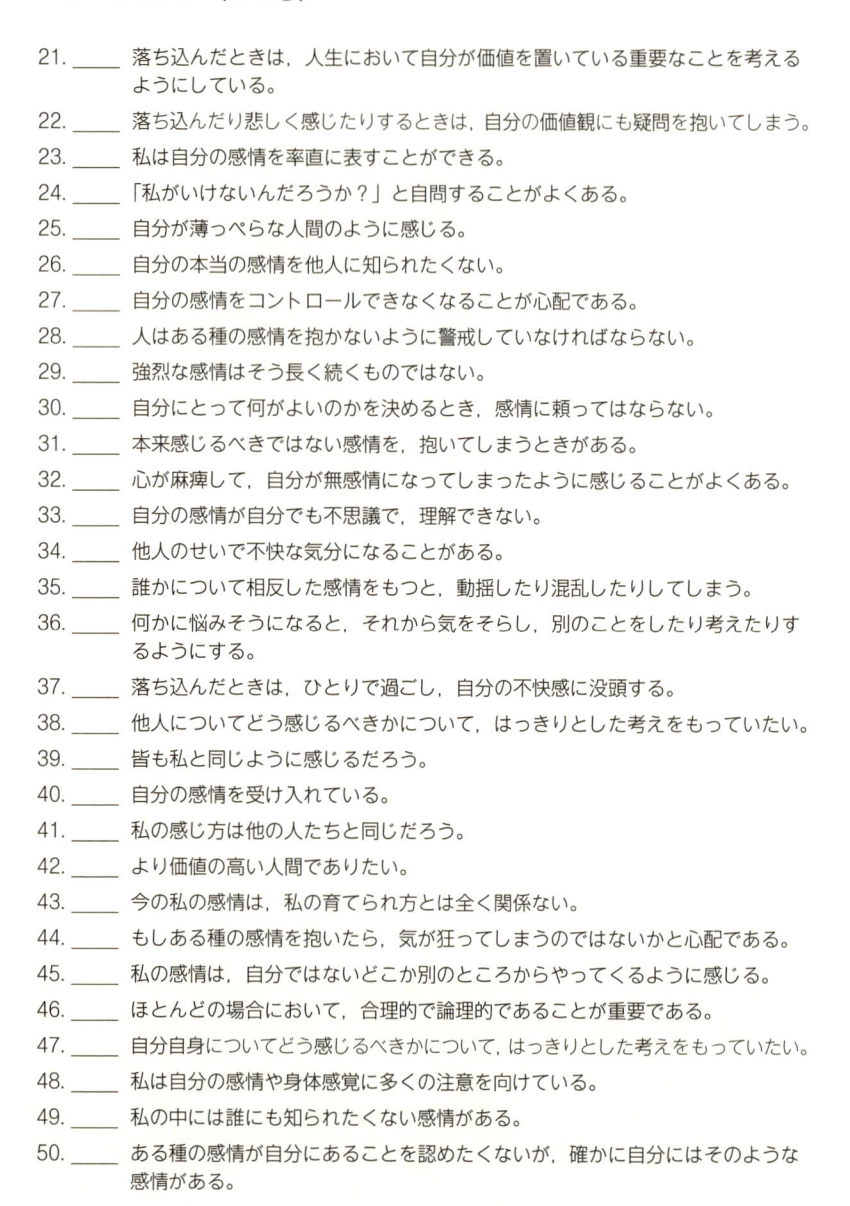

◆◆ ツール 8.4 （つづき）

21. ____ 落ち込んだときは，人生において自分が価値を置いている重要なことを考えるようにしている。
22. ____ 落ち込んだり悲しく感じたりするときは，自分の価値観にも疑問を抱いてしまう。
23. ____ 私は自分の感情を率直に表すことができる。
24. ____ 「私がいけないんだろうか？」と自問することがよくある。
25. ____ 自分が薄っぺらな人間のように感じる。
26. ____ 自分の本当の感情を他人に知られたくない。
27. ____ 自分の感情をコントロールできなくなることが心配である。
28. ____ 人はある種の感情を抱かないように警戒していなければならない。
29. ____ 強烈な感情はそう長く続くものではない。
30. ____ 自分にとって何がよいのかを決めるとき，感情に頼ってはならない。
31. ____ 本来感じるべきではない感情を，抱いてしまうときがある。
32. ____ 心が麻痺して，自分が無感情になってしまったように感じることがよくある。
33. ____ 自分の感情が自分でも不思議で，理解できない。
34. ____ 他人のせいで不快な気分になることがある。
35. ____ 誰かについて相反した感情をもつと，動揺したり混乱したりしてしまう。
36. ____ 何かに悩みそうになると，それから気をそらし，別のことをしたり考えたりするようにする。
37. ____ 落ち込んだときは，ひとりで過ごし，自分の不快感に没頭する。
38. ____ 他人についてどう感じるべきかについて，はっきりとした考えをもっていたい。
39. ____ 皆も私と同じように感じるだろう。
40. ____ 自分の感情を受け入れている。
41. ____ 私の感じ方は他の人たちと同じだろう。
42. ____ より価値の高い人間でありたい。
43. ____ 今の私の感情は，私の育てられ方とは全く関係ない。
44. ____ もしある種の感情を抱いたら，気が狂ってしまうのではないかと心配である。
45. ____ 私の感情は，自分ではないどこか別のところからやってくるように感じる。
46. ____ ほとんどの場合において，合理的で論理的であることが重要である。
47. ____ 自分自身についてどう感じるべきかについて，はっきりとした考えをもっていたい。
48. ____ 私は自分の感情や身体感覚に多くの注意を向けている。
49. ____ 私の中には誰にも知られたくない感情がある。
50. ____ ある種の感情が自分にあることを認めたくないが，確かに自分にはそのような感情がある。

第 8 章 感情を処理するための技法　475

◆◆ ツール 8.5　リーヒイの感情スキーマ尺度の 14 次元

妥当性
項目 8　　他人は私の感情を理解し，受け入れてくれる。
(項目 16)　私の気持ちを気にかけてくれる人などひとりもいない。
(項目 49)　私の中には誰にも知られたくない感情がある。

理解可能性
(項目 5)　　自分で自分の感情が全く理解できないときがある。
(項目 10)　自分自身の感情を理解できない。
(項目 33)　自分の感情が自分でも不思議で，理解できない。
(項目 45)　私の感情は，自分ではないどこか別のところからやってくるように感じる。

罪悪感
項目 4　　　感情の中には，抱くべきではないものがある。
項目 14　　自分の感情を恥ずかしく感じる。
項目 26　　自分の本当の感情を他人に知られたくない。
項目 31　　本来感じるべきではない感情を，抱いてしまうときがある。

感情の単純化
項目 18　　矛盾した感情を抱くのは耐えられない（例：同一人物に対して好意と嫌悪感を同時に抱く）。
項目 35　　誰かについて相反した感情をもつと，動揺したり混乱したりしてしまう。
項目 38　　他人についてどう感じるべきかについて，はっきりとした考えをもっていたい。
項目 47　　自分自身についてどう感じるべきかについて，はっきりとした考えをもっていたい。

より高い価値
項目 21　　落ち込んだときは，人生において自分が価値を置いている重要なことを考えるようにしている。
(項目 25)　自分が薄っぺらな人間のように感じる。
項目 42　　より価値の高い人間でありたい。

コントロール
(項目 7)　　感情に身を任せてしまったら，コントロールを失ってしまいそうで怖い。
(項目 27)　自分の感情をコントロールできなくなることが心配である。
(項目 44)　もしある種の感情を抱いたら，気が狂ってしまうのではないかと心配である。

無感覚であること
項目 15　　皆が悩むことでも，私は悩まない。
項目 32　　心が麻痺して，自分が無感情になってしまったように感じることがよくある。

合理的であること
項目 17　　私にとって重要なのは，自分の感情に敏感で率直であることではなく，自分が合理的で現実的であることである。

◆◆ ツール 8.5 （つづき）

項目 46　ほとんどの場合において，合理的で論理的であることが重要である。
項目 30　自分にとって何がよいのかを決めるとき，感情に頼ってはならない。

感情の持続
項目 13　いったん激化した感情は二度と消えないのではないかと思うと不安だ。
（項目 29）　強烈な感情はそう長く続くものではない。

他者との一致
（項目 3）　私の感情反応は，他の人とは異なるようだ。
（項目 19）　私の感情は他の人たちよりもはるかに繊細である。
項目 39　皆も私と同じように感じるだろう。
項目 41　私の感じ方は他の人たちと同じだろう。

感情の受容
（項目 2）　何かに悩んだときは，実はそれが大した問題ではないのだと考え，その理由を探してみる。
（項目 12）　自分でも気づいていない感情が，自分の中にあるようだ。
（項目 20）　不快な感情は直ちに取り除くようにする。
項目 40　自分の感情を受け入れている。
（項目 50）　ある種の感情が自分にあることを認めたくないが，確かに自分にはそのような感情がある。
（項目 9）　人はある種の感情（例：性的感情や暴力的感情）を抱かぬよう，気をつけるべきである。
（項目 28）　人はある種の感情を抱かないように警戒していなければならない。

反すう
（項目 1）　落ち込んだときは，物事を違った角度からとらえようとしてみる。
（項目 36）　何かに悩みそうになると，それから気をそらし，別のことをしたり考えたりするようにする。
項目 37　落ち込んだときは，ひとりで過ごし，自分の不快感に没頭する。
項目 24　「私がいけないんだろうか？」と自問することがよくある。
項目 48　私は自分の感情や身体感覚に多くの注意を向けている。

感情表出
項目 6　感情を「外に出す」ためには，泣くことが重要だ。
項目 23　私は自分の感情を率直に表すことができる。

他者非難
項目 11　他人が変わってくれれば，私の感情もよい方向に変化するだろう。
項目 34　他人のせいで不快な気分になることがある。

◆◆ ツール 8.6 感情スキーマ：次元と介入

妥当性
　あなたの感情を認め，理解してくれる人がいますか？　あなたは，ある感情が妥当かどうかを判断するためのルールを独自に決めているのですか？　他の人は，あなたが言うことすべてに同意する必要があるのでしょうか？　物事に対して批判的な人にも，自分の感情を打ち明けることができますか？　もし他の人があなたと同じ状況であなたと同じ感情を抱いたとしたら，あなたはそのことを認め，支持しますか？　感情の妥当性について，あなたは二重の基準法を用いていますか？　用いているとしたら，それはどうしてでしょうか？

理解可能性
　あなたは自分の感情を理解できますか？　悲しみや不安，怒りといった感情が自分に生じたとき，そのもっともな理由を説明できるでしょうか？　たとえば悲しみを感じるとき，どんな考えやイメージが浮かんでいるでしょうか？　あなたの感情はどんなことが引き金となって惹起されますか？　他の人があなたと同じ状況に陥ったとき，あなたとは違う感情を抱く可能性はありますか？　今まさに，自分に生じている感情を自分で理解できないとしたら，そのことについてどう思いますか？　「自分は発狂してしまうのではないか」とか「自分で自分をコントロールできなくなってしまうのではないか」と恐ろしくなることがありますか？　今まさにあなたに生じている感情は，あなたの子ども時代の体験に影響されているのでしょうか？

罪悪感と恥ずかしさ
　どうしてあなたは自分の感情を不適切であると思うのでしょうか？　今まさにあなたに生じている感情なのに，それが生じてはならないと思うのはどうしてですか？　仮にその感情が妥当であるとしたら，それにはどんな根拠があると思いますか？　同じような状況であれば，他の人もあなたと同じように感じる可能性があると思いますか？　ある感情を抱くことと（例：怒りを感じる），その感情のままに行動すること（例：敵意をむき出しにする）が違うことであることを，あなたは理解していますか？　ある種の感情はよいもので別の感情は悪いものであると，あなたが考えるのはどうしてでしょうか？　あなたに生じているのと同じ感情を他の誰かが抱いたとしたら，あなたはその人を軽蔑するのでしょうか？　特定の感情の善し悪しを，あなたはどのようにして判断するのですか？　気分や感情とは，「自分が何かに悩んでいる」という合図（例：信号機の黄信号や赤信号や点滅信号）であると考えてみることはできますか？

単純さ vs. 複雑さ
　複数の感情を併せもつことは，よくある普通のことだと思いますか？　それともそれはおかしなことだと考えますか？　同一人物に対して複数の感情を同時に抱くというのは，どのようなことだとあなたは考えますか？　人間は複雑な生き物で，多様な感情や相反する感情を同時に抱くことがあるということをあなたが拒むのは，いったいどうしてなの

◆◆ ツール 8.6 （つづき）

でしょうか？ 一度にたったひとつの感情しか認めないという考え方には，どのような不利益があると思いますか？

より高い価値とのかかわり

　私たちは自分にとって重要な何かが欠けていると，悲しみや不安，怒りといった感情を抱くことがあります。たとえばあなたが，ある大事な人との関係が壊れ，悲しんでいるとします。それはあなたが，他者に親しみを感じることや他者と親密な関係にあることを，価値のある重要なこととしてとらえているからではありませんか？ このことはあなた自身のよい面を教えてくれているのではないですか？ あなたがより高い価値を望むのであれば，ときには失望することもあるでしょう。それとも何に対しても価値を認めず，皮肉ばかり言っているような人に，あなたはなりたいと思いますか？ あなたの求めるより高い価値を，共有できるような人が誰かいますか？ その人が，あなたが遭遇したのと同じ出来事にぶつかったとしたら，あなたはその人に何と言ってアドバイスしてあげるでしょうか？

コントロール可能性

　あなたは自分の感情をコントロールすべきだと考えていますか？ ネガティブな感情は取り除くべきだと思いますか？ もしネガティブな感情を取り除けなかったら，どんなことが起こるのでしょうか？ 感情を完全に排除しようとすると，かえってその感情の重要性が増すことがあるのではないですか？ 感情が強まると，それによって何か悪いことが起きるのではないかと心配になりますか（例：気が狂ってしまうのではないか，コントロールを完全に失ってしまうのではないか）？ 感情をコントロールすることと，行動をコントロールすることは，違うことなのではないですか？

無感覚であること

　あなたは何かが引き金となって，物事に距離をおいてしまうようなことがありますか？ たいていの人が悩むような場面でも，自分はそれに対してちっとも悩まないといったことがありますか？ あなたは感情的に鈍い人だと周囲から思われていますか？ あるいは感情が無い人だと思われている可能性はありますか？ どのような激しい感情が，あなたに生じることがありますか？ 今までに，何らかの激しい感情を抱いている自分に気づいたことがありますか？ そのような感情を抑え込もうとしたことがありますか？ たとえば，今にも泣きそうな気分なのに，その気持ちを押し込めてしまったことがあるでしょうか？ そのような気分をそのままにしておいたら，どうなるでしょう？ そのような感情に身を任せてしまったら，どんなことが起きるでしょうか？ あなたはどんなことを恐れているのですか？ 激しい感情が生じるとき，どんな考えがあなたに浮かびますか？ そのような激しい感情を取り除くために，お酒を飲んだり薬物を使用したりしたことがありますか？ あるいはむちゃ食いをしたことがありますか？

❖❖ ツール8.6 （つづき）

合理的／反感情的であること

　あなたは自分が常に論理的／合理的であるべきだと考えていますか？　もし自分がそうでいられなければ，どのようなことが心配になるのでしょうか？　論理的／合理的な人は，そのぶん"いい人"なのでしょうか？　過去にあなたが論理的／合理的でいられなかったとき，どんなことが起きましたか？　人間の経験には，論理や合理とは無縁の，全くの感情的な経験というのがあるのではないですか？　たとえば"合理的な絵"とか"合理的な歌"というのが，この世に存在するのでしょうか？　あなたの感情は，あなたが何に対して傷ついているのかを教えてくれるのではないですか？　そしてどのような欲求を変化させるべきなのかを，伝えてくれるのではないですか？　自分がどのような欲求や願望を抱いているか，私たちは人間としてどのような権利を有しているか，感情とはそれを教えてくれる重要な存在なのではないでしょうか？　あなたの知っている人で，あなたほど合理的ではないけれども，あなたより幸せで満ち足りた生活を送っている人がいるのではありませんか？

強い感情の持続

　あなたは，自分の中に激しい感情が生じ，それがずっと続いてしまうことを恐れていますか？　これまでに何か強烈な感情を抱いたことがありますか？　その感情はその後どうなりましたか？　その感情がやがては鎮まってしまったのは，どうしてでしょうか？　セッションの最中に感情が昂ぶったら，どんなことになると思いますか？　ほんの数分間でもセッション中に泣いてしまったり取り乱してしまったら，どうなるのでしょうか？　どんなに激しい感情でも，いったんそれを表出するとその後消えてしまうことにあなたが気づいたら，それはあなたにとってどのような意味があるでしょうか？

他者との一致

　あなたの感情の中で，他の人はそうは感じないだろうというようなものがありますか？　もし同じような感情を抱いている人が他にいたら，あなたはその人のことをどう思いますか？　情感豊かな芝居や映画，小説や物語が，人の心を打つのはどうしてだと思いますか？　人は，自分の感情が他人と一致しているかどうか気にするものだと思いますか？　あなた以外にも，悲しんでいたり，腹を立てていたり，不安にかられたりしている人がいると思いますか？　気分的に動揺したり，何らかの空想を抱いたりすることは，正常なことだと思いますか？　あなたが自分の感情を恥じて，それを誰かに打ち明けないままでいると，他の人もあなたと同じように感じていることにずっと気づけないままになってしまうのではありませんか？

受容あるいは抑圧

　あなたが自分の感情を受け入れるとしたら，どんなことが起きるでしょうか？　その感情のおもむくままに振る舞うことになりそうですか？　いったんある感情を認めてしまうと，それがずっと消えないで続いてしまうのではないかと，あなたは恐れていますか？　それとも感情を一切認めず受け入れないことが，自分を変えようとする動機づけにつながる

◆◆ **ツール8.6** （つづき）

のだと考えていますか？　感情を抑圧することによって，どんなネガティブな結果が引き起こされると思いますか？　たとえば感情に過度に注目したり，感情の抑圧にエネルギーを使いすぎたりするといったことが起きるのではないでしょうか？　あるいはその感情がむしろリバウンドしてしまうこともあるのではないでしょうか？　その感情は，感情の善し悪しについてのあなたの信念と矛盾したものなのですか？　もしあなたが何かに悩んでいるのにそれを否定したとしたら，あなたはどうやってその問題を解決するのでしょうか？

反すう vs. 道具的スタイル（Instrumental style）
　自分がどんなにひどい気分でいるかということに注目することに，どんな利益があるでしょうか？　そしてどんな不利益があるでしょうか？　自分の気分の悪さに注目し続けることによって，どのような考えや感情が浮かびますか？　あなたはひとりでじっとしたまま,「いったい私のどこが悪いんだろう？」とか「どうしてこんな目に逢うんだろう？」と考え続けることがありますか？　自分の悲しみに注目し，出来事を何度も心の中で反すうすることがありますか？　同じことを何度も考え続けることで，何か解決策が浮かぶのではないかと思うときがありますか？　何かを心配し続けることが，ストレスに満ちた思考をコントロールできないと感じることに，むしろつながるのではないですか？　たとえば毎日30分間時間を決めて，その間だけ集中して心配してみるというやり方はどうでしょうか？　そしてその時間以外は，心配事について一切気にしないようにしてみるのです。自分の心配事を，実行可能な行動や，解決可能な問題として言い換えてみることはできますか？　何か行動を起こしたり，友だちに電話したり，心配事とは関係のないことについて話したりして，心配から気をそらすことができますか？　そもそもあなたは物事を正確に予測することができるのでしょうか？　過去の予測の中で，それが間違っていたこともあるのではないですか？　反すうを続けている間，あなたは同じことをぐるぐると考え続けているわけですが，そうしながら実は，何らかの"真実"や"現実"を受け入れるのを拒んでいるのではないですか？

感情表出
　もし感情を外に出したらコントロールを失ってしまうのではないかと，あなたは心配しているのですか？　もっと嫌な気分になってしまうことを心配しているのでしょうか？　もしもっと嫌な気分になるとしたら，それはどれぐらい長く続くと思いますか？　感情を外に出すことは，自分の思考や他の感情を明確にすることの助けになるのではないですか？　逆に，もし感情を表出することだけに集中してしまうと，その感情にとらわれすぎてしまうこともあるのではないでしょうか？　もしそうなったら，その感情に没頭し続けてしまうことになりそうですか？　気分を紛らわしたり，問題を解決するために，どんなことがあなたにできそうですか？

◆◆ ツール 8.6 （つづき）

他者非難

　あなたがこんなふうに感じるのは，誰かが何かを言ったりしたりしたせいだと思いますか？　あなたが抱いたどんな考えが，あなたの悲しみや怒りや不安などを引き起こしたのだと思いますか？　物事に対して今とは違う見方をしてみたら，あなたはどのように感じたり考えたりすることができそうですか？　他人があなたをどう思うかによって，あなたの感情は左右されてしまうのですか？　他者から同意されたり尊敬されること，他者から評価されること，皆が公平であることを，あなたはとても気にかけているのでしょうか？　他人の同意を必要としなければ，それにはどんな利益と不利益がありますか？　相手はあなたに対してどのような見返りを与えたり与えなかったりしているのでしょうか？　他人の言動にかかわらず，あなた自身が自分に対して見返りを与えてあげることはできますか？　あなたの感情は，出来事やそれに対するあなたの考えから引き起こされるのだと考えることはできますか？　感情にはたとえば，怒り，悲しみ，好奇心，無関心，受容，挑発された感じなど，様々なものがありますが，それらのうちあなたが感じたいのはどのような感情ですか？　様々な感情を経験することには，どのような利益や不利益があるでしょうか？　ある状況に対してどのように考えると，上のそれぞれの感情を引き起こすことができますか？　あなたが望むのはどのような出来事ですか？　あなたが今よりも上手に自己主張するためには，どうすればよいでしょうか？　どうやって今抱えている問題を解決できそうですか？　あなたの中のどの考えを変えてみるとよいでしょうか？

◆◆ ツール 8.7　ストーリーを語り直す

あなたがその外傷的出来事やひどいストレスを最初に体験したときのことを思い出してください。そのとき，あなたは相手をどのように思ったでしょうか？　たとえば，「自分よりも優れていて，強力だ」と思ったかもしれません。表の左側には，そのとき何が起きたのかを詳しく書き出してください。あなたは相手の言動をどのように見聞きしたのでしょうか？　相手は何と言い，何をしたのでしょうか？　次に，左欄に書き出したストーリーを，新たに書き直して右側の欄に記入します。今度は，あなた自身を強力な人物として描き，相手は弱くびくついた人物として描写します。あなたは身体が大きく，相手は小さいのです。あなたは大きな声で話しますが，相手はぼそぼそと小声で話します。あなたは活動的かつ攻撃的で，相手に対抗します。ゆえに相手はあなたを恐れています。つまり新たなストーリーでは，あなたのほうがずっと強力で支配的なのです。さて，このようにストーリーを書き直してみて，あなたはどんなふうに感じたり考えたりするでしょうか？　それらについても書き出してください。

実際に起きたトラウマ的出来事やストレスに満ちた出来事を書き出します。	ストーリーを書き直します。出来事を新たな見方でとらえ，それを描写します。
出来事が起きたとき，あなたは相手や自分に対してどのように考えたり感じたりしましたか？	今，あなたはどのように考えたり感じたりしていますか？

第9章
認知的歪曲を検討し，それに挑戦する

　認知療法では，抑うつ，不安，怒りは認知的歪曲に基づく思考パターンが繰り返された結果として生じるものであると考える。本章では，最もよく見られる認知的歪曲のリストを紹介し，各歪曲における信念を検討したりそれに挑戦したりするために有効な質問や介入について提案したい。もちろんここで挙げる以外にも，本書でこれまでに紹介してきた様々な技法を，各認知的歪曲に対して適用することができる。本章が目的とするのは，ネガティブな信念の修正にすぐに役立つ技法や質問や介入を，"お助けリスト"として提示することである。（注：下記のリストは，セラピストが患者に話しかけるような言葉で表現されている）

1. 読心術：十分な根拠がないのに，他人の考えを自分が知っていると思い込むこと。例：「彼は私のことを負け犬だと思っている」

《技法》

1. この信念の確信度はどれぐらいですか？　またこの信念に関連する感情を同定し，その強度も評定してください。
2. あなたが予測していることを具体的に挙げてください。例：「彼は私を好きでないから，もう話しかけてもくれないだろう」

3. 損益分析を実施しましょう。
    a．"読心術"を用いることによって，あなたは何か貴重な情報を入手できるのでしょうか？
    b．"読心術"を用いると，後でショックを受けずにすむのでしょうか？ 何か悪いことが起きるのを防ぐことができるのでしょうか？
    c．もし"読心術"をあまり使わないようにしたら，あなたの思考，気分，行動はどのように変化すると思いますか？
4. あなたの"読心術"的な考えを支持する根拠，そして支持しない根拠（反証）をリスト化し，各根拠について検討してください。
5. 4に挙げた根拠について，その質についてもそれぞれ検討してください。
6. あなたの信念には，どのような認知的歪曲がみられますか？ 例：自己関連づけ，運命の先読み，レッテル貼り，ポジティブな側面の割引き，ネガティブなフィルター，など。
7. あなたの考えの正否は，どのようにして証明できますか？ あなたの考えは検証することができるでしょうか？
8. 下向き矢印法を実施しましょう。仮にあなたの考えがその通りだったとしたら，それは何を意味するのですか？ なぜそれがあなたを悩ますのでしょう？ もし誰かがあなたの"読心術"通りにあなたについて考えているとしたら，それはあなたに何か問題があるということを意味するのですか？ 例：「自分は好ましくない人間だ」「私は愚かである」。それとも，そのように考えているその人自身に問題があるのでしょうか？ 例：「そのように考える彼は意地悪な人だ」
9. 他人から承認されたいという欲求に挑戦してみましょう。仮に誰かがあなたを好きでないとしたら，そのことによって具体的にどんなことが起きそうか，挙げてみてください。またたとえそうだったとしても，どんなことであれば影響を受けずにすみそうですか？
    a．誰かに同意してもらえなかったり承認してもらえなかったりすることについて，あなたはどのように考えていますか？ それらは，

あなたという人間に価値がないということを意味するのでしょうか？ それはなぜですか？ それともあなたを認めない相手に価値がないということを意味するのでしょうか？ それはなぜですか？
   b．仮に誰かがあなたを好ましくないと思ったとしても，そのことから影響を受けずにあなたにできることは何ですか？ それらをすべて挙げてください。
   c．すべての人から承認される人など，どこにもいないのではありませんか？ だとしたら，ある特定の人に承認されないことに，どうしてあなたはそれほど悩むのでしょうか？
   d．たとえあなたを承認しない人がいたとしても，あなたがその事実を受け入れてみたら，どうなるでしょうか？ そのように受け入れることに，どのような利益や不利益があるでしょうか？
10. 毎日20分間，次の文を繰り返し唱えてみてください。「いずれにせよ，私を好ましく思わない人はいるものだ」。この文を毎日唱えることは，あなたの考えにどのような影響を与えるでしょうか？ このような考え自体に，飽きてくる可能性もあるでしょうか？
11. 自分の考えに反する行動をあえてとってみましょう。例：あなたを好ましく思っていなさそうな人に対して，あえて感じよく振る舞ってみる。

2. **運命の先読み**：物事がますます悪くなるとか，危機が迫っているというように将来を予測すること。例：「私はその試験に失敗するだろう」「私はその仕事に就けないだろう」

《技法》

1. この信念の確信度はどれぐらいですか？ またこの信念に関連する感情を同定し，その強度も評定してください。
2. あなたが予測していることを具体的に挙げてください。いつ，どこで，何が起きると予測しているのでしょうか？

3. 損益分析を実施しましょう。
    a．未来を予測し，心配することで，あなたは自分を守ろうとしているのですか？　心配することで，何か悪いことが起きるのを防ぐことができるのでしょうか？
    b．心配な考え自体をコントロールできなくなってしまうことを，あなたは恐れているのですか？
4. あなたの"運命の先読み"的な考えを支持する根拠，そして支持しない根拠（反証）をリスト化し，各根拠について検討してください。
5. 4に挙げた根拠について，その質についてもそれぞれ検討してください。
6. あなたの信念には，どのような認知的歪曲がみられますか？
7. あなたの考えの正否は，どのようにして証明できますか？　あなたの考えは検証することができるでしょうか？
8. 下向き矢印法を実施しましょう。仮にあなたの考えがその通りだったとしたら，それは何を意味するのですか？　なぜそれがあなたを悩ますのでしょう？
9. 毎日20分間，次の文を繰り返し唱えてみてください。「自分が何をしようと，何か悪いことが起きる可能性は常にあるものだ」
10. あなたの予測が間違っていたことが，これまでに何回ありましたか？
11. あなたが最も恐れている最悪の結果（すなわち"まぼろしの恐怖"）とは，どんなことですか？
    a．どんなことが最悪の結果として予測できるでしょうか？　逆にどんなことが最高の結果としてありうるでしょうか？　最もありそうな結果としては，どんなことが考えられますか？
    b．最も恐れている結果とは，どのようなものですか？　それを詳細に書き出してください。
    c．最悪の結果になるとして，どんなことが今よりもっと悪くなるのですか？　それらをすべて挙げてください。
    d．最悪の結果を防ぐためにできそうなことを，すべて挙げてくだ

さい。
    e．最悪の結果をイメージし，それをストーリーとして語ってみましょう。これを毎日20分間行ないます。
12. 逆に起こりうるポジティブな結果を3つ挙げ，詳細に示してください。そして，どのようにすればポジティブな結果を実現させられそうか，具体的なストーリーを書き出します。

3. 破局視：すでに起きてしまったこと，またはこれから起きそうなことが，あまりにも悲惨で，自分はそれに耐えられないだろうと考えること。例：「もし私がそれに失敗したら，大変なことになるだろう」

《技法》

1. この信念の確信度はどれぐらいですか？　またこの信念に関連する感情を同定し，その強度も評定してください。
2. あなたが予測していることを具体的に挙げてください。いつ，どこで，何が起きると予測しているのでしょうか？
3. 損益分析を実施しましょう。
    a．未来を予測し，心配することで，あなたは自分を守ろうとしているのですか？　心配することで，何か悪いことが起きるのを防ぐことができるのでしょうか？
    b．心配な考え自体をコントロールできなくなってしまうことを，あなたは恐れているのですか？
4. あなたの"破局視"的な考えを支持する根拠，そして支持しない根拠（反証）をリスト化し，各根拠について検討してください。
5. 4に挙げた根拠について，その質についてもそれぞれ検討してください。
6. あなたの信念には，どのような認知的歪みがみられますか？　例：運命の先読み，ポジティブな側面の割引き，べき思考，ネガティブなフィルター，など。

7. あなたの考えの正否は，どのようにして証明できますか？ あなたの考えは検証することができるでしょうか？
8. 下向き矢印法を実施しましょう。仮にあなたの考えがその通りだったとしたら，それは何を意味するのですか？ なぜそれがあなたを悩ますのでしょう？ どのようなことが本当に起こりうると思いますか？
9. 毎日20分間，次の文を繰り返し唱えてみてください。「自分が何をしようと，何か悲惨なことが起きる可能性は常にあるものだ」
10. あなたの予測が間違っていたことが，これまでに何回ありましたか？
11. 恐ろしくて悲惨な出来事とは，何が原因で実際に引き起こされるのでしょうか？
12. 1ヵ月後，1年後，そして2年後のあなたは，この出来事についてどのように感じているでしょうか？
13. 悲惨な体験をしたにもかかわらず，その後，それをポジティブな体験に変えることができた人もいるのではないでしょうか？ その人たちは，どのようにしてネガティブな体験を克服し，それをポジティブなものへと転化することができたのでしょうか？
14. 仮に破局的な出来事が起きたとしても，あなたが引き続き体験できるポジティブなことには，どんなことがありますか？
15. 他の人たちが「恐ろしくて悲惨だ」と考えている出来事には，どのようなものがありますか？ 他の人があなたとは違った見方をしているとしたら，それはなぜでしょうか？
16. たとえ悲惨な出来事が起きたとしても，そこから何かポジティブなことが生まれることもあるのではないでしょうか？ 私たちは悲惨な出来事から何を学ぶことができるでしょうか？ それはたとえば，新たな機会に目を向けられるようになることですか？ 自分の価値観を再検討してみようと思えることですか？

4. レッテル貼り：自分や他人に対して，大雑把でネガティブな特性をラベルづけしてしまうこと。例：「私は嫌な人間だ」「彼は不愉快な奴だ」

《技法》

1. この信念の確信度はどれぐらいですか？ またこの信念に関連する感情を同定し，その強度も評定してください。
2. あなたが自分や他人の行動について予測していることを，具体的に挙げてください。
3. あなたが貼りつけているレッテルを定義してください。たとえば，「価値がない」「愚かだ」といった言明を，あなたはどのように定義しますか？ そのレッテルの対義語は何でしょうか？ たとえば「価値がない人間」の反対語は何ですか？ あなたはその反対語をどのように定義しますか？ もしそのような人が実際にいたら，その人が，あなたが用いるレッテルとは反対の人であるということを，あなたはどのようにして知ることができるのでしょうか？
4. 損益分析を実施しましょう。
   a．自分にレッテルを貼りつけることで，あなたのモチベーションが上がるのですか？
   b．自分にレッテルを貼りつけることは，現実的なことなのでしょうか？
   c．もし自分にレッテル貼りをしないようにしたら，あなたの思考，気分，行動はどのように変化すると思いますか？
5. あなたの"ネガティブなレッテル貼り"を支持する根拠，そして支持しない根拠（反証）をリスト化し，各根拠について検討してください。
6. あなたは自分自身に対し，「堕落している」「好ましくない」などといったネガティブなレッテル貼りをしていますが，そのような信念にはどのような根拠があるでしょうか？ それぞれの根拠の質についても検討してください。

7. あなたの信念には，どのような認知的歪曲がみられますか？ 例：全か無か思考，ポジティブな側面の割引き，べき思考，決めつけ，ネガティブなフィルター，など。
8. あなたの考えの正否は，どのようにして証明できますか？ あなたの考えは検証することができるでしょうか？
9. 他人に対して大雑把なレッテルを貼るのではなく，むしろその人がとる様々な行動（ネガティブな行動，ポジティブな行動，ネガティブでもポジティブでもない行動など）に目を向けて，それらについて考えてみましょう。
10. その人はどのような状況においてポジティブな行動をとっていますか？ あるいはどのような状況においてネガティブな行動をとっていますか？ それには何かパターンがあるのでしょうか？
11. その人はその状況をどんなふうに見ていたのでしょうか？ その人は，あなたとは異なるどんな視点や欲求や情報に基づいて，その状況を把握していたのでしょうか？
12. 二重の基準法を用いて，自問してみましょう。「誰もがこの人に対して同じようにネガティブなレッテル貼りをするのだろうか？ もしそうでないとしたら，それはなぜだろうか？」

5. ポジティブな側面の割引き：自分や他人が努力して成し遂げたポジティブな結果を，些細でつまらないことであると決めつけること。例：「彼女が私によくしてくれるのは，単に彼女が私の妻だからである」「こんなに簡単にできたのだから，たとえ成功とはいってもそれは大したことではない」

《技法》

1. この信念の確信度はどれぐらいですか？ またこの信念に関連する感情を同定し，その強度も評定してください。

2. あなたが割引いて評価していることを，具体的に挙げてください。
3. 損益分析を実施しましょう。
   a．厳しい要求を突きつけることで，あなたや他人のモチベーションは上がるのですか？
   b．あなたは「道徳的」で「正しくあろう」としているのでしょうか？ そのようなルールをいつどこで身につけたのですか？
   c．もしポジティブな側面を割引いて考えないようにしたら，あなたの思考，気分，行動はどのように変化すると思いますか？
4. あなたの"ポジティブな側面の割引き"を支持する根拠，そして支持しない根拠（反証）をリスト化し，各根拠について検討してください。
5. 4の信念にはどのような根拠があるでしょうか？ それぞれの根拠の質についても検討してください。
6. あなたの信念には，どのような認知的歪曲がみられますか？ 例：二分割思考，ネガティブなフィルター，レッテル貼り，べき思考，決めつけ，など。
7. あなたはこの信念について，入手できるすべての情報を有効に活用していますか？ それとも限られた情報に基づいて，この信念を抱き続けているのでしょうか？ 限定された情報に基づいて物事を判断すると，どのような結果が引き起こされるでしょうか？
8. 二重の基準法を用いて，自問してみましょう。「誰もが自分と同じような見方をするのだろうか？ もしそうでないとしたら，それはなぜだろうか？」
9. あなたがこのような見方をする背景には，どんな思い込みがあるでしょうか？ それを明らかにするために，次の文を完成させてください。「こんなことは大したことではない。なぜなら…だからだ」
10. 世界中の人が，あなたのようにポジティブな側面を割引いて考えたら（例：「これは大したことではない」），どのようなことになるでしょうか？
11. 二重の基準法をもう一度実施しましょう。愛する人や，あなたが心

から大事に思っている人にあるポジティブな側面を，あなたは重要だと考えますか？ 重要だと考えるとしたら，それはどうしてですか？ その人たちにおけるポジティブな側面を割引かないのは，どうしてなのでしょうか？

12. ポジティブな側面について調査してみましょう。あなた（もしくは他人）のポジティブな側面を1週間にわたって毎日記録します。この記録からどのようなことがわかりますか？

13. ポジティブな側面を認め，それに報いてください。あなたや他の誰かが何かポジティブなことをするたびに，自分自身を，あるいはその人を褒めるのです。このような賞賛によって，そのポジティブな行動は増えるでしょうか？ それともかえって減少するでしょうか？

6. ネガティブなフィルター：物事のネガティブな側面ばかりに注目し，ポジティブな側面にはほとんど目を向けないこと。例：「ここにいるのは，私のことをよく思っていない人ばかりだ」

《技法》

1. あなたの"ネガティブなフィルター"に基づく思考をすべて挙げてください。
2. すべての物事をネガティブなフィルターを通してとらえることについて，損益分析を実施しましょう。
3. あなたは本当にすべての情報に目を向けているでしょうか？ 見逃している情報があるのではないですか？ あるとしたら，それはどうしてでしょうか？
4. もしあなたがポジティブな情報をもっと重視するようにしたら，どのようなことが具体的に起きると思いますか？ そのようにすることは，あなたにとってどのような意味をもつでしょうか？
5. 二重の基準法を用いて，自問してみましょう。「誰もが自分と同じよ

うなネガティブな見方をするのだろうか？ もしそうでないとしたら，それはなぜだろうか？」
6. あなたがこのような見方をする背景には，どんな思い込みがあるでしょうか？ それを明らかにするために，次の文を完成させてください。「こんなことは大したことではない。なぜなら…だからだ」
7. 世界中の人が，あなたのようにネガティブなフィルターを通して物事を考えたら（例：「これは大したことではない」），どのようなことになるでしょうか？
8. 二重の基準法をもう一度実施しましょう。愛する人や，あなたが心から大事に思っている人にあるポジティブな側面を，あなたは重要だと考えますか？ 重要だと考えるとしたら，それはどうしてですか？ その人たちにおけるポジティブな側面を割引かないのは，どうしてなのでしょうか？
9. ポジティブな側面について調査してみましょう。あなた（もしくは他人）のポジティブな側面を1週間にわたって毎日記録します。この記録からどのようなことがわかりますか？
10. ポジティブな側面を認め，それに報いてください。あなたや他の誰かが何かポジティブなことをするたびに，自分自身を，あるいはその人を褒めるのです。このような賞賛によって，そのポジティブな行動は増えるでしょうか？ それともかえって減少するでしょうか？

7. **過度の一般化**：たったひとつのネガティブな出来事を基準にして，すべてを同じようにネガティブであると考えてしまうこと。例：「いつもこんなことばかりだ。どうせ自分は何をやっても失敗するのだ」

《技法》

1. この信念の確信度はどれぐらいですか？ またこの信念に関連する感情を同定し，その強度も評定してください。

2. あなたが自分や他人の行動について予測していることを，具体的に挙げてください。
3. 損益分析を実施しましょう。
   a．"過度の一般化"をすることで，あなたのモチベーションは上がるのですか？
   b．"過度の一般化"は，現実的な考え方でしょうか？
   c．もし"過度の一般化"をしないようにしたら，あなたの思考，気分，行動はどのように変化すると思いますか？
4. あなたの"過度の一般化"を支持する根拠，そして支持しない根拠（反証）をリスト化し，各根拠について検討してください。
5. あなたは「いつもこういうことばかり起きる」などと過度の一般化をしていますが，そのような信念にはどのような根拠があるでしょうか？ それぞれの根拠の質についても検討してください。
6. あなたの信念には，どのような認知的歪みがみられますか？ 例：ネガティブなフィルター，レッテル貼り，ポジティブな側面の割引き，など。
7. あなたの考えの正否は，どのようにして証明できますか？ あなたの考えは検証することができるでしょうか？
8. このような行動（あるいは結果，感情など）が発生しない状況というのも，あるのではないですか？ あるとしたら，あなたはそのような状況をどのように説明できますか？
9. 二重の基準法を用いて，自問してみましょう。「誰もが自分と同じようなネガティブな見方をするのだろうか？ もしそうでないとしたら，それはなぜだろうか？」
10. ポジティブな側面について調査してみましょう。あなた（もしくは他人）のポジティブな側面を1週間にわたって毎日記録します。この記録からどのようなことがわかりますか？
11. ポジティブな側面を認め，それに報いてください。あなたや他の誰かが何かポジティブなことをするたびに，自分自身を，あるいはその人

を褒めるのです。このような賞賛によって，そのポジティブな行動は増えるでしょうか？ それともかえって減少するでしょうか？
12. 判断するのではなく，マインドフルになる（十分に意識を向ける）ようにしてみましょう。判断するような言葉は一切使わず，出来事を描写することだけを意識するのです。「いつも」とか「決して」といった言葉を使うことは避けてください。例：「彼はいつもあんなふうだ」「私は決して成功しないだろう」。目に見える行動や自分が感じることだけに注意を向け，それを描写するのです。例：「彼はスピードを出して運転している」「私は不安だ」。"今，この瞬間"に自分の身を置くのです。そうしてみると，どんなふうに感じますか？
13. あなたは今バルコニーにいて出来事を眺めており，そこで見聞きしたことを他の誰かに説明しようとしているとします。どのように説明すれば，あなたが目の前で見聞きしたことを正確に伝えられるでしょうか？

8. 二分割思考：出来事や人々を"全か無か"という極端な視点でとらえること。例：「私は皆に拒絶されている」「時間をすっかり無駄にしてしまった」

《技法》

1. この信念の確信度はどれぐらいですか？ またこの信念に関連する感情を同定し，その強度も評定してください。
2. あなたが自分や他人の行動について予測していることを，具体的に挙げてください。
3. 損益分析を実施しましょう。
   a．"全か無か"的思考によって，あなたのモチベーションは上がるのですか？
   b．"全か無か"的思考は，現実的な考え方でしょうか？
   c．もし"全か無か"的思考をしないようにしたら，あなたの思考，

気分，行動はどのように変化すると思いますか？
4. あなたの"二分割思考"を支持する根拠，そして支持しない根拠（反証）をリスト化し，各根拠について検討してください。
5. あなたの「物事は"全か無か"のどちらかである」という信念にはどのような根拠があるでしょうか？ それぞれの根拠の質についても検討してください。
6. あなたの信念には，どのような認知的歪曲がみられますか？ 例：ポジティブな側面の割引き，ネガティブなフィルター，レッテル貼り，など。
7. あなたの考えの正否は，どのようにして証明できますか？ あなたの考えは検証することができるでしょうか？
8. もし物事を0%から100%の連続的な尺度でとらえるとしたら，どうなりますか？ 10%ごとに何かひとつ，それに該当する行動を考え，書き出してください。
9. その行動よりももっと悪い行動，もっとよい行動，あるいはそれと同じレベルの行動には，どのようなものがありますか？
10. このような出来事が発生しない状況というのも，あるのではないですか？ あるとしたらあなたはそのような状況をどのように説明できますか？
11. 二重の基準法を用いて，自問してみましょう。「誰もが自分と同じようなネガティブな見方をするのだろうか？ もしそうでないとしたら，それはなぜだろうか？」
12. ポジティブな側面について調査してみましょう。あなた（もしくは他人）のポジティブな側面を1週間にわたって毎日記録します。この記録からどのようなことがわかりますか？
13. ポジティブな側面を認め，それに報いてください。あなたや他の誰かが何かポジティブなことをするたびに，自分自身を，あるいはその人を褒めるのです。このような賞賛によって，そのポジティブな行動は増えるでしょうか？ それともかえって減少するでしょうか？

9. べき思考：物事を，単に"どうであるか"という視点からとらえるのではなく，"どうあるべきか"という視点から考えること。例：「私はうまくやるべきだ。さもないと失敗者になってしまう」

《技法》

1. この信念の確信度はどれぐらいですか？ またこの信念に関連する感情を同定し，その強度も評定してください。
2. あなたが抱いている"べき"思考的ルールを具体的に同定してください。例：「私は完璧であるべきだ」「私はすべての人から承認されるべきだ」など。
3. 損益分析を実施しましょう。
    a．厳しい要求を突きつけることで，あなたや他人のモチベーションは上がるのですか？
    b．あなたは「道徳的」で「正しくあろう」としているのでしょうか？ そのようなルールをいつどこで身につけたのですか？
    c．もし"べき"思考をしないようにしたら，あなたの思考，気分，行動はどのように変化すると思いますか？
4. あなたの"べき"思考を支持する根拠，そして支持しない根拠（反証）をリスト化し，各根拠について検討してください。世の中にはこのような"べき"思考をしない人もいるのではないでしょうか？ もしいるとしたら，そのような人たちについてどう思いますか？
5. あなたの信念には，どのような認知的歪曲がみられますか？ 例：レッテル貼り，ポジティブな側面の割引き，二分割思考，過度の一般化，など。
6. 自分自身に対する厳しいルールを守れなかったとき，"全か無か"的な言葉を使って，自分にレッテル貼りをしたことがありますか？ そのようなレッテル貼りをした結果，どのようなことになったでしょうか？
7. 二重の基準法を用いて，自問してみましょう。「誰もがこのような見

方をするのだろうか？ もしそうでないとしたら，それはなぜだろうか？ 他の人たちが自分のような"べき"思考を用いていないとしたら，その人たちはこれらの出来事をどのようにとらえるのだろうか？」

8. 世界中の人が，あなたのような"べき"思考を用いたとしたら，どのようなことになるでしょうか？

9. 道徳とは人間の尊厳を高めるためのものです。あなたの"べき"思考的ルールは，思いやりと尊厳に基づいて他者を扱うことにつながりますか？ それともあなたのルールは，人を責め，批判することを目的としているのでしょうか？

10. あなたの"べき"思考は，何らかの宗教的，道徳的，法的な信念に由来するものですか？ 自分がいつ，どこで，このような"べき"思考を身につけたのか，具体的に述べてください。もしかしたらあなたの"べき"思考的ルールは，どこかで教わったり読んだりしたことを誤って解釈したものなのではありませんか？

11. 二重の基準法をもう一度実施しましょう。愛する人や，あなたが心から大事に思っている人に対しても，"べき"思考を適用しますか？ もししないとしたら，それはどうしてですか？ 同じルールを人によって適用したりしなかったりするのは，どうしてでしょうか？ それにはどんな理由があるのでしょうか？

12. あなたの"べき"思考的ルールを，より現実志向的な別の言葉に置き換えたらどうでしょうか？ 思考の極端さを減らしてみたら，どうなるでしょうか？ たとえば，「完璧であるべきだ」ではなく「できればうまくやれるとよい」というように言い換えるのです。あなたの中にあるすべての"べき"思考を，あまり極端でない言い方に変換してみてください。そのように置き換えた結果，あなたはどのように感じますか？

13. 極端でない思考を選択することにした場合，それにはどのような利益と不利益があるでしょうか？

14. あなたの選択した極端でない思考は，0%から100%の連続尺度で考

えると，どのあたりに位置しますか？ もとの"べき"思考と関連づけて考えてみてください。多くの人が適切だと感じたり満足したりできるのは，連続尺度のどのあたりだと思いますか？

15. 判断するのではなく，マインドフルになる（十分に意識を向ける）ようにしてみましょう。判断するような言葉は一切使わず，出来事を描写することだけを意識するのです。「いつも」とか「決して」といった言葉を使うことは避けてください。例：「彼はいつもあんなふうだ」「私は決して成功しないだろう」。目に見える行動や自分が感じることだけに注意を向け，それを描写するのです。例：「彼はスピードを出して運転している」「私は不安だ」。"今，この瞬間"に自分の身を置くのです。そうしてみると，どんなふうに感じますか？

16. "今，この瞬間"だけに自分の身を置くようにすると，どうなるでしょう？ 1時間後の"今，この瞬間"，1日後の"今，この瞬間"，1週間後の"今，この瞬間"，どんなことが起きるでしょうか？

17. あなたは今バルコニーにいて出来事を眺めており，そこで見聞きしたことを他の誰かに説明しようとしているとします。どのように説明すれば，あなたが目の前で見聞きしたことを正確に伝えられるでしょうか？

10. **自己関連づけ**：ネガティブな出来事の責任はすべて自分にあると不適切に考え，他の人たちの責任やその他の原因を考慮に入れないこと。例：「私がちゃんとしなかったから，結婚生活が破綻したのだ」

《技法》

1. この信念の確信度はどれぐらいですか？ またこの信念に関連する感情を同定し，その強度も評定してください。
2. あなたが抱いている"自己関連づけ"的思考を具体的に同定してください。例：「これは全面的に私の責任だ」など。
3. 損益分析を実施しましょう。

a．"自己関連づけ"的思考によって，あなたのモチベーションは上がるのですか？ あるいはそのような思考は，何らかの形であなたを守ることになるのでしょうか？
   b．"自己関連づけ"的思考は，現実的な考え方でしょうか？
   c．もし"自己関連づけ"的思考をしないようにしたら，あなたの思考，気分，行動はどのように変化すると思いますか？
4. あなたの"自己関連づけ"を支持する根拠，そして支持しない根拠（反証）をリスト化し，各根拠について検討してください。
5. 4に挙げた根拠について，その質についてもそれぞれ検討してください。
6. あなたの信念には，どのような認知的歪曲がみられますか？ 例：過度の一般化，読心術，ポジティブな側面の割引き，ネガティブなフィルター，レッテル貼り，破局視，べき思考，など。
7. あなたの考えの正否は，どのようにして証明できますか？ あなたの考えは検証することができるでしょうか？
8. 円グラフ法を実施しましょう。この出来事の原因として考えられるのはどのようなことでしょうか？ 原因として可能性のあることをすべて挙げ，それらを円グラフに配分してください。この出来事に占めるあなたの責任はどれぐらいの割合ですか？ あなた以外の責任はどれぐらいでしょうか？
9. あなた（または他の人たち）の行動には，どのようなバリエーションがみられますか？ あなた（または他の人たち）は，いつもこのような行動パターンを示すのですか？ もし行動に様々なバリエーションがあるとしたら，あなたはそれをどのように結論づけますか？
10. あなたが意図していたのはどんなことでしょうか？ 他の人たちの意図はどうだったと思いますか？ 他の人たちの意図に関するあなたの信念は本当に正しいのでしょうか？ どうしてあなたには他の人たちの意図がわかるのですか？
11. "自己非難"と"自己修正"を区別してみましょう。自分の行動で修

正できそうなものはどれですか？ 新たに学べることは何ですか？
今後，どのような変化を生み出すことができそうですか？
12. 自己関連づけや自己非難をするのではなく，「どの問題を解決したらよいか？」と自分に問いかけてみましょう。たとえば，今，ある人間関係が破綻しそうになっているとします。ここで自分や相手を責めるのではなく，「今，とりかかるべき現実問題とは何か？」と自問してみるのです。このような新たなとらえ方をしてみると，どのような結果が生まれると思いますか？

11. **他者非難**：ネガティブな気分を他人のせいにし，自分の責任をいっさい認めようとしないこと。例：「私がこんなふうに感じるのは，彼女のせいだ」「私の問題は，すべて両親に責任がある」

《技法》

1. この信念の確信度はどれぐらいですか？ またこの信念に関連する感情を同定し，その強度も評定してください。
2. あなたが抱いている"他者非難"的思考を具体的に同定してください。例：「これは全面的に彼（または彼女）の責任だ」など。
3. 損益分析を実施しましょう。
    a．"他者非難"的思考によって，誰か他の人のモチベーションが上がるのですか？
    b．"他者非難"は，何らかの形であなたを守ることになるのでしょうか？
    c．"他者非難"的思考は，現実的な考え方でしょうか？
    d．もし"他者非難"的思考をしないようにしたら，あなたの思考，気分，行動はどのように変化すると思いますか？
4. あなたの"他者非難"を支持する根拠，そして支持しない根拠（反証）をリスト化し，各根拠について検討してください。

5. 4に挙げた根拠について，その質についてもそれぞれ検討してください。
6. あなたの信念には，どのような認知的歪曲がみられますか？　例：過度の一般化，読心術，自己関連づけ，ポジティブな側面の割引き，ネガティブなフィルター，レッテル貼り，破局視，べき思考，など。
7. 他の人の行動を連続法によってとらえてみたらどうなるでしょうか？　本当にその人の行動はあなたが感じているほどひどいものなのでしょうか？
8. たとえその人が何かネガティブなことをしていたとしても，別の面でその人はあなたに何かをもたらしてくれているのではないでしょうか？
9. あなたの考え（例：「すべて彼らが悪い」）の正否は，どのようにして証明できますか？　あなたの考えは検証することができるでしょうか？
10. 円グラフ法を実施しましょう。この出来事の原因として考えられるのはどのようなことでしょうか？　原因として可能性のあることをすべて挙げ，それらを円グラフに配分してください。この出来事に占めるあなたの責任はどれぐらいの割合ですか？　あなた以外の責任はどれぐらいでしょうか？
11. あなた（または他の人たち）の行動には，どのようなバリエーションが見られますか？　あなた（または他の人たち）は，いつもこのような行動パターンを示すのですか？
12. あなたが意図していたのはどんなことでしょうか？　他の人たちの意図はどうだったと思いますか？　他の人たちの意図に関するあなたの信念は本当に正しいのでしょうか？　どうしてあなたには他の人たちの意図がわかるのですか？
13. 他の人はどのような情報を用いたのでしょうか？　あなたが入手した情報はどのようなものでしたか？
14. "他者非難"と"他者に修正を求めること"を区別してみましょう。修正を依頼できそうな相手の行動にはどのようなものがありますか？　あなたや他の誰かが新たに学べることは何ですか？　今後あなたや相

手は，どのような変化を生み出すことができそうですか？

15. あなたが求める厳格なルールに応じられない人に対して，あなたは"全か無か"的視点からレッテル貼りをしているのではありませんか？ そのようなレッテル貼りは，どのような結果を引き起こすでしょうか？

16. 二重の基準法を用いて，自問してみましょう。「誰もがこの人に対して同じようにネガティブなレッテル貼りをするのだろうか？ もしそうでないとしたら，それはなぜだろうか？」

17. もしあなたのルールを普遍的なものにするとしたら，すなわち世界中の人が，この種の行動について厳しく非難されるのだとしたら，どのような結果が引き起こされるでしょうか？

18. 道徳とは人間の尊厳を高めるためのものです。あなたの"べき"思考的ルールは，思いやりと尊厳に基づいて他者を扱うことにつながりますか？ それともあなたのルールは，人を責め，批判することを目的としているのでしょうか？

19. あなたの"べき"思考は，何らかの宗教的，道徳的，法的な信念に由来するものですか？ 自分がいつ，どこで，このような"べき"思考を身につけたのか，具体的に述べてください。もしかしたらあなたの"べき"思考的ルールは，どこかで教わったり読んだりしたことを誤って解釈したものなのではありませんか？

20. 二重の基準法をもう一度実施しましょう。愛する人や，あなたが心から大事に思っている人に対しても，"べき"思考を適用しますか？ もししないとしたら，それはどうしてですか？ 同じルールを人によって適用したりしなかったりするのは，どうしてでしょうか？ それにはどんな理由があるのでしょうか？

21. あなたの"べき"思考的ルールを，より現実志向的な別の言葉に置き換えたらどうでしょうか？ 思考の極端さを減らしてみたら，どうなるでしょうか？ たとえば，「完璧であるべきだ」ではなく「できればうまくやれるとよい」というように言い換えるのです。あなたの中にある

すべての"べき"思考を、あまり極端でない言い方に変換してみてください。そのように置き換えた結果、あなたはどのように感じますか？
22. 極端でない思考を選択することにした場合、それにはどのような利益と不利益があるでしょうか？
23. あなたの選択した極端でない思考は、0％から100％の連続尺度で考えると、どのあたりに位置しますか？ もとの"べき"思考と関連づけて考えてみてください。多くの人が適切だと感じたり満足したりできるのは、連続尺度のどのあたりだと思いますか？

12. 不公平な比較：出来事を非現実的な基準で解釈すること。たとえば、自分よりできる人ばかりに注目し、彼らと自分を比較することによって、自分を劣っていると決めつけること。例：「彼女は私より成功している」「その試験では、皆、私より出来がよい」

《技法》

1. この信念の確信度はどれぐらいですか？ またこの信念に関連する感情を同定し、その強度も評定してください。
2. 自分や他人の行動に対して、あなたが用いている判断基準を具体的に同定してください。
3. 損益分析を実施しましょう。
    a．極端な視点から自己評価することで、あなたのモチベーションは上がるのですか？
    b．そのような極端な基準を用いることは、現実的なことなのでしょうか？
    c．あなたは"妥協した"基準をもつことを恐れているのですか？ "妥協"とは、あなたにとって何を意味するのでしょうか？ もし妥協したとしたら、どのようなことが起きるのでしょうか？
    d．あなたは自分の厳格な基準に"プライド"をもっているのですか？

たとえ自分がその基準に到達できず，自分自身を非難することになっても，そのプライドを守りたいのでしょうか？
e．もしそれほど極端な基準を用いないようにしたら，あなたの思考，気分，行動はどのように変化すると思いますか？
4. あなたの極端な基準を支持する根拠，そして支持しない根拠（反証）をリスト化し，各根拠について検討してください。このような基準によってあなたのモチベーションは本当に上がるのですか？　このような基準のせいで，むしろ何かを避けてしまうようなことはありませんか？　これらの基準は本当に現実的なのでしょうか？
5. 4に挙げた根拠について，その質についてもそれぞれ検討してください。
6. あなたの信念には，どのような認知的歪曲がみられますか？　例：ポジティブな側面の割引き，ネガティブなフィルター，完璧主義的な"べき"思考，など。
7. もしあなたが物事を0％から100％の連続的な尺度でとらえることにしたら，どうなるでしょうか？　10％ごとに何かひとつ，それに該当する行動を記入してください。0％から100％の間に10％ごとに位置づけられた各行動について，説明してください。
8. 平均的な人はこの連続尺度上のどこに位置すると思いますか？　人間の行動には幅があるものですが，あなたはその全範囲を対象に物事をとらえているでしょうか？　たとえば知能指数（IQ）の平均値は100です。一世帯あたりの平均所得は4万ドルと言われています。あなたがこれらの平均値を基準値として用いていないとしたら，それにはどんな理由があるのでしょうか？
9. その行動よりも悪い行動，よい行動，または同等の行動というのには，どのようなものがありますか？
10. 基準値に満たない人がいたら，それは具体的に何を意味するのでしょう？　そのような人がいたとして，いったいどんなことが実際に起こりうるのでしょうか？

11. 世の中には基準値に満たない人もいるのではありませんか？ そのような人に，いったいどんなことが実際に起こっているのでしょうか？
12. 二重の基準法を用いて，自問してみましょう。「誰もが自分と同じような見方をするのだろうか？ もしそうでないとしたら，それはなぜだろうか？」
13. ポジティブな側面について調査してみましょう。あなた（もしくは他人）のポジティブな側面を1週間にわたって毎日記録します。この記録からどのようなことがわかりますか？
14. ポジティブな側面を認め，それに報いてください。あなたや他の誰かが何かポジティブなことをするたびに，自分自身を，あるいはその人を褒めるのです。このような賞賛によって，そのポジティブな行動は増えるでしょうか？ それともかえって減少するでしょうか？

13. **後悔志向**：今できることに目を向けるのではなく，「自分はもっとうまくやれたはずだ」というように過去にとらわれてしまうこと。例：「あのときもっと努力していたら，今よりもいい仕事に就くことができたのに」「あんなことを言うべきじゃなかった」。また，「あのときにそれがわかっていたら，こんな羽目には陥らなかったのに」といった思い込みもある。しかしそのときに何かをわかっているというのは，そもそも不可能だったのである。例：「株式市場の崩落を予測しておくべきだったのに」「彼（彼女）が信用できない人だということを承知しておくべきだったのに」など。

《技法》

1. この信念の確信度はどれぐらいですか？ またこの信念に関連する感情を同定し，その強度も評定してください。
2. あなたが後悔していることを具体的に同定してください。次の文を完成させましょう。「私は…だということを知っておくべきだった」

3. 損益分析を実施しましょう。
   a．過去を後悔することで，将来もっと注意深くあるようにというあなたのモチベーションは上がるのですか？
   b．後悔することは現実的でしょうか？
   c．もし物事をあまり後悔しないようにしたら，あなたの思考，気分，行動はどのように変化すると思いますか？
4. あなたの後悔を支持する根拠，そして支持しない根拠（反証）をリスト化し，各根拠について検討してください。
5. 4に挙げた根拠について，その質についてもそれぞれ検討してください。
6. なぜあなたは"あること"が起きるということをあらかじめ知っておくべきだったのでしょうか？ あなたはすべてを事前に知っておかなければならないのですか？ 人の心を読むことができなければならないのですか？ 未来を予言できなければならないのですか？ 絶対に間違いを犯してはならないのですか？ このように考えると，どのような結果が引き起こされるでしょうか？
7. その当時，あなたが入手可能だったのはどのような情報ですか？ その時点であなたが最も重要だと考えたのはどんなことでしたか？
8. 仮にその当時，すべての情報を入手できていたら，あなたは適切な意思決定ができたのでしょうか？
9. あなたの信念には，どのような認知的歪曲がみられますか？ 例：自己関連づけ，ポジティブな側面の割引き，読心術，レッテル貼り，など。
10. あなたの考えの正否は，どのようにして証明できますか？ あなたの考えは検証することができるでしょうか？
11. 下向き矢印法を実施しましょう。仮にあなたの考えがその通りだったとしたら，それは何を意味するのですか？ なぜそれがあなたを悩ますのでしょう？ それはあなたが適切な判断を下せないということを意味しているのですか？ だとしたら，あなたは過剰なまでに注意深くなり，決して危険を冒さないようにするべきだということになる

のでしょうか？　たとえそのようにしても物事がうまくいかない場合は，自分自身をさらに責めるべきなのでしょうか？　あなたは他の誰かを信用してはならないのでしょうか？
12. 最善の判断を下せなかった場合，あなたは自分を「愚かで無能で判断力のない人間である」と結論づけますか？
13. 過去に，適切な判断を下せたこともあったのではないですか？　適切に判断できたとき，あなたはそのことについてどのように結論づけましたか？
14. 二重の基準法を用いて，自問してみましょう。「誰もが自分と同じような見方をするのだろうか？　他の人たちは，私がそれを後悔すべきだと考えるだろうか？　すべて私のせいだと思っているだろうか？」
15. "自己非難"と"自己修正"を区別してみましょう。自分の行動で修正できそうなものはどれですか？　新たに学べることは何ですか？　今後，どのような変化を生み出すことができそうですか？
16. たとえ判断が適切でなかったとしても，何かポジティブな側面を見出せないですか？　今そして未来に活かせるような，どんなポジティブな面が見つけられるでしょうか？

14. もし思考：「もし…だったら？」とあれこれ自分に問うが，どのような答えにも決して満足できないこと。例：「ええ。でも，もし心配になったら？」「もし息ができなくなってしまったら？」

《技法》

1. この信念の確信度はどれぐらいですか？　またこの信念に関連する感情を同定し，その強度も評定してください。
2. あなたが予測していることを具体的に挙げてください。
3. 損益分析を実施しましょう。
   a．未来を予測し，心配することで，あなたは自分を守ろうとしてい

るのですか？ 心配することで，何か悪いことが起きるのを防ぐことができるのでしょうか？
    b．心配な考え自体をコントロールできなくなってしまうことを，あなたは恐れているのですか？
    c．起こりうるすべての問題に対して，あらかじめ解決策が用意されているべきだと思いますか？
    d．"もし思考"をあまりしないようにしたら，あなたの思考，気分，行動はどのように変化すると思いますか？
4. あなたの信念には，どのような認知的歪みがみられますか？ 例：運命の先読み，読心術，感情的理由づけ，など。
5. あなたは物事を100％確実なものにしようとしているのですか？ この不確実な世界で100％確実であるということは可能なのでしょうか？
6. 下向き矢印法を実施しましょう。仮にあなたの考えがその通りだったとしたら，どのようなことになるのでしょうか？ なぜそれがあなたを悩ますのでしょう？
7. 100％安全であると確認できないかぎり，それは危険であると判断しますか？ このように信じることには，どのような利益と不利益があるでしょうか？
8. 「うまくいかなかったらどうしよう？」と思って新たな心配を生み出し続けることは，あなたの問題解決の手助けになるのでしょうか？
9. 現在の問題や行動に目を向けてみましょう。将来起こりうる問題をすべて解決しようとすることをやめてみるのです。今，目の前にある小さな問題，すなわち，今日または今週中に取り組まなければならない問題に集中するのです。
10. 一度「大丈夫だ」と思えても，その安心感はほんのしばらくの間だけしか続かないのではないですか？ たとえ何度も「大丈夫だ」と自分に言い聞かせてみても，やはりずっと安心し続けられるものではないのではないでしょうか？ このことは「確実な世界というのはないの

だ」ということを示しているのではありませんか？

11. 毎日20分間，次の文を繰り返し唱えてみてください。「自分が何をしようと，何か悪いことが起きる可能性は常にあるものだ」

12. あなたの予測が間違っていたことが，これまでに何回ありましたか？ ネガティブな予測をすることは，あなたの悪い習慣なのではありませんか？

13. あなたが最も恐れている最悪の結果（すなわち"まぼろしの恐怖"）とは，どんなことですか？
    a．どんなことが最悪の結果として予測できるでしょうか？ 逆にどんなことが最高の結果としてありうるでしょうか？ 最もありそうな結果としては，どんなことが考えられますか？
    b．最も恐れている結果とは，どのようなものですか？ それを詳細に書き出してください。
    c．最悪の結果になるとして，どんなことが今よりもっと悪くなるのですか？ それらをすべて挙げてください。
    d．最悪の結果を防ぐためにできそうなことを，すべて挙げてください。
    e．最悪の結果をイメージし，それをストーリーとして語ってみましょう。これを毎日20分間行ないます。

14. 逆に起こりうるポジティブな結果を3つ挙げ，詳細に示してください。そして，どのようにすればポジティブな結果を実現させられそうか，具体的なストーリーを書き出します。

15. あなたはポジティブな予測をすることを恐れているのですか？ 「ポジティブな予測をして"運命を試す"ようなことは絶対にしてはならない」といった迷信があるのでしょうか？ そのような信念を検証しましょう。次の1週間について，ポジティブな予測を5つ立ててみます。その5つの予測をそれぞれ50回ずつ唱えてみてください。

15. 感情的理由づけ：そのときの気分や感情に基づいて現実を解釈すること。例：「こんなに落ち込んだ気分なのだから，結婚生活がうまくいくはずがない」

《技法》

1. この信念の確信度はどれぐらいですか？　またこの信念に関連する感情を同定し，その強度も評定してください。
2. あなたが抱いている"感情的理由づけ"的思考を具体的に同定してください。例：「私は不安だ。だから何か悪いことが起こるに違いない」など。
3. 感情と事実を区別しましょう。自分が実際に見聞きしたことを"事実"として記述します。事実に対して感情的に反応する前に，まず事実そのものを把握するのです。
4. 損益分析を実施しましょう。
    a．感情に頼ることは，まるでジェットコースターに乗っているようなものではありませんか？
    b．あなたは感情を使って，最悪のことから自分を守ろうとしているのですか？　感情的に反応することで，何か悪いことが起きるのを防ぐことができるのでしょうか？
    c．もし，あまり感情に左右されないで予測や判断をするようにしてみたら，あなたの思考，気分，行動はどのように変化すると思いますか？
5. あなたの"感情的理由づけ"を支持する根拠，そして支持しない根拠（反証）をリスト化し，各根拠について検討してください。よし悪しはともかく，あなたは自分の感情を現実生活における指針として使っていますが，今挙げた根拠や反証は，あなたのそのようなやり方を支持してくれますか？
6. あなたの信念には，どのような認知的歪みがみられますか？　例：ポ

ジティブな側面の割引き，自己関連づけ，読心術，運命の先読み，破局視，ネガティブなフィルター，など。
7. あなたの考えの正否は，どのようにして証明できますか？ 「感情によって現実が予測できる」というあなたの信念は，どのように検証できるでしょうか？
8. 下向き矢印法を実施しましょう。仮にあなたの考えがその通りだったとしたら，それは何を意味するのですか？ なぜそれがあなたを悩ますのでしょう？
9. 二重の基準法を用いて，自問してみましょう。感情に頼って現実を判断している友人がいるとします。あなたはその友人に対して，どのようにアドバイスしますか？

16. 反証の拒否：自分のネガティブな思考と矛盾する証拠や考えをひとつも受け入れようとしないこと。例：「私は愛されない」と信じる人は，誰かがその人を好いているというどのような証拠も受けつけず，その結果その人は，「私は愛されない」と信じ続ける。別の例：「そんなことは本当の問題じゃない。もっと根深い問題があるはずだ。そしてもっと重大な原因があるに違いない」

《技法》

1. この信念の確信度はどれぐらいですか？ またこの信念に関連する感情を同定し，その強度も評定してください。
2. 自分の信念を具体的に同定してください。
3. 損益分析を実施しましょう。
    a．このように定義の難しい漠然とした思考をしていたら，どのようなことになると思いますか？
    b．「自分の考えを完全にわかってくれる人などいない」と信じることによって，どのような結果が引き起こされるでしょうか？

c．あなたは，定義の難しい漠然とした思考が，物事を深く考えている証拠だと考えているのでしょうか？　そのような思考は，むしろ思考が混乱している証拠だという可能性もあるのではありませんか？
4. あなたの考えを支持する根拠，そして支持しない根拠（反証）をリスト化し，各根拠について検討してください。
5. 4に挙げた根拠について，その質についてもそれぞれ検討してください。
6. あなたの信念には，どのような認知的歪曲がみられますか？　例：感情的理由づけ，ポジティブな側面の割引き，ネガティブなフィルター，など。
7. あなたの考えの正否は，どのようにして証明できますか？　あなたの考えは検証することができるでしょうか？　もし検証できないとしたら，すなわち，仮にあなたの考えが間違っているとして，それを証明する手立てがないとしたら，そもそも元の考え自体に意味がないということになるのではありませんか？
8. 二重の基準法を用いて，自問してみましょう。もし誰か他の人がこのような考え方をしていたら，あなたはその人に対して，どのようにアドバイスしてあげますか？
9. あなたの考えが非常に漠然としていて検証ができないとしたら，むしろそのせいで，あなたは物事を変えていくことに無力感を抱くことがあるのではありませんか？
10. 自分の考えと逆の行動をあえてとってみることにしたら，どうなるでしょうか？　どのような逆の行動がありえますか？
11. 自分の考えを検証するために実験を行なうことをイメージしてください。あなたはこの実験のために，どのように情報収集を行ないますか？　この実験のことをどのように第三者に説明しますか？

17. 決めつけ：自分自身や他人，出来事などをありのままに説明したり受け入れたり理解したりするのではなく，"黒か白か"（あるいは"善か悪か""優れているか劣っているか"）といった視点から決めつけてしまうこと。例：「どうせ自分は大学の成績が悪かった」「テニスを始めても，どうせ上達しないだろう」「あんなに彼女はうまくいっているのに，私は全然ダメだ」

《技法》

1. この信念の確信度はどれぐらいですか？ またこの信念に関連する感情を同定し，その強度も評定してください。
2. あなたが物事を判断する際の思考を具体的に同定してください。例：「私は完璧でなければならない」「私はすべての人から承認されなければならない」「周りの人は皆，私がしてほしいと思っていることをしてくれて当然だ」など。
3. 損益分析を実施しましょう。
   a．厳しい要求を突きつけることで，あなたや他の人のモチベーションは上がるのですか？
   b．あなたは「道徳的」で「正しくあろう」としているのですか？
   c．あなたはこのような厳格なルールを，いつどこで身につけたのですか？
4. あなたの判断を支持する根拠，そして支持しない根拠（反証）をリスト化し，各根拠について検討してください。他の人たちもあなたのように，物事を厳格に判断しているのでしょうか？
5. あなたの信念には，どのような認知的歪みがみられますか？ 例：レッテル貼り，ポジティブな側面の割引き，二分割思考，過度の一般化，など。
6. あなたや他の誰かがあなたの要求する厳しいルールを守れなかったときは，"全か無か"的な言葉を使ってレッテル貼りをするのですか？

そのようなレッテル貼りをした結果，どのようなことになったでしょうか？

7. 二重の基準法を用いて，自問してみましょう。「誰もがこの人に対して同じようにネガティブなレッテル貼りをするのだろうか？ もしそうでないとしたら，それはなぜだろうか？」

8. 世界中の人が，あなたのように厳しい判断を下すことになったら，どのようなことになるでしょうか？

9. 道徳とは人間の尊厳を高めるためのものです。あなたの判断は，思いやりと尊厳に基づいて他者を扱うことにつながりますか？ それともあなたのルールは，人を責め，批判することを目的としているのでしょうか？

10. 二重の基準法をもう一度実施しましょう。愛する人や，あなたが心から大事に思っている人に対しても，このように厳しく判断するのですか？ もししないとしたら，それはどうしてですか？ 同じルールを人によって適用したりしなかったりするのは，どうしてでしょうか？ それにはどんな理由があるのでしょうか？

11. あなたの判断を，より現実志向的な別の言葉に置き換えたらどうでしょうか？ 思考の極端さを減らしてみたら，どうなるでしょうか？ たとえば，「完璧であるべきだ」ではなく「できればうまくやれるとよい」というように言い換えるのです。あなたの中にあるすべての"べき"思考を，あまり極端でない言い方に変換してみてください。そのように置き換えた結果，あなたはどのように感じますか？

12. 判断するのではなく，マインドフルになる（十分に意識を向ける）ようにしてみましょう。判断するような言葉は一切使わず，出来事を描写することだけを意識するのです。「いつも」とか「決して」といった言葉を使うことは避けてください。例：「彼はいつもあんなふうだ」「私は決して成功しないだろう」。目に見える行動や自分が感じることだけに注意を向け，それを描写するのです。例：「彼はスピードを出

して運転している」「私は不安だ」。"今，この瞬間"に自分の身を置くのです。そうしてみると，どんなふうに感じますか？

13. "今，この瞬間"だけに自分の身を置くようにすると，どうなるでしょう？　1時間後の"今，この瞬間"，1日後の"今，この瞬間"，1週間後の"今，この瞬間"，どんなことが起きるでしょうか？

14. あなたは今バルコニーにいて出来事を眺めており，そこで見聞きしたことを他の誰かに説明しようとしているとします。どのように説明すれば，あなたが目の前で見聞きしたことを正確に伝えられるでしょうか？

第 10 章
承認されることへの欲求を修正する

　ベックらによれば，人は，対人志向性から達成志向性までの間の様々な次元に位置づけられるということである (Alden & Bieling, 1998; Bieling, Beck, & Brown, 2000; Blatt, 1974; Blatt & Zuroff, 1992; Clark, Steer, Beck, & Ross, 1995)。たとえば対人志向的な人は，人間関係上の葛藤や他者との関わりの喪失などに影響されやすい。一方，達成志向的な人は，人が何かを行なう際の達成水準に目が向きやすく，自分が水準に達していない場合は自己批判しがちだということである。対人志向的な人の特徴は，自分が他者から承認されることへの欲求が強いということである。本章では対人志向的なある患者の事例を紹介し，そのような欲求を修正するための技法について検討したい。

　サラは32歳の女性で，広告会社に勤めている。仕事は順調であるが，彼女が気にしているのは，同僚の中に彼女のことを好ましく思っていない人がいるようだ，ということである。サラが認知療法のために来談したのは，今の会社に就職してから2ヵ月後のことであった。彼女は前の会社では，上司とうまくいっていなかったとのことである。サラによれば，その上司は権威的な人物で，サラの仕事ぶりに満足することは一度もなかった。またその上司はサラに対し，非常に親しげに振る舞うときもあれば，オフィスに閉じこもってしまうときもあり，さらに閉じこもっていたオフィスから突然姿を現

し、延々とまくしたてるようなこともあったという。サラの話をよくよく聞いてみると、前の会社のその上司は、自分自身がリストラで失職することを非常に恐れていたようである。サラが結局その会社を辞めたのは、職場での自分のポジションに不満を抱いていたためであった。そして現在の会社に転職したのである。

新たな職場でのサラのポジションは、以前からそこに勤務しているふたりの女性よりも、役職、給与、責任といったすべての面においてやや高いものであった。また、新たな上司は、実はサラとは以前から友人関係にあり、親しい間柄であった。

セッションでサラが訴えたのは、新たな職場の同僚が自分のことをよく思っていないようで、そのせいで自分がちゃんと仕事ができていないと感じてしまうということであった。つまり彼女は同僚に承認されていないと思っており、そのせいで仕事に支障を来し結果的に解雇されてしまうことを心配していたのであった。サラは同時に、4年前の離婚のことを思い出すことも多くなった。この離婚は、そもそも夫側に責任のあるものであった。彼はインターネットのポルノサイトに夢中になり、就職活動もろくにしなくなってしまったばかりか、サラの体重が増えたことに文句ばかり言うようになってしまったのである。離婚後サラは3人の男性とつきあったが、どれも長続きはしなかった。（以下の対話例において使われた技法については括弧内に提示した）

■ 初回セッション（インテーク面接後の最初のセッション）

セラピスト：サラ、あなたは職場でどのようなときに、このようなひどい気分になってしまうのですか？
サラ：朝、私が出勤すると、リサの態度が冷たいんです。彼女は「おはよう」と言ってくれるのですが、それがとてもそっけないんです。
セラピスト：そのようなそっけない挨拶を受けたとき、どんな考えが浮か

びますか？

サラ：…別に。ただ嫌な感じがするだけなんですけど。

セラピスト："嫌な感じ"というのは，あなたの"考え"によって生じる気分や感情のことではないでしょうか。次の文を完成させてみてください。「私は嫌な気分である。なぜなら…だからである」

サラ：「リサが私のことを好きでないから」

セラピスト：もしその考えが本当だとしたら，どうなのでしょう？　その考えが意味するのはどんなことですか？【下向き矢印法】

サラ：自分が仕事で何かミスをしたのだ，ということでしょう。

セラピスト：ということは，誰かがあなたを好きでないというのは，あなたが仕事で何かミスをしたからだ，とあなたは考えるのですね。そしてそう考えることによって，嫌な気分に陥ってしまうのですね？【思考が気分を生み出していることを指摘する】

サラ：ええ，そうなんです。

セラピスト：他はどうでしょう？　職場で落ち込んでいるとき，どのような考えが浮かんでいるでしょうか？

サラ：リサやキャロルがデイブに…デイブとは私の上司なんですけど，私のことを告げ口するだろうと思います。私の仕事ぶりがひどいって。

セラピスト：ということは，あなたは「彼女たちは私のことを好きでないし，上司に私の悪口を言うだろう」と考えているのですね？

サラ：その通りです。そうなるとデイブは私を雇ったことを後悔するでしょうね。断言はできませんが，私はその結果，首にされてしまうかもしれません。

セラピスト：あなたのそのような考えは，嫌な気分や他のネガティブな考えと，ずいぶん強く結びついているようですね。「リサやキャロルは私のことを好きでない」という考えは，あなたに何をもたらすのでしょう？　そう考えることは，職場でのあなたの行動にどのような影響を与えますか？【多様な状況における行動のバリエーションを検

討する】

サラ：「他人のことは気にするな」と自分に言い聞かせます。そして自分のオフィスに行き，ドアを閉めて，そのまま閉じこもってしまいます。そういうときはデイブ以外には話しかけません。

セラピスト：ということは，あなたは自ら，リサやキャロルから距離をおいてしまうのですね。あなたの行動に対し，彼女たちはどう思うのでしょう？

サラ：そんなふうに考えたことはありませんでした。どっちみち，あの人たちは私のことをよく思っていないんだし。

セラピスト：あなたは，リサやキャロルがあなたの仕事ぶりをひどいと思っているだろう，と考えているのでしたよね。しかし，あなたが彼女たちに対して親しみがないと，彼女たちが考えている可能性はありませんか？　彼女たちは，あなたが彼女たちよりデイブのほうを好きなのだ，と思っているかもしれませんよ。そしてあなたに拒絶されていると感じているかもしれません。【根拠を検討する】

サラ：そういう可能性があるなんて，これまで考えたこともありませんでした。彼女たちが私を嫌っているとばかり思っていたんです。

セラピスト：ということは，現在のあなたの悩みについて，あなた自身がその原因の一部を作ってしまっているとも言えそうですね。認知療法では，物事に対するあなたの考えを見ていきます。そしてその考えに何か偏りがないかどうかを検討するのです。このような偏りは"認知的歪曲"と呼ばれています。このリストは，典型的な認知的歪曲を挙げたものです（ツール1.6　認知的歪曲のチェックリストを見せる）。このリストに当てはまるあなたの思考が何かありますか？【思考の歪曲を分類する】

サラ：えーと…"読心術"が当てはまるかもしれません。「あの人たちは私のことを好きじゃない」って考えているのですから。でもそれは本当のことかもしれないでしょう？

セラピスト：そこが重要なポイントです。あなたの考えが結局その通りだったということもありえますよね。でも今はそれが本当かどうかわからないんです。なぜならあなたの考えの根拠を検討していないからです。だから今は"そうかもしれないし，そうでないかもしれない"としか言いようがないのです。他にも認知的歪曲のリストに当てはまるものがありますか？【思考と事実を区別する】

サラ：ええ。"自己関連づけ"や"レッテル貼り"が当てはまると思います。私は他人の行動を自分に関連づけて考えてしまいがちなんです。その行動が私自身について何か示唆しているように感じてしまうんです。それに自分自身にレッテルを貼ることもよくします。「私は失敗者だ」とか「私はへまばかりしている」とか。

セラピスト：確かにあなたの考えにはそのような傾向がみられますね。今私たちは，あなたの思考を分類することを始めました。では次は，あなたの思考の利益と不利益について検討してみましょう。「あの人たちは私のことを好きじゃない」と考えることには，どのような利益がありますか？【損益分析】

サラ：そうですね，自分のどこが間違っているのか，そして彼女たちに嫌われないようにするにはどうしたらいいかといったことについて考えることができるということでしょうか。あるいは彼女たちと関わらずにすむといったことかもしれません。

セラピスト：なるほど。では不利益についてはいかがですか？「あの人たちは私のことを好きじゃない」という信念に注目し続けることで，何かあなたにとって不利益になることはありますか？

サラ：そのことを考えてばかりいることで，神経がピリピリするし，自分に対して批判的になってしまいます。あの人たちに話しかけるとき，とてもぎこちなくなってしまうんです。全く自分らしくない感じになってしまうんですよね。

セラピスト：では他人から好かれていないと思い込んでしまうことについ

て，その利益と不利益の割合を考えてみてください。その割合は50％対50％ですか？　それとも利益が60％で不利益が40％ですか？　あるいはその逆でしょうか？

サラ：不利益ばっかりです。そのような思い込みのせいで，気が変になってしまうぐらいです。人から好かれているか好かれていないかについて，私は心配ばかりしているのです。

セラピスト：ということは，そのような心配による不利益はどれぐらいですか？

サラ：90％です。

セラピスト：では，もしあなたが人から好かれているかどうかをあまり心配しないようになったら，あなたの行動や思考，そして気分はどのように変化すると思いますか？

サラ：もっとリラックスできると思います。矛盾するようですけれども，むしろ親しみやすくなるような気がします。

セラピスト：それは興味深いですね。今あなたは，彼女たちがあなたを好きでないと思っているのでしたね。しかし実際には，あなたのほうが彼女たちに距離をおいているようです。それはどうしてでしょうか？　なぜあなたは自ら孤立しようとするのでしょう？

サラ：さっきも言った通り，そうすればあの人たちと対立しないですむような気がするんです。関わらなければ嫌な思いを与えることもありませんし。

セラピスト：なるほど。あなたは自分を安全な立場に置くため，あえてそのように孤立してしまっているのですね。これは"安全行動"と呼ばれているものです。でも，その安全行動がかえって逆効果になっているのかもしれませんよ。彼女たちはあなたのことを，たとえば「お高くとまっていてよそよそしい」などと受け止めているのかもしれないのですから。【安全行動を同定する】

サラ：お高くとまっている？　よそよそしい？

セラピスト：そうです。あなたは自分にしか興味がなく他人と親しくなろうとしない人だと，彼女たちに思われてしまっている可能性もあるのではないでしょうか？

サラ：そんなふうに考えたこともありませんでした。…思い出しました。高校生のときの私は，どちらかというと内気な子でした。でも結構可愛かったし，頭もよかったんです。そして当時の友だちからこんなふうに言われたことがありました。「他の女の子たちは，あなたのことを"お高くとまっている"と思っているのよ」って。それを聞いて，すごくショックでした。

セラピスト：それは興味深いお話ですね。あなた自身は自分のことを「パッとしない」と思っていたのかもしれませんが，他の子たちは，あなたが自分のことを「他の子たちとは違うのよ」と思っていると，受け止めていたのかもしれません。

サラ：信じられないわ！　でも，言われてみればそうかもしれません。ただ私は，職場の同僚たちを見下すつもりなんかなかったんです。リサもキャロルもちゃんと立派に仕事をしているんですから。

セラピスト：それはわかります。でも，あなたが読心術を用いているように，彼女たちもそう思い込んでいるかもしれません。ところで，あなた自身の"安全行動"について検討してみませんか？　あなたは自分のオフィスのドアを閉めてしまうのでしたね。他にあなたがとっている安全行動には，何がありますか？

サラ：直接視線を向けないようにしたり，無難な話しかしないようにしたりしています。うつむいたまま「おはよう」って挨拶して，そのままオフィスに閉じこもってしまうんです。

セラピスト：そうですか。そのようなあなたの振る舞いを，彼女たちはどのように思うのでしょうね？

サラ：親しみにくい人だと思うでしょうね。

セラピスト：では，来週のセッションまでに次のようなことを試してみま

せんか？ 職場に着いたら，まず入り口で立ち止まり，リサとキャロルに「おはよう」と声をかけます。そして彼女たちにいくつか質問をしてみたらどうでしょう。「昨夜はどう過ごしたの？」とか，「今何をしているの？」とか。そしてこんなふうに言ってみるのです。「ここのところ，私は新しい仕事のことで圧倒された気分だったの。それで自分のオフィスに閉じこもってしまっていたのよ」って。その後あなたは自分のオフィスに行きますが，ドアは開けたままにしておくのです。【行動を変えることで，思考に挑戦する】

サラ：そんな！ 気が狂ったと思われてしまうわ！

セラピスト：あるいは「親しみやすい」と思われるかもしれませんよ。

サラ：確かに。やってみる価値はありそうですね。

セラピスト：要するに自分の考えと逆の行動，すなわち彼女たちに対して親しげに振る舞うということを，あえてやってみていただきたいのです。そうしたら，どんなことが起きるか，予測できますか？【気分に反する行動をとる】

サラ：ちょっと心配になるでしょうね。そんなことをして，彼女たちの反応が冷たかったらどうしようって。

セラピスト：わかりました。では，あなたのその思考も検討することにしましょう。次のことをやってきてください。ネガティブな考えが生じたらそれを書き留め，さらにその思考が認知的歪曲のリストのどれに当てはまるかを検討し，それも書き出してきてほしいのです。たとえば，「彼女は私のことを負け犬だと思っている」という考えが生じたら，それを表の左側に書き出します。そして右側に「読心術」と書くのです。あなたがそのようなネガティブな思考をキャッチして，表に記入することができるかどうか，確かめてみましょう。【予測を設定する】

次のセッション（第2セッション）

セラピスト：前回のセッションは，いかがでしたか？

サラ：助けになりました。私，今まで自分が「お高くとまっている」と思われているかもしれないなんて，考えたこともなかったんです。

セラピスト：そうでしたね。では，ホームワークについてはいかがしたか？職場に着いたとき，安全行動をとるのをやめてみることにしたのでしたよね。

サラ：面白かったですよ。リサとキャロルがふたりともすでに出社していて，私はふたりの席のところで立ち止まって話したんです。前回，ここで先生と話し合って決めたことをすべてです。私が新しい仕事に圧倒されていること，だから自分のオフィスに閉じこもってしまっていること，などをです。それから彼女たちにも「今，何をしているの？」と尋ねてみました。リサの反応は優しい感じでした。彼女は，「そうだったの。私はあなたがどうしてそんなによそよそしいんだろうって不思議に思っていたのよ」と言ってくれました。私たちはリサの新しいアパートについておしゃべりをしました。でもキャロルのほうは，ちょっと冷たい感じがしました。口数も少なかったですし。【根拠を検討する】

セラピスト：他の日はどうでしたか？

サラ：全く同じです。いくらかは親しげになった感じはしましたけど，でもまだキャロルは少し冷たい感じでした。私は自分のオフィスのドアを開けっ放しにしておきました。そしたらリサが立ち寄ってくれたんですよ。私もリサのオフィスに立ち寄ってみました。

セラピスト：あなたのネガティブな思考を書き出し，どのような歪曲があるか分類してみましたか？【思考の歪曲を分類する】

サラ：ええ。「キャロルは私のことを好きじゃない」「キャロルは私がお高

くとまっていると思っている」といった思考です。

セラピスト：そしてあなたはこれらの思考を"読心術"として分類したのですね。その通りだと思います。そしてこれらの思考は，"自己関連づけ"にも分類されるでしょう。なぜならキャロルの冷たい態度は，あなたではなく，何か別の理由によるものかもしれないからです。

【思考の歪曲を分類する】

サラ：そうかもしれません。でもキャロルについては，この1週間ずっと悩んでいました。リサとのことはよくなりましたが，今でもキャロルのことについては心配になってしまうんです。

セラピスト：わかりました。では今日はこの話題から始めていきましょうか。そうですね，「キャロルが私を好きじゃないと，私は悩んでしまう。なぜなら…と考えるからだ」という文章を完成させてみてください。いかがでしょうか？【下向き矢印法】

サラ：「自分がへまをした」と考えるからです。何だか前と同じですね。

セラピスト：いいんですよ。では，仮にあなたがへまをしたとしたら，それがどうだというのでしょう？　あなたのへまは，どんなことを意味するのですか？

サラ：「私は失敗者に違いない」ということです。そして皆から嫌われてしまうんです。

セラピスト：そして，どんなことになるのですか？

サラ：ひとりぼっちになってしまいます。

セラピスト：なるほど。ひとりぼっちになってしまうことは，あなたにとって何を意味するのですか？

サラ：とてもみじめな気がします。生きる価値がなくなってしまいます。

【背景にある思い込みを同定する】

セラピスト：キャロルがあなたを好きじゃない，という考えに，あなたはずいぶん影響されてしまっているようですね。もちろん私たちは，彼女が本当はどう思っているのかについてはわかりません。しかし

あなたの思考を検討することならできます。まずあなたの最初の思考、「もしキャロルが私を好きじゃないとしたら、それは自分がへまをしたからだ」という考えを検討してみましょう。あなたがへまをしたこと以外に、キャロルがあなたを好きじゃない理由には、どんなことがあるでしょうか？【根拠を検討する；代わりとなる解釈を考え出す】

サラ：そうですね、私が入社して2ヵ月間、お高くとまったような行動をとっていたということも理由になるかもしれません。要するに、私がへまをしたということになるんですけど。

セラピスト：他の理由は？

サラ：キャロルは私が彼女より高いポジションで入社したことや、デイブと私が親しいことに腹を立てているのかもしれません。ひょっとしたら嫉妬しているのかも。

セラピスト：今挙げたことのうち、どの理由がもっともらしいですか？

サラ：全部です。でも誰かが私に嫉妬するなんて、私には考えにくいことですけど。

セラピスト：あなたにとってはそうかもしれませんが、それが事実である可能性もあるのです。あなたの言ったことをまとめると、キャロルはあなたに嫉妬しているのかもしれないということになりますね。実際、デイブもあなたに好意的なのでしょうし。

サラ：彼が私に好意的であることは確かです。

セラピスト：わかりました。では、さきほど出てきた別のあなたの思考を検討しましょう。「へまをしたら、自分は失敗者だということだ」という考えです。これは"全か無か思考"で、かつ"レッテル貼り"ということになりますね。ところであなたはどんなへまをしたというのですか？【思考の歪曲を分類する；根拠を検討する】

サラ：キャロルに好きになってもらえなかったことでしょうか。

セラピスト：もちろん私たちにはキャロルの本心はわかりません。でも、

たとえ彼女があなたを好いていないからといって，彼女に好きになってもらうことが，あなたが職務上するべきことなんですか？

サラ：いいえ，私は渉外担当として雇われているのですから。でも，私はできれば皆と仲よくやりたいんです。

セラピスト：それはわかります。そのために私たちは話し合っているんですから。でもあなたは，何かひとつのことがうまくいかなければ，自分を失敗者だとみなしてしまうようです。うまくいかないなどということは，誰にでもあるのではないですか？

サラ：それはそうですね。【"全か無か思考"を検討する；二重の基準法】

セラピスト：だからといって，誰もが失敗者だということになりますか？【論理的なエラーを検討する】

サラ：そんなことはありません。でも，どうしても私はそういうふうに思ってしまうんです。

セラピスト：自分の行動と自分自身を切り離して考えてみたらどうでしょうか？ 確かにあなたは自分のオフィスのドアを閉めるという行動をとり，それはあまり有益な行動とは言えませんでした。その行動については，それを"へまだった"とみなしてもいいのかもしれません。でもあなたには，職場でうまくやっていることもいろいろとあるのではないですか？【行動をその人自身から切り離す】

サラ：確かにそうですね。デイブは私がよくやっていると思ってくれているでしょう。私を指名してくれる得意先もありますし。

セラピスト：あなただってたまには間違いをすることがあるでしょう。しかしあなたはちょっとしたことで自分に"失敗者"というレッテルを貼りつけてしまうようですね。【"レッテル貼り"と"全か無か思考"という認知的歪曲に挑戦する】

サラ：でも実際，前の上司は私のことを，「あなたはへまばかりしている」といつも言っていたんです。

セラピスト：どんな上司だったんでしょうか？

サラ：ひどい上司でした。2年の間に，彼女の下にいたスタッフは全員辞めたんです。フィリスという友だちに聞いたのですが，最近彼女は首になったみたいです。

セラピスト：確かにひどい上司だったようですね。スタッフが皆辞めてしまったのには，どんな理由があったのでしょうか？

サラ：皆，彼女に耐えられなかったんです。

セラピスト：彼女は，皆の上司としてうまくやっていたのですか？

サラ：いいえ。ひどい仕事ぶりでした。

セラピスト：そうですか。それであなたは，他の人たちにどう思われているかということを，すごく気にしてしまうようですね。あなたの思考にはどんなルールがあるのか，ここで検討してみましょう。次の文を完成させてください。「もし同僚たちが私を好きでなければ，それは…ということだ」【背景にある思い込みを同定する】

サラ：「私がへまをした」ということです。

セラピスト：では，次の文はどうですか？ 「もし上司が私に批判的なら，それは…ということだ」【下向き矢印法】

サラ：「私が無能だ」ということです。

セラピスト：ということは，あなたの思考におけるルールとは，「私の価値は，他人からどう思われるかによって左右される」ということになりそうですね。【背景にある思い込みを同定する】

サラ：そうだと思います。短期間であれば，結構大丈夫なんです。でも誰かが私を好きじゃないと思った途端，急にダメになってしまうんです。

セラピスト：そうですか。とするとあなたの根本的な思い込みとは，「自分は皆から好かれなくてはならない」ということになるでしょうか？【根本的な思い込みを同定する】

サラ：そうです。

セラピスト：「自分に価値があると感じるためには，他の人たちから承認されなければならない」と，あなたは思い込んでいるのでしょうか？

とすると，あなたは他人から拒絶されたり批判されたりしないように，何らかの戦略をもつようになっているのかもしれません。たとえばあなたがオフィスで控えめに振る舞うというのも，そのような戦略のひとつと考えることができます。あなたはひっそりと出勤し，あまり同僚と話をせず，無難に過ごそうとしているのでしたね。うつむいて，相手を直視せず，当たり障りのない話を最低限しかしないというのも，そのような戦略の一部かもしれません。どう思いますか？【条件つきルールを同定する】

サラ：その通りだと思います。でも，実際には逆効果だったのでしょう。彼女たちは私のことを「お高くとまっている」と受け止めたのかもしれないのですから。

セラピスト：その可能性はありますね。他にも，他人から批判されないためにあなたが用いている戦略がありそうに思えますが，いかがでしょうか？

サラ：完璧な仕事をしようとしていることも，そうだと思います。上司が私にしてほしいと思っていそうなことを常にする，ということも，戦略ということになるのかもしれません。

セラピスト：あなたのルールが新たに明らかになりました。それらをまとめると，「控えめに振る舞うこと，当たり障りのない話しかしないこと，完璧な仕事をしようとすること，常に上司の期待に応えようとすること」ということになりそうですね？【条件つきルールを同定する】

サラ：その通りです。そのせいですごいプレッシャーを感じるんです。

セラピスト：そうでしょうね。これがあなたの中にある"条件つきルール"なのです。あなたは常に自分自身に向けて，「完璧に仕事をすれば，上司に批判されずにすむだろう。上司に批判されずにすめば，自分が無能だということにはならないだろう」と言っているようなものなのです。【条件つきルールを同定する】

サラ：確かにそうです。私はそういうふうに思ったり感じたりしています。

セラピスト：ということは，あなたには3つのレベルの思考があるということになります。ひとつめは，「他人にどう思われるかによって，自分の価値が決まる」というものです。ふたつめは，「他人から批判されないために，完璧に仕事をしなければならない」というものです。そして3つめは，これが一番深いレベルの思考だと思われますが，「自分は本当は無能な人間かもしれない」というものです。【背景にあるスキーマを同定する；事例を概念化する】
サラ：そうですね，いつも自分を無能だとは思っていませんけど…。でも，確かにそう考えてしまうときがあります。
セラピスト：それはどんなときですか？
サラ：誰かに批判されたときです。
セラピスト：ということは，仕事を完璧にしているかぎりは，あなたは安心していられるし，自分を有能だと思っていられるのですね。しかし一度でも誰かに批判されてしまうと，自分を無能であると感じてしまうのですね。
サラ：そうなんです。人に好かれていれば，そして批判されずにいる間はいい気分でいられるんです。ところが，何かへまをしたり，誰かに好かれないなどということがあると…もうダメなんです。ひどい気分に襲われてしまうんです。そして自分を負け犬のように思ってしまうんです。
セラピスト：なるほど。では，これまでの話を"事例概念化"としてまとめてみましょう。あなたの思考の最も深いレベルには，「自分は本当は無能な人間かもしれない」という考えがあります。そのためにあなたは，「控えめに振る舞い，当たり障りのない話しかせず，完璧な仕事をしようとする」といった戦略を作り上げました。そして背景にある思い込みとしては，「もし他人に好かれなければ，それは自分がへまをしたということだ」というのがあるのでしたね。【事例を概念化する】

サラ：それで意味が通じますね．その通りだと思います．私は自分の無能さがばれることが怖いんです．

セラピスト：では「自分は無能である」という考えについて検討してみましょうか．あなたは「有能な人」を，どのように定義しますか？【スキーマを同定する；意味論技法】

サラ：「何らかの目標を達成した人」ということになるでしょうか．

セラピスト：そうですか．では，ちょっとイメージしてみてください．あなたはサラという人の弁護士で，彼女の経歴を私に紹介している最中です．あなたは弁護士として，サラのために最善の弁護をしなければなりません．つまりサラが有能であるということを実証していただきたいのです．さて弁護士さん，あなたの依頼人であるサラが有能であるという証拠を挙げてください．【自分自身の弁護人になってみる；根拠を検討する】

サラ：「サラはよい成績で大学を卒業しました．前の夫を経済的に支えていた時期もありました．そういうことができたのです．それに仕事では得意先のために，かなりよい仕事をしてきています．そしてそれに見合った収入も得ています」

セラピスト：5年前と比べて，サラの仕事ぶりはいかがですか？

サラ：「さらによくなっています」

セラピスト：つまりサラは有能な人物で，しかも仕事ぶりはさらによくなっているというのですね？

サラ：「その通りです」

セラピスト：弁護士役はこれで終わりです．では，あなたの条件つきルールについて考えてみましょう．「完璧に仕事をすれば，上司に批判されずにすむだろう．上司に批判されずにすめば，自分は無能だということにはならないだろう」というのが，あなたの条件つきルールでした．さて，「完璧に仕事をしなければならない」という思考には，どのような不利益があると思いますか？【思い込みとルールについ

て損益を分析する】

サラ：プレッシャーが強くなってしまうことです。それは避けられません。

セラピスト：では，あなたの仕事が完璧であるかどうかを，私たちはどのように判断できるのでしょうか？【意味論技法；反証不可能な思考を同定する】

サラ：判断することはできません。そこがポイントなんですね！ 完璧かどうかなんて知りようがないんです。だってこれは判断の問題なのですから。そして判断なんて，見方によってはいくらでも変わってしまいますものね。だから仕事が完璧であるかどうかなんて，わかりっこないんです。

セラピスト：ということは，「完璧に仕事をしなければ」という考えは，あまり意味がないということになりますか？

サラ：そう思います。

セラピスト：あなたの自尊心が完璧であるかどうかに左右されているとしたら，そして「完璧でなければならない」という基準に意味がないのだとしたら，どういうことになるのでしょうか？【論理的なエラーを同定する】

サラ：どうにもならないでしょうね。

セラピスト：それによってあなたはよい状態にはならない，ということですか？

サラ：そうです。よい状態にはなれません。

セラピスト：とすると，あなたの自尊心には何か別の基準が必要だということになりますね。それは，完璧であるかどうかとか，批判的な上司や嫉妬深い同僚があなたのことをどう考えるかとは別の基準である必要があるでしょう。

サラ：だったらどういう基準がよいのでしょう？

セラピスト："事実"を基準にする，というのはどうでしょうか？

サラ：どういうことですか？

セラピスト：他の人たちがあなたをどう評価するかということを基準にするのではなく，あなたが何をしたか，そしてその内容は実際にどうだったか，という事実に基づいて判断するのです。たとえば，あなたの受けた教育の水準や，あなたの知的レベルは，普通の人と比べるとどうでしょうか？【普通の比較を使う】

サラ：普通の人よりは高いと思います。

セラピスト：どれぐらい高いのでしょうか？

サラ：そうですね…平均よりはかなり上かもしれません。

セラピスト：その割には，あなたは自分自身をあまり評価していないように思われますが。

サラ：うぬぼれているように思われたくないんです。

セラピスト：「自分をポジティブに評価すると，うぬぼれていると思われてしまうのではないか」と心配しているのですか？【思考の損益分析】

サラ：ええ，そんな気がします。私は誰かから，うぬぼれているとか，お高くとまっているとか，そんなふうに思われたくないんです。

セラピスト：このことについて，もう少し詳しく考えてみましょう。あなたは，「自分をポジティブに評価すると，他人から嫌われてしまうのではないか」と思っているようですが，そういうふうに思うことは，どのような影響をもたらすでしょうか？

サラ：自分をポジティブに評価すること自体をしなくなってしまいます。そして極力目立たないようにします。現に私はそうしています。

セラピスト：あなたは何のために，目立たないようにしているのですか？

サラ：合理的じゃないことは自分でもわかっているのですが，「目立たないようにしているほうが人から好かれるのではないか」と，思ってしまうのです。【条件つきルールを同定する】

セラピスト：それは興味深いですね。あなたは，「目立たないようにしていれば，他人から承認してもらえるだろう」と考えるときがあるというのですね。このような考えは，あなたの自尊心にどのような影響

を与えるでしょうか？

サラ：自分が嫌いになります。だって目立たないようにしていたら，結局は皆に私のことをわかってもらえないのですから。

セラピスト：そうですか。ところであなたはこれまでに自分自身について，たとえば「このプロジェクトでは本当によくやった。自分を褒めたいぐらいだ」などというように，自分のことを考えたことがありますか？

サラ：ありません。怖いんです。「自分はよくやった」などと考えて自分を褒めたりしたら，人から嫌われてしまうんじゃないかって。

セラピスト：なるほど。これで辻褄が合いました。あなたは自尊心をもつことと，他人から距離をおくことを同等にみなしているのですね。あなたにとって自尊心をもつことは，至難の業となってしまっているのではないでしょうか？【条件つきルールを同定する】

サラ：言われてみるとそうですね。確かに小さい頃から，私はそんなふうに感じていたように思います。母は私によくこう言っていました。「おまえは自分のことだけで頭がいっぱいなんだね。自分は皆より出来がよいと思って，うぬぼれているんだろう？」って。【スキーマとルールの源を同定する】

セラピスト：お母さんはどんなときに，そのように言ったのですか？

サラ：私は結構学校での成績がよくて，それでいい気分になることがあったんです。それで母にこう言ったことがありました。「私の作文はクラスで一番出来がよかったって，先生が言ってくれたわ」って。そうしたら母は「お前はずいぶんうぬぼれているんだね」と私に言ったんです。

セラピスト：お母さんはあなたに何を言いたかったのでしょうか？

サラ：成果を自慢するな，ということでしょう。

セラピスト：そして，自慢すれば，人はあなたをうぬぼれていると思うだろう，ということですね。

サラ：そうです。

セラピスト：あなたのお母さんのことをもっと教えてください。お母さんはどんなふうに育ったのですか？

サラ：母はとても厳格で貧しい家に育ちました。母には男のきょうだいがふたりいましたが，母の父，つまり私の祖父は，このふたりの息子たちは何としても大学に進学させようと考えていたそうです。そして実際にふたりは大学に行きました。それに対し，私の母は働かなければならず，大学には行かないで会社勤めをしました。母はとても仕事ができたそうですよ。でも私が思うに，母は大学に進学できたきょうだいふたりのことをねたんでいたのではないでしょうか。そして自分が大学に行けなかったことを，苦々しく感じていたのではないでしょうか。あの頃は今とは時代が違ったのですね。【別の解釈を適用してみる】

セラピスト：「自分の実績を誇ってはならない」とか，「自分がうまくできたことを他人に言うべきではない」というあなたの考えの源は，そこにあるのかもしれませんね。そして，「もしそのようなことをしたら他人から嫌われてしまうだろう」という考えもです。

サラ：そういえば，母が私に満足してくれていると思ったことは，これまで一度もありませんでした。

セラピスト：お母さんがあなたに一種の嫉妬を感じているということはありえますか？ だってあなたは頭がよくて，何でもできたのですよね。お母さんも子どもの頃，きっとそうだったのでしょう。でもあなたは大学に行くことができました。それはお母さんにとって，自分が果たせなかったことに直面させられるような感じだったのかもしれません。

サラ：そうだと思います。そういえばおかしな話がありました。私の大学での出来がよいことを，母は私に対しては一度も口にしたことがありませんでした。でも母は，他の人にはこのことをよく話していたようなのです。しかも，私の出来がよいのをまるで自分の手柄のよ

うに，自慢げに話していたそうです。母は私に対しては，一度も褒めてくれたことなどなかったのに。

セラピスト：それに対して，あなたはどんなふうに感じていたのですか？

サラ：嫌な気分でした。でもどうにもならないことですし，とにかく私はひたすら努力し続けました。

セラピスト：批判的なお母さんに褒められようとあなたは努力し続けたのですね。そのことと，今あなたが上司のために頑張ることとの間には，何か共通点がありませんか？【スキーマの一般性を同定する】

サラ：そうですね。どんなに頑張っても十分ではないということでしょうか。そして最終的には，自分を責めることになってしまうのです。

セラピスト：そうみたいですね。でもこのことは，あなたの出来のよさに対するお母さんの対処の仕方に問題があったように思われます。つまりあなたがお母さんから非難されたのは，あなたが劣っていたからではなく，むしろあなたの出来がよかったからではないでしょうか？

サラ：出来がよかったからですって!?　そんなふうに考えてみたことはありませんでした。でも言われてみれば，確かにそのような気がします。

セラピスト：誰かがあなたに嫉妬しているときも，やはり同じことなのではないでしょうか？　そしてこのことは，あなた自身がこれまで気づけなかった盲点だったのかもしれません。だから同僚があなたに嫉妬していても，上司が上司自身の問題や仕事のことで悩んでいるときも，あなたは控えめに振る舞うようにしてしまうのでしょう。そしてその結果，「自分は無能だ」と決めつけてしまうのです。でもこのようなゲームを続けていたら，あなたは永遠に勝てないままですよね？

サラ：いつもそんな感じです。たとえ自分がうまくやっていても，誰かがそれを承認してくれなかったり，興味がなさそうだったりすると，「ああ，やっぱり私は負け犬なんだ」と思ってしまうのです。

セラピスト：どうやらそれがあなたのパターンの源のようですね。それで

はこれから，お母さんに面と向かって，あなたが本当に思っていることを伝える場面を想像することにしましょう。私たちがこれまでに話し合ってきたことに基づいて，本当に言いたいことを伝えてみるのです。…このエンプティ・チェア（誰も座っていない椅子）にお母さんが座っているとします。私はあなたに自白剤を投与しましたので，あなたは心の中で思っていることをすべて話すことになります。あなたの思いをお母さんに伝えてください。お母さんがあなたの言い分に同意するかどうかについては，気にする必要はありません。では始めてください。【思考に対するロールプレイ；スキーマに対するロールプレイ】

サラ：わかりました。（ためらいながら，母親に話しかける）。「私はこれまで一度もあなたに満足してもらったことはなかった。でもあなたの親が男女差別をしたのは私のせいじゃないわ。それがお母さんにとってひどいことだったのはわかっている。あなたは自分の能力を十分に活かせなかったんだもの。お母さんは頭のいい人だと思うわ。でも私だって結構頭がいいと思う。なのにお母さんは一度も私のことを認めてはくれなかった。あなたに褒めてもらったことなんて一度もなかったわ。私にはそれが必要だったのに」

セラピスト：あなたがどんなにつらかったか，お母さんに伝えてください。

サラ：「私は子どもの頃からとってもつらかった。だって小さい頃，お母さんが自分の味方だって感じられなかったんですもの。私はとっても傷ついた。そして今でも傷ついたままなのよ」

セラピスト：いいですね。次は，あなたがお母さんにどんなことを言ってもらいたいか，それを伝えてみてください。

サラ：「私，お母さんに私のことを大切に思っていると言ってもらいたいの。私がすることをすべて褒めてほしいし，私がよくやっていると認めてもらいたい」

セラピスト：すばらしい。では次に，あなたがどうして「よくやっている」

と言えるのか，それをお母さんに伝えてください。

サラ：「聞いて！　私はSAT（大学進学適性試験）ではすごくいい成績を取ったのよ。大学でも優秀だった。アルバイトしながら書き上げた論文だって，とてもいい出来だって教授に褒められたわ。今だって，一生懸命仕事をして，ちゃんと成果を上げているのよ。私はよくやっているの。あなたがそれを認めてくれてもくれなくても，私は頑張っているんだから！」

セラピスト：お母さんにすべてを伝えてみて，今，どんなふうに感じていますか？

サラ：すごくいい気分。

セラピスト：今日ここで行なったことを，今後どのように活かすことができるでしょうか？　次のようなホームワークはいかがでしょうか？　以前の上司や今の上司に対して言いたいことを紙に書き出してくるのです。どうしてあなたが有能であると言えるのか，どうしてあなたが尊重される必要があるのか，といったことについて記入してみてください。今日お母さんに対してやってみたのと同じように，前の上司や今の上司にあなたが本当に言いたいことを伝えるのです。といっても，書いたものをその人たちに見せる必要はありませんよ。これはあなた自身のために行なう課題なのですから。【ネガティブな批判に対する反論】

サラ：わかりました。やってみます。もうそろそろ私も自分自身のために立ち上がるべきときなんですね。

■ 次のセッション（第3セッション）

セラピスト：前回は，あなたがお母さんや上司に対してどんなことを感じているかということについて，話し合ったのでしたね。

サラ：ええ。上司たちに言いたいことをいくつか記入してきました。これ

をやっているうちに気分がよくなったんです。とうとう私は自分自身のために立ち上がろうとしているんだな、と思いました。

セラピスト：過去や現在の上司に対して、どんなことを言ってみたのですか？　教えてください。

サラ：(以前の上司に対する言明を読み上げる)「あなたはいつも私のことを不当に批判していました。でも私はできるかぎりのよい仕事をしていたのです。確かにそれは完璧ではなかったかもしれないけれど、あなたは自分の気に入らないことばかりに目を向けていたのではないですか？　完璧という点では、あなただって完璧な上司ではなかったと思います。本当によい上司なら、褒めたり教えてくれたりして、部下のやる気を引き出してくれるのではないでしょうか。あなたはそんなことは一切してくれませんでした。そればかりか部下の批判ばかりしていたのです。私たちはそんなあなたに対して、どうすることもできなかったのです。だからみんな辞めていったのではないでしょうか。でも私自身は、自分がちゃんと仕事をしていたことを知っています。なぜなら得意先の人たちがそのように言ってくれていたからです」【ネガティブな批判に対する反論】

セラピスト：このように言ってみて、どんなふうに感じましたか？

サラ：いい気分でした。やはり私は自分自身のために立ち上がらなければならないと思いました。

セラピスト：それではそろそろ、背景にあるあなたの信念について検討することにしましょう。あなたには、「自分はちゃんとしていない」という信念があるのでしたね。このようなことを、あなたは子どもの頃から信じていたのですか？

サラ：ええ。私がどんなに頑張っても、母はそれに決して満足してくれなかったんです。母は、私が何かをうまくできなかったときに叱るばかりだったんです。それで私自身も、自分の失敗だけに注目するようになってしまったんだと思います。

セラピスト：小さい頃から自分がちゃんとしていないと思っていたのですね。どんなことに関して，あなたはちゃんとしていなかったのですか？【スキーマの源を同定する】

サラ：私はあまり可愛くなかったんです。母はいつも，いとこと私とを比べていました。その子は本当に可愛らしい子でした。私だってさほどひどくはなかったんですけど，いとこは飛びぬけて可愛らしかったんです。私にとっては，彼女と比べられることはきつい体験でした。

セラピスト：他にも何か，あなたがちゃんとしていなかったということはありましたか？

サラ：自分がすごく頭がいいわけではないと思っていました。…自分のことを馬鹿だとは思っていませんでしたが，飛び抜けて頭がいいわけではないと思っていたということです。自分の成績は大したことはないと考えていたのです。

セラピスト：それは，周りからも大したことはないと思われていたということですか？

サラ：そうです。

セラピスト：つまりお母さんはあなたにこんなふうに言っていたようなものなのでしょうか？「お前はいとこほど可愛くないし，飛び抜けて頭がいいわけでもない」と。ではその「可愛くない」ということについて検討してみましょう。「自分は十分に可愛いわけではない」という信念は，あなたの行動にどんな影響を与えたでしょうか？　そしてそのような信念のせいで，避けてしまったことがあるでしょうか？【スキーマの影響を検討する；スキーマの維持；スキーマによる回避】

サラ：とにかくいろんなことを避けてばかりいました。男性に対してはいつも消極的でした。だからロジャー（前夫）が私に言い寄ってきたときに，飛びついちゃったんだと思います。このチャンスを逃したら，もう誰も私に興味をもってくれないのではないかと考えたのです。

セラピスト：では，「自分は十分に可愛いわけではない」というあなたの考えは，結婚生活にどんな影響を及ぼしましたか？

サラ：ロジャーは私に対して批判的でしたし，彼はセックスにも淡白でした。それについて私が思っていたことは，「私が太りすぎているからだ」「私が可愛い女じゃないからだ」ということです。

セラピスト：ということは，ロジャーによって，あなたの自分に対するネガティブな見方はよりいっそう強まってしまったのですね。これもきつい体験だったと思います。他に，「自分は十分に可愛いわけではない」というネガティブな考えによって，あなたの行動はどんな影響を受けましたか？

サラ：夫以外の男性と関係をもちました。実際にはさほど真剣ではなかったんです。「君は魅力的だ」と誰かに言ってほしかったんだと思います。結局その関係は重荷になってしまい，私のほうから切ってしまいました。

セラピスト：ということは，あなたは「自分は十分に可愛いわけではない」と信じていたために，ロジャーの批判やセックスへの無関心を我慢するようになった，ということですね。そして他の男性と関係をもつことになってしまった，と。これは興味深いことだと思いませんか？ もし仮に，子どもの頃からあなたが自分のことを「私は可愛いし，頭もいい」と思っていたら，どうだったでしょうか？ うんと小さい頃から自分のことをポジティブに考えることができていたら，どうだったでしょうか？ 何が違っていたと思いますか？【かわりとなるポジティブなスキーマについて検討する】

サラ：それは違っていたでしょうね。そんなふうに考えたことは今までありませんでした。でも絶対に今とは違う選択をしていたと思います。まず，こんなに内気にはならなかったでしょう。そういえばポールという男性がいたのを思い出しました。彼は素敵で，私の好みの男性でした。頭もよかったですし。でも，私は彼に引け目を感じてし

まったんです。彼も私と一緒で内気なタイプで，私をデートに誘ってくれたことはありませんでした。でもおかしなことに，数ヵ月前，彼から電話があったんです。奥さんとうまくいっていないと言うんです。彼は私と一緒に食事をしたかったみたいです。もっと前に，私から彼に接近しておけば，ロジャーとは結婚しなかったかもしれません。ロジャーだって，つきあい始めた最初の数ヵ月は，とても感じがよかったんですよ。でも後でわかったのは，彼が自分のことだけで頭がいっぱいだということでした。ポールとつきあっていれば，私はロジャーとは一緒にならなかったでしょう。

セラピスト：では，「私は飛び抜けて頭がいいわけではない」という考えについてはどうでしょうか？　もし仮に，あなたが自分のことを「私はうんと頭がいいんだ」と思っていたら，あなたはどのような選択をしたのでしょうか？

サラ：もっと勉強して，博士号を取ろうとしたかもしれません。当時私は，「自分はそこまでできる人間ではない」と決めつけていました。でも，本当はできたかもしれないんですよね。

セラピスト：他にはどうですか？

サラ：前の職場で，自分の報酬を上げてもらえるよう，もっと主張していたかもしれません。私は前の上司に対して，あまりにもビクビクしていました。

セラピスト：ということは，もしお母さんがあなたに対してもっと思いやりや愛情が深かったら，あなたの考え方や行動の仕方は，ずいぶん違ったものになっていたかもしれないということですね。ところでお母さんは，あなたに対してだけでなく，自分自身に対しても否定的に感じていたように思われます。お母さんは自分の思う通りに生きることができず，そのことであなたに八つ当たりしたのでしょうか？【別の解釈を適用してみる】

サラ：きっとそうなんでしょうね。

セラピスト：この件について，セルフヘルプのためのちょっとした課題に取り組んでみませんか？ これまでの人生であなたが意思決定してきたことについて，書き出してみてください。子ども時代にさかのぼって，自分自身や他人についてあなたがどう考え，それに基づいてどのような判断を下したか，思い起こしてもらいたいのです。それらの判断におけるお母さんの影響度はどれぐらいだったでしょうか？ それはつまり，お母さんにサポートしてもらえなかったことの影響度ということです。そして，お母さんが自分自身を「ちゃんとしていない」と考えていたことの影響度はどれぐらいだったでしょうか？ さらに，もしお母さんがもっとあなたをサポートしてくれて，もっと愛情深くあなたを守ってくれていたら，あなたはこれまでの人生において，どのように考えたり感じたりし，どのように意思決定していたでしょうか？ それらについても書き出してください。その際，これらのツール（ツール7.8 別のスキーマのレンズを通して人生を眺めてみる，ツール7.9 ポジティブなスキーマの効果）を使ってみましょう。これらの課題を行なうことによって，別の感じ方がありえたことを実感できると思います。そして少なくとも今後，別の感じ方ができるようになるでしょう。

サラ：わかりました。

セラピスト：もうひとつ考えてもらいたいことがあります。これまでの人生で，あなたのことを気遣い，愛情を向けてくれた人は誰でしたか？ 目を閉じて，リラックスして，それが誰だったか思い起こしてみましょう。【愛情を受けた体験について想起する】

サラ：そうですね，ベスおばさんのことが心に浮かびます。

セラピスト：ではベスおばさんについて，話してください。

サラ：ベスおばさんはとても愛情深い人でした。彼女はいつでも私を抱きしめ，キスしてくれました。そして私のことを，可愛らしくて素敵な子だと，いつも言ってくれていたんです。おばさんに会うと，私

はとても幸せな気持ちになりました。
セラピスト：そのままベスおばさんのことをイメージし続けてください。彼女の見た目はどんな感じでしたか？
サラ：髪の毛は茶色い巻き毛でした。いつもきちんとお化粧して，本物のレディのようでした。
セラピスト：あなたは仕事がうまくいかなくて，ひどく落ち込んでいるとします。そんな場面を想像してみてください。同僚からは冷たくされ，上司はあなたに批判的です。そのようなとき，ベスおばさんならあなたに何と言ってくれそうですか？【愛情を受けた体験について想起する】
サラ：「心配しないで。あなたは素晴らしくよくやっているわよ。皆があなたに嫉妬しているのよ。あなたが皆よりもよくやっているということは，あなた自身よくわかっているはずよ。それにあなたはとても可愛らしいわ。私はあなたのことが大好きよ」
セラピスト：今，どんなふうに感じますか？
サラ：とても温かな気持ちです。でも泣きたいような気もします。
セラピスト：それはどうしてですか？
サラ：どうしてって，おばさんはもうこの世にはいないんですもの。4年前にガンで亡くなりました。
セラピスト：なるほど。あなたを愛してくれたおばさんが亡くなったというのは，あなたにとってさぞかし悲しいことでしょう。彼女はとても大事な人だったのですね。でもあなたの心の中に，彼女を蘇らせることはできるのではないでしょうか？ ベスおばさんのことをもう一度考えてみましょう。彼女はあなたを慈しみ，愛してくれる存在です。あなたを支えてくれる天使のような存在かもしれません。
サラ：彼女はいつでも私を支えてくれました。
セラピスト：ベスおばさんなら，ロジャーがあなたに対して批判的だったとき，どんなふうに慰めてくれたでしょうか？

サラ:「彼のことなんか気にしなくていいのよ。あなたが気にするほどの人じゃないんだから。あなたのほうがずっと賢くてきちんとしているわ。彼がいなくたってあなたはちゃんと生きていける。彼のせいであなたは嫌な気分に陥っているみたいだけど，彼がいないほうが，あなたはむしろもっと幸せになれるんじゃない？」

セラピスト：いいでしょう。これまでにわかったことは，あなたの心にはふたつの面があるということです。ひとつは「お前は間違っている。ちゃんとしていない」と，自分自身を批判する面です。もうひとつは「あなたは愛されている」と，自分自身を思いやり慈しむ面です。あなたを支え大事にしてくれるのは，後者のようですね。

サラ：それこそ私が必要としているものです。私のことを大事にしてくれる人。私を理解してくれる人。私にはそんな誰かが必要なんです。

セラピスト：その「誰か」は，あなたの中にもいるはずですよ。誰かを大事にし，思いやる心は，あなたの中にもあるのではないでしょうか？

サラ：でも私，自分ではそんなに思いやりがあるとは思えませんけど。

セラピスト：飼い犬が病気になったとき，あなたがどんなふうにその犬の世話をしたか，インテーク面接であなたは話してくれましたね。あなたはその犬に対して，どんなことをしてあげたのでしたっけ？

サラ：朝から晩まで看病しました。獣医さんにも診てもらって，できるだけのことはしてあげました。私は彼女（犬）をとても愛していたんです。

セラピスト：友だちのポーラに対しては，どうでしたか？ 彼女が苦しんでいたとき，あなたはどんなことをしてあげたのでしたっけ？

サラ：ひたすら話を聞いてあげたり，「あなたは素晴らしい人なのよ」と彼女に言ってあげたりしました。実際彼女は素晴らしい人なんです。あのときはとても苦しんでいましたけれど。

セラピスト：そのような思いやりのある心をどのようにしたらあなた自身に向けていくことができるか，その方法を一緒に見つけていく必要がありそうですね。そのような作業を今後ここで一緒にやってみま

せんか？

サラ：いいですね。やってみたいです。

セラピスト：では，このツールを使ってみましょうか。このツールには，批判的な考えを書き込む欄と，思いやりのある気持ちを書き込む欄があります。左側の欄に，あなたの中にある，批判的な考えを書き出してみてください。たとえば「自分は失敗者だ」とか「自分はあまり魅力的でない」とかいったことです。右側の欄には，思いやりのある気持ちを書き出してみましょう。たとえばベスおばさんがあなたに向けてくれたような気持ちです。彼女はあなたを守り，慈しみ，大事にしてくれたのでしたよね。ベスおばさんなら，いつでもあなたを受け入れてくれることでしょう。左側の欄に書き込むような批判的な声が聞こえてきたときは，ベスおばさんならこんなふうに言ってくれるだろうということをちょっと考えてみて，それを右側の欄に書き入れてください。

サラ：わかりました。ベスおばさんなら，いつでも私に愛情を注ぎ，私の味方になってくれるでしょう。

セラピスト：そして覚えておいてほしいのは，少なくともあなたの心の中には，ベスおばさんが生きているということです。病気の子犬の看病をしたあなたの中には，ベスおばさんがいたのです。ポーラを思いやったあなたの心の中にも，ベスおばさんがいたのです。

サラ：おそらくそうなんでしょうね。

セラピスト：今，どのような気持ちですか？

サラ：何だか重荷を下ろしたような感じです。話を聞いてくれてありがとうございました。

▶ 要　約

承認されることへの欲求に対して活用できる認知技法および行動技法は多

くある。本章ではサラという有能な女性にあえて焦点を当ててみた。彼女は，同僚たちから拒絶されている，もしくは冷たくされていると感じて傷ついていた。この事例における問題は，表面的にはネガティブな評価への恐れや承認されることへの欲求であるように見えたが，事例概念化を実施してみると，より広範な問題が関連していることが同定された。すなわち，今現在サラが抱えている問題は，彼女の幼少期に形成されたであろう不適応的なスキーマに関連づけることができたのである。サラは幼少期から，「自分はちゃんとしていない」「自分は無能である」と感じていた。サラがそう感じるようになった要因のひとつは，彼女に対する母親のネガティブな対応であったと思われる。サラの母親は，出来のよい自分の娘に嫉妬したり，彼女をライバル視したりしていたようである。そのような母親の対応に基づき，上記のようなサラのスキーマが形成されてしまったのであろう。しかし上記のケースにおいてサラは，"思いやりのある気持ちを自分に向ける"というギルバートのモデル（Gilbert, 2002）を使って，彼女を愛してくれたベスおばさんについての記憶を活用し，自己批判的な内なる声に対して合理的に反応できるようになった。

　サラの例からもわかる通り，承認されることへの強い欲求は，自分が他者から批判されているとか拒絶されていると思わないかぎり，極めて適応的に機能し，心理学的な症状ともむしろ無縁なものであるだろう。本ケースがその後，ホームワークの課題を含めどのような経過を辿ったかについてはここでは紹介しないが，たとえば主張訓練，批判に対する破局視の修正，合理的なロールプレイといった課題が役に立つだろうと思われる。フラッシュカードを用いて合理的な思考を想起させるという方法も，彼女を自己批判から救ってくれることだろう。

第11章
自己批判に挑戦する

　抑うつや不安における中心的な問題のひとつは，自尊心の低さにある。自尊心が低いという状態を特徴づけるのは，自己批判，非現実的な高すぎる基準を自分に求めること，自分の欠点に過剰に注目し自己のポジティブな側面を割引くこと，といったことである（Harter, 1999 参照）。本章では，認知療法の諸技法を適用するなかで，どのようにして自己批判的な思考を修正するか，について事例を通じて具体的に示したい。読者の皆さんには，本書と併せて，デビッド・バーンズ の著書（『いやな気分よ，さようなら［The Feeling Good Handbook］』［Burns, 1989］，『自分を愛する 10 日間プログラム［Ten Days to Higher Self Esteem］』［1999］）もぜひ参照されたい。彼の著書にはきわめて秀逸なアドバイスが提示されているからである。さらに，マッケイらによる『Self-Esteem: A Proven Program of Cognitive Techniques for Assessing, Improving, and Maintaining Your Self-Esteem』（McKay & Fanning, 2000）も，患者のセルフヘルプのための参考書として役に立つだろう。

　ジョンは 26 歳の独身男性で，広告会社に勤めている。彼は最近，リタという恋人と別れたばかりである。ジョンとリタの 3 ヵ月間のつきあいは，順調なときもあればそうでないときもあった。リタと別れた後の 3 週間，ジョンは自分自身の欠点について反すうし続け，自分にはもう二度と恋人ができな

いだろうと考え続けていた。彼は友人に会うことを避け，毎日仕事が終わると自分のアパートに直行し，夕食をファストフードですませ，テレビを見ながら「自分にはやることが何もない」とくよくよと悩んでいた。彼はひどく落ち込み，将来に対する不安でいっぱいになってしまったのである。

◼ 初回セッション（インテーク面接後の最初のセッション）

セラピスト：ジョン，あなたはリタと別れて以来，ずっとひどい気分でいるのですね。彼女との関係がどうだったか，少し話してもらえますか？

ジョン：彼女とはうまくいったりいかなかったり，いろいろでした。私たちにはあまり共通点がなかったんだと思います。リタは出かけたり，お酒を飲んだりするのが好きでしたが，僕はあまりお酒を飲みません。彼女は流行を追いかけることや，トーク番組が大好きで，それ以外のことには関心がないようでした。

セラピスト：それが問題だったのですか？

ジョン：そうです。

セラピスト：では現在，落ち込んでいるときにあなたはどんなことを考えているのでしょうか？　話してみてください。

ジョン：悲しいです。

セラピスト：そうですか。でも，「悲しい」というのはあなたの感情ですね。教えてもらいたいのは，悲しく感じているとき，あなたがどんなことを考えているのかということです。たとえば，ひとりで家にいて悲しみを感じているとき，あなたの頭にはどんな考えが浮かびますか？　次の文を完成させてみてください。「私は…と考えて，悲しく感じている」【思考と感情を区別する；自動思考を引き出す】

ジョン：「僕はひとりぼっちだ」

セラピスト：いいでしょう。では，「ひとりぼっちだ」ということについてどんなことを考えると，あなたはさらにつらくなってしまうのですか？

ジョン:「これからもずっとひとりぼっちだろう」ということです。
セラピスト:「これかもずっとひとりぼっちだろう」とあなたが考えるのはどうしてですか？【下向き矢印法】
ジョン:僕が負け犬だからです。僕にできることは何もないのです。
セラピスト:では，仮にあなたにできることは何もなく，あなたはこれからもずっとひとりぼっちだとしてみましょう。その結果，どんなことになるのでしょうか？
ジョン:何の意味もない人生になるでしょうね。
セラピスト:ということは，リタとの別れは，あなたについて次のような重要な点を示しているということになりますね。すなわち，あなたは負け犬で，あなたにできることは何もないということ，これからのあなたの人生はずっとひとりぼっちであるということ，そしてあなたの人生には何の意味もないということ。
ジョン:本当にその通りです。なんてひどいことでしょう。
セラピスト:さて，私たちがこれから取り組む認知療法では，「自動思考」ということについて検討します。自動思考とは，頭の中に自然に生じる思考で，私たちは自動思考をあたかも真実であるとみなしてしまいがちです。自動思考は，悲しみや不安，怒りといった気分と結びついていることが多くあります。【思考が気分を生み出すことについて説明する】。たとえばあなたの自動思考には，「僕は負け犬だ」「自分はずっとひとりぼっちだろう」というものがあるようですね。【思考の歪曲を分類する】
ジョン:ええ。家にひとりでいると，そのような考えで頭がいっぱいになってしまいます。
セラピスト:そうですか。あなたの場合，家でひとりで過ごすことが，そのような自動思考が生じるきっかけになっているようですね？
ジョン:そうみたいです。あと，自分に恋人がいないと考えること自体も，自動思考のきっかけになっているようです。

セラピスト：（認知的歪曲のリストをジョンに手渡す）これは，人々によく生じる自動思考を分類してリスト化したものです。私たちはこれらを「歪曲」と呼んでいます。このリストの中に，あなた自身の認知的歪曲が何か見つかりますか？　たとえば「僕は負け犬だ」というのは，"レッテル貼り"に該当するのではないでしょうか？　また「ずっとひとりぼっちだろう」というのは，"運命の先読み"に当たりませんか？

ジョン：確かにそういった考え方をすることは多いです。

セラピスト：ではこれから，あなたの思考について検討していきましょう。自分自身についてのあなたの考えを，ひとつひとつ検証してみるのです。【思考と事実を区別する】。「僕は負け犬だ」という自動思考からみていきましょう。あなたの言う「負け犬」とはどういう意味ですか？【意味論技法を適用する】

ジョン：負け犬とは，何かをやり遂げることができない人のことです。何ひとつまともにできない人のことです。

セラピスト：では，この用紙に「僕は負け犬だ」と書いてください。（ジョンはその通りにする）。自分が家にひとりでいて，ものすごく落ち込んでいるときのことをイメージしてください。そのようなとき，あなたは自分が負け犬だという考えを，どれぐらい強く確信していますか？　0％から100％までの尺度で考えてみましょう。その考えを絶対的に確信している場合を100％とします。【信念の強度を評定する】

ジョン：そうですね，95％ぐらいでしょうか。

セラピスト：では，そのように確信しているときの，あなたの悲しみの程度はどれぐらいですか？　0％から100％までの間で評定してみてください。【感情の強度を評定する】

ジョン：99％ぐらいです。

セラピスト：では，あなたの考えの根拠について検討してみましょう。さきほど書いた「僕は負け犬だ」という文章の下に，縦線を一本引いてください。ページが左右に分割されましたね。左側の欄の一番上

に「根拠」と書き，右側の欄の一番上に「反証」と書いてください。そしてあなたが負け犬であるという考えに対する根拠と反証について，それぞれ書き出してみましょう。【根拠を検討する】

ジョン：僕が負け犬であるということの根拠ですか？　まず，リタと別れてしまったことが挙げられます。それに僕はひどく落ち込んでいますし，つきあっている彼女もいません。思いつくのは，そんなところです。

セラピスト：そうですか。では反証はどうでしょうか？　つまり，あなたが負け犬ではないという根拠を探してみてください。

ジョン：僕には仕事があります。それもかなりいい仕事です。友だちもたくさんいます。でも最近は友だちづきあいを全然していないんですけど…。あと，外見だって悪くありません。大学にも行きました。最高の成績というわけではありませんでしたが。

セラピスト：「僕は負け犬だ」という考えについての根拠と反証を比べてみると，どうなりますか？　根拠と反証の割合は，50対50になりますか？　それとも60対40でしょうか？　あるいはその逆でしょうか？　それとも別の割合でしょうか？【根拠と反証を比較する】

ジョン：反証，つまり僕が負け犬ではないというほうが90%で，僕が負け犬であるという根拠が10%でしょうか。

セラピスト：あなたの友だちは，あなたのことをどう思っているでしょうか？　彼らはあなたのどういう面を好ましく思っているのですか？

ジョン：彼らは僕のことを，ちゃんとしたいい奴だと思ってくれていると思います。人の話にきちんと耳を傾けるし，他人のことをいちいち批判するような人間ではないと思ってくれているでしょう。おそらく僕は皆から，信用でき，親切で，ユーモアのセンスがある人間だと思われているのではないかと思います。

セラピスト：あなたの友だちは，あなたのことを負け犬だと思っているのでしょうか？【二重の基準法】

ジョン：いいえ。そうは思っていないでしょう。

セラピスト：彼らの見方は，あなたより正確なのではないですか？

ジョン：そうかもしれません。

セラピスト：では，「僕は負け犬だ」という考えをもう一度検討してみましょう。友だちがあなたをどう見ているかということと比較して，今あなたが書き出したことを読み返してください。そのうえで，あなたが負け犬であるという根拠と反証を比べてみましょう。その割合は 50 対 50 ですか？　それとも 60 対 40 ですか？　あるいはその逆ですか？　どうでしょうか？【根拠と反証を比較する】

ジョン：根拠は 5% ぐらいです。反証，つまり僕は負け犬じゃないというほうの割合は 95% です。

セラピスト：こんなふうに，より広い視点から問題をとらえるようにしてみると，あなたの感じ方も変わってくるでしょうか？

ジョン：それほど落ち込んだり絶望感を感じたりせずにすむのかもしれませんね。

セラピスト：たとえばあなたは，「恋人がいないのだから，自分は負け犬だ」と考えていますよね。【思い込みを同定する】

ジョン：ええ，今はどうしてもそんなふうに感じてしまうのです。

セラピスト：その考えをここに書いてください。そしてさっきと同じように，真ん中に縦線を引いてください。さて，このような考えは，あなたにどのような利益や不利益をもたらすでしょうか？【損益を分析する】

ジョン：利益はたったひとつです。このように考えることの利益は，新たに彼女を見つけようとするモチベーションが上がるということだけでしょう。

セラピスト：では不利益は？

ジョン：このような考えのせいで，僕はみじめな気持ちでいっぱいになってしまいます。女性といると，「僕にはこの関係が必要なんだ」と思って緊張してしまいますし。そんなことでは，つきあう女性の選

択を誤ってしまうかもしれません。どうやら「恋人がいなければ，負け犬だ」という考えは，僕にとってよい考えとは言えないようですね。

セラピスト：では，もしあなたがこの考えを信じないことにしたら，どのようなよいことがあるでしょうか？

ジョン：もっと自立できると思います。うまくいっていない関係をぐずぐずと続けることもないでしょう。

セラピスト：あなたの考えの利益と不利益の割合を比べてみましょう。50%対50%ぐらいですか？ それとももっと別の割合ですか？【損益を分析する】

ジョン：不利益のほうがずっと多いです。利益が20%，不利益が80%といったところでしょうか。

セラピスト：つきあっている人がいないとき，あなたは何をして過ごすのが好きですか？

ジョン：仕事をするのが好きです。マーケティングについて新しいアイディアを見つけたりするのです。運動して体を鍛えたり，映画を観たり，レストランで食事をするのも好きです。それから，友だちに会うのも，読書をするのも好きなんです。

セラピスト：それらのうちのいくつかを，今週実行する予定になっているとしたらどうでしょう？ もし実行してみたら，どんなことになりそうですか？

ジョン：気分がよくなるかもしれません。【楽しみを予測する】

セラピスト：0%から100%の尺度で評定してみましょう。想像しうるかぎりの最高の気分を100%とします。さて，もし友だちに会ったとしたら，あなたはどれぐらいのよい気分になれるでしょうか？

ジョン：60%ぐらいでしょうか。

セラピスト：友だちに会うとか，映画に行くとか，先ほど挙げたようなことをすると，あなたの気分がよくなるのかもしれないのですね。とすると，「恋人がいなければ，幸せになれない」というあなたの考え

については，どのように考えればよいのでしょうか？【思い込みに対する反証を検討する】

ジョン：その考えは正しくない，ということになるでしょうね。でもいろんなことをしても，前のほうがもっと楽しめたんです。

セラピスト：あなたは今，ポジティブな側面を割引いて考えているのではないですか？ 家にひとり閉じこもって，自分のひどい気分をぐずぐずと嘆いていると，あなたの気分はよくなるのですか？ それとも友だちに会うほうが，気分はよくなるのでしょうか？

ジョン：そりゃあ，友だちに会うほうがよくなるでしょう。

セラピスト：では，この用紙に，丸いパイの形，つまり円グラフを描いてみましょう。（円グラフを描く）。このパイ全体が，あなたの過去10年間の生活を表しています。あなたがリタと一緒に過ごした時間は，このパイのどれぐらいの分量に相当すると思いますか？【円グラフ法を活用する】

ジョン：ほんの小さな一辺ですね。

セラピスト：では，今，あなたがものすごく落ち込んでいるというのを，このパイの分量で表すと？

ジョン：そんなの，たった3週間ですよ。

セラピスト：このことから，どんなことがわかりますか？ あなたはリタとの関係が必要だと言っていましたが，どうでしょうか？

ジョン：このパイを見て，はっきりとわかりました。僕は実際には，彼女といてもそれほど幸せではなかったんです。むしろ彼女とつきあう前のほうが，幸せだったのかもしれません！

セラピスト：ロールプレイをやってみましょうか。私があなたのネガティブな考えの役を担当します。あなたは私に挑戦してみてください。それでは始めますよ。【ネガティブな思考に対してロールプレイを行なう】

ジョン：わかりました。

セラピスト：(ネガティブな考え役として)「あなたが幸せになるためには，絶対にリタが必要なんだ」

ジョン：「それは正しくない。彼女がいなくても僕は楽しく過ごせていたんだから」

セラピスト：「彼女は完璧な女性だった」

ジョン：「いや違う。リタといると苦痛を感じることもあったんだ！ 彼女の価値観は底が浅かった」

セラピスト：「あなたは欠点だらけの人間だ。あなたにできることなど何もない」

ジョン：「それも間違いだ。僕はきちんとしているし，できることだってたくさんある。僕は親切で優しい人間だ。思慮深いし，それなりに魅力的だし，頭だって悪くない」

セラピスト：いいでしょう。今，どんな気分ですか？

ジョン：ずっとよくなりました。

セラピスト：もしあなたの親友が恋人と別れて，あなたと同じように落ち込んでいたら，あなたはどうしますか？ その友だちにどんなアドバイスをしてあげますか？【友だちにアドバイスをする】

ジョン：「前を向いて進んでいこう。彼女は君に合っていなかったんだ」って言うでしょう。

セラピスト：いいですね。ではこれからの1週間，セルフヘルプのためにどんなことができそうか考えてみましょう。まず，ネガティブな考えが生じたらそれを書き留め，そのような考えに挑戦するという課題はどうですか？ その際，この記録用紙（ネガティブな思考の日常記録）を使ってください。また活動スケジュール法を使って，1週間の気分をモニターしてみるのも役に立つかもしれません。【ネガティブな思考の日常記録をホームワークとする；活動スケジュール法】

次のセッション（第2セッション）

セラピスト：（前回のセッションについて復習する。ジョンにフィードバックを求め，ホームワークの進捗を確かめる）。ではあなたの活動スケジュールを見てみましょう。この1週間で最も気分がよかったとき，あなたは何をしていましたか？

ジョン：友だちと会っていました。あと，スポーツクラブに行っていました。オフィスで仕事をしていたときも気分がよかったです。

セラピスト：そのどれもが，リタとは関係がないことのように思われますが？

ジョン：ああ，確かに。でも夜，ひとりで家にいると，やっぱりひどい気分になりました。「ひとりでいるなんて，やっぱり自分は負け犬だ」と考え続けていたのです。

セラピスト：ということは，あなたはリタのことを考えると，ひどい気分になるのですね。そして夜，ひとりで過ごしているときに自分を負け犬だと考えると，やはりひどい気分に陥ってしまうのですね？【信念の変化を探る】。そのような考えを書き出して，それらに挑戦することはしてみましたか？

ジョン：やってみました。（書き出してきたものを読み上げる）「僕は負け犬だ」がネガティブな考えです。これに挑戦して書いたのが，「僕は負け犬なんかじゃない。自分は自分なんだから」という考えです。

セラピスト：その挑戦はどれぐらい効果的でしたか？

ジョン：あまり効果的ではありませんでした。

セラピスト：「自分は自分なんだから」という考えは，単に自分を肯定しようとする考えのように聞こえますね。あなたのネガティブな思考に挑戦し，それに打ち勝とうとする考えのようには聞こえません。もう一度「僕は負け犬だ」という思考に戻ってみましょう。このよう

な信念からどんな考えが浮かびますか？

ジョン：「僕にできることなど何もないんだ」とか，「僕より稼ぎのいい奴は，世の中に大勢いるんだ」という考えが浮かびます。

セラピスト：そのように考えたり比較をしたりすることで，あなたは自分のことをどのように思うのですか？

ジョン：自分のためになるようなことが何ひとつできない人間だと思います。

セラピスト：あなたはそのように思うことで，尺度上のゼロポイントに自分を位置づけているのでしょうか？

ジョン：そんなふうに感じることが，ときどきあります。

セラピスト：そうですか。では「ゼロである」ということがどのようなことか，ちょっと検討してみましょう。【ゼロポイントを設定して検討する】。ゼロポイントに位置づけられるのは，想像しうるかぎり最も醜く，最も愚かな人間です。道徳心に欠け，敵意に満ち，退屈極まりない人間です。あなたはそのような人間ですか？

ジョン：いいえ。僕の外見はそう悪くないと思います。体形だって見苦しくはありません。素晴らしい成績を取ったわけではありませんが，大学だって卒業しました。こう考えると，僕だってまあまあの人間なんでしょうね。【根拠を検討する】

セラピスト：ということは，あなたが何らかの点でゼロポイントに位置づけられるということはあるのでしょうか？　現実のあなたはゼロポイントに位置づけられるような人とは違うのではないですか？

ジョン：そうですね。僕はゼロポイントではないと思います。

セラピスト：では逆に，あなたが自分よりもはるかにできる人について考えるとき，どんな人が頭に浮かんでいるのですか？

ジョン：CNBCテレビで見た，2億ドルの資産をもつある男性のことです。彼は会社経営者なんです。

セラピスト：それほどの資産家が，世の中にいったいどれぐらい存在するのでしょうか？

ジョン：ほとんどいないと思います。

セラピスト：ところで，アメリカ人の平均的な年収はどれぐらいだと思いますか？【極端でないやり方で比較する】

ジョン：4万ドルぐらいでしょうか。

セラピスト：その数字とあなたの年収を比べてみてください。平均より多いのではないですか？

ジョン：ええ，でも中には僕よりお金もちの人もいますよ。

セラピスト：それは誰ですか？

ジョン：思い浮かびません。

セラピスト：ものすごいお金もちと自分とを比べたら，自分には少ししかお金がないように感じるのは当然でしょう。それよりも平均的な人たちと自分とを比べるほうが，より現実的ではありませんか？　それともいっそのこと，最低ラインにいる人たちと比べてみてもいいかもしれませんよ。【連続法を適用する】

ジョン：僕はいつも，自分よりできる人と自分とを比べてしまいがちなんです。

セラピスト：連続法を使ってみましょう。この用紙に横線を一本引いてください。右端を100%，左端を0%とします。この連続尺度は，その人の成功度を示しています。あなたと同年齢の人について検討してみましょう。最も成功していない人，つまり成功度が0%の人はどのような人でしょうか？　そして最も成功している人，つまり成功度が100%の人は，どのような人でしょうか？

ジョン：成功度が0%というのは，そうですね，昏睡状態に陥っている人のことだと思います。100%というのは，10億ドルの資産をもっている人ということになるでしょうね。

セラピスト：では平均的な人は，どこに位置づけられますか？　平均よりも上の人や下の人については，どうでしょう？

ジョン：僕と同年齢の人の平均収入は，実際のところ，2万5千ドルぐらい

だと思います。平均より上となると4万ドルぐらいでしょうか。平均より下というのは2万ドルぐらいですかね。僕の年収は，約5万5千ドルだから，同い年の人たちに比べれば，平均よりかなり上ということになりますね。【多様な比較を行なう】

セラピスト：その評価とあなたが負け犬だという評価を，どのように両立させることができますか？

ジョン：僕は負け犬ではありません。ただ，もっとうまくやれたこともあったはずだ，ということです。

セラピスト：それは誰にでも言えることではありませんか？　私たちは誰でも，「自分の最も恐れていることが現実になったらどうしよう」と思ってしまうときがあります。成功ということに関して，あなたが最も恐れているのはどんなことでしょうか？

ジョン：大学の同窓会に行ってラリーと話をする場面です。彼はとてつもなく成功しているんです。一方僕は失業していて，一文無しなんです。そんなことになったら，それこそ自分を負け犬のように感じるでしょう。

セラピスト：なるほど。それが成功ということについて，あなたが想像しうるかぎり最悪の状況なのですね。【"まぼろしの恐怖"を引き出す】

ジョン：そうです。想像するだけで，ものすごく恥ずかしい気持ちがします。

セラピスト：ロールプレイをしてみませんか。ラリーとの再会の場面として表現される，あなた自身の"まぼろしの恐怖"に直面してみるのです。あなたはラリー役を演じてください。人を見下したような，不遜な態度をとってください。私はあなたを演じます。合理的で自己主張的にラリーに対応してみます。【"まぼろしの恐怖"についてロールプレイを行なう】

ジョン：(不遜なクラスメイトであるラリーを演じる)「やあ，ジョン，君も同窓会に来られるほどには出世したんだねえ。ところで噂を聞いていると思うけど，実は僕，最近自分の会社を売却して，10億ドル

を手に入れたんだ」
セラピスト：（不遜なクラスメイトに対抗するジョンを演じる）「それはおめでとう。さぞかしいい気分だろうね」
ジョン：「君のほうはどうなんだい？　あまりうまくいっているようには見えないけれど。それに誰も連れはいないのかい？　ちなみに僕の妻は美人コンテストの優勝者なんだ」
セラピスト：「君は自分が手に入れたものを自慢したくてたまらないようだね。どうしてそんなに自慢したいんだい？」
ジョン：「僕はただ現実をありのままに述べているだけだよ」
セラピスト：「僕が学んだのは，他の人が何かを手に入れたからって，それで僕の生活が損なわれるわけではないということだよ。僕には友だちがいるし，恋人がいたときもあったんだ。僕は僕の人生を，毎日生きているんだ。僕は自分の価値を確かめるために，10億ドルを稼ぐ必要はないんだ」
ジョン：「でも，今は恋人がいないんだろう？　恋人がいなければ，君は幸せになれないんじゃないのかい？」
セラピスト：「君の価値観はなんて薄っぺらなんだ。僕は恋人がいてもいなくても，毎日有意義な経験をして，自分を幸せだと思えるんだ。君はそうじゃないのかい？」
ジョン：「まあそうだけどさ。でもやっぱり，君は彼女を作るべきだよ」
セラピスト：「どうして？　僕自身にとって一番いいのは，僕にとってつきあう価値があると思える人と一緒にいることだと思うんだ。あいにく君は，つきあう価値がある人だとは思えないけどね」（ここでロールプレイを終える）さて，ここまでのやりとりはいかがでしたか？
ジョン：もし同窓会でラリーのような人と出会ったら，くだらない奴だと思うだけでしょうね。
セラピスト：いいですね。今後あなたが自分に対して批判的になったとき，今のやりとりを思い出すといいでしょう。

ジョン：そうですね。そうすればくだらない批判だということに気づくことができそうです。
セラピスト：考え方を変えるための方法のひとつに，気分がうんとよかったときのことを思い出すというものがあります。軽く目を閉じて，リラックスしましょう。両腕をだらんと下げて，ゆっくりと呼吸をします。自分自身についてとても気分よく考えられたときの記憶を思い起こしてください。そのときのとても安らかな気分を思い出してみるのです。【気分の誘発】
ジョン：なかなか難しいです。
セラピスト：そうかもしれません。心をゆったりとさせてみましょう。「本当に安らかな気分だ。とても穏やかに感じる」と心の中で繰り返し唱えてください。
ジョン：母の顔が心に浮かんできました。母の髪や目が見えます。母は「あなたを誇りに思うわ」と言ってくれています。
セラピスト：ではしばらくの間，そのイメージを味わいましょう。お母さんがあなたについてどう感じているか，それを感じ取ってみてください。
ジョン：母は僕に愛情を感じています。僕をいたわり，受け入れてくれています。【愛情を受けた体験について想起する】
セラピスト：お母さんの顔や目や髪を，そのままイメージし続けましょう。お母さんはあなたに何と言っているのですか？
ジョン：「大丈夫。何もかもうまくいくわよ」って言っています。「お前のことを大切に思い，愛してくれる女性はたくさんいるわ」って，母はそう言ってくれています。
セラピスト：このようにイメージしていると，どんな気分になりますか？
ジョン：穏やかでリラックスした気分です。
セラピスト：自分自身のことはどのように感じますか？
ジョン：前より自分のことを受け入れられるような気がします。
セラピスト：では目を開けましょう。今回あなたにやってきてもらいたい

課題は，あなたが現在抱えている問題について，愛情深く思いやりのあるあなたのお母さんであれば，どんなことを言ってくれるか，それを書き出してくることです。あなたの中にある，愛情深く思いやりのある心の扉を開いてみるのです。お母さんやあなたに対して愛情を抱いている人が，今のあなたに対してどんなことを言ってくれそうか，今日からの1週間，毎日書き出してみてください。【愛情を受けた体験を想起して毎日記録することをホームワークとする】

ジョン：わかりました。

▎次のセッション（第3セッション）

セラピスト：前回私たちは，あなたの心の中の自己批判的な部分について，そしてあなたがいかにそのような自己批判的な声をこれまで聞き続けてきたか，ということについて話し合いました。たとえばそれは「自分はちゃんとしていない」とか「僕は負け犬だ」とか「自分はずっとひとりぼっちだ」といった声です。しかしあなたの心には別の部分もあって，そこから聞こえてくる声は，愛情深く，思いやりがあり，受容的なものでした。それはあなたのお母さんのイメージによって代表されるようなものでしたね。さてこの1週間，あなたはどのように過ごしましたか？

ジョン：少し楽になったような気がします。緊張から解放されたような感じです。自分はそんなに悪くないような気がしてきました。少し希望がわいてきました。

セラピスト：ではホームワークを確認させてください。お母さんなら，今のあなたに対して，どのような愛情深い思いやりのある言葉をかけてくれるだろうか，という課題がありましたね。どんなことを書き出しましたか？

ジョン：（課題を書き出した用紙を見ながら）やってきました。こんなこと

を書いてきました。「お前はいつも優しいね。元気いっぱいで，いろんなことができるんだね。そうそう，リタはお前にはふさわしい人ではなかったのかもしれないよ。お前はひどくつらい思いをしたけれど，それはそれでいいんだよ。つらいと感じたってちっともかまわないんだよ。そう感じるのは，お前が感受性鋭く，繊細な心の持ち主だからなのだから」

セラピスト：お母さんが言ってくれそうな愛情深い言葉を書き出してみて，あなたはどんなふうに感じましたか？

ジョン：気分がよくなりました。「このようないい考えを忘れずにいられるといいのに」って，つくづくそう思いました。

セラピスト：確かに私たちは，目の前にある問題で頭がいっぱいになってしまうことがよくあります。たとえばあなたはリタと別れたばかりで，だから私たちは，リタとの別れに対するあなたの反応に焦点を当てています。でも，もしあなたがタイムマシンに乗って，今から1年後の未来に連れて行かれたとしたら，どうでしょう？ 1年後のあなたは，何について話をしているでしょうか？【タイムマシンに乗る】

ジョン：仕事のこととか，そのときにつきあっている女性のことについて話しているかもしれませんね。

セラピスト：ということは，1年後にはリタのことはさほど重要ではなくなっているということでしょうか。だとしたら，それはなぜでしょうか？

ジョン：人生にはリタのこと以外にもいろんなことがある，と悟ったからじゃないですか？

セラピスト：あなたにとって大事なことが，彼女のこと以外にもあるということなのですね。恋人との別れは，確かにひどくつらいものです。でも，もっと広い視点から考えてみることもときには必要かもしれません。人生にはリタと別れることよりも，もっとひどいことがあるのではないでしょうか？

ジョン：（笑いながら）彼女とつきあい続けるということ以外に，ですか？

セラピスト：そうです。私たちの人生に起こりうることで，恋人との別れ以上にもっとひどいことには，どんなことがあるでしょうか？【バランスの取れた見方をしてみる】

ジョン：そうですね，ひどい病気にかかること，家族の誰かを失うこと，失業すること，うつ状態から回復できないこと，などでしょうか。

セラピスト：なるほど。他にもまだまだありそうですね。でも，なぜそれらのことは，リタと別れることよりももっとひどいことだと言えるのですか？

ジョン：これらのことによる影響は，リタとの別れよりもっと長期的だったり永久に終わらないことだったりするからです。

セラピスト：彼女との別れはそうではないのですか？

ジョン：ええ。いずれにせよ，僕と彼女は長くはもたなかったと思います。遅かれ早かれ，僕は彼女と別れていたでしょう。

セラピスト：リタとの別れについて，別の視点からも考えてみましょう。それはバランスの取れた見方をしてみることであり，あらゆる可能性を検討してみるということです。あなたはリタとは別れてしまったわけですが，それでもどんなことがあなたにできますか？

ジョン：友だちに会うことができます。仕事だって運動だってできます。新たに何かを学ぶことだってできますし，別の女性と新たに知り合うことだってできるかもしれません。…リタと会うこと以外なら，何でもできそうです。

セラピスト：そのようにバランスの取れた見方をしてみると，1週間前に比べたら，リタとの別れはさほどひどいことのようには思われませんが，どうでしょうか？　それにこんなふうに考えることができれば，あなたの自己批判も和らぎそうな気がします。あなたは，「つらいことが起きたのは，自分が負け犬であることの証拠だ」と考え，自分自身を責めているようです。でも，あなたがそんなふうに考えたり

感じたりするほど，リタとの別れは実際にひどいことなのでしょうか？【破局視から脱する】

ジョン：そこまでひどくはないのでしょう。僕にもたくさんの選択肢があるのだということがわかりました。

セラピスト：バランスの取れた見方をするための別の方法としては，あなたの置かれている状況をどのように見ているか，ということを他の人たちに尋ねてみるというやり方もあります。【他者の視点を借りてみる】

ジョン：他の人たちであれば，今僕が置かれている状況はさほどひどいものではないと考えるでしょう。だって僕にはよい仕事がありますし，友だちだってたくさんいます。僕にだって魅力がないわけではありませんし，ここまで落ち込んでいなければユーモアのセンスだってあるんです。

セラピスト：リタとの別れにも，何かポジティブな面を見つけることができますか？【ネガティブなことの中にもポジティブな面を発見する】

ジョン：そうですね，ポジティブな面ですか…。リタとのうまくいっていない関係を早めに終わらせることができた，ということでしょうか。

セラピスト：あなたは今回の経験から，どんなことを学べましたか？【ポジティブなリフレーム】

ジョン：恋人がいなくても，幸せに暮らしたり自分に価値があると思ったりできるということを，今学んでいるのではないでしょうか。

セラピスト：ということは，今，あなたは自分のことをみじめに感じているかもしれませんが，それでもそこから成長していけるということですね。この成長によって，つまりリタとのことで新たに学ぶことによって，あなたは今後恋人を選ぶとき，よりよい選択ができるようになると思いますか？

ジョン：そう思います。何が自分にとってよいのかを，僕はもっと考える必要があるんです。

セラピスト：もうひとつ，バランスの取れた視点から自分の体験をとらえ

るためには，解決できそうな問題に焦点を当てる，ということが挙げられます．自分を批判するのではなく，自分が抱えている問題の要因は何か，どうすればその問題を解決できそうか，といったことについて考えてみるのです．【問題解決法】

ジョン：なるほど．僕が抱えている問題とは，寂しさ，悲しみ，やる気のなさといったことでしょうか．

セラピスト：では最初の"寂しさ"について考えてみましょう．"寂しさ"という問題に対しては，ふたつのアプローチが考えられます．ひとつは，たとえば友だちと一緒に過ごすといったことを計画するというやり方です．【活動スケジュール法】

ジョン：確かに僕はリタと別れてから，ほとんどずっとひとりで過ごしています．

セラピスト：それはどうしてですか？

ジョン：自分が友だちの重荷になっているような気がするからです．友だちに，リタと別れたことについてばかり話していたからです．

セラピスト：リタとの別れについて友だちに話していると，どのような気分になるのですか？

ジョン：友だちに会っているときは，彼らが支えになってくれていると実感します．でも彼らと別れた後に落ち込むんです．まるでリタとの別れを何度も体験しているような気がしてしまうんです．

セラピスト：支えられていると思うことは大事なことですね．さらに次のようなやり方で，友だちに支えてもらうことができます．それは，あなたがしているポジティブなことについて一緒に話をするということです．【"…であるかのように"振る舞う；気分に対抗して行動する】

ジョン：ということは，リタのことにとらわれるより，リタ以外のことについて友だちと話をしたほうがよいということでしょうか？ でも，つらい気持ちを外に吐き出さないままでいても大丈夫なんでしょうか？ 吐き出さないと，僕の中でどんどん溜まってしまいそうな気がします．

セラピスト：大丈夫です．むしろくよくよと何かにこだわっていると，そのことがますます重要に思われてくるものです．そのことを検証してみましょう．自分がどれだけ嫌な気分でいるかということを他人に話した後，あなたはどんな気分になりますか？【根拠を検討する】

ジョン：ますます嫌な気分になります．

セラピスト：私が言いたいのは，嫌な気分について決して話をしてはいけない，ということではありません．でも，そういう話題については5分とか10分とか時間を区切って，話をするとよいでしょう．そしてその後は，友だちやあなたがしているポジティブなことを話題にするのです．こういうやり方についてはどう思いますか？

ジョン：いいですね．今ここで，ちょっと考えてみます．…たとえば友だちのノームは，今仕事がとてもうまくいっているんです．そのことなら話題にできます．それから僕はスキューバダイビングを始めてみたいと思っているんです．このことも話題にできそうです．上司にあるプロジェクトを任されたことについても話ができそうです．

セラピスト：今のあなたの気分はいかがですか？

ジョン：さっきよりいいです．

セラピスト：しばらくリタのことから離れただけで，あなたの気分はよくなったのですね．【特定の信念における変化を探る】

ジョン：そうですね．どうやら僕は彼女のことばかり考えすぎるようです．

セラピスト：ネガティブなことにこだわり続けるよりも，ポジティブなことに目を向けて，それについて友だちと話すほうが，あなたの役に立つということがわかりましたね．さて，私たちはあなたの孤独感について話をしなければなりませんね．この1年，あなたは誰と一緒に何かをしたり話をしたりしましたか？ それらの人たちをリスト化してみましょう．そして誰があなたにとって助けになっているのか，検討してみたいと思います．

ジョン：ノームがいます．それからビル，ポール，ナンシー，トム，フラン，

キャロル，ベッツィ，サム…。

セラピスト：いいですね。あとはホームワークで書き出してきてもらいましょう。さらにホームワークとして今回あなたにやってきてもらいたいのは，リストの誰かと一緒に過ごす計画を立て，それを実行してくることです。電話で話をするだけでもかまいません。ランチやディナーを一緒に食べても，お茶をするだけでもいいでしょう。何か今後の計画を一緒に立てるのもいいかもしれません。【活動スケジュール法】。ただし，ひとつだけルールがあります。

ジョン：何ですか？

セラピスト：リタについて話をする時間は5分までにするということです。

ジョン：わかりました。でもこのうちの何人かは，最近ずっと話をしていないんです。僕が急に電話なんかしたら変に思われるんじゃないでしょうか？

セラピスト：たとえばこんなふうに言ってみてはどうでしょうか？「やあ，しばらくぶりだね。君はどうしているかな？ ちょっと話してみたくなったんだ」って。相手はどのように反応すると思いますか？【予測を検証する】

ジョン：たぶん僕からの電話を喜んでくれると思います。

セラピスト：試してみる価値はありますか？

ジョン：あります。やってみます。

セラピスト：ということは，これで孤独感に対して，"友だちに電話をする" という解決策がひとつできたことになりますね。でもあなたは確か，孤独感を感じると同時に落ち込んでしまうのでしたよね。そのときあなたは自分を批判しているのではないですか？ どうでしょうか？

ジョン：そうです。

セラピスト：そんなとき，あなたは自分の中でどんなことを言っているのでしょうか？ どんなことを心の中で言うことによって，あなたはそ

んなに落ち込んでしまうのでしょうか？【思考が気分を生み出すことについて説明する】

ジョン：「僕はひとりぼっちだから負け犬なんだ」って考えてしまうのです。「僕に何かひとつでもよいところがあれば，彼女だってできるはずなのに」って。

セラピスト：悪循環という感じがしますね。「僕はひとりぼっちだ」「だから僕は負け犬だ」「だから僕はひとりぼっちだ」…というようにです。【不条理な考え】

ジョン：でもそう考えてしまうんです。僕は相当おかしいんでしょうか？

セラピスト：いいえ，そんなことはありませんよ。誰でも落ち込むと，そんなふうに考えてしまうものです。ひとりで過ごしているとき，あなたにどのような考えが生じるか検討してみましょう。あなたはひとりでいるとき，自分を非難してしまいがちだということでした。ではその場に何人かの友だちが一緒にいる場面を想像してみてください。彼らがあなたに対して「君ってやっぱり負け犬だよな」と口々に言うとしたら，どうですか？　あなたは相当落ち込んでしまうでしょうね。では逆に，ひとりでいても落ち込まずにいられるのはどんなときですか？【思考が気分を生み出すことについて説明する】

ジョン：そうですね，テレビゲームをしているとき，仕事をしているとき，本を読んでいるときは，気が紛れているので大丈夫です。

セラピスト：ということは，ひとりで過ごしているからといって，それだけが理由であなたが落ち込むわけではないのですね。そのときあなたには，何らかのネガティブな考えが生じているのでしょう。ところであなたには友だちがたくさんいます。ノーム，ビル，フラン，ベッツィなど…。それらの人の中で，恋人がいなかったことがある人もいるのではないですか？【二重の基準法；根拠を検討する】

ジョン：ええ，全員にそういう時期がありました。今だって，ノームとフランとベッツィには特定のパートナーがいません。

セラピスト：ということは，ノームとフランとベッツィは，負け犬ということになるのでしょうか？

ジョン：とんでもありません！ 皆，素晴らしい人たちです。

セラピスト：では，なぜこの3人は今ひとりなのですか？

ジョン：それは自分で選んでそうしているのです。彼らに今パートナーがいないのは，必要がないからなんです。【別の解釈を適用する】

セラピスト：同じことがあなたにも言えるのではありませんか？

ジョン：ええ，たぶん。

セラピスト：あなたが今ひとりでいるのも，「自分に合わない人とつきあうくらいなら，むしろひとりでいるほうがよい」という考えによるポジティブな選択であるとみなすことができるのではないでしょうか？

ジョン：友だちがひとりでいることについては，僕もそういうふうに考えられるんです。でも僕にとっても，同じことなのかもしれません。リタといるよりも，ひとりでいるほうがいいのかもしれません。

セラピスト：恋人がいない状況は一時的なものだと思いますか？ それともこの状況は永遠に続くものなのでしょうか？【タイムマシンに乗る】

ジョン：僕だって，いつかはまた彼女ができると思っています。

セラピスト：友だちはどうですか？ 今でもあなたにはたくさんの友だちがいますね。友だちになら，今日電話して話すこともできるし，明日にでも会うことができるのではありませんか？

ジョン：その通りです。ノームかビルになら，今日にでも電話することができそうです。

セラピスト：とすると，あなたが本当にひとりで過ごす時間はほんの数時間ということになりますね。あなたはいつでも友だちと電話で話すことができるわけですから。

ジョン：確かにそうですね。

セラピスト：あなたは自分に恋人がいないからといって自分自身を非難しているのでしたね。同時に，自分に恋人がいないのは自分が負け犬

だからである，とも考えていました。でもあなたの友だちにも恋人のいない人がいますが，彼らが負け犬だということではありませんでした。さらに，恋人がいない状態が一時的なものであるということについても，今さっき話し合いました。あなたが今ひとりでいることは，ポジティブで健全な選択であるとみなすことができるということも，話し合ったばかりです。以上について，今あなたはどんなふうに思いますか？

ジョン：自己批判するよりずっといいです。先生の言う通りだと思います。僕は他人よりも自分自身に対して厳しく考えすぎるようです。

セラピスト：そのような自分に厳しすぎる面を変えていったほうがいいかもしれませんね。こんなふうに自問したらどうでしょうか。「もし恋人と別れたことが原因でひどく落ち込んでいる友だちがいたら，自分はその友だちにどんなアドバイスをしてあげられるだろうか？」【友だちにアドバイスしてあげる】

ジョン：「自分自身の人生を歩んでいけばいいじゃないか」って言ってあげたいです。でも本当にそういう友だちがいたとして，今僕は進んでその人に会いたいとは思えないんです。

セラピスト：つまり，あなたがしてあげたいと思うことと，進んでそうしたいと思うことは異なる，ということですね。確かに今，あなたは気が滅入っていますから，進んで友だちに会いたい気分ではないのでしょう。でも気分とは異なる行動をあえてやってみる，という考え方もあって，とても役に立つことがあるんですよ。あなたの場合は，たとえ気分が滅入っていても，あたかもそうではないかのように行動する，ということです。自分がそうしたいと感じていることと，逆の行動をとってみるのです。【"…であるかのように"振る舞う】

ジョン：つまり実際にはそんな気分じゃないのに，それにもかかわらず友だちに会ったりするわけですか？

セラピスト：その通りです。あなたはこれまでに，やりたくないと感じた

ことをやってみたことはありますか？

ジョン：あります。たとえば行きたくないけれども仕事に行ったり，気が進まないけれども運動をしたり。

セラピスト：やってみてどうでしたか？

ジョン：やってみたら，結構やる気になったときもありました。

セラピスト：そうですか。ではひとつ実験をしてみましょう。もしあなたが，友だちに電話をかけることもせずに家に閉じこもっていたら，その間どれぐらい楽しむことができるでしょうか？【楽しみを予測する】

ジョン：たぶん，全く楽しめないでしょう。

セラピスト：では，もし友だちに電話をしたり会ったりしたらどうでしょうか？ その間どれぐらい楽しめるでしょうか？ その程度を０から10で予測してみてください。最も楽しめる場合を10とします。

ジョン：10のうち３ぐらいでしょうか。

セラピスト：ではそれを実験してみましょう。ひとりで家にいて思い悩んでいるときの楽しみの程度と，友だちに電話をしたり会ったりしているときの楽しみの程度を記録し，比較するのです。それから，自分があたかも落ち込んでいないかのように行動してみたら，どうなるでしょうか？ それについても実験して確かめてきてください。【活動スケジュール方；"…であるかのように"振る舞う】

ジョン：でも自分が感じていることをあたかも感じていないかのように振る舞うなんて，それって自分をごまかすことになりませんか？

セラピスト：ある意味ごまかしなのかもしれません。でもポジティブな方向に自分をごまかすのです。気分と異なる行動をとることは，誰にでもあることです。それによって何かを成し遂げたり，かえって気分をよくすることもできるのです。たとえば，大きなチョコレートケーキを食べたいと感じたとしても，それがダイエットに反すると判断して食べるのをやめるということがありますね。運動したい気分ではないけれど，とにかく体を動かしてみるということもあるで

しょう。自分が何かをしたいとかしたくないとか感じても，それに巻き込まれないで，自分にとってよいと思うことをあえてするのです。そうすることで，どのような気分になると思いますか？【損益分析】

ジョン：気分はよくなるでしょうね。達成感も得られそうです。

セラピスト：気分とは異なることができる，というのは大きな力となります。これは一種の自己訓練です。自分の生活を自分でコントロールできている，という感覚を得ることができるのです。楽しみを予測したり活動スケジュール法を行なったりすることで，あなたにとって何が本当なのか確かめることができます。たとえば，あなたがノームに電話したとしましょう。それによってどれぐらいの楽しみを得られると思いますか？【楽しみを予測する】

ジョン：たぶん 10 のうち 6 ぐらいでしょうね。

セラピスト：では，ジムに行ってトレーニングすることはどうでしょう？どれぐらい楽しめそうですか？

ジョン：最初は 0 かもしれません。でも一度トレーニングを始めたら，5 ぐらいは楽しめるかもしれません。

セラピスト：つまり最初はあまり楽しくなくても，やっているうちに楽しくなってくるかもしれない，ということですか？

ジョン：そうです。運動とはそういうものだと思います。

セラピスト：わかりました。では次に，この 2 週間にわたってあなたが抱いてきた「僕は負け犬だ」「自分にできることは何もない」「僕は成功していない」という自己批判的な考えに対して，どうしたらあなたがもっと合理的に対応できるか，検討していきましょう。実行しやすくて，自己批判的な考えに挑戦できるようなやり方がいいですね。(検索カードを取り出す)。このような小さなカードを使ってみるのはどうでしょう。これは「フラッシュカード」というものです。これをもち歩き，ネガティブな考えが浮かんできたらすぐにこれを使ってその考えに挑戦するのです。カードの片面には，たとえば「僕

は負け犬だ」と書きます。次にもう一方の面に，このネガティブな考えに対抗する考えを5つ，書き出してみましょう。たとえばどんなことが書けますか？【思考に挑戦する；根拠を検討する】

ジョン：そうですね，「僕は知的だ」「僕は魅力的だ」「僕は優れた価値観をもっている」というのはどうでしょうか？

セラピスト：いいですね。それらを早速書き出しましょう。他には何がありますか？

ジョン：「僕には，僕を『いい奴だ』と思ってくれる友だちがいる」「僕にはちゃんとした仕事もある」

セラピスト：いいでしょう。これらが合理的な反応ということになりますね。「僕は負け犬だ」と考え始めたときはいつでも，このカードを取り出して，これらの合理的な反応を読むようにしてください。合理的な反応は，さらに付け加えてもらってもいいですよ。

ジョン：わかりました。ところで，「僕よりもはるかにできる人がいる」という僕の考えについては，どうすればよいのでしょうか？ だってこの考えは事実そのものですよ。そのことをどのように考えればよいのでしょう？

セラピスト：あなたのその考えには，どのような意味が含まれているのでしょうか？【下向き矢印法；背景にある思い込みを検討する】

ジョン：よくわかりません。僕がそれほど成功していない，ということでしょうか。

セラピスト：あなたはどれぐらい成功する必要があるのですか？

ジョン：鋭い質問ですね。きっと僕はもっとお金を稼ぎたいんです。

セラピスト：ほとんどの人が，もっとお金を稼ぎたいと思っているでしょうね。だからあなたがそれを望んでいるということが，あなたがそれほど成功していないことを意味しているとは言えないのではないでしょうか？「自分より成功している人がいるということは，自分は成功していないということだ」と，あなたは思い込んでいるので

はないですか？

ジョン：そうかもしれません。ということは，これも程度の問題なのでしょうね。僕だって，人生のいくつかの領域においては，まあまあ成功していると言えますから。いい友だちがいますし，健康にも恵まれています。職業的にも恵まれていますし。

セラピスト：今のあなたを，5年前のあなたと比べたら，どんなことが言えますか？【"完璧"よりも"進歩"を目指す】

ジョン：まだ学生でした。5年前の僕は，自分が何をしたいのかもよくわかっていませんでした。友情も今ほど重要な意味をもっていませんでした。

セラピスト：ということは，あなたは進歩し続けているのですね。この事実にもっと目を向けてみたらどうでしょうか？

ジョン：確かに進歩していると思います。今では僕も自立していますし，友だちとのつながりも深まっています。物事をよりよく理解できるようにもなっています。

セラピスト：完璧であることと進歩することとは，区別して考えたほうがよさそうですね。完璧であることは非常に難しいですが，進歩することならいつだって可能なのです。【"完璧"よりも"進歩"を目指す】

ジョン：でも，リタとの別れは進歩とは思えないのですが。

セラピスト：その体験から，あなたは何かを学んだのではありませんか？
【ポジティブなリフレーム】

ジョン：ええ。僕が学んだのは，自分に合わない人との関係はいつかは終わるものだ，ということです。そしてもうひとつ学んだことがあります。それは，自分の中のネガティブな考えを同定し，挑戦するための方法です。

セラピスト：それは進歩ですか？

ジョン：そうだと思います。つらい体験でしたけれども。

セラピスト：進歩にはたいてい苦痛が伴うものです。では「僕よりもはる

かにできる人がいる」というあなたの考えを，もう一度検討してみましょう。逆の視点から考えてみたらどうでしょうか。つまり"あなたよりもできる人"ではなく"あなた自身"を主語にして考えてみるのです。たとえば，こんなふうに自分に問いかけてみたらいかがでしょうか？「自分はどうすればもっとよくできるだろうか？」「自分はどうすればよりよく学ぶことができるだろうか？」「自分はどうすればもっと進歩できるだろうか？」というようにです。【"完璧"よりも"進歩"を目指す；ポジティブな意味づけ】

ジョン：そのほうが僕にとってはずっといいですね。

セラピスト：どんな点がいいのでしょうか？

ジョン：自分が進歩するにはどうしたらいいかということを，自分自身のために考えることができるからです。

セラピスト：私たちは人生で何かを失っても，そこから何かを学び，自分に役立てることができるのです。新たに学ぶことによって，自分の経験を意味深いものに変えていくことができるのです。

ジョン：そのことを心に留めておきたいと思います。

■ 要　約

　以上に紹介したセラピストとジョンとの対話は，認知療法における多様性と柔軟性を具体的に示している。自己批判をし続けてしまう患者は，ソクラテス式対話を通して，自分の経験を新たな視点から理解できるよう誘導することができる。セラピストは自己批判的な患者を手助けして，患者自身が自分のネガティブな思考や認知的歪みを同定し，さらにネガティブな思考の背景にある論理や根拠を同定したり，自分の思考を修正していくためのモチベーションを自分の中に見出したりできるようにしていく。誘導的発見法を通じて，患者は自分自身の行動や思考（たとえば，社会的な孤立，受動的態度，反すう）がネガティブな信念や悲しい気分を生み出していることに気づ

いていく。セラピストは患者がなぜそのように孤立するのか，その理論的根拠（例：「私は厄介者である」）を検討し，そのようなネガティブなパターンのかわりとなるような考えを患者自身が見つけられるよう手助けする。セラピストはこのような患者に対しては，対人行動についての具体的な提案も行なう。例：「失ったことについて他人に嘆く時間を，あえて制限してみましょう」「他の人ならどうするか，ということについて目を向けてみましょう」「あなたがすでに行なっているポジティブなことについて話してください」。反すうや受動性は患者の自己批判的な気分を持続させている大きな要因である。したがってセラピストはそれらを改善するために，患者が楽しみを予測したり，活動スケジュール法を実施したりできるよう促していく。

　セラピストは，患者が二重の基準法を用いていることを，セッションでの対話を通して患者自身に気づいてもらう。その際，特定の人物を想定し，その人物とのロールプレイを行なうことが効果的である。このような練習によって，患者は自分のネガティブな思考に距離をおけるようになり，合理的に反応できるようになっていくのである。さらに患者は，自分が愛情を受けた体験を想起するよう求められる（ジョンの場合は，愛情深い母親を想起した）。このような想起によって，患者の中の，自分を慰め，受け入れ，許し，育む声が強化され，患者の中にあるネガティブで自己批判的な声に対抗できるようになっていくのである。合理的な反応をさらに強化するためには，フラッシュカードを利用するのもよいだろう。また，自己批判的な患者は絶えず自分と他人とを比較している。これに対しては，自己内比較（他人と自分ではなく，自分と自分を比較する）を実施するよう誘導するとよいだろう。つまり他人との上下関係を比較するのではなく，自分自身の学習の成果や進歩について目を向けてもらうのである。最後に，喪失それ自体に対する扱い方であるが，苦痛を伴う喪失体験についても，その体験から何を学んだのか，その体験を将来どのように役立てることができるか，といった視点から，患者が喪失をポジティブにリフレームできるよう，セラピストは手助けすることができるだろう。

第 12 章
結　語

　認知療法は多面的なアプローチに基づくセラピーである。したがって認知療法を，個々の要素，すなわち種々の技法，事例概念化，治療モジュール，有効性を実証された種々の経験的アプローチ，スキーマワーク，抵抗の分析といった要素に分解してとらえるべきではない。認知療法はそれらすべての要素を含めた統合的なセラピーなのである。しかしながら，認知療法の実践における基本的出発点は，はやり種々の技法にあると私は考えている。経験的アプローチ，スキーマワーク，事例概念化の重要性については私も同意しており，このことは何度も強調すべきことであると思うが，それらを実施する際にも，種々の技法は不可欠なのである。技法が認知療法の有効性の基盤にあるのである。

　認知療法の初心者は，患者の問題を"概念化"したり"説明"したりすることで，自分がよい治療をしていると思い込んでしまうことが多い。このようなセラピストは，患者の生活歴や患者についての理論を自分（セラピスト）が理解することが必要であると信じ，自己満足に陥っている可能性がある。しかし本当に役に立つ事例概念化とは，患者の生活歴や様々なレベルにおける認知的および感情的プロセスを理解するだけでなく，概念化の過程を通じて，ネガティブな自動思考，思い込み，条件つきルール，中核的スキーマを修正するために，様々な積極的介入を行なうものなのである（Needlemann,

1999; Persons, 1993 参照)。ここで強調されるのは"介入"である。認知療法ではソクラテス式対話法がよく知られているが，その目的は，対話を通じて積極的に介入し，患者の自己効力感を促進することにある。つまりソクラテス式対話が目指すのは単なる"理解"だけでなく，"変化"なのである。

　本書で検討した様々な技法は，それぞれ特定の分析レベルに対して構成されたものである。たとえば，思考を同定し分類するための諸技法（第１章のテーマ）は，認知療法における基本的な出発点となる。セラピストは，患者のネガティブな思考や思い込みを効率よく分類するが，それは事例概念化を精緻化するためでもあり，同時に患者の思考や思い込みを検討し，それらに挑戦していくためでもある。本書全体を通じて述べたように，ネガティブな思考が必ずしも歪曲されているとはかぎらない。中にはネガティブな思考がそのまま事実であることもある。したがってこの段階における基本的構成要素は，経験をとらえる際の偏った見方（例：ネガティブなフィルター）や，経験に対する誇張的で批判的な解釈を同定することである。要求の厳しい，非現実的な思い込みやルールは，ネガティブな自動思考の"燃料"になる。「自分は完璧であるべきだ。さもないと自分は失敗者だ」という信念は，その人が何かをうまくやるために役立つ場合もあるが，それはその人が何かにつまずくまでのことである。このような人は，一度小さなつまずきを経験すると，それが引き金となって，ネガティブな思考（例：「私はいつも失敗ばかりだ」「どうせ自分には何もできない」）や，その背景にあるスキーマ（例：「私は負け犬だ」）が惹起されてしまうのである。

　患者はネガティブなスキーマという本質的な脆弱性を有しており，このような脆弱性については，たとえ患者の気分が改善されたとしても注目しておく必要がある。ネガティブなスキーマや思い込みは，普段は休止状態にあり，スキーマに関連した出来事が生じてはじめて活性化される。したがって，抑うつや不安のエピソードを体験したことのある患者の場合，今現在たとえ落ち込んだり不安になったりしていないとしても，スキーマや思い込みについて検討しておくことがその後に役立つだろう。例：スキーマが活性化される

引き金は何だったのか？　その際，どのような自動思考や思い込みが同時に活性化されたのか？　患者が用いた非機能的な対処スタイルはどのようなものだったか？　セラピストは「治療がうまくいった」と自己満足に陥ることなく，患者の中核的な問題が再燃しないよう予防的対策を行ない，今後に備える必要がある。

　私はこれまで，再発の問題を有する患者（例：何度も繰り返される大うつ病エピソード）や併存症の問題を有する患者（例：全般性不安障害と社会恐怖と大うつ病の合併）を大勢担当してきたが，そのような経験から，かなりの割合の患者に慢性的な素因があるのではないかと考えるようになった。このような素因としては，たとえばネガティブな帰属スタイル（Alloy, Reilly-Harrington, Fresco, Whitehouse, & Zechmeister, 1999）や，非機能的な思い込み，ルール，スキーマ（Ingram et al., 1997）といったものを想定すると有益かもしれない。そのような素因の基本的構成要素に対抗するための技法を同定することが，患者にとっては特に有益であると思われる。通常の認知療法が終わりに近づいてきたら，セラピストは患者と共に，患者に脆弱性をもたらす認知的素因（スキーマや思い込みなど）を同定するとよい。そしてそれまでの治療において特に有効だった技法について，改めておさらいするのである。たとえば，"自己批判"という形をとってうつ病が現れている患者の場合，治療の終結段階で改めて次の作業をするようセラピストから教示される。自己批判的な思考をモニターする，自己批判的な思考の利益と不利益を検討する，自己批判的な思考の根拠と反証を検討する，完璧主義的な思い込みに挑戦する，自己嫌悪が生じたときに愛情を受けた体験を想起する，二重の基準法を適用する。これらの技法は，フラッシュカードにその概要を書き留めておき，患者に毎日目を通してもらったり，ネガティブで自己批判的な思考が生じたときに読んでもらったりすることができる。

　患者自身がこれらの技法を活用することは，セッションとセッションの間や，治療終結後において，治療効果を般化させるために役立つと私は信じている。その患者にとってどの技法が役に立ち，どの技法がそうでもなかった

のかを記録しておくことは重要である。それによってフォローアップのセッションや万一再発した場合のセッションを，効率的に行なうことができるからである。その患者に最も役立った技法を知っておくことは，たとえ症状のぶり返しがあったとしても，より迅速にそれに対処することにつながるのである。

　認知療法に対して，"表面的だ"とか"安易だ"といった批判が聞かれるが，本書ではそれらの批判に応えるため，多様な技法を紹介してきた。本書で紹介した様々な技法を習得するためには，実際には多くの練習と自己調整が必要である。ところで実力をつけた認知療法家は，認知療法の多様な技法を最も扱いの難しい患者──すなわち，自分自身──に対して用いる傾向があるようである。私自身が実際にそうであった。個人開業を始めた頃の私はネガティブな思考に駆られがちで，「開業をしたみたものの，果たして自分はうまくやっていけるのだろうか」といった思いが次から次へと生じたものである。つまり，運命の先取り，ポジティブな側面の割引き，ネガティブなフィルター，感情的理由づけといった認知的歪曲で頭がいっぱいになっていたのである。そこで私は，認知療法の諸技法を自分自身の行き詰まった心に適用した。そしてそれらの技法がいかに強力であるかということを改めて実感したのである。私は同時に，認知療法の諸技法を繰り返し練習することの重要性を実感した。これはおそらく，長年運動をしなかった人が再度トレーニングを始めるのに似ているかもしれない。

　読者の方々には，本書で紹介された諸技法をすべて自分自身に適用してみることをお勧めする。ユーザーとして認知療法を体験するのである。そうすることで，技法の"使用感"がはるかによく理解できるだろう。自分自身のためにある技法を使って，気分が楽になることもあるだろうし，何かを見逃しているような気持ちになることもあるだろう。ひとつの技法だけでは効果が不十分だと気づいたら，さらに別の技法を試していってもらいたい。本書で最初に紹介した技法（思考と思い込みを同定する）の適用だけでは，結果的に思考や感情が改善されなかったという場合が多いだろう。その場合はお

そらく，よりいっそう深いレベルでの概念化が必要なのである。そしてより深いレベルでの概念化を行なうことで，本書で紹介した諸技法はよりいっそう扱いやすいものとなるだろう。

文 献

Adler, A. (1964). *Social interest: A challenge to mankind* (J. Linton & R. Vaughan, Trans.). New York: Capricorn Books. (Originally published 1924)
Alden, L. E., & Bieling, P. (1998). Interpersonal consequences of the pursuit of safety. *Behaviour Research and Therapy, 36*(1), 53-64.
Alloy, L. B., Reilly-Harrington, N., Fresco, D. M., Whitehouse, W. G., & Zechmeister, J. S. (1999). Cognitive styles and life events in subsyndromal unipolar and bipolar disorders: Stability and prospective prediction of depressive and hypomanic mood swings. *Journal of Cognitive Psychotherapy, 13*, 21-40.
Ayer, A. J. (1946). *Language, truth, and logic* (2nd ed.). London: Gollancz.
Beck, A. T. (1970). Cognitive therapy: Nature and relation to behavior therapy. *Behavior Therapy, 1*(2), 184-200.
Beck, A. T. (1976). *Cognitive therapy and the emotional disorders.* New York: International Universities Press.
Beck, A. T., & Beck, J. S. (1991). *The Personality Beliefs Questionnaire.* Bala Cynwyd, PA: Beck Institute for Cognitive Therapy Research.
Beck. A. T., Butler, A. C., Brown, G. K., Dahlsgaard, K. K., Newman, C. F., & Beck, J. S. (2001). Dysfunctional beliefs discriminate personality disorders. *Behaviour Research and Therapy, 39*, 1213-1225.
Beck, A. T., Emery, G., & Greenberg, R. L. (1985). *Anxiety disorders and phobias: A cognitive perspective.* New York: Basic Books.
Beck, A. T., Freeman, A., & Associates. (1990). *Cognitive therapy of personality disorders.* New York: Guilford Press.
Beck, A. T., Rush, A. J., Shaw, B. F., & Emery, G. (1979). *Cognitive therapy of depression.* New York: Guilford Press.
Beck, A. T., Wright, F. D., Newman, C. F., & Liese, B. S. (1993). *Cognitive therapy of substance abuse.* New York: Guilford Press.
Beck, J. S. (1995). *Cognitive therapy: Basics and beyond.* New York: Guilford Press.
Bieling, P. J., Beck, A. T., & Brown, G. K. (2000). The Sociotropy-Autonomy Scale: Structure and implications. *Cognitive Therapy and Research, 24*(6), 763-780.
Blatt, S. J. (1974). Levels of object representation in anaclitic and introjective depression. *Psychoanalytic Study of the Child, 29*(10), 7-157.
Blatt, S. J., & Zuroff, D. C. (1992). Interpersonal relatedness and self-definition: Two prototypes for depression. *Clinical Psychology Review, 12*(5), 527-562.
Borkovec, T. D., Alcaine, O. M., & Behar, E. (in press). Avoidance theory of worry and generalized anxiety disorder. In R. G. Heimberg, C. L. Turk, & D. S. Mennin (Eds.), *Generalized anxiety disorder: Advances in research and practice.* New York: Guilford Press.
Borkovec, T. D., & Hu, S. (1990). The effect of worry on cardiovascular response to phobic

imagery. *Behaviour Research and Therapy, 28,* 69-73.
Borkovec, T. D., & Inz, J. (1990). The nature of worry in generalized anxiety disorder: A predominance of thought activity. *Behaviour Research and Therapy, 28,* 153-158.
Burns, D. D. (1989). *The feeling good handbook: Using the new mood therapy in everyday life.* New York: William Morrow.
Burns, D. D. (1999). *The feeling good handbook.* New York: Quill.
Cason, D. R., Resick, P. A., & Weaver, T. L. (2002). Schematic integration of traumatic events. *Clinical Psychology Review, 22*(1), 131-153.
Caspar, F., Pessier, J., Stuart, J., Safran, J. D., Samstag, L. W., & Guirguis, M. (2000). One step further in assessing how interpretations influence the process of psychotherapy. *Psychotherapy Research, 10*(3), 309-320.
Clark, D. A., Steer, R. A., Beck, A. T., & Ross, L. (1995). Psychometric characteristics of revised sociotrophy and autonomy scales in college students. *Behaviour Research and Therapy, 33*(3), 325-334.
Copi, I. M., & Cohen, C. (1994). *Introduction to logic* (9th ed.). Upper Saddle River, NJ: Prentice Hall.
Dryden, W., & DiGiuseppe, R. (1990). *A primer on rational-emotive therapy.* Champaign, IL: Research Press.
Dugas, M. J., Buhr, K., & Ladouceur, R. S. (in press). The role of intolerance of uncertainty in the etiology and maintenance of generalized anxiety disorder. In R. G. Heimberg, C. L. Turk, & D. S. Mennin (Eds.), *Generalized anxiety disorder: Advances in research and practice.* New York: Guilford Press.
Dugas, M. J., & Ladouceur, R. (1998). Analysis and treatment of generalized anxiety disorder. In V. E. Caballo (Ed.), *International handbook of cognitive-behavioural treatments of psychological disorders* (pp. 197-225). Oxford, UK: Pergamon Press.
Dweck, C. S., Davidson, W., Nelson, S., & Enna, B. (1978). Sex differences in learned helplessness: II. The contingencies of evaluative feedback in the classroom, and III. An experimental analysis. *Developmental Psychology, 14,* 268-276.
Ellis, A. (1994). *Reason and emotion in psychotherapy* (2nd ed.). Secaucus, NJ: Carol.
Finucane, M., Alhakami, A., Slovic, P., & Johnson, S. (2000). The affect heuristic in judgments of risks and benefits. *Journal of Behavioral Decision Making, 13,* 1-13.
Freeman, A., Pretzer, J., Fleming, B., & Simon, K. (1990). *Clinical applications of cognitive therapy.* New York: Plenum Press.
Freeston, M. H., Rheaume, J., Letarte, H., & Dugas, M. J. (1994). Why do people worry? *Personality and Individual Differences, 17,* 791-802.
Greenberg, L. S. (2001). *Toward an integrated affective, behavioral, cognitive psychotherapy for the new millennium.* Paper presented at the meeting of the Society for the Exploration of Psychotherapy Integration.
Greenberg, L. S. (2002a). Integrating an emotion-focused approach to treatment into psychotherapy integration. *Journal of Psychotherapy Integration, 12*(2), 154-189.
Greenberg, L. S. (2002b). *Emotion-focused therapy: Coaching clients to work through their feelings.* Washington, DC: American Psychological Association.
Greenberg, L. S., & Paivio, S. (1997). *Working with emotions in psychotherapy.* New York: Guilford Press.

Greenberg, L. S., & Safran, J. D. (1987). *Emotion in psychotherapy: Affect, cognition, and the process of change.* New York: Guilford Press.

Greenberg, L. S., Watson, J. C., & Goldman, R. (1998). Process-experiential therapy of depression. In L. S. Greenberg & J. C. Watson (Eds.), *Handbook of experiential psychotherapy* (pp. 227-248). New York: Guilford Press.

Greenberger, D., & Padesky, C. A. (1995). *Mind over mood.* New York: Guilford Press.

Grey, N., Holmes, E., & Brewin, C. R. (2001). Peritraumatic emotional "hot spots" in memory. *Behavioural and Cognitive Psychotherapy, 29,* 367-372.

Guidano, V. F., & Liotti, G. (1983). *Cognitive processes and the emotional disorders.* New York: Guilford Press.

Hackmann, A., Clark, D. M., & McManus, F. (2000). Recurrent images and early memories in social phobia. *Behaviour Research and Therapy, 38,* 601-610.

Halpern, D. (2003). *Thought and knowledge: An introduction to critical thinking.* Mahwah, NJ: Erlbaum.

Hanson, N. R. (1958). *Patterns of discovery: An inquiry into the conceptual foundations of science.* Cambridge, UK: Cambridge University Press.

Harter, S. (1999). *The construction of the self: A developmental perspective.* New York: Guilford Press.

Harvey, A. G. (2001a). "I can't sleep, my mind is racing!" An investigation of strategies of thought control in insomnia. *Behavioural and Cognitive Psychotherapy, 29*(1), 3-11.

Harvey, A. G. (2001b). Insomnia: Symptom or diagnosis? *Clinical Psychology Review, 21*(7), 1037-1059.

Hastie, R. (1980). *Person memory: The cognitive basis of social perception.* Hillsdale, NJ: Erlbaum.

Hersen, M. (2002). *Clinical behavior therapy: Adults and children.* New York: Wiley.

Husserl, E. (1960). *Cartesian meditations: an introduction to phenomenology.* The Hague: Nijhoff.

Ingram, R. E., Miranda, J., & Segal, Z. V. (1998). *Cognitive vulnerability to depression.* New York: Guilford Press.

Kabat-Zinn, J., & University of Massachusetts Medical Center/Worcester Stress Reduction Clinic. (1991). *Full catastrophe living: Using the wisdom of your body and mind to face stress, pain, and illness.* New York: Dell.

Kahneman, D. (1995). Varieties of counterfactual thinking. In N. J. Roese & J. J. Olson (Eds.), *What might have been: The social psychology of counterfactual thinking* (pp. 375-396). Mahwah, NJ: Erlbaum.

Kahneman, D., & Tversky, A. (1979). Prospect theory: An analysis of decision under risk. *Econometrica, 47,* 263-291.

Kassinove, H., & Tafrate, R. C. (2002). *Anger management: The complete treatment guidebook for practitioners.* Atascadero, CA: Impact.

Kelly, G. A. (1955). *The psychology of personal constructs* (1st ed.). New York: Norton.

Kessler, R. C., Walters, E. E., & Wittchen, H.-U. (in press). Epidemiology of generalized anxiety disorder. In R. G. Heimberg, C. L. Turk, & D. S. Mennin (Eds.), *Generalized anxiety disorder: Advances in research and practice.* New York: Guilford Press.

Kuhn, T. S. (1970). *The structure of scientific revolutions* (2nd ed.). Chicago: University of Chicago Press.

Leahy, R. L. (1996). *Cognitive therapy: Basic principles and applications.* Northvale, NJ: Aronson.

Leahy, R. L. (1997). *Practicing cognitive therapy: A guide to interventions.* Northvale, NJ: Aronson.

Leahy, R. L. (1999). Decision making and mania. *Journal of Cognitive Psychotherapy: An International Quarterly, 13*, 83-105.

Leahy, R. L. (2001a). Depressive decision making: Validation of the portfolio theory model. *Journal of Cognitive Psychotherapy: An International Quarterly, 15*, 341-362.

Leahy, R. L. (2001b). *Overcoming resistance in cognitive therapy.* New York: Guilford Press.

Leahy, R. L. (2002). A model of emotional schemas. *Cognitive and Behavioral Practice, 9(3)*, 177-191.

Leahy, R. L. (in press). Cognitive therapy of generalized anxiety disorder. In R. G. Heimberg, C. L. Turk, & D. S. Mennin (Eds.), *Generalized anxiety disorder: Advances in research and practice.* New York: Guilford Press.

Leahy, R. L., & Beck, A. T. (1988). Cognitive therapy of depression and mania. In R. Cancro & A. Georgotas (Eds.), *Depression and mania* (pp. 517-537). New York: Elsevier.

Leahy, R. L., & Holland, S. J. (2000). *Treatment plans and interventions for depression and anxiety disorders.* New York: Guilford Press.

Mahoney, M. J. (1991). *Human change processes: The scientific foundations of psychotherapy.* New York: Basic Books.

McKay, M., & Fanning, P. (2000). *Self-esteem: A proven program of cognitive techniques for assessing, improving, and maintaining your self-esteem.* Oakland, CA: New Harbinger.

Mennin, D. S., Turk, C. L., Heimberg, R. G., & Carmin, C. N. (in press). Focusing on the regulation of emotion: A new direction for conceptualizing and treating generalized anxiety disorder. In M. A. Reinecke & D. A. Clark (Eds.), *Cognitive therapy over the lifespan: Theory, research and practice.* Cambridge, UK: Cambridge University Press.

Miranda, J., & Persons, J. B. (1988). Dysfunctional attitudes are mood-state dependent. *Journal of Abnormal Psychology, 97*(1), 76-79.

Miranda, J., Persons, J. B., & Byers, C. N. (1990). Endorsement of dysfunctional beliefs depends on current mood state. *Journal of Abnormal Psychology, 99*(3), 237-241.

Needleman, L. D. (1999). *Cognitive case conceptualization: A guidebook for practitioners.* Mahwah, NJ: Erlbaum.

Nolen-Hoeksema, S. (2000). The role of rumination in depressive disorders and mixed anxiety/depressive symptoms. *Journal of Abnormal Psychology, 109*, 504-511.

Papageorgiou, C., & Wells, A. (2000). Treatment of recurrent major depression with attention training. *Cognitive and Behavioral Practice, 7*(4), 407-413.

Pennebaker, J. W. (1993). Putting stress into words: Health, linguistic, and therapeutic implications. *Behaviour Research and Therapy, 31*, 539-548.

Pennebaker, J. W., & Beall, S. K. (1986). Confronting a traumatic event: Toward an understanding of inhibition and disease. *Journal of Abnormal Psychology, 95*, 274-281.

Persons, J. B. (1993). Case conceptualization in cognitive-behavior therapy. In K. T. Kuehlwein & H. Rosen (Eds.), *Cognitive therapies in action: Evolving innovative practice* (pp. 33-53). San Francisco, CA: Jossey-Bass.

Persons, J. B., & Miranda, J. (1992). Cognitive theories of vulnerability to depression: Reconciling negative evidence. *Cognitive Therapy and Research, 16*(4), 485-502.

Popper, K. R. (1959). *The logic of scientific discovery.* New York: Basic Books.

Purdon, C. (1999). Thought suppression and psychopathology. *Behaviour Research and Therapy, 37*, 1029-1054.

Purdon, C., & Clark, D. A. (1993). Obsessive intrusive thoughts in nonclinical subjects: I.

Content and relation with depressive, anxious and obsessional symptoms. *Behaviour Research and Therapy, 31*(8), 713-720.

Rachman, S. (1993). Obsessions, responsibility and guilt. *Behaviour Research and Therapy, 31,* 149-154.

Reinecke, M. A., Dattilio, F. M., & Freeman, A. (Eds.). (1996). *Cognitive therapy with children and adolescents: A casebook for clinical practice.* New York: Guilford Press.

Resick, P. A. (2001). *Stress and trauma.* Philadelphia, PA: Psychology Press.

Segal, Z. V., & Ingram, R. E. (1994). Mood priming and construct activation in tests of cognitive vulnerability to unipolar depression. *Clinical Psychology Review, 14*(7), 663-695.

Segal, Z. V., Williams, M. J. G., & Teasdale, J. D. (2002). *Mindfulness-based cognitive therapy for depression: A new approach to preventing relapse.* New York: Guilford Press.

Selman, R. L. (1980). *The growth of interpersonal understanding.* New York: Academic Press.

Simon, H. A. (1983). *Reason in human affairs.* Stanford, CA: Stanford University Press.

Smucker, M. R., & Dancu, C. V. (1999). *Cognitive-behavioral treatment for adult survivors of childhood trauma: Imagery rescripting and reprocessing.* Northvale, NJ: Aronson.

Snyder, M., & White, P. (1982). Moods and memories: Elation, depression, and the remembering of the events of one's life. *Journal of Personality, 50*(2), 149-167.

Tompkins, M. A. (1996) Cognitive-behavioral case formulation: The case of Jim. *Journal of Psychotherapy Integration, 6*(2), 97-105.

Tversky, A., & Kahneman, D. (1974). Judgment under uncertainty: Heuristics and biases. *Science, 185*(4157), 1124-1131.

Velten, E., Jr. (1968). A laboratory task for induction of mood states. *Behaviour Research and Therapy, 6*(4), 473-482.

Wells, A. (1997a). *Cognitive therapy of anxiety disorders: A practice manual and conceptual guide.* Chichester, UK: Wiley.

Wells, A. (1997b). Belief about worry and intrusions . . . *Journal of Anxiety Disorders, 11*(3), 279-296.

Wells, A. (1999). A metacognitive model and therapy for generalized anxiety disorder. *Clinical Psychology and Psychotherapy, 6,* 86-95.

Wells, A. (2000). *Emotional disorders and metacognition: Innovative cognitive therapy.* New York: Wiley.

Wells, A. (in press). Metacognitive beliefs in the maintenance of worry and generalized anxiety disorder. In R. G. Heimberg, C. L. Turk, & D. S. Mennin (Eds.), *Generalized anxiety disorder: Advances in research and practice.* New York: Guilford Press.

Wells, A., & Papageorgiou, C (1995). Worry and the incubation of intrusive images following stress. *Behaviour Research and Therapy, 33*(5), 579-583.

York, D., Borkovec, T., Vasey, M., & Stern, R. (1987). Effects of worry and somatic anxiety induction on thoughts, emotion and physiological activity. *Behaviour Research and Therapy, 25*(6), 523-526.

Young, J. E. (1990). *Cognitive therapy for personality disorders: A schema-focused approach.* Sarasota, FL: Professional Resource Exchange.

Young, J. E., & Flanagan, C. (1998). Schema-focused therapy for narcissistic patients. In E. F Ronningstam (Ed.), *Disorders of narcissism: Diagnostic, clinical, and empirical implications* (pp. 239-262). Washington, DC: American Psychiatric Press.

索　引

《人名索引》

アドラー，アルフレッド　379
エリス，アルバート　13
グリーンバーグ　441
バーンズ，デビッド　8
フッサール　2
フランクル，ヴィクトール　350
ベック，アーロン　2
ベック，ジュデイス　6
ヤング　367

《事項索引》

automatic thought　11
conditional rules　119
personal schema　12

【あ行】

一次的感情　442
意味論技法　60
イメージの描き直し　465
因果関係　269
ヴェルテン法　282
受け入れること　226
A・B・C 技法　19
円グラフ法　306
エンプティ・チェア　414

【か行】

外傷的イメージ　465
介入　582
開放系のシステム　2
解離　456
確証バイアス　253
語り直し　442
価値のシステム　123
感情　441
　──記録　443
　──記録表　446
　──スキーマ　441, 442, 456, 461
　──的理由づけ　283
　──に焦点を当てた治療　441
　──に基づく推論　282
　──の強度　24
　──の処理　461
　──表出　448
　──誘導　392
完璧主義　139
基礎確率　259
気分　14
気分誘導法　282
技法パッケージ　8
基本的人権宣言　147
共通のパターン　370
恐怖　163
黒か白か思考　276
検索の限界　254
現実に基づく思考　3
現象学　2
構成主義　59
構成的選択論　323
行動実験　95
行動の技法　9
個人の構成概念　368
個人的（な）スキーマ　12, 109, 135, 368
根拠の質　76
根拠を検討する　72

【さ行】

刺激コントロール法　195
思考　14
　──停止法　163
　──の妥当性　59
　──の歪曲　32
自己成就予言　202, 205
自己内比較　579
自己批判　549

自尊心の低さ　549
下向き矢法　35, 110, 369
実際の心配　166
視点 - 逆視点法　188
自動思考　11, 32, 109, 135
条件つき信念　135
条件つきルール　119
承認されることへの欲求　517
情報処理におけるエラー　253
事例概念化　581
事例概念図　135
事例を概念化する　132
新近性効果　287
信念の強度　25
心配　163
　──時間　193
　──の認知行動モデル　163
スーパーヴィジョン　10
スキーマ　253, 367, 368, 414, 582
　──処理　375
　──の埋め合わせ　380
　──の回避　380
　──の変容　384
　──の源　391, 395, 414
　──ワーク　390
生育歴　135
生起確率　206
脆弱性　368
精神分析　385
ゼロポイント　326
全か無か思考　276
選択肢　323
戦略　135
相関関係　269
ソクラテス式対話法　582
損益分析表　68
損益を分析する　66

【た 行】
対人志向　517
タイムマシン技法　211
他者についてのスキーマ　135
達成志向　517

【な 行】
二次的感情　442
二重の基準法　315
二分割思考　274
認知的回避　375

認知的スキーマ　253
認知的歪曲　34, 483
認知モデル　1, 11
認知療法　385, 581
ネガティブなスキーマ　408

【は 行】
パーソナリティ障害　368
背景にある思い込み　12, 109, 110
背理法　278
曝露法　197
バルコニーから眺めてみる　319
反証不可能　199
非機能的態度尺度　112
非機能的な思い込み　135
フラッシュカード　407
"べき"思考　115
弁護人　81
ベンチレーション　448
ポジティブなスキーマ　408, 417
ホットスポット　454

【ま 行】
マインドフルネス　441
まぼろしの恐怖　222
無効化　314
命題　72
メタ感情　442
メタ認知　442
　──質問票　169
モチベーション　385

【や 行】
より合理的な信念　143

【ら 行】
リーヒイの感情スキーマ尺度　457, 459
リラクセーション法　452
ルール　110
レッテル貼り　92
連続法　309
ロールプレイ　84, 414
ロールモデル　335
論理的誤謬　290
論理的なエラー　253, 264

訳者あとがき

　本書は，Robert L. Leahy (2003). *Cognitive Therapy Techniques: A Practitioner's Guide*. New York, Guilford Press. の全訳である。

　著者のロバート・L・リーヒイ氏は，国際認知療法学会の会長であり，世界的に名の知れた認知療法の大家である。序章にある通り，リーヒイ氏は，日本では『いやな気分よ，さようなら』(星和書店) で有名なデビッド・バーンズ氏のお弟子さんだということである。『いやな気分よ，さようなら』は，うつや不安に悩む当事者のためのセルフヘルプ本として広く長く愛されているが，認知療法を実践するセラピストにとってもアイディアの宝庫となるような，楽しくかつ有用な書物である。一方本書は，さすがバーンズ氏のお弟子さんと思わせる，治療者にとってのアイディア集となるような良書である。『いやな気分よ，さようなら』が"セラピストにも役立つ当事者のための書物"だとすれば，本書は"当事者にも役立つセラピスト向けの書物"だと言えるだろう。体裁はあくまでセラピスト向けであるが，認知療法とは，基本的にセルフヘルプのための様々な考え方と方法から成っているセラピーであり，その意味で，本書を当事者の方々がお読みになり，利用するという活用の仕方も十分に可能だと思われる。

　本書は認知療法における対話やエクササイズのすべてを，あえて"技法(テクニック)"という視点からとらえてみるという立場を取っている。認知療法の技法というと"認知再構成法"(別名コラム法) がよく知られているが，"技法"とは，「ある一定の手順を踏み，練習し，習得しなければならないもの」というイメージがあるように思う。事実，認知再構成法は，そのようにして習得する必要のある強力な技法である。しかし本書を読むと，「もっと気楽に技法というものを捉えてみてもよいのではないか」と，まさに自分の

認知が再構成される思いがする。

　認知療法や認知行動療法の領域では今現在，"第三世代CBT"といわれる波が，世界的に押し寄せてきている。第三世代CBTでは，いわゆる"マインドフルネス"が重視され，技法による介入よりも，セラピスト－当事者の良好な関係や，それを形成するためのコミュニケーションが強調されているように思われる。しかし，当事者のなかにマインドフルネス的な態度を養成するにも，当事者との間に良好な関係を築くにも，結局はセラピストの言語的・非言語的な働きかけが不可欠であるのは言うまでもない。ということは，セラピストはそれを"技法"として意識するか否かは別として，援助の効果を最大限に高めるよう当事者とのやりとりを構築する必要があるのである。であれば，たったひとつのやりとりであっても，それが極力当事者の役に立つように，セラピストは自分の言動に十分に意識的である必要があるのではないだろうか。そのための工夫を，あえて"技法"という視点から示してくれるのが本書である。

　本書でいう"技法"とは，そのような小さな対話をあえて意識的に行なうことで，セッションの効果を最大限に高めるための工夫を指しているものと思われる。認知再構成法といった大きな技法が「カレーライスを美味しく作るための方法」とすれば，本書でいう技法とは，「スーパーで素材を買う」「野菜の皮を剥く」「肉と野菜を切る」「ルーを作る」「素材を炒める」「素材を煮込む」「米を炊く」「皿に盛り付ける」といった，ひとつひとつの小さな，しかしどれも美味しいカレーライスを作るには不可欠な作業を示しているのだと言えるだろう。はじめから「美味しいカレーライスを作ろう」と思うとプレッシャーになるが，「とりあえず素材を買ってこよう」「とりあえずじゃがいもの皮を剥こう」ということであれば，少々元気や自信がなくても，着手しやすいのでないだろうか。本書はそんなふうに，我々セラピストが認知行動療法において技法を活用するように導いてくれるものなのである。そして上にも書いたとおり，そのようなスタンスだからこそ，ひとつひとつの技法が，即セルフヘルプのヒントともなり，本書が当事者に対して直接役に立

つものでありうるのであろう。

　私は以上の文において,「当事者」と「セラピスト」がまるで違う存在であるかのように書いてきたが, 本書の最終章でリーヒイ氏ご自身が書いているとおり,「セラピスト」もまた「当事者」である。もっと正確に言えば, 認知療法・認知行動療法を実践するセラピストは, まず自分が第一の「当事者」であるはずである。そしてそれは, 本書を訳しながら, 何よりも私自身が実感していたことでもある。本書で紹介されている数々の小さな技法を, 本書を訳している約2年間, 私自身が自分のためにたびたび使ってみた。そのときどきのストレッサーや自分の状態によって, 合う技法合わない技法があったが, 何かストレスを感じるたびに,「今度はどの技法を使ってみようかな」と考え, ひとつひとつ試してみるのも, また楽しい体験であった。まさに訳しながら,「当事者」として本書のお世話になったのである。本書をお読みになる方が, 相対的な社会的役割として「セラピスト」であっても「当事者」であっても, ぜひそのような活用の仕方をしていただきたいと訳者として切に願う。

　最後に, いつもながらお世話になった星和書店の石澤雄司氏, 近藤達哉氏に改めてここで御礼を申し上げたい。本当にありがとうございました。

2006年8月22日
　　　　　　　　　　　　　　　　　　洗足ストレスコーピング・サポートオフィス
　　　　　　　　　　　　　　　　　　　　　　　　　　　伊　藤　絵　美

著者について

ロバート・L・リーヒイ博士

国際認知療法学会（International Association for Cognitive Psychotherapy）の会長であり，ニューヨークにある米国認知療法研究所（American Institute for Cognitive Therapy：ウェブサイト www.Cognitive TherapyNYC.com）の創始者および所長である。またコーネル大学医学部精神科の臨床助教授を務め，認知療法ジャーナル（Journal of Cognitive Psychotherapy）の前編集長でもある。

リーヒイ博士の最近の著作には，『Cognitive therapy: Basic Principles and Applications』，『Practicing Cognitive Therapy』，『Treatment Plans and Interventions for Depression and Anxiety Disorders』（Stephen J. Holland と共著），『Overcoming Resistance in Cognitive Therapy』，『Bipolar Disorder: A Cognitive Therapy Approach』（Cory F. Newman, Aaron T. Beck, Noreen A. Reilly-Harrington, Laslo Gyulai らと共著），『Clinical Applications of Cognitive Psychotherapy』（Thomas E. Dowd と共同編集），『Psychology and the Economic Mind』がある。そして近刊には，『Roadblocks in Cognitive-Behavioral Therapy: Transforming Challenges into Opportunities for Change and Psychological Treatment of Bipolar Disorder』（Sheri L. Johnson と共同編集）がある。

訳者略歴

伊藤絵美（いとう えみ）

慶應義塾大学大学院社会学研究科博士課程修了
社会学博士，臨床心理士，精神保健福祉士
現在 洗足ストレスコーピング・サポートオフィス所長
主な著書：
『認知療法ケースブック』（分担執筆，星和書店，2003），
『認知療法実践ガイド・基礎から応用まで―ジュディス・ベックの認知療法テキスト』
（ジュディス・S・ベック著，共訳，星和書店，2004）
『認知療法・認知行動療法カウンセリング初級ワークショップ』（星和書店，2005）
『抑うつの臨床心理学』（分担執筆，東大出版，2005）
『認知療法・認知行動療法　面接の実際』（星和書店，2006）
『強迫性障害治療ハンドブック』（分担執筆，金剛出版，2006）

佐藤美奈子（さとう みなこ）

名古屋大学文学部文学科卒業
翻訳家。英語の学習参考書，問題集を多数執筆
訳書：
『食べ過ぎることの意味』（誠信書房）
『わかれからの再出発』『増補改訂第2版　いやな気分よ，さようなら』
『私は病気ではない』『みんなで学ぶアスペルガー症候群と高機能自閉症』
『虹の架け橋』『食も心もマインドフルに』『家族のための摂食障害ガイドブック』
（共訳，星和書店）

認知療法全技法ガイド――対話とツールによる臨床実践のために――

2006年10月7日　初版第1刷発行

著　者　ロバート・L・リーヒイ
訳　者　伊　藤　絵　美　　佐　藤　美奈子
発行者　石　澤　雄　司
発行所　㈱星　和　書　店
　　　　〒168-0074　東京都杉並区上高井戸1-2-5
　　　　電話　03 (3329) 0031（営業部）／ (3329) 0033（編集部）
　　　　FAX　03 (5374) 7186
　　　　URL　http://www.seiwa-pb.co.jp

Ⓒ 2006　星和書店　　　Printed in Japan　　　ISBN4-7911-0609-1

侵入思考
雑念はどのように病理へと発展するのか

D.A.クラーク 著
丹野義彦 訳・監訳
杉浦、小堀、
山崎、高瀬 訳

四六判
396p
2,800円

統合失調症の早期発見と認知療法
発症リスクの高い状態への治療的アプローチ

P.French、
A.P.Morrison 著
松本和紀、
宮腰哲生 訳

A5判
196p
2,600円

認知療法入門
フリーマン氏による
治療者向けの臨床的入門書

A.フリーマン 著
遊佐安一郎 監訳

A5判
296p
3,000円

認知療法・西から東へ

井上和臣 編・著

A5判
400p
3,800円

不安、ときどき認知療法
…のち心は晴れ
不安や対人恐怖を克服するための練習帳

J.バター 著
勝田吉彰 訳

四六判
154p
1,650円

発行：星和書店　http://www.seiwa-pb.co.jp　価格は本体（税別）です

認知療法・認知行動療法カウンセリング初級ワークショップ	伊藤絵美 著	A5判 212p 2,400円
〈DVD〉認知療法・認知行動療法カウンセリング初級ワークショップ	伊藤絵美	DVD2枚組 5時間37分 12,000円
認知療法・認知行動療法面接の実際〈DVD版〉	伊藤絵美	DVD4枚組 6時間40分 18,000円
認知療法実践ガイド・基礎から応用まで ジュディス・ベックの認知療法テキスト	ジュディス・S・ベック 著 伊藤、神村、藤澤 訳	A5判 450p 3,900円
認知行動療法の科学と実践 EBM時代の新しい精神療法	Clark & Fairburn 編 伊豫雅臣 監訳	A5判 296p 3,300円

発行：星和書店　http://www.seiwa-pb.co.jp　価格は本体（税別）です

認知療法ハンドブック 上
応用編
大野裕、小谷津孝明 編
A5判
272p
3,680円

認知療法ハンドブック 下
実践編
大野裕、小谷津孝明 編
A5判
320p
3,800円

心のつぶやきが あなたを変える
認知療法自習マニュアル
井上和臣 著
四六判
248p
1,900円

CD-ROMで学ぶ認知療法
Windows95・98&Macintosh対応
井上和臣 構成・監修　3,700円

「うつ」を生かす
うつ病の認知療法
大野裕 著
B6判
280p
2,330円

発行：星和書店　http://www.seiwa-pb.co.jp　価格は本体(税別)です